ヒギンズ国際法

ヒギンズ

国　際　法

——問題解決の過程としての国際法——

ロザリン・ヒギンズ 著

初川　満 訳

信　山　社

Originally published in English by Oxford University Press
under the title of
Problems and Process
International Law and How we use it

序　文

あらゆる国際法律家にとり、ハーグ・アカデミー館長よりの国際法総合コースを講義するようにとの招待は、考えられる限り最大の栄誉です。総合コースで講義した最後の英国人は、一九七一年のJames Fawcettでした。一五回の講義において国際法に関する私の見解を示すようにとの招待に対し—そして、求められているのは私の個人的見解である、との館長からの確固たる指示に対し—感謝の意を表します。

しかし、この栄誉が与えた荷の重さを、あるいはその困難さを表わすことは難しいことです。何か目新しい又はなお述べるに値するだけの興味あるものが存在し得るでしょうか。あるいは、すべての知識と学識は、既に総合コース論集に収められてはいないでしょうか。この問題は、近年において、幾つかの非常に賞賛されるべき講義があったという事実により、より深刻化したのです。特に、Michel Virally教授、Oscar Schachter教授、そしてLouis Henkin教授といった人々の講義をあげることができましょう。

さらなる問題が存在しました。一五回の講義による国際法体系の概観は、必然的にどの分野も表面的に扱う結果とはならないでしょうか。結局のところ、講義一回で選ぶであろうどの話題についてであれ、様々な言語による厖大な文献としばしばかなりの量の判例というものが存在するでしょう。いかにすれば、これらの話題のどの一つであれ公平に評することに着手でき得るでしょうか。

何ヶ月にも亘り、こうしたことが解決し難いそして現実に打ちのめすほどの問題に思われました。しかしその後、国際司法裁判所所長である Sir Robert Jennings 判事より、一条の光が投じられたのです。彼は、国際法の全領域に関して完成した論文を書くことではなく、むしろ国際法に流れる考えについて学生に講義するという事実を見失ってはならない、という賢明なる忠告をして下さったのです。

その瞬間から、その任務はかろうじて気力を挫かなくなったように思われました。勿論、各々の話題について、できる限りの厖大な文献に熱中することがなお必要でしょう。しかし私の任務は、あるテーマについて今までに述べられてきたそのすべてを要約しまとめあげることよりも、むしろ自身の見方や考え方を提供することにありましょう。学者の著作、国家の慣行、裁判所や仲裁裁判所の決定は、論評したい問題について何が重要な争点であると思われるかの決定に役立つでしょう。

その決心は、総合コースは講義する人の個人的見解及び哲学についての伝達物として意図されていると思われるという主張と共に、もう一つの決心へとあっというまに私を導きました。私の講義は、教科書の伝統的な章だての表題には従わないし、また教科書や大学の講義において適切に網羅されるべき全ての事項を扱うという努力もしません。ここでの任務は異なるのです。

しかし、もしも講義が教科書の表題に従わないとすると、講義のテーマは何であるべきでしょうか。ある同僚は、国際法と紛争の解決に焦点を合わせたらどうかと示唆してくれました。しかし、紛争の解決における国際法は、ほんの話の一部にすぎません。国際法は、正しく理解されるならば、紛争を解決することと同じように紛争を回避し又は紛争を防ぐことについてのものです。そしてそれ故に、国際法は主に紛争解決に関するものだとする見解は、実質的に探究されなくてはならない幾つかの哲学的仮説を必然的に伴うこととなります。

この総合コース論集は、学術論文でも教科書でもありません。それは、私がそこで二つの主な仕事を行おうと努力する一連の講義なのです。まず第一には、中立のルールのシステムの一つとして国際法を理解することと、幾つかの宣言された価値の達成に向けられた意思決定のシステムの一つとして国際法を理解することの間に、行わなければならない本質的かつ不可避の選択というものが存在する、ということを示そうとする試みです。第二には、国際法における十分に合意された原則を数え直す代わりに、今日の国際法における面倒でかつ答のない争点の多くについて、意図的に書いておきました。そして、過程として国際法を受け入れることが、こうした大きな未解決問題に関する限りいかにして幾つかの好ましい解決へと導くかを示そうと試みてみました。

私はさらに二つの補足的目標をもっています。一つは、国際法と呼んでいるこの過程は、単なる紛争解決に関するものだけではない、ということを示すことです。私はまた、学生たちにものごとはいかに一致するかを示すことに非常に熱心でした。教科書の伝統的な構造は、いかに諸概念が予期せぬ情況や場所に適用されるかを見ることを難しくしています。しかしこの発見――一つの法律概念が、明らかに無関係のもう一つの事項といかなる関係にあるのか――は、国際法の非常に興奮するものの一つです。私は学生たちに、いかにジグゾーパズルがぴたり一致するか、いかにある事項は他の事項と関係があるか、いかに発見されるべき新しい相互関係というものが常に存在しているか、ということを示したかったのです。

こうしたことが、この総合コースの目標です。こうした事を実現するべく為された試みについて、私は多くの人々に感謝しなくてはなりません。まず第一に、ハーグ・アカデミー事務局長 Daniel Bardonnet 教授に対しては、断えまない指導、支援そして激励に対し、また実践的示唆と個人的友情に対し。第二に、ロンドン大学の幾人かの学生たちは熱心に、参考文献リストの調査、文献の挿入、慣行の証拠集め、手に負えない注の検索を助けてくれました。また Deborah Strachan, Greg Maggio, Charles Gottlieb そして Chanaka Wickremasinghe へ暖い感謝を送ります。この仕事に携わり、編集段階でのタイプ原稿に多大な手助けをしてくれた Danesh Sarooshi には、特に感謝しています。第三に、これらの講義の刊行は、私の秘書 Susan Hunt への私の高い評価を公けに記す機会を与えてくれました。雑然とした本や書類の山、読みにくい指図、長々しい夜通しのファックス、取り留めもない注釈、そして不可能な締切りに直面したときの、彼女の冷静な手助けは言い尽せないほど貴重でした。最後に、夫Terenceは、いつも通り、他の人ならきっと耐えられないであろうことに寛大であったのみならず、あらゆる精神的かつ実践的な支援を与えてくれました。

一九九三年一月　ロンドンにて

ロザリン・ヒギンズ

日本の読者への手紙

私は、本書を選ばれた日本の国際法律家に直接書く機会を持てたことを、嬉しく思っております。

本書の基本的なテーマは、この地球上の諸国民は、どんなに文化的に違いがあろうともそれを超えて、深い共通の価値を共有するということです。幅広い国際法の見地から、全ての国家は、条約は遵守されなくてはならないということ、海域は尊重されなくてはならないということ、そして公務員の行動に対しては責任がとられなくてはならないということを、評価しています。人権の見地からは、個人として我々は皆、身体の安全を確保し、拷問から免れ、望むがままに崇拝し(または、崇拝せず)、自由に発言し、そして裁判なしに拘禁されることは決してない、ということを願っています。

政治的かつ文化的な多様性にもかかわらずこれらの共通の価値を支えることが、国際法の偉大な任務なのです。それ故に、初川満氏の翻訳を通して私の本が今や日本語で読まれるということは、特に嬉しいことです。

本書では、国際法は、見えざる手により押しつけられそれ故に今日の期待や目標というものに敏感でない不毛の規則の体系ではない、ということを強調しています。国際法は、我々が共通に持っている諸価値を促進する能力をその中に有している、権威ある意思決定の過程の一つなのです。

日本は、国際法の豊かな伝統を持ち、世界的に名高い優れた学者を輩出しています。また、日本の若い世代が、国際法の諸争点及び人権法を取り巻く多数の問題に深い関心を寄せているという、強い印象を私は持っています。このことは、数々の書籍の出版、幾つもの大学での新しい講座の開設、そしてこの分野でのN.G.O.の働き、というものの中に表われています。

それはまた、国際法を外国で学ぶ若い人たちの努力の中にも表われています。私はロンドン大学で国際法を担当していた間に、多くの日本人学生を教える喜びに恵まれました。そうした人たちの一人が初川氏であり、そして本書が、私の考えや思想を十分に理解する彼により日本の読者のために用意されたことは、私の喜びです。

政府関係者、大学関係者、はたまた学生諸君―未来の希望は彼等にかかっています―を問わず、日本において国際法に興味を持つ全ての人々に、本書が楽しまれることを切に望んでいます。

一九九七年四月八日

ロザリン・ヒギンズ

(国際司法裁判所判事、DBE, QC)

訳者まえがき

「国際化」ということが声高らかに叫ばれている昨今、国際社会のいわば規範としての国際法の重要性は、非常に大きくなってきている。そして、国際社会の変容に伴い国際法も変わらざるを得ない状況に陥っていることは、容易に理解し得るであろう。国際社会が、国家を構成メンバーとしたものから、国家以外の疑似国家いわゆる国際組織をもそのメンバーとするものへと変わってきたことは、既によく知られるところである。しかし今やそれに止まらず、個々人を国民としてではなく国際社会の構成員として扱う方向へと進化し始めていることは、当然の帰結と言うべきであろう。勿論、未だ世界国家は樹立されていないため、国家が国際社会の主役であることは否定できない事実であるし、またそう簡単にその座を譲り渡すことも考えられない。とはいえ、昨今の通信・交通の進歩は、猛烈な勢いで世界中の国のみならず人々をも結びつけている。

こうした現実から、否応なく国際社会は新しい構造をもつものへと変わらざるを得ないのであり、それに従って国際社会の規範たる国際法も変容せざるを得ない。今や国際法の任務としては、国際社会の「紛争の解決」のみならずその「回避又は予防」も、重要な位置を占めるようになっている。言い換えれば、国際法は、「裁判規範」としてのみならずいわば「行為規範」としての比重が大きくなっている。ここに、国際法は、伝統的な手法から脱皮し、新たな視点に基づく理論構築を行うことが求められているのである。

こうした要請に応えるべく、本書においてヒギンズ教授は、結果ではなく問題解決の過程に着目し、言い換えれば、国際法は単なるルールの公平な適用ではなく、全ての意思決定の過程であるとして、従来のいわゆる伝統的国際法から一歩踏み出した。本書はハーグ・アカデミーでの講義をもとに書かれたため、いわゆる国際法といわれる全ての分野を論じたものではない。しかし、国際法についての教授の思想は、豊富な判例の引用とともに十分に表わされている。ここに、ヒギンズ国際法の集大成といえる本書を日本の読者に提供できることは、教授の薫陶を受けた私にとってこの上もない幸せである。

翻訳にあたり幾度となくヒギンズ教授に問い合わせたが、その都度丁寧な回答をいただいた。なお、教授の言わんとするところを、そのニュアンスも含め正確に表現しようと努めたがため、多少日本語として読みづらい箇所があるかもしれないことをお詫びしておきたい。

日本語訳が定着している用語については、文脈からは異なる表現がより適切かと思われる場合もあったが、日本の慣行に従い訳出した。例えば、International Law は、「国家間法」がより適切かと思われる場合もあったが、「国際法」に統一した。それから、人名及び判例については、あえて日本語に直さなかったことをお断わりしておきたい。

最後に、本書の出版を快諾して下さったのみならず、遅れる原稿を辛抱強く待って下さった信山社の袖山貴氏への感謝を記させていただく。

一九九七年五月二〇日　研究室にて

初　川　満

訳書第二刷出版にあたって

恩師ヒギンス判事の著書の訳本を出版して、もう六年経った。このたび訳書第二刷を出版するにあたり、この間に私の気付いた箇所に少しずつ訂正を行った。特に初刷においては、判事の言わんとするところを伝えたいという気持ちが先行し、日本語としてこなれていないため判り難い所があったという反省から、表現を少し変えた箇所がかなりある。また、幾つかの箇所について、ヒギンス判事に直接質問を行い、判事の許可のもとに原文に若干の修正を加えるという、初刷においても行った作業と同じことを再度行ったということも、ここに付記しておきたい。よって原文ともまた初刷とも異なっている箇所が幾つか出てきたが、これは上記のような事情からのものである。

なお、恩師の考えを少しでも正確に日本の読者に伝えたいという私の願いを理解して下さり、第二刷にあたり校正を許して下さった信山社の袖山貴氏への謝意をここに記しておきたい。

二〇〇三年五月

初　川　　満

Abbreviation

AJIL	*American Journal of International Law*
BFSP	British Foreign and State Papers
BYIL	*British Year Book of International Law*
Canadian YBIL	*Canadian Year Book of International Law*
EJIL	*European Journal of International Law*
GAOR	General Assembly Official Records
German YBIL	*German Year Book of International Law*
HRLJ	*Human Rights Law Journal*
HRQ	*Human Rights Quarterly*
HRJ	*Human Rights Journal*
ICLQ	*International and Comparative Law Quarterly*
ILM	*International Legal Materials*
ILR	International Law Reports
Iran-USCTR	Iran-US Claims Tribunal Reports
LNOJ	League of Nations Official Journal
LNTS	League of Nations Treaty Series
NYIL	Netherlands Yearbook of International Law
Parl. Deb.	Parliamentary Debates
Proc. ASIL	*Proceedings of the American Society of International Law*
RGDIP	*Revue général de droit internationale privé*
RIAA	*Reports of International Arbitral Awards*
UNTS	United Nations Treaty Series

目　次

第一章　国際法の性質と機能

国際法はルールではない。それは、規範的システムの一つである。あらゆる組織は、規範的行為—つまり、各構成員やその全体としてのそのグループにとって、強制力あるものとしてみなされ、その違反には何らかの代償をともなう行為—のシステムを必要とする。もしも社会が公益を最大にしようとするならば—そして、実際に社会が包含している相互間及び多数間の複雑きわまりない関係における混乱を回避するためにさえも—、規範的システムはそういったある程度の秩序化を可能にする。国内レベルでは、法律なくしては、車を道路上で安全に運行することはできないし、買物もできないし、また個人的な身の安全も保証され得ない。国際法なくしては、安全な飛行は合意され得ないであろうし、資源は配分され得ないだろうし、人々が外国の地に居住することを安全に選ぶことはできないであろう。ここに、二つの点が直ちに明らかとなる。第一に、これはあたりまえの話だということである。法律の役割は、我々が皆欲している価値—安全、自由、十分な材料資源の貯え—を保証するために使用可能な一つのシステムを提供することにある。法律の役割は、一般的に考えられているように紛争を解決するためだけではない。もしも法システムがうまく機能するならば、それにより紛争は大部分が回避されるのである。行動について求められている規範の認定、そして、それらの日常的な遵守を保証する技術というものが、重要な役割の一つを演ずる。ある効果的な法システムというものはまた、競合する利害を有する人々が、直接かつ無制限の利害の主張に固執することを許さず、これらを抑制することができる。勿論、時には紛争—解決ということも必要とされよう。あるいは、通常の友好関係が崩壊し紛争の解決に失敗した時には、行為の規定要因をも制限する規範さえも必要とされよう。しかし、こうした最後の要件は、全体像のほんの一部分にすぎない。

第二の点は、こうした重要な点において、国際法は国内法と異ならないということである。国際法は決して、その起源や目的が神秘に包まれた難解かつ漠然としたルールの集合体ではない。しかし、たとえ国際法と国内法の社会的目的というものが広く似ているとしても、国内法は垂直的な法秩序において機能し国際法は水平的な法秩序において機能するという事実から生ずる、重要な違いが存在している。同意と主権は、国際法の規範の規定、主張、適用というものが、それに反して機能すべき制限要素である。

本書において、私は国際法が、共通の価値―貧富、白黒とか、また、宗教のいかんまたは無宗教とを問わず、かつまた、先進国若しくは発展途上国の出身を問わず、我々人間すべてに影響を与える価値―を達成するために利用される規範システムの一つであるということを明らかにすることに、努めるつもりである。

国際法とは何か

「国際法とは何か」と問うとき、実際には以下のような幾つかの質問をしていることになる。国際法の性質は何か。国際法は規則の集合体の一つか。国際法は誰に適用されるのか。国際法の適用の「規制」を行うのは誰か。国際法になぜ誰もが従わなくてはならないのか。国際法はどこで見出せるのか。そこで、国際法とは何かという、包括的な疑問の構成要素一つ一つに答えるべく試みることにしよう。その幾つかについてはまず本章において述べることにする。また、幾つかについては第二章にとっておくことにしよう。第一章では、広く国際法の性質と機能として記述できるものについて述べることにする。第二章では、いかにして国際法を認識し、またどこに国際法を見い出すかについて考えることとしよう。もっとも、これらは本質的に相互にからみ合っている、という

ことを理解することが重要ではあるが。(1)

「規則」—公平に適用されることを予定してはいるが、しばしば無視される規則—として、国際法を理解する考えが広く存在している。さらには、こうした規則は、効果的な中央集権化された制裁措置が存在しないため無視されるのである—そして、次いで、このことすべては、国際法がまったく「真の法律」ではないということを証明している—と示唆されてもいる。

国際法は、国家を規制することに失敗する規則の集合体の一つであるという見解は、幾つかの点において言葉足らずである。まず第一に、この見解は、法律は現実には「規則」であるということを当然の前提としている。しかし、「法律」という単語が言及している限定された社会過程は、規則の他にも多くのものを包含している。法律において、規則は、一つの役割を演じてはいる。しかし規則が唯一の演技者ではない。私は、規則というよりもむしろ過程として国際法を分析することを、言明してきている。そして、この見解を何年も前に、以下のように述べた。「適切な裁判所において、決定が、権威ある人々や機関により一定の確立された慣行や規範の枠内でなされたとき、そのとき起きたものは、法律的意思決定である。言い換えれば、国際法とは、権威ある諸決定の連続した過程の一つである。この見解は、単に規則の公平な適用としての法律の概念というものを否定する。国際法は、全ての意思決定の過程であって、単に「規則」と名づけられた過去の決定の傾向について言及するだけのものではない。この定義からは、必然的に、特に過去の決定の傾向というものが圧倒的に明確だとは言えない場合には、将来における政治的代替策への懸念が生じてくる。(2)」

従って、「規則」はまさに過去の決定の蓄積である。そして、もし国際法が単に「規則」であったならば、国際法は、変動する政治の世界に貢献することもまた対処することも、実際にはできなかったであろう。過去の決定(規則)が表現された文脈が変化したとき—また実際にその内容がしばしば不明確なとき—、蓄積された過去の決定（規則）にのみ頼ることでは国際法が今日の問題に貢献することができないであろうこと、そしてさらには、それを理由としては従われないであろうことは確実であろう。

「規則」として法律を認識することを否定することは、ある必然的な結果をもたらす。それは、国際法を根拠に決定を下さざるを得ない人々―裁判官たち、しかしまた、法律顧問その他の人々も―は、単に「規則を発見し」、そしてそれを適用するだけというわけではない、ということを意味する。それは、何が関連の規則であるかを確定することは意思決定権者の機能の一部だからであり、また、過去の決定の蓄積による傾向は文脈を忘れて適用されてはならないからである。この現実は、多くの伝統的論者からは呪われたものと看做されてきてはいるが、Sir Hersch Lauterpacht には、まことによく理解された。彼は、裁判機能とは、公平な態度で適切な「規則」を見出すことを意味する、という考えを否定した。彼が言うには、裁判官は「規則を発見する」のではなく、「選択をする」―それも「完全に正当化される主張と全然根拠のない主張との間の選択ではなく、法的な理由の程度を異にする主張の間における選択を(3)―のである。

国際法は「規則」であり、全ての国際法律家というものがしなくてはならないことは、それらを確認し適用することであると主張する者がいるが、その理由を見つけることは難しくない。これは、多くの国際法律家が奥深く有している二つの信念の、無意識の反映である。まず第一の理由は、もしも国際法が規則以上のものであり、かつ、権威を与えられた意思決定者の役割が、そうした規則の自動的な適用ということ以上のものと看做されるとすれば、国際法は、権力とか社会的または人道的な要素というような他の現象と混同されるようになる、ということである。第二の理由は、国際法を公平に適用される規則として主張することによってのみ、国際的な法的な議論の表明が政治的目的へとなることを避けることが可能となる、と多くの者が感じているということである。

そこで、これらの理由の一つ一つを扱っていき、なぜ私はこうした理由に賛成しないかを明らかにしようと思う。法律を権力と対比させようとすること（ここにおいては、法律を「規則」として認識することが一つの重要な役割を演ずる）は、基本的に欠陥がある。法律は、権威の概念に関与するのみであり、権力とか支配というものに関与しないと考えられている。国際法は確かに権威に関わっているものである—そして、ここで「権威」とは、単に拘束力ある決定という意味のみならず、司法の権能とかそれ以上の、より広い意味でのものを意味する—。Myres McDougal は以下のように説明している。「権威によってとは、効果的な決定過程において適切さを期待するということを意味する。こうした期待は、決定権力に適切に賦与された人員、追求する目的、法的な決定がなされる状況の物理的、時間的、制度的様相、決定を支えることに用いられた価値、等に関するものに特に関係している。(4)」

そこまではこれでよい。しかし、しばしば考えられているように、国際法というものは権威についてのみ関係するのであって、「権力」は権威を多少とも補うものであり、かつ、法律とは何の関係もなく、そして実際には有害ですらある、とは言えない。この見解は—これは権力を外界の暗闇に（言うならば、国際関係の領域に）追いやってしまうし—、権威というものは、支配とか権力というものの維持がまったく欠如しているところに存在することが出来ると考えている。しかし、これは幻想である。法律を特徴づけている権威というものは、真空状態に存在しているわけではないのであって、まさに権力と相交わるところに存在しているのである。権力と戦う権威であることからはほど遠く、(5) 法律は権威と権力の組み合わせである。権威は、まったく支配が欠如しているところには存在し得ない。勿論、権力が権威を蹂躙する場合といった特別な状況があるかもしれない。そういう場合には、合法的と呼ぶことのできる決定権を有しないであろう。しかし、だからといって、法律は権威についてのみだとか、権力についてのみであると言うべきではないし、また、権力は明確に法律に敵対するものと看做されるべきだ、と言うべきでもない。権力は、法律の欠くことのできない要素の一つである。

では、もう一つの議論はどうであろうか—つまり、国際法を中立的な規則以外のものと認識することは、必然的に偏見と不公平に導びくという—。この見解の古典的な表明は、Fitzmaurice 判事と Spender 判事によって、一九六二年の South West Africa 事件で述べられている。それによると、「我々は、非司法的な、社会的な、人道的な、等の特徴の様々な考慮に気づいていないわけでもないし、また、鈍感なわけでもない。しかし、これらは、法的なというよりもむしろ政治的な舞台でのことである。厳格なまでに正しい法的見解と信ずるものを根拠として結論に達するという我々の義務から、こうしたものが我々をそらすことは、許されることはできない(6)」。

こうした公式化は、幾つかの推測を反映している。つまり、「正しい法的見解」は、「規則」—文脈とか状況とかに無関係に、過去の決定の蓄積された傾向であるところの—を適用することで発見されるであろうという推測、そして、「正しい法的見解」というものは、法律が推進するべく想定されている目的（価値）に言及することにより現在の文脈に過去の決定を適用することとは何ら関係がない、という推測である。

Fitzmaurice によって見事なまでに明確に表現され、同時に多くの人々によって共有されているこの伝統的な見解は、国際法というものはまさに社会の政治から距離を置くことによってこそ社会に最もよく奉仕し得る、とするものである。一九六六年に国際司法裁判所が述べたように、「法律は社会の要請に奉仕するために存在しているといわれている。しかし、まさにその理由故に、法律は己れ自身の規律の限界を通し、又、その中でのみ、そうすることができるのである。さもなくば、与えられるであろうものは、法的な奉仕ではない(7)。」勿論、国際司法裁判所は、法律がどこに「己れ自身の規律の限界(8)」を引くかについては、自明のことと考えていた。しかし、ある者にとっては自明であることも、他の者にとっては単に疑問を生むだけである。

「正しい法的見解」とか「規則」への言及は、決っして選択という要素を避けることはできないし（それを隠そうとすることは出来るが）、また、有利な決定というものへの手引きを与えることもできない。この選択を行うことによって、否応なしに人道的とか道徳的とか社会的といった法の目的に対する考慮をせざるを得ないのである。私が既に書いているように、「政治的な考慮は『規則』とは異なるとはいえ、国際法と呼ばれている意思決定の過程の重要な一部分である。いわゆる法制外の考慮と呼ばれているものの評価は、過去の決定とか現在の規範の蓄積についての言及と同じように、法的な過程の一部である。政治的かつ社会的要因を認めることを拒否することでは、法律を『中立的な』ものとして保つことはできない。なぜならば、そうした拒絶ですらも、政治的かつ社会的な帰結であることを免れないからである。法律と政治の間には、避けることのできない重要な関係が存在している。(9)」

私は、法律と政治の間には避けることのできない重要な関係が存在していると信じるので、政治的要因は体系的にかつ堂々と扱われることが望ましいとも信じている。政治的要因を体系的に扱う(10)とは、つまりは意思決定権者が、本能的に行ったある決定が望ましい決定であるという結論に達するために、無意識に考慮に入れるべき要因を限定したりまたは選別したりする代わりに、すべての要因を適切に考慮しかつ考量するということを意味する。政治的要素を堂々と扱うとは、意思決定権者自身が、政治的要因に真正面から立ち向う規律に従うということである（後に「正しい法規則」というラベルを与えられるある特定の選択をすることによって、無意識のうちに望まれている政治的な目的を達成する代わりに）。それはまた、なされた選択は、公開での調査と議論に曝されるということを意味する。

こうしたことに加え、論じなければならない問題がなおもう一つある。もしも国際法が、公正なやり方で中立の諸規則を単に適用することだけではなく、文脈に応じて各々適用され得るような代替的規範間においてなされ得る選択をも求めているとしたら、それでは我々は、手段による目的の正当化というもの以外に、一体何をもっているのであろうか。これは特に、一九八〇年代初めの出来事において、一層真剣に問われた深刻な疑問である。

Reagan 大統領の統治下、米国は種々の外交政策上の行為を、単に国益を確保するために行ったのみならず、また国際秩序と正義のためと認められた一定の目的を確保するためにも行った。特に、全体主義の支配者を取り除き、その国の人民に民主的で自由な選択を許す意図において、多くの軍事介入が行われた。ここでは、一九八三年のニカラグア、グラナダ、そして一九八九年のパナマにおける軍事行動を挙げることができよう。これらの行動は各々、米国民や米国の友人たちの間でも、それ以外の人々の間でと同じく、重大な論争を引き起こした。(11) これらの行動の国際法上の合法性について、広く異なった見解があった。国務省の法律顧問及び軍事介入を支持する学者たちは、国連憲章及び慣習国際法上、いかなる干渉が許されいかなる干渉は許されないかの分析において、国際法のもつ社会的目的を大いに強調した。(12)

ここでは、これらの内容に関する争いに加わるつもりはない（後に、これらに関連することについて若干触れはするが）。むしろ、私としては次のことを問いたい。もしも専制政治よりも民主主義の方がより好ましいという信念を共有するならば、そして、もしも過去の決定の傾向は政治的目的ということを念頭に置いて解釈されるべきであるという、国際法への政治科学的手法というものに従うならば、こうした行動をすべて合法的と看倣すということに必然的になるであろうか。私はそうは思わない。

まず第一に、政治科学的手法が、結果が望ましいものでありさえするならばあらゆる可能な手段を見つけ出すよう求めているとは思われない。過去の決定の傾向というものは、文脈と望ましい結果の双方の重要性にもかかわらず、そこでなされる選択の際に重要な役割をなお演じている。あいまいさとか不確かさの存在するところでは、政策主導的な選択が適切になされ得る。分権的な法秩序においては、一方当事者に、望ましい結果を達成するような法律の解釈を行うことを許すことは、より良心的ではない他方当事者に、同じことを行うことを主張するのを許すだけだろう、と言うものもいるであろう。しかし、そうした議論はそれほど説得的ではない。我々一人一人が、法律上の主張の合法性を試さなくてはならないという義務から逃れる術はない。知性では、どちらが支持できてどちらが支持できないかということは、各人わかるであろう。そして、もしも国際法が、中立的規則の適用としてのみ認識されるならば、そうすると公平な方法によってのみ引用されるであろう、と考えることは妄想である。しかし、幾つかの禁止（例えば、ある種の武器の禁止）というものは絶対的であるべきだということは、共通の利益のためである。そして、行為に関する他の種類の制限は、単独の場合にはさもなければ望ましいと看做されるであろうある結果の達成をたとえ妨げるとしても、強制的なものと看做されるべきだということは、共通の利益のためである。

そうだとしても、第三者による裁定というものの欠如のため、政治科学的手法とは単に政策作成者が望むものを意味するにすぎない[13]と仄かす者もいるが、これはまったく的はずれなことである。この手法は「実は国際法を考慮に入れずに為した己れの決定を事後に（post facto）正当化する道具として、国家により用いられるものに国際法をしてしまう[14]」ことになると批判者が言うことは、実際にはこうした問題をもうこれ以上進めない。これは、国際法とは何かという疑問を単に回避しているだけである。こういったコメントは、すべての誠実な人々が認めることのできる―つまり、状況や文脈に関係なく中立的に適用され得る規則―一つの「真の」国際法というものが存在するということを、単に前提としているだけである。そして、それこそがこの議論の始まったところなのである。

勿論、法的な理論に関する議論は、国際法が「規則」なのかそれとも「過程」なのかということだけではない[15]。しかし、これは重大な一面である。規則を強調することは、法的実証主義者―すなわち、ある主権者から生ずる命令として法律を考える人々―に限定されはしないとはいえ関連はしている。法的実証主義の創始者たるAustinは以下のように言っている。「あらゆる実定法、又は率直かつ厳密にそう呼ばれるあらゆる法律は、主権者又は主権者団によって、その権威に従う者たちに対し定められる。[16]」命令と主権が明らかに欠けている水平的分権的な国際的法秩序において、実証主義に意義を与えようとしてKelsenは、ある基本的規範（grundnorm）—他のすべての規範がそこより拘束力を引き出す最高位の基本的な規範—の存在を提唱した。[17]

指導的な学者の中には、「規則」の手法と「過程」の手法を調和させようとする者もいる。[18]しかし、こうしたことに興味を示しながらも、自分たちは実用主義のレベルにおいて国際法の実体上の問題を述べるのみであると主張し、こうした立場を避けようとする者もいる。[19]思うに、「調和」とか「統合」とか「折衷的見解」というものは、表面的には魅力的に思えるけれども（しばしば論者というものは、こうした魅力的な折衷的方法を提供することを求めたがるが[20]）、これらは答を与えるというよりもむしろ、本質的な質問を避けたりぼやかしているのである。

そこで私は、本講義は、一つの選択がなされなくてはならないという見解に基づいているということを、明確に述べなくてはなるまい。その選択とは、国際法は一つの過程であるという認識に対するものである。後にみていくように、機械的に決定されたものは何もなくそして文脈が常に重要であるということから、このことは、法源を確定し規範をあてはめるにはより困難な仕事が伴うこととなる。しかし、過程としての法律は、もしも法律というものが社会においてその機能を果すべきであるとするならば、その中心的な予見性の拒絶ということを必然的に伴うわけではない。[21]

ある程度までは、こうした議論のすべては現在十分に尽されている。大変重要ではあるが、これらは目新しいものではない。最近の重要な現象の一つは、国際法に関し批判的な法律研究といえるものが書かれてきていることである。それは、政治科学者や批判的な現実主義者が認めようと望むであろう以上に、政治科学と共通点を多くもっている。両学派にとって法律理論というものは、国際法だけにというわけではなく法律一般に適用可能なものである（我々は、国際法律家として、法律の一分野たる国際法への適用に関心があるとしても）。両者共に、まず出発点として、法律は社会理論に深く根ざしているものと理解する。両者共に、社会的文脈の中に法律的過程をおき、価値の入る余地というものをきわめて明確にしている。両者共に、法律を規則及び例外としては否定する。しかし、批判的な研究者は、法律をある特定の状況下において選択がなされなくてはならない補足的な又は競合する規範としてよりも、むしろ矛盾したものとして、[22]あるいは本質的には曖昧なものとして看做すであろう。[23]批判的な研究者は、こうした矛盾は、人間の経験に歴史的に偶発的なものか、はたまた生来のものかのいずれかである、と信じている。こうした見解は、国際法のできることは問題点の指摘であって目的への到達を助けることはできない、という悲観的な結論へ導びく。

しかし、公益のためにこれらの矛盾の間から合理的に選択するという予測は存在しないと結論づけなくても、法律システムにおける矛盾の起源の説明を受け入れることはできる。例えば、Koskenniemi は、以下の二点を根拠として、そうした選択を為すことの可能性を排除しているように思われる。第一に、文脈により決まる正義という論点は、「法律論争が『合法的な』ままであるために止まると思われる点を越えて、政治的社会的そして経済的なこじつけというような世界にあえて踏み込むこと」[24]を求めている。しかし、これは Fitzmaurice の超古典派の立場に再び合流することとなる。勿論、法はそれのみで正義を達成することはできない。法的な選択をなすことが、もしも政治的かつ社会的文脈をまったく無視することを目的とするものであるならば、正義へ寄与すらしないであろう。「合法的な」状態に止まることは、「規則」ではないものすべてを無視することではない。「合法的な」状態に止まるということは、過去の決定に重大な先導的意義を見い出し、そして共同体の利益を根拠になされ、かつ、共通の価値の促進のためになされる利用可能な選択に依拠して、そうする権威を与えられた人々によって決定がなされることを保証することである。第二に、Koskenniemi は、自由主義には、その先導的な前提─制約の唯一の根拠は、他人への危害を防ぐことである─として、実際上ある権利は他の権利よりも優越すべきであるということを前提とするという、生来的な欠陥があるという。これはすぐれた指摘である。しかし、選択の決定は、こうした極端な自由主義─すなわち、危害の回避以外には、いかなる価値のおしつけもない─の適用によって体系化されなければならないというわけではない。─例えば政治科学の手法が行うように─選択のための先導的な原則を提唱することは、勿論、何が望ましいかというためにはある見解又は仮定が他のそうしたものに優越しなくてはならないということが、その根底にある。もっとも、法律学のこの説得力ある特性については問題はない。このことは、社会において他者とまさに共存するために必要なことである。誰であれ、推進されるべき価値だと認めるものを認知しかつ声高らかに主張することに加わる権利がある。議論のもととなっている人々に共鳴することを含めての多くの要因によって、特定の考えが優先するか否かを決定することとなろう。

ここで論じなくてはならない、幾つかの関連事項がある。まず第一に、もしも実証主義や規則から距離をおけばおくほど、提案された法律（lex lata）と制定されるべき法律（lex ferenda）─あるがままの法律とそうであろう法律─の間の違いは重要でなくなる。もしも規則としての法律が、時代遅れの不適切な規範の適用を求めるならば、そこでは、過程としての法律は、我々が推進しようとする価値及び達成しようとする目的と、より合致する解釈や選択を行うことを奨励する。しかし、これが、「あるがままの法律」に対比されるものとしての「そうであるべき法律」として分類されるのは、規則に根拠をおく法律家に対してのみである。過程としての法律にとっては、これは大まかにいって誤まった二分法であり、我々自身が存在を振り払い得る相違の一つである。

これに密接に関連しているのは、法の欠缺（lacunae）の問題である。例えば、国際組織の負債に対する加盟国の責任とか、実質的な害をもたらさない手続上の不法行為は損害賠償を必要とするか否かという問題といったような、国際法上特定の規則が存在しない話題がかなり存在するかもしれない。規則に根拠をおく法律家は、こうした事項に関しては国際法は何も触れていないとのみ言うことができる。しかし、国際法を過程と看做す者にとっては、適用されるべき詳細な規則がなくとも、(類推により、文脈に言及することにより、代替的な結果の分析により）その問題について権威ある決定を行うための手段はなお存在している。

更に国際法を、規則や命令というよりも、むしろ一つのシステムとして一つの過程として分析する結果、我々は様々な現象—請求と反訴、国家の慣行、様々な権威ある意思決定権者によりなされた決定—に興味をもつであろう。このことはすべて、国際法を織り上げている。何が国際法かを認定しようとするには、国際司法裁判所にのみ焦点を合わせるわけにはいかない。また、国際法はある公平な裁判所が問題をとり上げ述べるだろうものとして理解されるべきであると書いている者たちの見解[25]に、同調するわけにもいかない。そうした見解は、国際法というものは規則の真に中立的な適用であるとの認識にもとづいている。しかるに本書は、分権的システムにおいてすべての権威ある意思決定権者に与えられ得る一つの権威ある意思決定のシステムとして国際法を認識することにその出発点をおくから、その役割は大変に重要であるとはいえ、国際司法裁判所に重点を置くことはしない。

私は、まず「国際法とは何か」という質問から、始めることにした。しかし、この最初の質問への答は、真に普遍的なシステムというものは存在するかとか、国際法の性質とか内容についての異なる見解は、社会主義国や発展途上国においては存しないか、と問うことなくして結論付けることはできない。ペレストロイカ以前のマルクス主義者にとって、国際法は法律の上部構造の一部であり、階級なき社会が到来するとき—国家と共に—廃たれるだろうものであった。それは、国家の外交政策の属性の一つであり[26]、支配階級の意思表現の一つであった。そ社会主義と資本主義のシステムにおける支配階級の意思が一致するところに、国際法は存在し得たのである。それは、異なる社会主義国間に存在しているといわれた社会主義国際法と相並んで存在していた。この国際法の性質についての認識は、根本的に西側諸国におけるものとは異なってはいたが、とにもかくにも、一つのシステムとしての国際法の存在について、そしてまたその内容のかなりの部分について、運用上の合意というものは存在していた。そして主な相違の一つは、紛争の第三者による解決についてのそれであった。国際法に対するマルクス主義者の手法からいうと、国際裁判所が法律内容を決定することにより紛争を解決することは、不適切であった。そして、条約上の義務についての約束はなされはしたが、こうした義務の履行についての国際的な監視ということについては、最近まで抵抗していた。社会主義者の見方では、国際法というものには普遍性はなかった―もっとも、それが西側諸国により強制されるからそうだというわけではないが―。それは、その性質―社会主義国と資本主義国の意思の調整という―からいって、普遍性がないのである。

過去三年間においては、国際法は対立する意思の調整であると強調されることよりも、一つの普遍的利益の表明として強調されている。この普遍的利益は、人類の生存への共通の脅威によって例証されている。旧ソ連邦内において新しい政治観の中心となるものは、普遍的な人類の価値の優先であったと今や言われている(27)。そして、国際法はこれを達成するための手段だったとみられている。

発展途上国は、法律理論に偏見を持つというマルクス主義者の歴史的伝統をもってはいない。彼等はむしろ、慣習国際法の主なものの多くは自分たちが独立する以前に形成されたため、これらの規範の表明に対する彼等の貢献というものは限られていた(28)ということに、むしろ注意を払ってきている。しかしこのことは、彼等をして、こうした規範は自分たちの利益に明らかに有害であるとも、又独立を成し遂げるに際しこうした規範に拘束されないとも、主張させるには至らなかった。国際法は一体として、第三世界の国々に、普遍的に適用されるものとして進んで受け入れられてきている。しかし、疑いもなく二つの現象が存在している。第一には、個々の規範は、不公平なものとして、また、経済的に優位の国々の利益を永続させるものとして、その正当性に異議申立てがなされている。これらの規範をその時代の現実及び理想を反映するものとして発展させ変化させるための努力が、なされている。そして、これはしばしば成功している。このことすべては、第二章の扱う法律の発展過程の一部—それ自体が国際法の一部だが—として行われてきた。第二には、国際法の一般受容への条件としては、新興独立国は、本国にとっては義務となっている国際法上の義務のすべて（条約を含めて）を引き継ぐものとはもはや看做されない、ということである。[29]

注目すべきことには、たとえ国際法の形成はその多くが西欧の歴史に負うとはいえ、[30]一体としての国際法に従って独立する義務はないとか、実際に国家継承の理論はそっくりそのまま適用されはしないであろうということが、新興国から仄めかされたということは未だない。もっと一般的には、この論争は国際法の実体とか内容に関してのものとしてなされてきた—しかし、国際法の普遍性が疑われたことはない。確かに国際法の詳細な諸規定は、受け入れられかつ信頼されてきている—。そして、それは当然である。なぜならば、国際法はある特定のグループの財産ではなく、むしろ我々皆に関連する一つのシステムであるから。

国際法は誰に適用されるか

国際法は、国家に対しその相互関係に適用されると、まちがいなく言うことができる。しかし、この答は完璧なものにはほど遠い。国際法は、今日では国際組織にもまた適用されるとだけ言っておこう。また、国際法は、場合によっては個人にも直接適用される（例えば、戦争時における行為に対する個々人の責任に対して、または、基本的自由に関する個々人の諸権利に対して）。そして、場合によっては、間接的に適用される（例えば、ある特定の国に対する国連による貿易制裁措置に、必要な国内法による干渉を通して個々人は従うことが求められる場合に）。なお、第三章でこの問題については戻ることとする。

国際法の義務の根拠となるものは何か

オースティン学派の実証主義者にとり、法律の概念は、強制の適用により効果的になされるある主権者の命令である。しかるに強制は、国際的法システムにおいてはほとんど何の役割も演じないから、国際法は法律と呼ばれることは全く適切ではないということになる。非実証主義者にとってすら、解決されなくてはならない幾つかの難問がある。もしも、規範が拘束力を有し、かつ、国家はその行動において規範に従うことが求められているという義務感が存在しないならば、あるシステムを「法律」として説明することはできないことは、皆が同意するところである。論点は二つのレベルで生じてくる。第一に、なぜ規範的なシステムというものは、その一般原則として、拘束するものと見なされるべきかという疑問がある（ここに「その一般原則として」というのは、いかなる時にも、いかなるある特定の規範の法的地位についても、常に論争があるだろうからである。）。第二に、なぜ国家は国際法の規範に従わなくてはならないのか、という疑問がある。これらの二つの疑問は、あたかも同じもののごとく、しばしば交換の効くものとして扱われている。しかし、これらは密接に関連してはいるが、そうではない。オースティン学派の命令―効果的な強制が存在していなくてはならないという―は、第二の疑問には関連しているが、第一の疑問には関連していない。では、これらを順に見ていくことにしよう。

国家をして、国際法を「拘束するもの」と看做させ、それ故に真の法律システムの一つであることに耐え得るものと看做させているのは何なのであろうか。この質問は膨大な著作を産み出しているが、[31]その答たるや容易いものと言うにはほど遠い。答は、国際法それ自体ではなくその起源にある、とする著者もいる。彼等によると、一定の事項がある強制的な手法により規制されるべきだということは、そうした事の自然界の秩序に起因するとされる。正義についての基本的な諸命令についての一つの拘束力ある根拠が、自然法の中に見い出されるのである。自然法それ自体は、もともとはある種の宗教的な意味あいを有していたが、[32]しかし長い歳月の間に、比較的脱宗教化した概念の一つとなってきている。[33] Koskenniemi は最近の著作[34]において、正義の「当然の」（natural）義務は、神の法と呼ばれる義務ではなく、本質的に生存と自衛のために必要なものへとなってきたと示唆している。また国際法の拘束性のカギとして、同意に焦点を合わせる者たちもいる。彼等によると、規範は、国家が拘束するべきだと同意したが故に拘束するのである。この見解は、国家の主権というものに密接に根拠づけられるのであり、そこでは、強制されることに同意した範囲外においての、一方的に行動する自由というものを強調する。社会主義の学者にとって、義務の根拠と国際法の法源の問題は同じである。国際法は、国家の意思の一致により作られるのであり、それで十分に、「命令的な法規則」を産み出すこととなる。ソビエトの政策には一九九〇年代初期重大な変化が起きたにもかかわらず、これは明らかに現在の通説として残っている。[35]西側の学者たちは伝統的に、義務の根拠を国際法の法源の問題と区別してきている―両者の密接な相互関係に気付いてはいるけれども―。しかし彼等もまた、同意を義務の根拠の一つとして広く認めてきている。社会主義の学者たちは、もしも同意が義務の根拠であるならば、条約が国際法の主な法源であり、明らかに同意にはそれほど根拠を置かない慣習は疑いをもって扱われるべきである、という論法においては勝っている。―少なくとも、国際的な意思の決定における数字上の多数派としての立場が、第三世界によって失われるまでは―慣習を法源とすることに満足していた西側の法律家たちは、なぜ慣習には拘束力があるのか説明しなくてはならない。ここにおいて再度、「なぜある類型(genre)としての慣習が拘束力があると看做されるのか」という疑問なのか、それとも「なぜ慣習法に起源を有する規範Xは、それに同意していないY国を拘束するのか」という疑問なのか、という点に若干の混乱がある。

この問題は、慣習に起源を有する規範に関しては最もはっきりと認識されるが、このことは（Fitzmauriceが、正しく指摘したように）条約に関してさえも存在している。なぜ、同意の表現である合意は拘束する（pacta sunt servanda）をも、拘束力あるものと看做さなくてはならないかと、彼は問うた。これに対する唯一の解答は、国際法のシステムそれ自体に先立つ、一つの無限に遡及的な国家の同意概念だと、彼は自覚していた。(36)

同意が義務の中心的なものと看做される限りにおいては、様々な手段を用いてその厳格さを軽減しようとする流れが存在している。この「先取りの同意」は、司法的手段を通して紛争を解決するという義務に与えられ得るのであり、これは国際司法裁判所規程の選択条項を通して行われる。そして、たとえ同意が明白には為されていない場合であっても、黙示の同意や一方的行為が各々、拘束される意図が推定されたり又は意図があると看做される証拠として働く、という役割をもっている。(37)

Koskenniemi は、それゆえに同意に根拠を置いた理論を苦心して作り出している。なぜなら、国際法は、現代の理論によると国家の同意に基礎を置いているのであるから、国家が法律と看做すとして選んだものは何であれ国際法であり、それ故に、法律は国家の行動に対する効果的な外部よりの制約ではあり得ない、という批判に曝されているから。(38)国家が、こうした義務を受け入れるべきであり、かつ、同意はまた国家がその決心を変えたり既に与えた同意を否定することを許すものであると主張すべきではないと考える限りは、そうすると（Koskenniemi が言うには）国際法は、国家がそうするために選ぶものに対し正当化と合法化の一外見を与えるだけの、言い分けがましいものだという批判に曝される。もしも国家が、単に遵奉することをのみ望むならば、義務の根拠は言い分けがましいものである。それに対し、もしも国家が遵奉する覚悟がない規範というものが存在すると主張されるならば、そうすると義務の根拠は、夢想的なものである。それ故に、彼は、Fitzmaurice の論旨を更に進めている。Fitzmaurice は、義務の基礎は、国際法それ自体に先だつものに存しなくてはならないと言う。

それに対してKoskenniemiは、もしも国家が同意するならば、そうするとそれは法などでは全然なく、国家の行動が規範的なものと看做されるであろう国家による合意の一つにすぎないと言う。

FitzmauriceとKoskenniemiは共に、これらの一見したところおそろしげな問題を解釈するのに、派生的な理論に頼っている。しかし、国際法は、権力より上位にある権威の主張（これがKoskenniemiの「言い分けがましいもの」という議論の中心となる仮説である）ではない。国際法は、権威と権力が一致するときに、権威ある意思決定権者による意思決定である。もしも権力が権威と協調するならば（彼の理論では、同意を通して）、そこにあるものは法ではないとKoskenniemiが考えるに至ったのは、法が権力よりも上位の権威の主張であるとする、法についての最初の誤った見方である。

とにもかくにも、我々は国際法の中に、明示による同意を通してか、またはそうした特別の同意がないところで課せられる義務への反対がないために―主権があるにもかかわらず、反対は成功しないと考えられるために―、規範がその姿を現わす一つのシステムというものをもっている。こうしたことは、法源を扱う第二章で再び論じることにしよう。義務の根拠については[39]、相互主義が中心的な要素の一つである。自然的正義の概念が同意に置き換えられ、そして同意は徐々に合意によって置き換えられてきている。諸国家は、疑いもなく、立法機関に加わっていなかったが故に、又は、特定の提案に賛同したくなかったが故に、明示の同意を与えていなかった規範により拘束されるものと、自分自身そう考えるようになってきている。もしも、しばしば暗黙のときには不熱心な合意というものが国際法の根拠であるならば、そうすると国家が自制することに互恵的な有利さを認めるが故に、そうした合意は生ずるのである[40]。国際法に違反するということが短期的には有利である場合があるかもしれないが、そうすることが国家利益となりうることは稀である[41]。意思決定の過程の一つとしての法律にとっては、これで十分である。他のなんらかの義務の根拠を捜すことは、不要である。そしてこの根拠を「言い分けがましい」と称することは、意思決定の規範的システムの一つを法律以外の何かに変えるものではない。

それでは制裁とは何であろうか。法的義務の根拠という問題に比べ、現代の国際法律家の間では、国際法によって我々は何を意味するのかということの確認に際しての制裁の位置付けに関しては、争いはほとんど存しない。国際法は、効果的な制裁というものがなくては存続し得ないとか、制裁は国際法の特定の規範の存在を言外に意味するということを信ずる者は、今日では殆んどいない[42]。既に示してきたように、義務の根拠に関しては幅広い見解―自然法、同意、法律システムそれ自体に先だつ原則、合意、相互主義―が存在しているとはいえ、これらはすべて、制裁の強制力により課せられる義務を除外している点が興味あるところである。

(1)　これらについての私の見解は、以下により詳しい。R. Higgins, "Integrations of Authority and Control: Trends in the Literature of International Law and Relations", in B. Weston and M. Reisman (eds.), Towards World Order and Human Dignity (1976).

(2)　R. Higgins, "Policy Considerations and the International Judicial Process" (1968) 17 ICLQ 58 at 58-9.

(3)　H. Lauterpacht, The Development of International Law by the International Court (1958), 399.

(4)　M. McDougal, H. Lasswell, and M. Reisman, "The World Constitutive Process of Authoritative Decision" (1966) 19 Journal of Legal Education 253 at 256.

(5)　この見解の表明としては、G. Schwarzenberger, "The Misery and Grandeur of International Law", Inaugural Lecture 1963. を参照のこと。また、M. Bos, A Methodology of International Law (1984), 特に十一章参照のこと。

(6)　South West Africa Cases, ICJ Reports (1962) 466 (joint diss. op.)

(7)　South West Africa Cases, ICJ Reports (1966) 6 at para. 49.

(8)　C.W. Jenks, Law in the World Community (1967), 54. を参照のこと。

(9) R. Higgins, "Integrations of Authority and Control", 85.

(10) M. McDougalと彼の仲間の研究の多くは、意思決定権者への質問の体系的なやり方を詳細に論ずるという方へ向ってきている。例えば、"Some Basic Theoretical Concerns about International Law: A Policy Oriented Framework of Enquiry" (1960) 4 Journal of Conflict Resolution 337.

(11) とりわけ、F. Boyle et al., "International Lawlessness in Grenada" (1984) 78 AJIL 172; T. Farer, "Panama: Beyond the Charter Paradigm" (1990) 87 AJIL 503; C. Greenwood, "International Law and the US Air Operation against Libya" (1987) 89 West Virginia Law Review 933; L. Henkin, "The Invasion of Panama under International Law: A Gross Violation" (1991) 29 Columbia Journal of Transnational Law 293; V. Nanda, "The Validity of US Intervention in Panama under International Law" (1990) 84 AJIL 494; J. Norton-Moore, "Grenada and the International Double Standard" (1984) 78 AJIL 145; E. Schumacher, "The US and Libya" (1986) 65 Foreign Affairs 329; P. Thornberry, "International Law and its Discontents: The US Raid on Libya" (1986) 8 Liverpool Law Review 53. を参照のこと。

(12) 国連安全保障理事会における、米国大使Waltersによる声明（一九八六年四月一五日）。repr. in the Department of State Bulletin (June 1986), 19. を参照のこと。また、"Protection of Nationals", US Digest, ch. 4, para. 1, repr. in (1984) 78 AJIL 200, 及びA. d'Amato, "The Invasion of Panama was a Lawful Response to Tyranny" (1990) 84 AJIL 516. を参照のこと。

(13) W. Friedmann, "Law and Politics in the Vietnamese War: A Comment" (1967) 61 AJIL 776 at 783. を参照のこと。

(14) G.J.H. Van Hoof, Rethinking the Sources of International Law (1983), 43.

(15) ここではまったく簡単に触れ得るのみであるが、多くの重要な学派が存在している。例えば、これには自然主義、法的現実主義、帰納主義、機能主義、構造的実証主義、そして組織的分析などが含まれる。こうした学派に属する人々による、また、人々についての、すぐれた文献がある。これらの学派の思想の多くについて（まったく異なった視点からの）二つの興味ある調査がなされている。Van Hoof, Rethinking the Sources of International Law, 13-84;そして、M. McDougal and M. Reisman, "Theories about International Law: Prologue to a Configurative Jurisprudence" (1967) 8 Virginia Journal of International Law, 188-299.

(16) J. Austin, Lectures on Jurisprudence or the Philosophy of Positive Law (5th edn., 1954), i. 34.

(17) H. Kelsen, General Theory of Law and State, trans. A. Wedberg (1949), 113.

(18) M. Koskenniemi, From Apology to Utopia (1989), 159.は、Schachter と Virally が総合コースで行った講義を「『規則』と『過程』という法の両側面を結合させることを訴えた」ものと分類している。Recueil des cours (1982, V; 1983, V)を参照のこと。

(19) Jenningsの著作は、あらゆる問題に対して断固としたプラグマティックな手法をとりながらも、理論にも強い関心をもっていると特徴づけられる。Receuil des cours (1967), 320.を参照のこと。また、M. Søensen, Receuil des cours (1960, III), 11とKoskenniemi, From Apology Utopia, 159n. 73. の引用を参照のこと。

(20) もしも Schachter と Virally が調和主義者としてみなされるならば（彼等をこう特徴づけることは、あまりにも単純化しすぎて適切ではないというのが、私の考えだが）、そうするとC. W. Jenks の The Common Law of Mankind (1955)を、異なる見解の「統合」のメリットの奨励のために、また Van HoofのRethinking the Sources of International Law を、「構造実証主義の折衷的な道」の解説のために、付記する人がいるかもしれない。Van Hoofは、印象的なある文において、以下のように述べている。「がんこな実証主義者は、現実の当面の問題に最も関連したところを記録さえしない、欠陥カメラで写真を撮る写真家のような者だ。その上彼は、定期的に写真を撮り直すことも拒否する。他方、政策主導型の法律家は、社会について連続する三面体の映画を作ろうとする。前者は架空の答を見つけがちだといわれた。しかるに後者は、法律に対し、秩序を保ち規定をするという機能を果すことができるために求められている最小限の確定性と安定性すら与えることができない」（四四頁）。

(21) しかし、A. d'Amato, The Concept of Custom in International Law (1971)と、H. Thirlway, International Customary Law and Codification (1972), 51.を参照のこと。

(22) D. Kennedy, "The Structure of Blackstone's Commentaries" (1979) 18 Buffalo Law Review 205; D. Kennedy, "Theses about International Law Discourse" (1980) 23 German YBIL 353;そして、G. Binder, Treaty Conflict and Political Contradiction: The Dialectic of Duplicity (1990).を参照のこと。

(23) Koskenniemi, From Apology to Utopia.を参照のこと。

(24) M. Koskenniemi, "The Politics of International Law" (1990) 1 EJIL 4 at 32.

(25) Thirlway, International Customary Law and Codification, 52.

(26) V. Vereshchetin and R. Mullerson, "International Law in an Interdeperdent World" (1990) 28 Columbia Journal of Transnational Law 291.を参照のこと。国家中心による国際システム（それ故に国際法の）の認識に挑戦する大変に独創的かつ急進的な分析として、P. Allott, Eunomia (1990).

(27) Vereshchetin and Mullerson, "International Law".を参照のこと。彼等は、「世界大戦の脅威や、核による破局を減少さすことや環境の保護等」（二九二頁）を、望ましい結果というよりもむしろ政治科学者なら普遍的価値のものとして描くであろうものとして引用している。そしてまた、「国際的舞台における階級利益というものは、概して、国益として表現される」とも述べている（二九三頁）。

(28) しかし、国際法の主要テーマが、西側諸国の思想や貢献のみを反映していると考えることは誤りである。C. Alexandrowicz, An Introduction to the History of the Law of Nations in the East Indies (1967).

(29) 本国により作られた条約の、独立国の継承の確認については、United States Nationals in Morocco Case, ICJ Reports (1952) 176 at 193-4.を参照のこと。「白紙状態」と国家継承という複雑な問題についての秀れた詳細ではあるが簡潔な調査としては、Oppenheim's International Law, 9th edn., ed. R. Jennings and A. Watts (1992), i. pt. 1, pp. 227-34.を参照のこと。

(30) 国際法へのヨーロッパのみの貢献、そして東側諸国による単なるその受容という、強烈な西側の一見解については、B. Verzijl, "Western European Influence on the Foundation of International Law" (1955) 1/4 International Relations 137-146.を参照のこと。

(31) 例えば、J.L. Brierly, The Basis of Obligation in International Law (1958); H. Lauterpacht, "The Grotian Tradition in International Law" (1946) 23 BYIL 1; P. Corbett, "The Consent of States and the Sources of International Law" (1925) 6 BYIL 20; G. Tunkin, "Coexistence and International Law", Recueil des cours (1958), 5 at 32ff.; H. Kelsen, Principles of International Law (2nd rev. edn., 1966), 563ff.; Jenks, The Common Law of Mankind, ch. 1; M. Kaplan and N. Katzenbach, The Political Foundations of International Law (1961), 55-80 and 340-55.

(32) J. Bodin, Six Livres de la Republique (1953); J. Finnis, Natural Law and Natural Rights (1980); E. Midgley, The Natural Law Tradition and the Theory of International Relations (1975); S. Pufendorf, De jure naturae et gentium libri octo, trans. C. and W. Oldfather (1934).を参照のこと。

(33) Locke, Two Treatises, Second Treatise, ch. III, s. 16, 125; Pufendorf, De jure Naturae, bk. II, ch. 1, 5.8, 152-3, Hume, A Treatise, bk. III, s. II, 547.を参照のこと。

(34) Koskenniemi, From Apology to Utopia, 70.

(35) G. Tunkin, in G. Tunkin (ed.), International Law, trans. x. Pikarski (1990), chs. 1, 3, at pp. 20 and 39.を参照のこと。Tunkinは、「法律は、一つの所定の法律システムの対象物を拘束するものと考えられる規則の総計である」と述べている（二〇頁）。そして、「なぜ法律の規則が拘束力があると考えられるのかを説明する前に」、一つの特殊な社会現象としての法律の起源を明らかにする必要がある、と続けている。しかし彼は、なぜ規則には拘束力があると考えられるのか一言も説明せずに、単に規則は、国家の同意により出現すると説明しているのみである。新しいペレストロイカ後の政治思想によると、国際法は普遍的価値（異なる諸価値を代表する諸国家の調整された意思というものよりもむしろ）に根拠をおかなくてはならないと強調されてはいるが、同意というものの中心的役割の取り消しを示すものは何も存しない。Vereshchetin and Mullerson, "International Law in an Interdependent world," 291.を参照のこと。

(36) G.G. Fitzmaurice, "The Foundations of the Authority of International Law and the Problem of Enforce-

ment" (1956) 19 Modern Law Review, 1.

(37) Koskenniemi は、国際司法裁判所は、拘束される意図など少しもないことが明白である訴えにすら、一例えば、Anglo-Norweigian Fisheries 事件（From Apology to Utopia, 255-8.を参照のこと）においてのように一反対派を黙らすためにこの役割を割り当ててきていると論じている。

慣行における同意の拘束力の軽減についての興味ある分析の一つとしては、E. Lauterpacht, Aspects of the Administration of International Justice (1991), ch. III, pp. 23-58.を参照のこと。

(38) この概要は、V. Lowe による Cambridge Law Journal 3 (1989), 527-9での、Koskenniemi の見解についての簡便な概要から引用した。Koskenniemi と V. Krotochvil の Rules, Norms and Decisions: On the Conditions of Practical and Legal Reasoning in International Relations and Domestic Affairs (1989).についての興味ある評釈としては、I. Scobbie, "Towards the Elimination of International Law: Some Radical Scepticism about Sceptical Radicalism" (1991) 61 BYIL 339.を参照のこと。

(39) 典型的な出発点は、Brierly, The Basis of Obligation in International Law.にみられる。なお、McDougal and Reisman, "Theories about International Law", 188-94.等を参照のこと。

(40) これは、Koskenniemi (From Apology to Utopia, 74)によって認められた、自然的正義の功利主義的変形を思い出させる。

(41) 国際システムを法律の履行に合致させる Henkin の分析方法は、未だに優れている(L. Henkin, How Nations Behave, 2nd edn., 1979)。

(42) G. Schwarzenberger は、時々この点に関し、Austin と Kelsen のマントを羽織っていると看做されている。しかし、彼の議論は、彼等のように制裁に焦点を合わせてはいない。むしろ彼は、もしも特定の国際法の規則が継続して破られるならば、それらを法律と呼び続けることはできないと熱心に主張する。しかし彼は、すべての規則は、制裁が欠如すれば破られるであろうとか、制裁なくしては国際法は存在しないとは主張しない。The Misery and Grandeur of International Law (1963); A Manual of International Law (5th edn., 1967); The Inductive

Approach to International Law (1962) を参照のこと。

第二章　国際法の法源：起源と問題

第一章は、国際法とは何かということと、国際法が奉仕する目的というものを扱った。そこではまた、国家はなぜ国際法が彼等を拘束すると信じるのかということと、なぜ物理的強制力がなくとも通常国際法に従うのかということを、説明しようと試みた。

本章もまた―ここでは異なった意味ではあるが―国際法とは何かということに関心をもっている。どこに国際法の本質を見い出すのか。何が国際法を構成するのか。政治的提案と拘束力ある規則との違いは何か。第一章において扱ったものは、国際法のアイデンティティーであると簡便に表現できるのに対し、本章においての関心事は国際法の確認である。後者の主題は、一般的に「国際法の法源」と表現される。これはまさに規範の起源についてである。

国際法律家として、我々は多分、国際的な法システムにおける参加者を拘束する規範というものの起源について語ることに、あまりに多くの時間を費すことはいかに奇妙かということを認めることを、止めてしまっている。国内法システムにおいては、法律上の義務の法源は味もそっけもない方法で扱われている。つまり、第一義的にもまた第二義的にも立法が、そしてコモン・ローにおいては司法の決定が、法源である。そして、それでこの問題は終りである。勿論、特定の立法における不透明さは特記され得るし、特定の司法の決定の内容は批判され得る―しかし、それはまったく別の問題である―。しかし、我々はあまりにも国際法の法源についての法律学上の議論に心を奪われてきたために、国際的な法システムの核心において不確実性を容認する、ということを忘れていると思われる。これは、（存在するかもしれない）特定の規範が何を規定するのかに関し不確実性が存するということをいっているのではなく、我々はいかにして規範を確認するのかということを意味している。そして、確認への疑問、規範の起源への疑問に対する答がより落ち着くまでは、特定の規範の内容により一層の確実性を与えるための道具を、我々は有していないのである。

それ故に、法源の問題は大変に重要である。そして、延々と続く法律学上のまたは哲学上の議論には、学問上の意義以上の意味がある。これらの議論に夢中になり、知的意見の交換に加わることは、正当にして適切なことである。しかし、こうした議論にとって必要なことは、ある法システムに不備があるという有害な認識である、ということを無視すべきではない。

法源についてのいかなる議論にとっても、その出発点は国際司法裁判所規程三八条一項であることは、よく知られている。これは以下のように規定する。

「裁判所は、付託される紛争を国際法に従って裁判することを任務とし、次のものを適用する。

(a)　一般又は特別の国際条約で係争国が明らかに認めた規則を確立しているもの

(b)　法として認められた一般慣行の証拠としての国際慣習

(c)　文明国が認めた法の一般原則

(d)　法則決定の補助手段としての裁判上の判決及び諸国の最も優秀な国際法学者の学説。但し、五九条に従うことを条件とする。」

法源の確認への道のりは、国際司法裁判所が法律上の紛争の解決に適用する規則は何かを確認することを通してである、ということは興味あることである。このことから、国際法というものは国際司法裁判所がある与えられた事件において適用するだろうものとして定義される、と主張する著者も存在している。(1) しかし、これは狭すぎると思う。国際法は、関係者（最もしばしば国家）が、しばしば国際司法裁判所による判決の利益なしに、相互の関係において規範的だと信じるものに照らし合わせて確認されなくてはならない。

本章において、単に幾つかの条約、一般原則、裁判所の判決、そして学者の著書の表題、をざっと論じていくだけというつもりはない。多くの秀れた教科書において、こうしたトピックスの各々について、すばらしい取り扱いがなされている。そこで私は、—興味あると同時に機能的にも重要である—幾つかの基本的な問題に焦点を当てたいと思う。

慣　習

まず第一に、慣習の問題、特に慣行、慣習そして法的信念（opinio juris）について述べたい。

国際司法裁判所規程三八条は、裁判所は「法として認められた一般慣行の証拠としての国際慣習」を適用しなければならない、という命令を含んでいる。この公式的記述は、その不十分なところがよく批評されているのだが、(2) ある慣行（practice）の証拠として慣習（custom）というものを挙げている。それでいて、適用されるべき法源は慣習であり、慣習を証明するのが慣行であると、一般的には認められている。しかし、慣行それ自体が、慣習の存在の証拠ではない—規範は「法として認められ」なくてはならない—。それ故に、三八条は、より正しくは「法として認められたある一般慣行により立証された国際慣習」と読むように表現され得たであろう。事実、この条項は慣例上こういうふうに解釈される。しかし、それでもなお慣行と法的信念（ある規範が法として認められるための信念）との間の関係については、多くの問題が存在している。

国際法に独特の特性の一つは、法に違反するということが新しい法の形成へと導びき得るということである。

勿論この特性は、法を規則と看做す人々にとってはよりやっかいなことだが、法を過程と看做す人々にとってはそれほどやっかいではない。しかし、国際法は、同意とか自然法から導びかれる規則より成ると信じようと信じまいと、または、国際法は、現下の文脈及び望ましい結果という観点からなされた意思決定の過去における傾向に適切に頼っての、意思決定の一つの過程であると信じようと信じまいと、「規則」とか「決定」の傾向は、時間の経過とともにいかに変化するのかという問題がなお残っている。そして、こうした規則や決定の傾向が慣習に根拠をおくものである限りにおいて、認められた規則だとか決定の傾向と矛盾する慣行に、いかなる法的重要性というものを与えることができるのかという、関連した問題が存在する。

規則に根拠をおく国際法律家の中には、規則というものを不変のものと看做しがちな人々がいる。彼等にとって、こうした規則への繰り返しなされる違反は、最終的には国際法は権力に頼るという現実の反映の一つである。それ故に、当事者間に何らかの相違があるとすれば、優先されるべきは武力外交である。これがGeorg Schwarzenbergerの見解であり、勿論法律家でない人々や国際関係論の研究者に広く持たれている見解でもある。この見解によると、残念ながら広く違反される一定の規則が存在し続けるというのが現実であり、―たとえ武力外交に対する戦いは多くの歳月がかかろうとも―こうした規則の存在を指摘し、こうした規則に従うよう機会ある毎に主張することが、国際法律家の使命である。しかしながら、国際法を一つの過程と看做す人々にとっては、状況はむしろ異なって現われる。我々が法として描写するものは、権威と規則の合流したものである。かなりの期間に渡り実質上の不服従が存在するところでは、関係諸規範はその規範的性格を失い始める。無くなったものは、行動について求められている諸条件は法的義務というものを反映するという、共通の期待である。

しかし、国際法を過程と看做す人々にとってすら、幾つかの難問がある。正確には何が規範から法としての特性を失わせるのか。概念上は、この疑問は勿論慣習の形成に関して出された疑問と同じである。ある規範の拘束力をもつ特性の喪失ということにとり必要とされる慣行の証拠は何かと尋ねることは、最初の段階においてその規範の形成にとり必要とされる慣行の証拠を、ありのままに写しだすものである。既に見てきたように、慣習の形成には、慣行と法的信念が必要とされる。

もしもある慣習的規則が、かなりの期間に渡って広く無視されるとその規範的特性を失うとするならば、このことは言外に我々を当惑させるような意味を含んでの、国際法の実質的な内容に関する相対主義的見方に導びいていきはしないか。(3) では可能性の範囲を考えてみよう。South West Africa 事件において、―この争点に関しての決議に各国がいかなる投票をしたかに関係なく―大部分の国々は日常的に人々をヒフの色で差別しているのだから、現実には非差別についてのいかなる規範も存在しない、と南アフリカは主張した。この主張は、非差別についで何らかの規範が今までに発展し、かつ、存在するに至ったか否か、という文脈において実際に提起された。(4)第二の例として、すべての国は、国際法がジェノサイド（大量殺人）を禁じていることを認めている（そして、この全面的禁止は今日慣習国際法によって確立したものであり、単に条約上の義務によるものではない）。それでは、もしも幾つかの国が時々ジェノサイドを行ったらどうなるのか。ここでは、ジェノサイドが時々発生したり、またジェノサイドのまさに性質そのものがすべての規範服従者にショックを与えるものだとしても、このことは確実に多数による慣行ではないと安心して答えられよう。ジェノサイドを禁止する慣習法は、不服従のぎょっとする例にもかかわらず、損なわれることはない。では、第三の、もっと難しい例を一つ見ることとしよう。拷問を禁ずる規範の存在を疑うものはいない。そういった規範の存在を否定する国家はない。そして実際、このことは、国内裁判所により国際法の慣習的な規則の一つとして広く認められている。(5) しかしまた、例えば、アムネスティ・インターナショナルの報告書によると、大多数の国が組織的に拷問を行っていることも、同じように明らかである。(6) もしも、不服従は規範的特性の保持に関連しているという見解を採るならば、慣習国際法上拷問についてのいかなる禁止というものも実際には存在しない、という結論に達するべきであろうか。国際司法裁判所は、Nicaragua v. United States事件において、干渉及び許された武力の行使に関する法体系について判決するに際し、むしろ一般的にこの論点について触れた。国際司法裁判所は以下のように述べている。「もしもある国家が、公式に承認されたある規則に一見したところ一致しないやり方で行動し、それでいてその規則自体に含まれている例外事由とか正当事由に訴えることにより自国の行動を弁護するならば、そうすると、その国家の行為というものがそうしたことを根拠として現実には正当化し得ようと得まいと、そうしたことの属性の意義は規則を弱めるよりもむしろ強めることである。(7)」

「法的規則」と「権力政治」間の戦いという視点からは紛争に対処しない法律家にとって、この最後の例のようなタイプはまさに真の困難を与えるものである。その答は、人によっては、序列的な規範性の一つではないとしても、重みのある規範の一つとして受け取られてきているように思われる。それ故に、たとえば、Oscar Schachterは、「侵略に対する規則と自衛に関する規則は、単なるもう一対の国際的規則ではない。これらは、国際法の規則の本体とは異なった一つの承認された履行の請求という、『高次の規範性』を有する」と説明している。(8) しかし、慣行の要件というものは通常の方法では機能しないと示唆するにもかかわらず、この「高次の規範性」という概念をどこから得るのかは確かではない。本来、この議論は以下のようであると思われる。もしも、これらが通常の規則よりも「高次の規範性をもつ規則」として扱われないならば、そうすると慣行の証拠に関する限りにおいては、通常の規則と異なる扱いを受けることはできない。そして、もしも異なる扱いを受けることができないならば、そうすると完全な失敗という結果となるであろう。国家の態度というものを一貫して考慮しない、一つの不変の核心もしくは規範というものを主張することは、同時に、(国際的に共有される価値観よりも)個人の価値観を主張し、そして、そうするために本質的に自然法に頼るということになる。このことは、完全に可能な立場の一つではあるが、私の取るものではない。

Schachterは、ジェノサイド、捕虜、拷問、そして大規模な人種差別に関する規則と同じように、侵略に対する規則や自衛に関する規則を、この「特別のカテゴリー」に入るものとして述べている。そして、「矛盾の多い、又は、不充分な慣行」のために、国家や裁判所がそれらの規則の継続する力を疑わないのは、そうした理由によると言う。彼は、禁止はもはや存在しないという結論に導びかないものとして、ジェノサイドの事例や逮捕者による囚人の殺害にふれている。

私の手法は幾分異なる。例えば、McDougal や Feliciano が述べているように、侵略に対する規定や自衛に関する規定は「共存に必要な規則」であり、「最小限度の世界秩序の諸原則」(9) であるということは、これらを（丁度列記したばかりのこれらの秩序と共に）慣行についての通常の要件が適用されないという点に関し基本的規範(grundnorm) の一種とすることではない。また、侵略や武力の行使や捕虜の保護そしてジェノサイドに関する諸規定は、広く強行規範 (jus cogens) と看做されていると強調することにより、この問題が片付けられるわけでもない。(10) 強行規範たるある規範を、国家相互の関係の中で国家間に結ばれた合意によって制限したり停止したりすることはできない。A国とB国は、相互間において、各自の収容している捕虜を自由に殺すことを許すという合意を行うことはできない。これは、国際社会が一致して、特定の国家が「契約により義務を免れる」ことのできない非常に重要なものとこれらの規範を看倣しているが故にである、と思われる。しかし、もしも国際社会が一致してはこれらをそういうものと看做さないならば、こうした規定がともかくもその規範的性質を維持するだろうとはいえないであろう。とはいえ、我々が大切なものとして支える規範の地位は、大多数の国の支持を全く失うわけではないということを保証するためにこれらの規範を主張し適用するという努力により、守られるであろう。しかし、国家に対し、そうした規定に一種の規範性を与えることの価値を見い出させることにたとえ失敗したとしても、なおそれでも、存続するであろう「高次の規範性」を有する規則としてこれらを分類することにより、これらを人為的に保護することはできない。

私の見解では、これへの答は別のところにある。第一に、新しい規範の形成とそれらの発展及び変化若くは消滅の双方にとって重要なことは、大多数の国家による慣行であるという事実を、見失ってはならない。それ故に、もしもジェノサイドや捕虜の殺害ということが残念ながら時には起ころうとも、これが大部分の国にとり普通の慣行ではないならば、規範としての禁止の地位は不変である。「高次の規範としての地位」について、特別に言及する必要はない。これよりもっと難しいのは、拷問の問題である。なぜならば、拷問について知る立場にある尊敬すべき諸機関によると、世界の大多数の国がこの嫌な行為を行っているからである。ここに至って、もう一つの新たな要素が考慮されることとなる。

新しい規範が慣習法であると言われるには、慣行と法的信念の両方を必要とする。既存の規範の漸進的消滅と他の規範による入れ換わりも、また同じである。たとえ広く悪用されていようとも、拷問の禁止というものが慣習国際法の要件の一つとして存続する理由は、その悪用を無視することを許す高次の規範としての地位をこれが有しているからではなく、その規範的地位が存在し続けていることへの法的信念による。いかなる国も、たとえ拷問を行っている国でさえも、国際法による禁止は望ましくないとか自国はその禁止に拘束されないと、信じてはいない。新しい規範というものは、慣行と法的信念の両方がなくては登場することはできない。そして、既存の規範も、大多数の国が相入れない慣行と法的信念の撤回の両方を行わない限り、消滅しない。

国際機関の決議

一九六三年、私は法形成における国連の役割というものについて、以下のように記した。「国連は、国際法の進展の徴候を見出すのに大変に適した機関の一つである。なぜならば、国際慣習は、外交行為や公的な宣言により明らかとされるものとしての国家による国際的処理を含む、諸国家の慣行から演繹されるからである。国際機関の発達につれ、国家の投票や見解というものは慣習法の証拠として、法的重要性を有するようになってきている。……繰り返されかつ黙認された十分な数の国による十分な頻度での集団的行為は、ついには法としての地位を得る。国連の存在―そして特に、一九五五年以来の加盟資格の普遍性への加速度的な傾向―は、今や国家による慣行に対し、非常に明白でかつ非常に集中した一つの活動の中心というものを提供している。そしてこれが、国際法の発達の方向性を求めるに際し、国連の慣行に注目するまさに理由である。(11)」

これを三十余年の距離から見直してみると、二つの点が印象的である。第一に、一九六三年には多分に急進的と看做されていたにもかかわらず、こうした見解が今日では、何と控えめで用心深いものであることか。ここには「即成の慣習」についての所信を示唆するものは存在しないし、また、決定と勧告の違いも無視されている。

これらは、一九六六年のSouth West Africa事件において、田中耕太郎判事によりその少数意見の中で、ほとんど同じように論じられている。田中判事は、慣習の要件―慣行、反復、法的信念―は、国際機関の世界においては加速度的ペースで起きるかもしれないと指摘している。一つの決議の単なる存在というものが、これらの要件に対する必要性を取り除くということを仄めかしてはいないが。「国家は、直接に関係している数ヶ国に自国の見解を述べる代わりに、機関という媒体を通してその機関の全加盟国に自国の立場を宣言し、そしてその件に関し、即座に加盟国の反応を知る機会を有している。昔は、慣習国際法の要素である慣行、反復そして法的又は必要信念（opinio juris sive necessitatis）は、何世紀にも亘る長くそしてゆっくりとした過程の中で、結合されたであろう。しかし、交通や情報の技術の高度に発達した今日においては、国際機関という媒体を通しての慣習の形成は、非常に促進されかつ加速される……。(12)」

田中判事は、Continental Shelf 事件においての少数意見の中で、加速された慣行のテーマ（これについては、Sir Robert Jennings 判事もまた書いている[13]）に戻っている。彼によると、現代の通信の速度というものは、「時間の要素の重要性を減らしかつ、慣習国際法の形成を加速することを可能にしている。昔、一〇〇年要したものも、今では十年必要としないかもしれない。[14]」

第二の点は以下のものである。一九六三年に書いた本で私が述べた見解は、国際法の発展における国連の慣行の置かれた立場に向けられていた。決議のようなものについては、理論上の分析においては実質的に何らの言及もしなかった。決議は、国家の慣行の一つの表明にすぎない。しかし近年においては、一つの分離された現象として、決議に対する過度の関心が存在している。知性的には、このことは理解も正当化もし難い。思うに―つまり、それは努力しなくてもよく、厳格でなくともよく、完全な分析の方法によらなくてもよいから―、ある一つの争点についてのすべての複雑な現象中その争点に関する一つの集合的な慣行に着目することよりも、一つの決議の法的な効果について論評することの方が簡単であるから、と想像できるだけである。国際組織の政治的機関は、討論や、採られた見解や立場の公けの交換や、他国によって採られた見解に対する留保を表明することや、条約とか宣言とか拘束力ある決議とか規準を意図した草案を用意することとか、ある特定の争点に関する一つの法的見解を含んでいるかもしれないし含んでいないかもしれない意見の決定をすることに、携わっている。こうした活動の幾つかは、何らかの決議という結果に終わるかもしれない。しかし、他のものすべてを除外してその決議を審理することが、今日ではしばしばはやっている。では、全体像のほんの一部のみを考察していこう。

決議の拘束するという特性

決議を考察する場合において一つの重要な要素は、その拘束するという特性の問題である。ある否定的答は、法形成の過程において決議が無関係であることを指摘する。そしてこれで十分だとする人たちがいる。勿論、国連憲章の起草者たちが、意図的に総会に立法上の権威を与えなかったことは疑いもない。予算に関する以外の事項については、総会の決議は勧告的なものであり、直接に拘束はしない。これについては、一〇条、一一条、一二条、一三条、一四条の表現を参照のこと。

決議のもつ拘束するという特性または勧告的な特性というものは、国家の同意の概念に密接に関係している。しかし、Sir Kenneth Bailey が一九六七年に述べているように、「ある決議が単に勧告であると言うことは、疑いもなく政府はその決議を履行するいかなる法的義務もないと主張することである。このことは、総会の決議を、法律との関連性のない完全に道徳的または法律的教訓の領域に追いやるであろうか(15)」。

しかし、拘束力をもつ決定を通すということが、法の発展の生じる唯一の方法というわけではない。法的な結果は、公式には「拘束する」ことはない行為からも、導びかれ得る。そして更に、法というものは、いかなる直接的な意味においても総会のメンバーによる「遵守」を保証することを求めない、様々な非立法的行為により発達させられる。ここでは、総会の「法宣言」行為について言及しているのだが(16)。

国際司法裁判所の Namibia 勧告的意見における認定の中心であったのは(17)、法の発展ということとある決議の拘束又は非拘束の性質との間における違いの、まさにこの正しい認識である。裁判所は、南アフリカによる南西アフリカに対する委任統治を止めさせる意図でなされた総会及び安全保障理事会双方の決議に直面した。裁判所は、安全保障理事会決議を、伝統的な第七章の決議の一つと明確にすることはできなかったけれども、拘束力あるものとして認定した。そして、総会決議には明らかに拘束力はないけれども法的効果というものがないわけではなく、廃止するための権利と委任統治を監視する総会の組織上の役割の実体を与えられている、と認定した。裁判所が適切にも述べているように、「総会は原則として勧告的権限を有しているのであり、その権限の枠内において、特定の事件について決定を行う決議や実効的な意図を有する決議を採択することを禁じられていると憶測することは、正しくないであろう」[18]。

国際機関の中には、文脈によっては「勧告」という用語ですら、時にはその語句の文字から予期し得る以上のものを示しているものがある。それ故に、「勧告」はなお、文脈においては、履行の義務又は行動の責任を必然的に伴うかもしれない。これについては、ヨーロッパ石炭・鉄鋼共同体条約一四条三項、又は、国際労働機関憲章一九条六項(b)を参照のこと[19]。

更に、他の勧告―例えば、補助機関を設立するための―は、それに賛成票を投じようが投じまいが、すべての加盟国に法的に義務として課せられる財産的結果を必然的に伴う。Expenses 事件における国際司法裁判所の勧告的意見によれば、合法的に設立された補助機関―つまり、国連憲章の目的と趣旨に従い設立され、その下に特に禁じられてはいない職務を与えられた機関―は、国連加盟国に対して財政的及び法律的な義務を発生させる。

更にもうひとつ、国連の機関における対内的及び対外的権能と呼ばれるものの境界について述べなくてはなるまい。立法準備作業（Tsavaux prèparatoires）は常に、「国連の様々な機関の日々の運営においては、各機関が各々の機能に適応するように憲章の関連部分を解釈することは、避けることはできない。[20]」ということを明らかにしている。条約解釈において反復される機関の実践は、もしもその条約が一般国際法の事項を扱っているならば、最終的には慣習までに固まり得る一つの慣行を樹立するかもしれない。機関による慣行は、原加盟国の意図についての良い証拠ではないかもしれないが、慣習法として検証の価値はある[21]。ここにおいて、国連は、国際的な法の過程の関係者の一人なのである。

宣言的決議

ここで、国際組織が疑いもなく外部に接しているところでの—つまり、組織自体の手続的権限とかいやそれどころか組織それ自体の組成文書の直接の解釈よりも、一般国際法に関係している—活動を考えてみよう。そうした活動中最も顕著なことは、現代の国際法における宣言と称する決議を通すことである。こうした決議が勧告的であるからとか、一般に加盟国を直接には拘束することはできないということだけで、それらの法的関連性というものを拒否し得るであろうか。では、こうした決議には、いかなる地位を与えるべきであろうか。

これについては、非常に幅広い幾つもの意見がある。見渡してみると、多分一方の端に、一般的な意味で—たとえば、Sir Gerald Fitzmaurice 判事、Stephen Schwebel 判事、Sir Francis Vallat, David Johnson 教授及び Gaetano Arangio-Ruiz 教授のような著者のような[22]—総会決議の関連性について深く疑っている人々を見ることができる。このグループに属するイギリス人たちはすべてが、総会決議の勧告的性質及び拘束力のなさに関し主として著作や判決において強調することにより、こうした立場に達している。こうしたやり方に伴う困難さについては、既に指摘されている。また Schwebel 判事と Arangio-Ruiz 教授は、ある異なった道筋を通してその立場に達している。彼等は、決議が慣習国際法の形成に貢献することができることは十分に認めてはいるが、このことが本当に起きるのか否かについては、深い懐疑を表明している。

Arangio-Ruiz 教授は、総会決議は、国々が「それを意図しない」が故に、慣習の発達に実際には貢献しないと言う。「言うならば、国家はしばしばある決議が述べていることを意味をもつものとして支持するわけではないし、またほとんど常に決議は法であるということを意味しもしない。[23]」 そして、Schwebel 判事は、鋭くも重要な点を一つ付け加えている。国家は「それを意図しない」ということに賛成し、「このことは、多数決で採択された決議の場合と同じように、いやそれ以上に、全会一致で採択された決議の場合にも真実であろう。『合意』

により採択された決議には、より一層真実であるかもしれない。」と言う。[24] それ故に、どれほどの多数決であったかは、それに賛成投票をした国々の意図には何らの関係がないのである。

これらの意見のまん中あたりに、拘束力がないとして総会決議の重要性を軽視しながら、それでいて、いかなる決議であれ単独で規範的結果を有するということはまったくの例外であろうということを認める国際法律家も存在している。彼等は、国際的な法形成の分権化された方式がむしろ、「総会の諸勧告の、非拘束性の決議から初期的な規範的原則まで」[25] の変形作用を引き起こし得ると主張する。幾つかの決議は、法形成過程の第一歩であるかもしれない。[26] そして、全体としてみると、これらは幾つかの状況（係争物、多数決の規模及び性質、法的信念というもの次第の）においては、慣習法の発展の傾向の証拠であろう。[27]

急進的なもう一方の端にあるといわれる人々は、総会決議に対してより大きな法的意義を与える。この文脈においては、総会の「準立法的」権限について書いている Richard Falk[28]、そして、総会は国際法の諸原則を繰り返し宣言するという努力を通して国連憲章に挙げられている勧告的権限をこえる能力を確保していると主張している Jorge Castaneda[29] を、挙げることができる。

こうした立場の基礎となっているのは、多くの複雑かつ興味深い問題であり、その一つ二つについて、簡単にではあるが言及するとしよう。決議を、慣習形成の第一段階として又は一般慣行の存在の証拠の一つとしてみるとき、では、決議それのみを見れば十分であろうか。

Schwebel 判事は、法的信念が重要な要素の一つであり続けるから、国家が賛成投票を行ったことは「そういうつもりである」のか否かをみなければならない―そして、国連の外における諸国の慣行を熟視することが、これを確かめることのできる一つの方法である―と主張している。Texaco 事件[30] における Dupuy 教授の仲裁裁決は、多くの他の点についてのみならず、この点についても興味がある。（BP v. Libya 事件[31] において、類似の争点に直面したLagergren判事とは違い）Dupuy教授は、新国際経済秩序決議としてまとめて看做されている一連の決議を、補償に対する伝統的な要件が変化したのか否かをみるために詳細に検証した人として、後に思い出されるであろう。Dupuy教授は、総会決議一八〇三は、資本輸入国のみならず産業化された資本輸出国の支持も得ることにより通ったが故に現行の国際法を表わしている、と認めた。しかしながら、経済権利義務憲章及び新国際経済秩序宣言に関する投票においては、同じ合意というものは実は決して明白ではなかったと認めた。言い換えると、Dupuy教授は、何が現存する慣習上の規則であるかについて、一つの決議が何らかの合意を表わしているのかどうか、ということを確かめようとしたのであった。しかし、総会決議をそっくりそのままある事項に関する国際慣行を確かめるための簡単な方法の一つとして用いることのないように、気をつけなくてはならない—国連決議は、全体像の一部ではあるけれども、より大きな世界における慣行が、なおその問題に関連するカンバスに描いた絵なのである—。決議は、慣習を確かめるための代用品の一つではあり得ない。この課題は、総会決議において証拠づけられたこれらの集合的行為とともに他の国家慣行の証拠が調べられることを、求め続けるであろう。(32)

ここまでのところでは、総会決議について述べてきた。さらに、国際システムにおける規範形成の過程の検証において、安全保障理事会の決議を見ることを忘れてはならない。Tunkin教授は、一九五六年の現代国際法の根本原理についての研究において、(33)国連安全保障理事会の決定は、厳格に言うならば国際法の法源ではないと示唆している。安全保障理事会の決定は、特定の問題について効果をもつものであり、そして拘束力ある義務というものを創り出すかもしれないが、一般的な適用性をもつ法源ではない。これは、当初の議論にもう一度立ち戻らせる。思うに、この見解はおおむね正しい—安全保障理事会の仕事の内容、そしてまた、それが絶え間なく繰り返される法的な仕事であるという事実は、時には単に義務を課すのみならず慣習的な発展の過程に携わらせはするのだが—。

結　論

国際法のほとんどがそうであるように、国際システムにおいて、規範の形成過程における国際組織の決議の役割は何なのか、という質問に対する簡単な答はない。この質問に答えるためには、問題となっている決議の内容を、つまり、それらは拘束するものなのかそれとも勧告的なものなのか、それらの採択は多数が支持したのか、それらに関する反復された慣行はどうか、法的信念の証拠はどうか、ということを熟視する必要がある。万華鏡を振って、そこに見られるパターンがある一定のものとなるならば、疑いもなくそれらは規範の形成において重要な役割の一つを演ずるのである。

条約と慣習の重複

ある条約中に規定された条項は、一定の状況においては、その条約の締約国でない国をすら拘束することがあり得る。このことは、条項が既に慣習国際法であるものを条文化するときに起こり得る。このことは、条約における要素についてはしばしば真実であろう—例えば、一九六一年の外交関係に関するウィーン条約における要素の多くは、既存の慣習法の法典化であった—。しかし、この条約の要素の中には新しい法を表わしているものもあり、そして、そうした要素はこの条約の締約国によってのみ義務とされている。また、もしもある条約中に幾つかの手続的な規定もしくは紛争解決の規定があるならば、たとえその条約中に含まれている幾つかの実質的な規範にはそれらが既に慣習法であるという理由で拘束されるとしても、非締約国は、それらの規定には拘束されないであろう。それ故に、ジェノサイド条約の個々の条項すべてには拘束されないとしても、その条約の締約国ではないことを理由として、いかなる非締約国もジェノサイドを自由に行うことができると主張することはできないであろう。ジェノサイドの禁止は、明らかに慣習国際法上の禁止の一つとして、その条約に先行して存在したのである。

もっともっと難しいことが起きるかもしれない―すなわち、ある条約中の規定は、その条約作成時には目新しいものであり（単なる既存の慣習国際法の繰り返しではなく）、それでいて慣習国際法がこうした新しい規範を包含するような方向へ進展するという―。勿論これは、North Sea Continental Shelf 事件において国際司法裁判所により検討された可能性である。オランダとデンマークは、一九五八年の大陸棚に関する条約六条の等距離方式は、慣習法上のルールの一つとして西ドイツ（非締約国）を拘束すると主張した。ここでの議論は、境界画定についての等距離方式は、「一般国際法全体の一部である一つのルールであるか、さもなくばそうしたルールを含むものとして今や看做されるべきであり、そして、一般又は慣習国際法の他のルールと同じように、西ドイツによりなされた直接若しくは間接の特定の同意と同じように、西ドイツを自動的かつ独立して拘束しているものである。[34]」というものであった。

この主張の一部は、等距離の原則は大陸棚の境界画定について「法律上存在を認めた必然性」というものをもっている、という議論を根拠とした。この議論については、ここでは関心はない。しかし、オランダとデンマークの主張の他の部分は、国際法主体の働き、国家慣行、そして実際のジュネーブ条約自体の影響力というものは、「重複的証拠だったのか、あるいは慣習国際法の新しいルールの形成にとって必須である法的又は必要的信念を生み出したのか[35]」というものであった。

国際司法裁判所は、詳細な分析の後、ジュネーブ条約六条は「何らかの先行している、あるいは出現しつつある、慣習国際法のルールを具体化又は明確化するものではなかった」という結論に到達した。[36] しかしその後に、こうしたルールが「それ自体の影響故に、また、実際の国家慣行を根拠として—そして、このルールが今や全ての国家を拘束する慣習国際法上の規則の一つである—」[37]存在するようになってきているか否かを調べることを提案した。これは一九五八年の条約六条を、もともとは便宜的なあるいは契約的な規則にすぎなかったにもかかわらず以後国際法の本体へと法的に移行していき、本条約の締約国ではないし又なろうともしない国々をさえも拘束するようになっているとして、今や法的信念によってそうしたものとして受け入れられている一つの規則の基礎を構成したかあるいはそれを生んだ、規範形成規定の一つとして扱うことを含んでいるかもしれないと、裁判所は強調した。[38] 裁判所は、この過程を「完全に可能な」ものとして特徴づけたが、その結果は「達成されたものと軽々しく看做されるべきではなかった[39]」。

達成される結果のためには何が必要とされるのかを確認するために、裁判所は、規範はまず第一に一つの基本的に規範形成の性格を持つものでなくてはならない、と述べた。こうした言葉は、法と義務の関係について幾人かの法律家により描かれた区別への当て付けと看做されるかもしれないが、裁判所の意図は他の方向へ向けられているように思われた。明らかに権利の停止や制限や留保を許すような条項は、規範形成の潜在的能力を持っているということはありそうもない、と裁判所は述べた。

ある興味深い文章において、裁判所は、「かなりの期間の時の経過がない場合でさえも」、「もしも特に自国の利益が影響をうける国々を含むならば」、その条約への非常に広い参加で十分であろうと考えた。この考え—「自国の利益が影響をうける国々による実質的な参加」—は、後に、Texaco v. Libya 仲裁裁判において、J. Dupuy 教授により繰り返されることとなった。なを、これについては既に述べておいた。天然資源に対する永久的主権に関する国連総会の一連の決議に対し与えられている法的地位を考えるに際し、Dupuy 教授は、これらが資本輸入国と同様資本輸出国からも支持を得たか否かに、決定的な比重を置いた。

さらに、非締約国が等距離原則を適用するところでは、「こうした国々の行動の根拠は、単に疑わしいだけであり、全くの推論的なものに止まらざるを得ない」と裁判所は述べた。裁判所は、「国際法の強制的な規則の中の一つを適用していると信ずる『一片の証拠』すらも存在しない」と認定した。(40) これは、慣習の確立のための証拠、特に法的信念に関する証拠の問題へと、まさに我々を戻していく。そして、ここにはもう一つの関連問題が存在する。法的信念の証拠は、規範が一定の行動を禁止している場合（例えば、ジェノサイドをするなという）と、規範がこれこれをせよという場合（例えば、等距離で線を引けという）とは同じなのであろうか。ジェノサイドの問題にContinental Shelf事件において宣言したと同じ基準を適用するに際して、裁判所は、ジェノサイド条約の批准締約国は比較的少数であったこと、締約国中には潜在的な屠殺者の大部分が含まれていなかったこと、そしてジェノサイドを行わない大部分の国の慣行の基礎となっているものは、「まったくの推論的」なものに止まらざるを得ないことを、判定してきたのであろうか。

主張される新登場の規範の性格は、分析することが重要であるように思われる。この問題をもっと探究するために、もう二つの例をみることにしよう。第一には、排他的経済水域（E.E.Z.）の概念についてである。この理論は、改訂された国連海洋法条約の交渉中に、その初期において形成された。これは一般的な賛同を得て、洗練された形で一九八二年の条約文中の五五条から七〇条に現われている。勿論この条約は今だ発効するには至っていないから（一九九四年発効：訳者注）、ここで論ずる問題は、North Sea Continental Shelf事件で国際司法裁判所が述べなくてはならなかったものよりも、ずっと衝撃的ですらある。つまり、未だ発効していない条約中に初めて登場したある規定が、執行されない条約を未だ批准すらしていない国々にとってさえも慣習国際法を代表するものと、急速に成り得るのであろうか。これについては、成り得るという見解に広い支持があるように思われる。しかし再度、この規定は、ジェノサイド条約の規定や一九五八年の大陸棚に関する条約六条の規定とは異なる類いのものであることを、強調しておかなくてはならない。これは、禁止された行動にも、果また、強制的手法にも関係するものではない。排他的経済水域の規定は、むしろ一定の海域において国家に許された裁判管轄上の権利の付与である。

これらの規定は、後に他の理由から批准締約国になることを拒否した国々からさえも、条約中に入れることについて広い支持を得た。そして、これらの規定により潜在的に影響を受ける様々な海洋における利益を有するかなりの数の国が、それ以来公然と又は秘かに排他的経済水域の諸規定を根拠に立法化を行ってきている。(41)「そうした国々の行動の根拠」は、国際司法裁判所の言葉を借りると、ここではあまりに「まったくの推論的なもの」であるにちがいない。しかし、これらの国々は、そう行動する権利があると思っているようである―そして実際に、国家慣行というこれらの証拠への抵抗がないことは、国際司法裁判所により、排他的経済水域の制定を権利づける新しい規範に対する一般的合意を証拠づけるものとして、確認されてきている―。(42)

もう一つの興味ある例としては、油田が尽きてしまった後の石油掘削装置及び設備の廃棄の問題がある。こうした構築物の除去のためには、何がなされるべきであろうか。特に国際法は、廃棄費用を低く押えることへの大陸棚国の利益と航行や漁業や環境の利益との間に衡量を行う（balancing）に際し、何らかの役割を果すのであろうか。大陸棚に関する一九五八年のジュネーブ条約五条五項は、単に「放棄され又は使用されなくなった設備は、全て取り除かれなくてはならない」と規定しているのみである。ここでの論点は、五条五項が六条以上に慣習国際法の強制的規範を代表するものとなったか否かということではない。一九五八年から一九八二年の間において、事実上油田の放棄が国際的に行われたことはなかった。それ故に、このことに関しての法的信念の問題は、単に発生してはいないだけである。むしろ論点は、一九八二年の条約は発効していないし、関連規定は曖昧だし、更には別の機関についての言及も含んでいるにもかかわらず、一九八二年条約の規定が優越するかどうかである。

同条約六〇条三項は、放棄された設備又は構築物は、権限ある国際機関によりこの点について定められる一般的に認められた国際基準を考慮して、航行の安全を確保するために除去されなくてはならないと規定する。完全には除去されなかった設備又は構築物については、公表されることになる。

この件については、国際海事機関（IMO）が、「権限ある国際機関」として扱われる権利を主張してきている。そして、この機関は、沖合の設備及び構築物の除去に関する指針及び基準を採択している。おそらくは締約国のみを拘束していた一九五八年の条約における強制的な要件は、他の機関により採択されるであろう基準に言及する、未発効のこれとは別の条約中におけるもっとおだやかな条項に置き換えられている。沖合に石油の埋蔵を有するかなりの国々が、国際海事機関の加盟国である。しかし、この機関の決議は拘束力がない。国内における立法や行動から判断すると、諸国は、この機関の基準や指針に従うための真剣な努力をしているようにみえる。勿論この機関の基準や指針は、一九五八年の条約の完全除去のルールを部分除去に変えたのであるから、国家にとってはこれに従うことの方がたやすい。一九五八年条約の締約国ではあるが、一九八二年の未発効条約の批准国ですらない国でさえも、一九八二年条約六〇条及び国際海事機関の非拘束決議を頼りにする権利があると思っているようにみえる。

こうしたことから、いかなる結論を導びくことができるであろうか。国際法の法源というものは区分けされないのであって、実際には重なり合っていると言うことができるのみである。そして、国家にとり義務的である強制的要件の一つの出現を示すことは、国家が頼りにする権利を有している強制的要件にたいする緩和の出現を示すことよりも、常にずっと難しいことであろう。

法源と法的義務

国際司法裁判所規程三八条には、一般又は特別条約が法源の一つとして書いてある。それ故に、二国間又は多数国間条約は、各々国際法の法源としての地位を有している。

Fitzmaurice は、条約というものは厳格な意味では法源の一つではなく、締約国間の義務の源泉の一つにすぎないと示唆している。(43) Sir Robert Jennings判事は、これはよく考えてみると、正しいことが明らかである自明の理の一つだと書いている。(44) Fitzmaurice の指摘は、一般的である。なぜならば、彼は、条約というものは既に認容されそれ故に法源である規範を含んでいるか、または、条約締約国に義務を取交わす新しい規定を含んでいるかの、いずれかであると示唆したからである。しかしこの説は、既存の規範の繰り返しについてはしばしば比較的沈黙し、それに対し、新しい二国間における行動義務の取交わしについてはしばしば特に記す二国間条約に関しては、特に印象的である。

この区別は正しいであろうか。そしてもし正しいとすれば、この区別には何の意味があるだろうか。これは主に、定義上の問題の一つである。もしも既存の規範がある条約において繰り返されているならば、たとえそれらはその条約中には含まれていないとしても、それらの規範については一つの義務が存在するだろう。このことは、国際司法裁判所が、自らの裁判管轄権は国連憲章二条四項及び五一条の規定の適用にまでは広がらないと判決した時でさえ、武力の行使に関する慣習規範を適用した時に―確かに、幾分争いのある状況ではあるが(45)―、まさしく同裁判所により説明された点である。しかし勿論、多数国間条約は、単純に既存の規範を繰り返すということは稀にしか行わない。時には、適用範囲の広い規範が詳細に規定される。時には、既存の規範が一つの条約中に新しい規範と並んで置かれるであろう（外交関係に関するウィーン条約は、有用な例の一つを提供している。この条約の大部分は、既存の国際法の宣言であった。だが、幾つかの規定—たとえば、ある国が取り調べのために外交のうを提出したくない場合、未開封のままでそれを送り返すことができるという国家の権利に代えて、外交のうを取り調べる権利を単に禁止するというような—は、目新しいものであった。)。

ある条約が、先行の慣習国際法を反映するものではない規定を含んでいる限りは、Fitzmauriceが言うように、その条約は締約国間の義務の取り交しを規定していると言うことは正しい。しかしだからといって、これは法源の一つではないと言うことになるであろうか。このことは単に、Fitzmauriceは、法というものを、何らかの「義務」が存在するという点に関しては重要なもの—つまり、「法」と「義務」は二つの異なる規範である—とみていた、ということを意味するにすぎない。もしもA国とB国が文化交流に同意するならば、両国間には何らかの義務は存在しえようが、文化交流に関する法というものは存在しないであろう。

要約すると、Fitzmauriceの見解は、もしも義務というものが、同意した当事国のみを拘束するのであって他国を拘束しないのならば（なぜならば、たとえある条約中に含まれていたとしても、これらの義務は目新しいものだから）、これらは法ではないというものである。この議論は、今では定義の問題の一つとなっている。勿論、普遍的な適用の規範として法律を定義することを選ぶことは可能である。国連の安全保障理事会による決定は厳格に言えば国際法の法源ではないと書いた、一九五六年にTunkin教授がとった立場[46]は、この見解に共鳴したものの一つである。安全保障理事会の決定は、特定の問題については効果をもち拘束力ある諸義務を作り出すかもしれないが、それらが目指している時機と効果をこえての一般的な適用はない。しかしまた、別の定義づけをする立場をとり、そして一般的適用の規範としてではなくある特定の目的において権威と掟を結合させるものとして法を定義することは、同じく可能である。この見解では、法は義務を包含するし、ある安全保障理事会の決議やある条約の義務というものは、なお名宛人や批准国にとっては法であり、世界全体に対し義務的ではないからといって法でないというわけではない。

この出発点からみると、慣習は不本意にも負わされた義務である―つまり、いかなる所定の国家の同意にも根拠を置かない―。いかなる国家といえども、法的信念により完成する繰り返される慣行を通しそれ自体地位を得る慣習上の規範の発生に対し、拒否権をもってはいない。ときおりこれと反対の見解が表明されてはいるが(47)。

しかし、これはまったく異なった規範である―対抗することができないものという―。対抗することができないということは、ここでの法源の研究のどこに適合するのであろうか。条約は第三者に対しては、それらが条約の条項を認めるか又は国家継承により条約の条項を継承したものでない限りは、対抗することはできない。国家はまた、一方的慣行により慣習国際法の形成に貢献することができる。この現象の印象的な例としては、大陸棚に対し権利を初めて主張したトルーマン宣言及び他のそうした一方的行為並びに、出入りの激しい海岸線に真っ直ぐな基線を引くというノルウェーの主張がある。国際司法裁判所は、後者の事件における一方的な慣行は、英国が継続して異議を唱えることに失敗したが故に、英国に対し対抗できると認定した。しかしこのことから、もしも異議がなされたならば、出現する法の慣習的ルールに拘束されなかったであろうという結論を、導びき出すべきではない。異議の役割は、新しい法的ルールの形成を遅らせるか、または対抗していることにより一方的行為を妨げることにある。しかし、もしも何らかの一般的適用のルールが一つまさに出現したならば（多分、その現象は広く行われ、ずっと一般的なものであるから）、そうなると最初に異議を唱えていた国家は、その新しい慣習的ルールの適用を免除されたままというわけではなかろう。

以下に、法源と義務についての議論を要約してみよう。一般国際法は、常に義務的である規範を創造もするし又包含してもいる。既存の規範を繰り返す限りにおいては、条約は規範も義務も創造しない。新しい規範を発達させようとする立法条約は、規範創造の法源であり（勿論条約は、規範を創造した同意にとって媒介物であるということができるが）、また条約を批准当事国に対して義務的たらしめているメカニズムでもある。もしも条約が、規範の創造もしくは苦心しての完成と義務に関与するならば、そうすると、絶対的に義務が負わされる異なる方法が存在する。それ故に、条約の内容への特定の受諾により、あるいは、一定のカテゴリーの条約においてはそうした条約が他国が継承した国家により締結されていた場合には国家継承により、条約は第三者に対し対抗できるものとされ得る。ここでも、一方的行為は負わされる義務の源であるかもしれないが、それにより対抗できるようになる規範の源ではないであろう。

一方的行為は、それにより拘束される意図を明示している場合にのみ、その国家を拘束するであろう。それは、あらゆる事実並びに文脈を根拠として行う評価の問題の一つである。拘束力ある義務を作り出す意図と単なる政治的意図に基づく表現の間には、区別がなされている。有名な Eastern Greenland 事件[48]（いわゆる Ihlen 宣言に関するもの）と Nuclear Tests 事件[49]（大気圏における核実験を止めるというフランスの声明に関する）は、当該一方的行為が—各々非常に異なるが—拘束力ある義務の引き受けになると解された主要な例である。Nuclear Tests事件においては、一方当事者により行われたとはいえ他方当事者には公式には通知されなかった声明が、その行為がそこにおいて暗に示したとして、拘束力あるものと判示された。これとは対照的に、Nicaragua v. United States (Merits)[50]事件では、米州機関に付託された公式の通報は、公式の引き受けの一つではなくむしろ政治的誓いの一つであると判示された。ここでは、状況のすべての評価というものは、各々の事件において行われなくてはならないと言うことが出来るだけである。法律は基準を示すことはできるが、基準の評価という難しい問題は残るのであり、短絡化させることはできない。

時には、なされた声明によるのではなくてある国家の行為からの、義務の一方的な推定—すなわち義務の暗黙裡による推定—というものが存在しているともいわれる。国際司法裁判所は、North Sea Continental Shelf

事件[51][52]等において、行為からの義務の一方的な推定というものは、「軽々しく推定される」べきではなく、かつ、「まさに首尾一貫した一連の行動」であることが必要である、ということを明らかにしている。

一方的な行為はそれ以前に主張されていた権利の放棄となるということは、軽々しく推定されるべきでない。例えば、Norwegian Loans 事件[53]。

拘束するためには、一方的行為が、事実または約束されていた行為を表示するものとして、第三者に正式に知らされること（または、少くともそれにより知られていること。例えば、Nuclear Tests 事件[54]）を必要とするであろう。ある特定の当事国に義務を命ずることに失敗することは、義務の推定を一層見込みのなさそうなものにするであろう（Burkina Faso v. Mali 事件[55]）。そうした表示により拘束されるという意図は、重要であり続ける。一方的行為というものは、口頭または書面によりなされるであろう。

一方的な表示や約束の名宛人による表示とか約束に関する不利益的信頼（detrimental reliance）については、一方的行為に関する著作にしばしば触れられている。しかし、適切に分析すると、不利益的信頼は、一方的行為の拘束性によりも禁反言（estoppel）の方に、より関連しているように思われる。ある一方的行為が拘束するものであるかどうかは、あらゆる状況及び、その行為が当事者間において一つの法的拘束力を作り出すことを意図していたか否か、ということによる。禁反言は、手続に関するルールの一つとして機能する。それにより、その表示を行っている当事者は、そのために拘束されると信頼した当事者の損害を否定することはできない。不利益的信頼を通しての禁反言は、一方的行為それ自体は拘束するものとは看做されていない場合でさえも、それを否定することを妨げるように機能することができるように思われる。

判例法によると、不利益的信頼は法的義務の推定とは性質が異なることは、かなり明らかなように思われる。例えば Eastern Greenland 事件をみると、そこではデンマークによる不利益的信頼は何もなかった[56]。それでいてなお裁判所は、ノルウェーの一方的宣言は、「ノルウェーにグリーンランドのいかなる場所といえども占領することを控える義務を課す、一つの合意をまさに構成」すると判示した。Nuclear Tests 事件においては、オーストラリアとニュージーランドによる信頼が存在しているというにはほど遠かったので、これらの国は、フランスの声明は確定的ではないと主張した。裁判所は、一つの法的義務が創り出されたという独自の見解に、むしろ頼ったのであった。

不利益的信頼が真に禁反言が機能するための必要条件とされるか否かは、それほど明白というわけではない。文献では一般的にこれを要件の一つとしているようであるが、判例法はもっと不明瞭である。Preah Vihear 事件において、カンボジアによる不利益的信頼を認めることは難しい。少数意見中の二判事（Wellington Koo 判事とSpender 判事）は、禁反言はそうした信頼の証拠がなくとも適用されると考えた。Fitzmaurice 判事は、不利益的信頼は禁反言に必要ではないと考えた。Alfaro 判事は、その重要な個別意見において、禁反言は不利益的信頼を必要条件とすると主張した。

しかし、North Sea Continental Shelf 事件[57]においては、多数意見（Fitzmaurice 判事を含む）は、禁反言は不利益的信頼を必要条件とすると指摘した。

結　論

Thirlway は、「慣習国際法と法典化」（“International Customary Law and Codification”）という刺激的な本の中で、最終的には国際法は、国際司法裁判所がそうあるべきであると宣言するものとなるであろう、という見解をとっている。彼は、これにより法源の問題に対する曖昧な手法に対し警告しているのである。しかし、現実には、国際司法裁判所自体が、しばしば法源の問題に対しある種の曖昧さをもって対処しているように思われる。

多くの判決や意見においては、いかなる法的目的にかなうのかについて何ら明確な指摘もされることなく、決議というものについて触れられている。これらの決議は単なる歴史的出来事あるいは慣行の証拠なのか、それとも何らかの規範的な重みをもっているのか。多くの例を引用することができよう（そして、The Rainbow Warrior 事件における仲裁裁定は、そうした例を十分に含んでいる）。しかし、Nicaragua v. United States (Merits) 事件は、国際司法裁判所が、それ以上は何も述べずに国連総会決議を法的信念として用いた明白な例証の一つである。この事件においては、国連憲章を条約として適用される法の一つとして扱うに際して直面する裁判管轄上の困難さの故に、裁判所にとっては類似の慣習国際法を見つけることは重要であった。そして、裁判所は、裁判管轄権限をこえて頼ることができるということを、条約に基づく慣行の中に見い出したのであった。「一定の総会決議、特に決議二六二五（XXV）」（「友好関係決議」）について言及しつつ、裁判所は、こうした決議の本文に同意した効果は、「そうした決議自体により宣言された規則又は一連の諸規則の効力の受諾」と解されなくてはならないと述べた。[58] 裁判所はまた、侵略の定義に関する決議三三一四（XXIX）にも頼った。[59]

同じ事件において―武力の行使に関する慣習国際法を定義するに際し―裁判所は、ヘルシンキ最終決議書と汎米州相互援助条約を引用した。North Sea Continental Shelf 事件においては、既述のように、国際司法裁判所は、特定の状況下ではそういう場合もあるかもしれないとはいえ、条約というものは慣習国際法を明示するというあまりにも安易な推測に対して警告した。しかるに、Nicaragua 事件においては、なぜこれらの条約がその基準に合致したのかについては、何らの説明もなされていない。

私は、以下の結論に達した。国際司法裁判所によって審理中のまさに争点の核心である条約もしくは決議の地位というものが訴えられているところでは、その地位のむしろ厳格な分析がその結果として生じるであろう。しかし、決議や条約が、多少付随的に法の証拠として主張されるところでは、もっとずっと緩やかな手法で十分であろう。もしも国際法というものが（Thirlway の定義によるように）国際司法裁判所がそうあるであろうと言うものであるとすれば、―すべての知的な議論にもかかわらず―我々同様裁判所も、心理的に、決議と条約は明らかに重大な価値があるという考えに囚われる。

（1） H. Thirlway, International Customary Law and Codification (1972).
（2） 例えば、P. Van Hoof, Rethinking the Sources of International Law (1983), 87.
（3） 一つの興味ある広い視野での議論としては、A. Cassese and J. Weiler (eds.), Change and Stability in International Law Making (1988).を参照のこと。
（4） South West Africa Cases (Second Phase), ICJ Reports (1966).
（5） 例えば、Filartiga v. Pera-Irala 630 F. 2d 878 (2d Cir. 1980)を参照のこと。
（6） アムネスティは、一九九〇年に国連加盟国一七九ヶ国中一〇四ヶ国が、自国民に対し拷問を行ったと報告している。
（7） Military and Paramilitary Activities in and against Nicaragua, ICJ Reports (1986) 14 at 98.
（8） O. Schachter, "Entangled Treaty and Custom", in Y. Dinstein (ed.), International Law at a Time of Perplexity: Essays in Honour of Shabtai Rosenne (1989) 717 at 734.
（9） M. McDougal and F. Feliciano, Law and Minimum World Public Order (1961).
（10） 例えば、E. Jimenez de Arechaga, Recueil des cours (1978, I) 9 at 64-7; I. Sinclair, The Vienna Convention on the Law of Treaties (2nd edn., 1984), 203-26; F. Munch, in R. Bernhardt, W. Geck, G. Jaenicke, and H. Steinberger (eds.), Volkerrecht als Rechtsordnung Internationale Gerichtsbarkeit Menschen rechte: Festschrift für Hermann Mosler (1983), 617-28; L. Hannikainen, Peremptory Norms (ius cogens) in International Law: Historical Developments, Criteria, Present Status (1988); F.A. Mann, Further

Studies in International Law (1990), 84-102.を参照のこと。

(11) R. Higgins, The Development of International Law through the Political Organs of the United Nations (1963), 2.

(12) 田中耕太郎判事の少数意見　(ICJ Reports (1966) 248 at 291)。

(13) R. Jennings, "Recent Developments in the International Law Commission: Its Relation to the Sources of International Law" (1964) 13 ICLQ 385, また、R. Jennings, "Treaties as Legislation", in G. Wilner (ed.), Jus et Societas: Essays in Tribute to Wolfgang Friedmann (1979) 159 at 166.を参照のこと。

(14) ICJ Reports (1969) 3 at 177.

(15) K. Bailey, "Making International Law in the UN" (1967) Proc. ASIL 235.

(16) R. Higgins, "The United Nations and Lawmaking" (1970) Proc. ASIL 37 at 42.

(17) Legal Consequences for States of the Continued Presence of South Africa in Namibia (South West Africa), ICJ Reports (1971) 50.

(18) ICJ Reports (1971) 50.

(19) C. Joyner, "UN General Assembly Resolutions: Rethinking the Contemporary Dynamics of Norm-Creation" (1981) 11 California Western International Law Journal 445 at 452.

(20) Report Committee IV/2, UNCIO, 1945, ix. 70.

(21) R. Higgins, "The Development of International Law by the Political Organs of the United Nations" (1965) Proc. ASIL 118-19.

(22) G. Arangio-Ruiz, "The Normative Role of the General Assembly of the United Nations and the Development of Principles of Friendly Relations", Recueil des cours (1972 III), 431; S. Schwebel, "The Effect of Resolutions of the UN General Assembly on Customary International Law" (1979) Proc. ASIL 301; F. Vallat, "The General Assembly and the Security Council of the United Nations" (1952) 39 BYIL 96; G.

Fitzmaurice, “The Future of Public International Law and of the International Legal System in the Circumstances of Today”, in Institut de Droit International, Livre du Centenaire (1973) 270-4; D. Johnson, “The Effect of Resolutions of the General Assembly of the UN” (1955-6) 32 BYIL 97.

(23) Arangio-Ruiz, “The Normative Role”

(24) Schwebel, “The Effect of Resolutions”, 302.

(25) Joyner, “UN Resolutions and International Law”, 464.

(26) M. Lachs, “The Threshold in Law Making”, in Bernhardt et al., Volkerrecht als Rechtsordnung, 497.

(27) 私は，このグループの中には，勿論多くの人々と同じく，Lachs, Schachter, Joyner, Julius Stone, そして私自身がいると信じている。

(28) R. Falk, “On the Quasi-Legislative Competence of the General Assembly” (1966) 60 AJIL 782.

(29) J. Castaneda, Legal Effects of United Nations Resolutions (1970).

(30) Texaco Orerseas Petroleum Co. v. Libyan Arab Republic, 53 ILR 389.

(31) BP v. Libyan Arab Republic, ibid., 297.

(32) この点について興味ある論文としては，G. Kerwin の “The Role of the United Nations General Assembly Resolutions in Determining Principles of International Law in United States Courts” (1983) Duke Law Journal 879 esp. 885-6.

(33) G. Tunkin, Osnovy sovremennogo mezhdunarodnogo prava (1956).

(34) North Sea Continental Shelf Cases, ICJ Reports (1969) 3 at para. 37.

(35) Ibid.

(36) Ibid., para. 69.

(37) Ibid., para. 70.

(38) North Sea Continental Shelf Cases, ICJ Reports (1969) para. 70.

(39)　Lachs 判事は、「各々の国家が義務の感覚とは無関係にある一般規則を適用するという証明を得ることは、あまりにも無理がある」と考えた（ibid., 231）。

(40)　Ibid., para. 76.

(41)　例えば、海洋問題及び海洋法に関し国連事務局よりの出版物に載っている、ソビエト連邦の経済水域についてのソビエト連邦最高会議幹部会布告。No. 4 Law of the Sea Bulletin (Feb. 1985) at p. 31。そして、赤道ギニア共和国の領海及び排他的経済水域に関するAct No. 15/1984 of 12 Nov. 1984。No. 6 Law of the Sea Bulletin (Oct. 1985) at p.19.を参照のこと。

(42)　Continental Shelf (Libya v. Malta) Case, ICJ Reports (1985) 13 at 33.を参照のこと。

(43)　G. Fitzmaurice, Symbolae Verzijl (1958), 153ff.

(44)　Jennings, “Recent Developments in the International law Commission”, 388しかし、この区別は役に立たないとする Thirlway, International Customary Law and Codification, 26-7.を参照のこと。

(45)　批判としては、M. Mendelson, “The Nicaragua Case and Customary International Law” (1989) 26 Coexistence 85.を参照のこと。

(46)　Tunkin, Osnovy sovremennogo mezhdunarodnoga prava, 13.

(47)　Judge Sϕrensen, in Anglo-Norwegian Fisheries Case, ICJ Reports (1969) 3 at 247-8.を参照のこと。

(48)　(1933) PCIJ, Ser. A/B, no. 53, pp. 52ff.

(49)　ICJ Reports (1974) 457.

(50)　ICJ Reports (1986) 14 at 132.

(51)　ICJ Reports (1969) 3 at 25.

(52)　Legal Status of Eastern Greenland (1933) PCIJ, Ser. A/B, no. 53, p. 22 at 45-6;そして、(per Spender) Case Concerning the Temple of Preah Vihear, ICJ Reports (1962) 6 at 139.また、Lagergren in Rann of Kutch Arbitration 50 ILR 2.を参照のこと。

(53) ICJ Reports (1957) 9 at 26.

(54) ICJ Reports (1974) 253.

(55) ICJ Reports (1986) 554.

(56) PCIJ, Ser. A/B, no. 53 at 37ff., T. Franck, "Word Made Law: The Decision of the ICJ in the Nuclear Test Cases" (1975) 69 AJIL 612 at 617.を参照のこと。ここでは、結果として起こるデンマークの行為を「信頼」と分類している。

(57) ICJ Reports (1969) 3 at 30.

(58) Military and Paramilitary Activities in and against Nicaragua, ICJ Reports (1986) 14 at 100.

(59) Ibid., at 103-4. 国際司法裁判所は、この一節を「十分に相当な注意をして」という言葉で書き出している。しかしMendelson教授は、そうした「相当な注意」は行われていないと示唆している。彼は、法的信念を明らかにするためには、「宣言中に用いられている言葉と、多分政府によりなされた解釈的な声明を含む起草史の、注意深い分析による調査が必要であろう。しかし、こうしたことはすべて、裁判所の判決には著しく欠けている」と述べている (Mendelson, "The Nicaragua Case and Customary International Law" (1989) 26 Coexistence 85 at 93)。

第三章　国際的法システムにおける関係者

本章においては、以下の疑問について検討する。国際法の及ぶ範囲は何か。誰に適用されるのか。分権的、水平的性質からいって、国際的法システムにおける関係者は誰なのか。

説明しようと努めてきたように、国際法を、中立的規則の一つの体系とみることもまた私は好きなのだが、権威ある意思決定の一つの流れとしてみることも、それが内包しているすべてのことからいって可能である。伝統的な見解では、国際法は国家にのみ適用される。しかし、以下にみるように、国家以外の国際法主体にも関連しているという理解が育ちつつある。だが、一つのことに関しては誰もが同意できる。当分の間は、国際法はなお国家に主として適用される。現時点では、国家はなお国際的法システムの中心にある。

国　家

国際法は、法主体を「国家」と呼ばれるべきであるとして、その基準を規定する。国際法は、国家の権利及び義務を規定する。そして、国際法は、最も一般的に国家相互の関係を調整する法体系である。

めまぐるしく変化する世界において、「国家」の定義は現実的には変化しないで残っていて、国家の権利及び義務に関するモンテビデオ条約の伝統的な規定により、十分に描き出されるということが続いている。つまり、「国際法の法人格としての国家は、以下の要件を有していなくてはならない。a、永続的人口、b、画定された領域、c、政府、そして、d、他国と外交関係に入る能力」[1]。定義に関し、これ以上の真剣な試みは未だ行われていない。しかし、独立した国家の公式な定義は変わっていないからといって、独立した国家の概念というものが硬直し不変であると考えるべきではない。独立した国家の構成要素というものは、独立した国家としての主張がなされたとき、その状況及び文脈によって、常に柔軟に解釈し適用されてきている。例えば、独立した国家は、国連への加盟が認められるような国家でなくてはならない[2]。更に、国家は、国連の特定の機関に出席し[3]、平和と安全に影響を及ぼす紛争について国連の注意を促し[4]、国際司法裁判所規程の締約国となるであろう[5]。国連の原加盟国としての地位は、法主体の幾つかがこの権利を主張したために、ある幅広い政治的な一括取引の一部であったことは疑いがなかった。インドとフィリピンの立場は、その加入が許可された時には変則的であった。また、ベラルーシとウクライナの立場は、独立した国家としての形式と現実とが初めて一致したソビエト連邦の解体後までは、やはり変則的であった。解体以前においてはソビエト連邦の残りの共和国は独立国でないにもかかわらず、これらの共和国を意図的に独立国としたのは何のためかは、まったく明確でなかった。しかし、その後の加盟申請に際しての独立した国家についての判断に関しては、基準はより真剣に適用されている。画定された領域という要件の適用においては、未解決の国境紛争を抱える国が国連への加盟を認められることは許されてきた（例えば、イスラエル）。他方、現国連加盟国の一つが、新しく植民地から解放された領域の全域に対し将来有すべき権利を主張することは、新独立国の加入を大幅に遅らせることとなった。一般的には、こうした将来有すべき権利の主張は受け入れられなかった。このことは例えば、一九六〇年のモロッコによるモーリタリアに対する主張及び、一九六二年のクウェートに対するイラクの主張について、真実であった[6]。国際司法裁判所は実際上、何年も前に西サハラに対するモーリタニアとモロッコの主張を退けていた。西サハラが永年主張している独立の権利が、近いうちに効力を生ずることが望まれている。安定した実効的な政府の要件は常に、植民地支配から新しく独立した国々にとって問題であった。新政府が明らかに実効支配を欠いていた場合でさえも、国連への加盟という目的のために独立した国家としての地位があるとされたことを思い出すには、ルワンダ、ブルンジ、コンゴ（ザイール）をあげるだけでよかろう。自決権の発動は、政治的な現実に打ち克った。そして、不安定な新しい法主体が、国家により構成される国際社会の一員となるのを許すことへの拒否には、何の利益もないようであった。(7) 無条件に明白なことは、一度承認されると、「安定した実効的な政府」を失うということが独立した国家の地位を取り去るものではない、ということである。安定した実効的な政府を失うということは、しばしば他国による干渉と関連する。時には、その結果は、単純な不安定であり又混沌であり、そしていかなる政府による客観的な支配も欠けているということである。カンボジアにおける状況は、不幸な一例を提供している。時には、その結果は、実効支配は中央政府から他の場所へ、例えば政治団体の中に分散したり（レバノンのように）、または外国に（一九六〇年代のイエメンのように）手渡されたりする。これらのどの場合においても、国際社会は、これらの国が「国家」であることを止めたとは仄めかしてはいない。

バルカン諸国においては、旧ユーゴスラビアは独立した国家としての地位を喪失したのではないかという認識には、抗し難い。しかし、新しい現実に対する国際社会の二面性というものは、明白である。スロベニア、クロアチア、ボスニア・ヘルツゴビナは、一九九二年国連に新加盟国として認められた。ユーゴスラビア連邦はもはや存在しないということは、動かしえないと思われた。そして、総会決議47／1（一九九二）は、「社会主義ユーゴスラビア連邦」（セルビア・モンテネグロ）の総会への参加を一時停止させた。その上また、セルビア・モンテネグロは、ユーゴスラビア連邦の法律上の継承者であるものとして認知されもしなかった。そして、同決議において、国連への加盟については改めて（de novo）申請するよう勧められた。にもかかわらず当分の間は、「ユーゴスラビア」（これは確かにもはや存在していない）は、国連の加盟国の一つとして残り、安全保障理事会以外のすべてにおいて参加することができる。こうした状況は、ただただ法的に混乱したものといえるだけである。

二国間の法人格について併合の同意があるところでは、一方の国の法的政治形態を他方の国のそれに当て嵌めるということを基礎としていようと（一九九〇年の二つのドイツの統一の時のように）、あるいは異なっていることを基礎としようと（一九五八年のエジプトとシリアによるアラブ共和国連合の創設の時のように）、国の数が減るだけである。(8) 一度クラブに加わったら、加盟が審査される規則というものは―そして、それは常に柔軟性の程度によるが―それほど重要ではなくなる、と結論づけられよう。

いかなる国家といえども、他国とまったく依存関係にないということはありえない。相互依存の程度問題というのが、こうした物事の性質である。しかし、ある法主体が、国連に加盟するというような包括的な目的のために国家であると主張する場合には、独立の重要な核となるものの一つを欠いている単なる他国の作り出した物などではない、ということが重要である。それ故に、バングラディシュの誕生を助けたインド軍は、パキスタンにおける内戦終結後バングラデシュが国連に加盟を認められる前にその国を去ることを求められた。

外交に関する権限が他国の手中にある、アンドラ、サンマリノ、そしてモナコのような非常に小さな国は、国連の加盟国になることを求めてきていない（規模と資源についてもまた理由の一部である）。一九二〇年リヒテンシュタインは、主権国家ではあったが主権の一部を譲り渡すことを自由意思により選んだが故に、国際連盟規約によって課せられる国際的な義務の全てを実行することのできる立場にはなかったことを根拠として、連盟に加盟することを拒否された。(9) しかし、一九九〇年には、リヒテンシュタインは国連への加盟を首尾よく果している。何が変わったのであろうか。

国連憲章三二条及び三五条二項に基づく勧誘（安全保障理事会に出席すること）もまた、国連加盟国でない国に対しても広げられるであろうことは、既に述べたところである。こうした限定された目的のための「独立した国家」というものは、国連加盟国というより包括的な資格のための「独立した国家」よりも、ずっと柔軟性に富んでいるようにみえるということを、慣行は示している。その地位について十分に争いがあったりあるいは不確かであったりする法主体、そしてまた国連への加盟を果していない法主体は、これらの条項に基づいて国連活動に加わるよう勧誘されている。ここでもまた、ある国際問題を解決することに加わるためというこの限定された主張の目的のために「国家」という用語を狭く解釈することには、何らの政治的利害も存していない。これと同じ柔軟性は、国際司法裁判所規程の当事国となるための資格についても示されている―国連憲章九三条により、規程は、「国連加盟国でない国」にも開かれている[10]―。

印象的なことには、実利主義はまた、国連の専門機関の加盟への鍵でもあった。全ての機関の基本法が、「国家」という用語を用いているわけではない。しかしながらここは、非常に複雑な慣行について詳細な検証を行うところでもない。ここでは、加盟承認のための法的根拠はしばしば諸機関による非常に詳細な吟味の対象であったという事実にもかかわらず、国連それ自体への加入を果すことができなかった国の場合でも、ユネスコ(UNESCO)、国際民間航空機関(ICAO)、世界保健機構(WHO)、万国郵便連合(UPU)、国際労働機関(ILO)には加盟を認められてきていることを、記しておくだけにしよう。軽率な結論は導けないし、また慣行からは、幾つかの異なる分析が認められる。ここでの目的は単に、何が国家を構成しているかについての概念は、一つの否定しがたい掟となるべきものを有しているということと、構成要素の適用はまた、当該法主体が国家であると主張している目的及びその主張がなされている状況によるであろうということを、述べることにある。

もしも主導的役割を演ずるのが国家であるならば、国家は政府の中に、役割の形而上の表示を見い出す。条約は、公式には国家間において締結される。しかし、条約は時には「X国」と署名されようが、また時には、「X国政府」として署名もされることは、周知のことである。国家承認についての法律上の疑問は、これら各々について生じる。承認は、ある国が他の国の存在を公式に認めるということである。承認された国の前途にとり、そうした承認は明らかに歓迎すべきことである。かなりの数の国による承認が、実際には独立した国家への更にもう一つの必須条件（モンテビデオ条約に規定された要件にもう一つ付け加えるカテゴリーを、実効的に形成している）であるか否かについて、学説上の論争がある。(11) この点に関していかなる立場をとろうとも、かなりの既存の国家により認められない限りは、いかなる法主体といえども一般化された分野―例えば、国連加盟国の地位や、多数の国が参加する会議への参加―に加わる権利を有していないといえる。

国際法は、独立した国家として実在するための基準を提供してきている（当該国の独立した国家の地位についての構成要素の一つとして、それが政治的に重要でありかつ多分に意味あるものでもあると考えて、他国がその後に当国家を承認する）。しかし、国際法は政府については―政府もまた承認事項であってきたが―何も述べていないし、また、承認されるべき政府が国際法上必要とされるのは当該国家の実効支配だけなのか否かについても、何も述べていない。そして、ある国の政府であると主張している法主体が、実際にその領域を実効支配しているか否かを誠実に判断するのは、各国家である。しかし、法律及び政治に関する幾つかの争点がなお生じてくる。ある国が、政治状況が自国と異なる政府の承認を拒否するために、正式に新たな基準を加えられるであろうか。また、その基準は、正当な実効支配ではなくて、単なる実効支配であろうか。一九五〇年代、米国は一方の見解をとり、英国は他方の見解をとった。米国は不法な武力の行使を用いて権力の座に着いたとして、中国の共産党政府の承認を拒否した。英国は、中国本土における実効支配の明白な行使を根拠として、毛沢東政府を早々と承認した。一九六〇年代には、政治的なインテリにとり、後者の見解の方がずっと魅力的に思われた。結局、国連において国家を代表することが許されるのは、政府の代表である。中国の共産党政府の承認を拒絶することは―そしてそれ故に、国連において、その政府により中国が代表されることを支持することを拒絶することは―、事実上六億の人々が、国際法で認められた国家の仲間の間に何らかの場所を占めることを拒否することではなかったのか。今日では、答は以前ほど明らかではない。一九五〇年代及び一九六〇年代には、「実効支配」が政府承認の唯一の要件であるという見解をとっていた人々にとり政策の考慮上重要なことは、―それらの政府の性質にかかわらず―それらの政府へのアクセスを通し世界中の諸民族すべてに役立つことができると考えることから、国連は普遍的加盟資格の組織であるべきだということだった。国連に代表を送った政府の八五%は、独裁制もしくはそれに類似したものであることはまた事実である。

しかし一九六〇年代半ば以降、人々は自分たちの生活に関する決定についてもっと直接的に参加する権利があるという考え方が、確立してきている。国連における自国の単なる加盟国としての地位は、そうした参加の保証としては全く不十分である。その代わりとして、国内における自決権の概念が発達してきている（これについては、後の章で詳しく検証する。）。

植民地主義の残存物が独立へと移行されるということのみならず、新興独立国が代議政体により統治されることをまた確実にすることが、国連において増えつつある傾向の一つである。この政策は（幾分その適用において選択的ではあるが、それでもなお認識可能な傾向である。）、主に二つの手段により達成されてきている。第一に、明らかに代議政体ではない政府による独立の主張への非承認の呼びかけによって。英国からの一方的な独立を宣言したローデシアにおけるIan Smithの政府に対する非承認の呼びかけ[12]と、そしてまた、南アフリカからのバンツスタンの偽りの独立に対する非承認の呼びかけ[13]が、この場合の例である。第二に、国連は近年においては、選挙で選ばれた人民の代表への権力の移譲を確実にするために、もっと技術的な支援を行い、現実の選択を提示してきている。

これらすべてを考慮に入れると、今日本当にある政府が当該領域を実効支配しているというただそれだけの理由で、自由に承認することができるのであろうか。国際人権規約の批准国はすべて、自決権に対する人民の権利を認めている。このことは、二一世紀になろうとしている現在においては、民主主義と自由な選択というものを奨励するために、国際社会にその取り得るあらゆる手続を活用することを求めるであろう。承認ということに、単に実効支配だけでなく政府の代表の質をもその条件とすることは、そうした手段の一つである。この新しい傾向の生き生きとした実例の一つとしては、一九九〇年代初期における旧ソ連邦及びユーゴスラビアにおける事件で十分である。諸国は、代議政体か否かということのみならず、国際人権諸条約に基づく義務を受け入れることを新国家が自発的に表明するかどうかによっても、[14]これらの旧国家から出現してきた新しい法主体の承認を行ってきている。

自決に対する圧力、そして代議政体の重要性の増大は、外観上はもう一つの現実へと追いやる—すなわち、たとえ未だ現実には実効支配を行っている政府は存在していなくとも、代議政体への責務を明らかにしている法主体（それは、旧全体主義支配を壊して出てきた）の独立を承認することを嬉ぶという—。ヨーロッパ共同体（EC）によるクロアチアの承認[15]は、このカテゴリーに入るように思われる。ここでの承認ということは、法的な意味においてのみならず政治的意味においても、実効的な実体となる前に承認されるのちの「独立した国家」を保証するために不可欠な要素の一つであるから、重要であった。

承認する国の立場からみて、承認はいかなる目的に役立つのであろうか。勿論、承認は一定の社会的結果を保証するための有用な道具の一つであろうという考え方を、共有する国はあるだろう。その上、新しい国家が登場したときには、国際交流の必要条件として何らかの公式見解を出すことを回避することは、難しくなっている。バングラデシュの誕生とかドイツの統一は、不承認のままにしておくことは難しかったであろう。バルチック諸国やソビエト諸共和国及び旧ユーゴスラビアを構成している国々に影響を与えている騒々しい事件についても、同様であろう。更には、国々は、国連や専門機関への加盟を申請する国に対し、賛成あるいは反対の投票を行わなければならない。このことは、一定の法律上の争点に対し何らかの立場をとることを必要とするであろうし、また、実際に投票するということは、暗黙裡の承認という問題を生じさせもするであろう。[16]

しかし、政府承認ということは別である。例えば英国のように、[17]国によっては、貿易とか文化的接触を開始するか否かとか外交関係を求めるか否かということを単に選ぶことにより政府の公式な承認ということを避けることが可能だ、ということを認めている。しかしここで憶えておかなければならないのは、多くの国にとり承認―もしくは少くとも、ある国の政府と自らを呼んでいる法主体をどうみるかということの当局による公式の表示―はまた、国内における一定の目的にも役立っているということである。多くの国においては、未承認の国家や政府は、裁判所法廷において告訴を行うことはできない。[18]私人が、未承認の政府による政令や立法行為に従って権利を主張することもまたできない。[19]そしてまた、未承認の政府が、国際法により与えられている管轄権にもとづく権利及び免除を主張することもできないであろう。[20]承認が、こうした国内における目的にとりどこまで決定要因であるかは、個々の国家の問題である。米国においては、正式な権限分立の立場から、裁判所は、外国との関係に関する事項については行政機関に伝統的に委ねてきている。[21]英国においては、外務連邦省が、国家の承認に関する証明書とか情報を求める裁判所の要請に対する返答のための書簡を提供する―しかし、法的な結論については裁判所が引き出すことを任せられている―。裁判所は、社会的なあるいは通商上の現実に従って結論を引き出す、という傾向を示している。[22]しかし、社会に共通した政治的に重要な分野において―ローデシアにおいて反乱が続いていた場合とか、イラクのクェート統治の主張を承認するなという国連による呼びかけに関しての場合など―裁判所は、行政権と同じ見解を表明しようと神経質になっているようである。承認は、法的道具として達成されるのである。

国際組織

国際組織は、いろいろな意味で国際的な法システムにおける関係者である。国際組織はしばしば国際条約により創設され、かつ、その支配法―つまり、その地位、権能及び責任を決定する法―は、国際法である。[23] 国際組織は、その組織文書により国際法人格を賦与されるであろう―国際組織は、それを創設しそしてその組成文書に同意した国々とは、別個の法人である―。Fischer Williamsの言葉によると、この法主体は、権利と義務の担い手である。古典的な特徴としては、(1)契約する能力、(2)訴え又は訴えられる能力、(3)財産を所有する能力、(4)明確な自由意思（volonté distincte）―言い換えれば、おそらくはメンバーの全てが当該決定に賛成しているわけではない時でさえも、組織の構成員を拘束する決定を行うことのできる能力―、がある。

それらを通して国家が国事を行うことを選択する、幾つかのタイプの政府間機関が設立され得るとそれ故に考えることはできるが、これらの機関が独立した法人格としての上記の属性を備えることはなかろう。勿論、このことは、これらの機関が国際舞台における行為者ではないとか、その地位とか属性を国際法が律しないとか、国内法のみにより律されるということを意味するわけではない。そうした機関は、最終的には、それを設立した国々と区別がつかないということを意味するのみである。しかし、上記のような国際法人格の特徴を有する他の国際機関は、他に依存することなくそれ自体真の国際的な行為者である。

時には、国際組織を創設する条約が、その組織が国際法人格をもつかどうかを表記するであろう。しかしそれ以外の場合には、組成条約中に与えられている権限やその機関が与えられている権能から、人格を演繹することが必要であろう。それ故に、Reparation for Injuries事件における有名な勧告的意見[24]において、国際司法裁判所は、国連がその使用人Folke Bernadotte伯爵の死亡に対する損害賠償を得るための法律上の訴えをなし得るか否かについて尋ねられた。このことは、国連が法人格を有していてのみ可能であったが、この点については国連憲章は沈黙している。国際司法裁判所は、以下のように述べた。「国連は、かなりの広範囲な国際法人格をもち、国際舞台で活動する能力をもつことを前提にしてのみ説明され得る権能や諸権利を、行使かつ享受することを意図されていたし、事実上行使もまた享受もしている。……そして、国連が国際法人格をもたないとすれば、国連創設者の意図を実現に移すことはできないであろう。(25)」

国際的法システムの関係者としての国際組織に対しては、更にもう幾つかの指摘がなされよう。第一には、もしある組織が法人格を有していないとすれば、その構成国はその組織の不履行や不法行為に対し責任がある、という点である。但し、その逆もまた真であることは必要ではない。ある組織が法人格を有しているという事は、それ自体己れの不履行に対し責任があることを意味している。しかし、構成国が共同のまたは二次的な責任（言い換えれば、もし組織が支払いに失敗した場合、債権者や被害者に対する責任）を有するか否かは、その組織の組成文書による。もっとも、これは争いのあるところである。しかし、私の考えでは、いかなるそのような規定もない場合には、構成諸国においてはいかなる責任もないし、また、国家に責任を負わせる一般国際法上のいかなる規定というものも存在しない。(26)

ある組織の国際法人格というものは、その組織の構成員であるとか、それと何らかの取引に携わっているとか、あるいはそれに特権を与えているといった意味でその組織を「承認して」いるものにのみ対抗し得る、という見解をとるものがいる。(27) しかしこれは、国際法人格の客観的な法的現実というものを無視することとなる。属性がそこに存在するならば、法人格は存在する。それは承認の問題ではない。それは、客観的な現実の問題なのである。(28)

密接に関連しているのは、国際法上法人格を有しているある機関の国内法における法的地位という難しい問題である。国際組織がその組成文書によると、明白にまたは暗黙裡に、訴えたり訴えられたり、契約関係を結んだり、責任を負うことができる、という権限を有しているという事実をもって、国内法上法人として認められるべきだといえようか。この質問に対する答は、様々な管轄権をもつ諸法の中に存する。国内裁判所によっては、国際文書の規定を、国内法廷が組織に付与すべき地位についての指針の一つとして解するものもあろう。また、組織に付与されるべき法人格の法源は、国内法の中に見い出されるべきだとするものもあろう。このことは、当該管轄権が、自動的に国内法の一部として条約を「受け入れる」のではなく、国内的効力が与えられる前に国内法に受容されることを要求する場合には、特にありがちである。それ故に、英国の裁判所は、国際スズ理事会は法人格を有していると認定した―これは、国際スズ協定の中にはっきりと規定されていたからではなく、その協定の規定が命令（statutory instrument）により、英国法の一部とされたことによる[29]―。従って、貴族院の衝撃的かつ攪乱させる表現によると、命令そのものが英国法の中に国際スズ理事会を「作った」のである。もう一つの国際組織であるアラブ通貨基金―現実社会のいかなる意味においても、明白かつ客観的に存在している―は、英国法のどの規定によっても法人格を付与されていないことを考慮に入れると、貴族院が、法的にいうならば存在していない国際組織であると判示したことは、必然的に起きるべくしておきたことであった[30]。

個　人

国際法は、伝統的に、適用されるといわれるものに関連して定義されてきている。国家を拘束する法としての国際法の古典的な定義は、国際組織をまた含むものへと、拡がってきている。このような図式における個人のおかれる場所に関してはというと、理性的な議論は、第一には、その質問の適切な枠組みは「国際法の主体と客体」の概念についての質問であるという考えにより、制約されてきているし、また、第二に、現在そうであるものは、必然的に常にそうでありつづけるべきだという保守的な信念により、制約されてきてもいる。

まずは、私の論理で始めることとしよう。Plutarch そして後に Francisco de Vitoria は、一五三二年に共に、非国家法主体は国際的に認められた法的諸権利を有すると実効的に認める、と書いていた。勿論、De Vitoriaは、アメリカにおける数々のインディアンの王国について記述していたのである。一世紀後、Grotiusは一六二五年に著した「戦争と平和の法」(De jure belli ac pacis) において、この考えを詳細に論じた。Verzijlは、「国際法の主体」という専門用語（実際には国家の地位を記述するため）を用いた最初の学者は、一六九三年著書国際公法典 (Codex juris gentium diplonaticus) の序文において用いた、Liebniz である、と指摘している。

国際的法システムにおける「主体」として国家を呼ぶことは、今度は、特に国際法における実証主義学派の指導的学者たちによって、ある法システムにおいては「客体」と「主体」のみが存在するという立場を受け入れることへと、導びかれた。この出発点は、一般的かつ無批判な支持を受け、そして必然的になんらかの検証の枠組みをも押しつけた。我々は皆、国際法はすべてが「主体」―つまり、国内法の干渉の必要なくして、それらは権利と責任をもっている―と「客体」―つまり、その他―に分けられるべきだ、と明記する理論に囚われてきている。国家のみが国際法の主体であると強く主張する著者も存在している。[31] また、実証主義者にとっては、個人を権利と義務の担い手とすることを許すような寛容な国際法の規則などというものは存在しない。[32] それ故に、個人は「客体」でなくてはならない。つまり言い換えれば、伝統的な教科書において見い出される、「境界」とか「河川」とか「領土」とかそういった各章の表題のようなものである。

この議論は、すべての段階において誤っていると思う。既に、国際法は一連の「規則」として解されるべきではない、と述べてきた。なお第一に、国際法は単なる「規則」ではなく、又その上、国際法の規範は無限に固定されるものではないのであり、それ故に、システムの必要性に対し全面的に対応するものである。更に、実証主義者の定義は、個人に国際法の「主体」の一つとなることを「許すには」ある特定の規則が必要とされるということを前提としている。最後に、「主体」と「客体」という全概念は、確かな実体を有してはいないし、また私に言わせれば、何らの機能的目的も有していない。我々は、自身の選択によって頭の中で刑務所を一つ作り上げ、そしてそれが不変の枠組みであると宣言しているのである。

個人が、国際法上は単なる客体の一つにすぎないという実証主義者の見解を否定し、個人は、ある限られた分野においては権利と義務を有する主体の一つであり得ると指摘する人々が、存在している。(33) しかしこの見解もまた、正しい出発点というものは、個人が国際法の「主体」となり得るか否かを検証することにある、という仮定にもとづいている。

しかし、他の見解をとる余地があると思われる。つまり、あまりに多くの本に行き渡っている主体―客体の二分法に頼ることは、知的にも機能的にも、特に有益だというわけではない。国際法を一つの特定の意思決定の過程とみる見解に戻ることは、より有益であり、かつ、現実の把握により近づくこととなる。その過程において（それは静止しているのではなく動いているのだが）、様々な価値を最大限に活用するという目的をもち、国境を越えて主張を行っている、様々な関係者が存在している。これらの主張に対する決定は、様々な権威ある意思決定権者―外務省法律顧問とか仲裁裁判所とか裁判所―によりなされるであろう。

さて、ここでのモデルにおいては、「主体」と「客体」は存在せず、単に関係者のみが存在している。個人は、国家や国際組織（国連とか国際通貨基金とか国際労働機構のような）や多国籍企業、そして私的な非政府団体と共に、関係者なのである。私はこのことを以下のように記したことがある。

「この世界の仕組みでは、例えば、海洋スペースとか国境とか条約などというものに、もっとも利害関係をもっているのは国家である。それ故に、こうしたことに対して権利の主張やそれに対する反対の主張を行うのは国家である。個人の利害は別のところにある。つまり、他人の暴力からの保護とか、海外における個人の扱いとか、海外の財産の保護とか、国際的な商取引の公正さと予見性、そして、国民が自国において権利と義務の間に許容しうる程度のバランスを確立するための何らかの外部からの支援を確保すること、というところにある。それ故に、戦争行為と人権に関しての必要条件たる外国人の取扱いの最小限の基準という話題は、国家間において機能する規則のシステム中に歴史的偶然により与えられた単なる例外、というわけではない。むしろこれらは、国家関係者とは対照区別して自然発生的に個人関係者からなされた権利の主張を代表している、国際法の組成物の単に一部にすぎないのである。(34)」

主体―客体という二分論を否定した数少ない著者の中には、一九六五年には早くも、国際法における個人の地位に関する議論は「法哲学の核心を摑むものである」と理解していた故D.P. O'Connell教授がいた。彼は以下のように続けている。

「個人の幸福は法の究極の目的であると認めつつも、その幸福の実現のための個人のいかなる行為能力をも拒絶することで十分であろうか。実際に個人を法の行為者の一人としてではなく、法の手段の一つとして扱うことにより幸福は達成されるであろうか。哲学的思考と実践は、これらすべての質問に対する答は否定的であらざるを得ないということを証明している。……(35)」

ここでまた触れなくてはならない国際法における個人に関する問題が、幾つか他にも存在している。疑いもなく、今まで論じてきた幾分哲学的な問題についていかなる見解をとろうとも、個人というものは、訴訟手続的な見地からみると国際法上極端に不利な立場に置かれている。個人は国際的な舞台にはほとんど近づく手段をもっていない。そして、個人は国籍継続の原則（nationality-of-claims rule）に頼る。そしてそれによって、個人は一般的に言うならば、政府に自分のための請求をとり上げさせることにより、国際レベルでの請求を追求しなくてはならない。勿論、国籍継続の概念と、ほとんどの国際裁判が個人には利用できないということの間には、密接な関係がある。国際司法裁判所規程の三五条と六五条は、国家と国際機関にのみ各々判決と勧告的意見を得ることを許している。ではなぜ、個人は—例えば収用の問題のような—直接に法律上利害のある係争物に関して、国際司法裁判所に提訴することができないのであろうか。伝統的な見解によると、もしもA国が、外国人X氏の財産を補償もせずに収用するとしても、このことはX氏の権利を侵害することにはならない（なぜならば、X氏は国際法上は何らの権利も有していないのだから）のであって、X氏が国籍を有するB国に対し、その国民の一人に対する危害を通して損害を与えたことになるのである。従って、法的な請求を行なうか否かを決めるのは、B国である（同じ原則から、B国は、訴訟をおこすよりもむしろ外交上の抗議を為すべきであるかどうかを決めなくてはならない、ということとなる）。[36]

国民一人への危害は、その国家への危害と等しいのか。またたとえその答が「諾」であろうとも、このことはまた個人が、国際法上は実体法上であれ訴訟手続上であれ、何らの権利も有していないということを意味するのであろうか。外国にいる自国市民への人身危害は、「国家に対する武力攻撃」に対する自衛権の引き金を引くような、そうした国家自体への危害と同視され得るという見解をとる国もある。しかしこの見解は、争いのあるところである。重大な危害を含め、個人に対するあらゆる危害は国家への危害だという主張は、法律上の擬制を一層進ませることとなるだろう。もしもそうした危害が真に国家に対する危害であれば、そうした危害についての事例は全て国家に対し報告されるべきだという必要条件が、確かに存在するであろう。その結果、国家は、外交上の抗議をするかまたは法律上の救済を求めるかを決定する立場にあるであろう。しかし国家は、そういった欠くことのできない情報をもとにして、いかに国家自体を守るかということを決定しはしない。現実には、危害を加えられた個々人が、彼等自身で補償を求めるであろう（しばしば、交渉を通して、または外国の裁判所での訴訟行為を通して)。しかし、もしもそうした行為がうまく行かなかったならば、その後から自分のためにこの事件をとり上げるよう求める長い話し合いを、自国政府と始めるであろう。ある国家が、一個人また一会社に対してとられた行為というものを国家それ自体を害する行為と真に看做す場合に、用いることのできる種々の手段があることは良く知られている。国益に対し過度の損害を与えたと思われる場合に、管轄の主張をする複数の国家当局に対し報告をすることを要求する、いわゆる阻止(対抗)法(Blocking Statutes)の数々はまさにそうである。[37] しかし、一般的に言って、個人への危害を通し国家自体に特定の危害が加えられることはない。自国の市民が苦しめられることなくかつ適切に取り扱われなくてはならないということを実現することの生来の一般的利益というものは、個人が国際請求を行うことを許されることによって充たされ得るであろう。

このことは、分析の問題として正しいように思われるのみならず、実際にも個人は、国籍継続の原則によって不親切に扱われてきた。あまりにもしばしば、国籍国の政府は、個人による請求を追求することには少しも興味をもたない(もしくは、古典的な手法にそれを言い直すために、政府に加えられたと主張できるよう危害を修正することに興味をもたない)。政府は、それ自体考慮しなくてはならないより広範囲な利害を有している。そして、訴訟をけしかけるということは、こうした広範囲な考慮とは相容れないであろう。[38] それ故に、個人は何らの効果的な救済策もなく取り残されることとなる。国際法は、政府に個人を守る義務を負わせはしないし、国内法は、ほとんど確実といってよいほど、個人のために政府が行動を起こすことに失敗したことについて何らの司法審査も許さないであろう。

個　人

常設国際司法裁判所は、一九三三年に「市民的権利を有する能力には、必ずしもそうした権利を行使する能力を含んではいないということは、指摘する必要もない」と特に触れた。[39] この個人が被っている手続法上の無能力の意味は、何なのであろうか。

国際法は、外国人をいかに扱うかに関して、国家に対し幾つかの義務を用意している。その結果として、外国人は、国際的な最少限の基準に従って扱われるべき幾つかの権利を、国際法上有しているのであろうか。それとも、そうはならないのであろうか。国家というものは、外国人に対し幾つかの義務があるにもかかわらず、それでもなお外国人は、彼等が接触する外国に対しては何らの国際法上の権利も有しないのであろうか。

その答は勿論、常に出しゃばる国籍継続の要件の存在により、直ちに泥まみれにされてしまう。もしもある国が外国人を虐待したならば、そのことに対する国際訴訟は、当該外国人が国籍を有する国の手中にのみあるであろう。ではこの事実は、個人が国際法上外国に対し何らの権利も有していないことを意味するのか。それとも単に、国籍を有する国による介入なくしてはこうした権利を役立たせることができない、ということを意味するだけなのか。ここで述べているのは、手続法についてなのか、それとも実体法についてなのか。救済策の伴わない権利というものは、常設国際司法裁判所が述べたこと[40]とは反対に、何らの法的権利でもないという意味で、相違点のない一つの区別にすぎないのか。それとも、分権的なシステムの中で仕事をしている国際法律家には考えることが許されていないものなのか。

国際法律家として、権力の現実というものにあまりにも親しんでいるが故に、我々は、国際法は効果的な法の強制力の存在というものに依存するというオースティン学派やケルゼン学派の教えを否定することに、永い間既得権を持ち続けてきた。勿論、効果的な救済策と法の強制力というものは、完全には重なり合うものでないことはわかっているから、私としては、権利についての定義を救済策の評価というものから切り離すことに我々は不慣れというわけではない、ということを指摘するだけである。この問題は別の角度から見ることができる。外国人を虐待しないという国際法上の義務そのものは、外国人の自由にできる国際法の権利の一つなのだろうか。「否。なぜならば、国際法の諸義務は国家間において負われているのであって、国家と私人関係人の間においてではない」という答えの中には、何らかの免れ難い真実があるのか。これらの言葉は、不変の真実を述べているのか。それとも、現在のように構築されたが故に、国際法は、個々人が国際法に関する事項について国際レベルで直接に訴えを起こすことを許さないという法的事実に対する、言語上の略記の一つにすぎないのか。国際法は国家間の諸義務だけについてのものであるという主張は、個人が国際法上苦しんでいる訴訟手続上の無資格の結果なのか、それとも、そうした訴訟手続上の無資格の原因なのか。

私自身の考えでは、個人は国際法上個人に帰する（そして、彼が国籍を有する国家に対して帰するのみならず）幾つかの権利を有している。Sir Hersch Lauterpacht は、彼の著作 "International Law and Human Rights" の中で、以下のように述べている。

「国際法の主体の一つとしての個人の立場は、個人の利益に役立つ権利についての国際文書中における認知と個人の懇請によりこれらの権利を主張できるということの間に違いを認めることに失敗したことにより、しばしば曖昧にされてきた。権利の恩恵を受ける者が、自身の名前で権利を主張するための独立した手続きを取ることが認められていないという事実は、その者が法の主体ではないとか、問題となっている権利がそれらを主張する能力を有している機関に排他的に帰属させられているなどということを意味するのではない。それ故に、外国の領域内における外国人の権利は、その者が国籍を有する国家の権利であり彼自身の権利ではないという現時点での見解に関連してその法的立場を正しく述べるならば、国家が自身の排他的な権利を主張するのではなくて、現在の法律の状態では国際レベルでは権利を主張できない個人の権利を、事実上国家が主張するということである。(41)」

Lauterpacht は、ある国際文書における個人の利益に役立つ諸権利について述べたのである。この原則は、特定の国際文書の関与なくして平等に適用されるものであり、個人は、一般国際法上の事項の一つとして遂行する責任が国家に降り掛かってくる国際法の諸権利の受益者であり得る、というのが私の考えである。

国際法は個人に適用されるのかと問うとき、正確には何を意味しているのであろうか。個人は国際法の諸規則に従わなくてはならないのか、ということを意味するのであろうか。若しくは、個人は国家のような他の行為者に求められている行動基準と同じものとして国際法を引用することができるのか、ということを意味するのであろうか。これらは難しい質問であり、一歩一歩根源的な論点に対処していく必要があろう。

国際仲裁裁判の重要性の増大ぶりは、多分この分野において、注意を払い続けなければならないもの一つである。今や、何らかの紛争がおきたときに国際仲裁裁判に同意することは、契約関係にある外国私企業と国家にとりありふれたことである（そして、原則としては、私的関係人は個人でもあり得る。もっともそうした場合は、多分外国企業よりも力が弱いであろうから、国際仲裁裁判に付託することよりも、その国の法システムを受け入れざるを得ないであろうが）。適用される法律条項としては、国内法システムが選定されるかもしれないが、もっと一般的には、「法の一般諸原則」とか「X国の法律と一般国際法の関連諸原則」または、何らかのそうしたものに似た手法に言及するであろう。それ故に、一躍、私的関係人は彼が国籍を有している国の政府により彼の主張が持ち出されることの必要性から逃れて、国際法を主張することが出来るのである。そこで、もしもX国とY氏が契約を結んだとすると、X国のY氏との契約の内容を変更する権限は、国際法の関連諸原則を照合することによって解釈されるであろう。そして、それにより為されるべきY氏への補償は、同じように国際法に照らし合わせて評価されるであろう。よって、たとえ純粋主義者たちが、X国はY氏に対しては彼の財産に関し何らの国際法上の義務も負っていない（Y氏が国籍を有している国家に対してのみ義務を負っているので）と言いたいとしても、現実にはY氏は、そうした法の諸規範を引用することが出来るのであり、そしてこのことは、あたかも国際法上の義務を国家が個人に負っているかのごとくなる。国際法を適用法として言及する仲裁裁判条項は、疑わしい無資格者たる個人を、国際法上の権利の担い手へと効果的に変えていく。このことは勿論、相互の同意によりなされている―しかし、ここでの要点は、個人が直接国際法に訴えてそして国際法の恩恵を受ける者となることが可能であるべきではないということに、本質的な理由はないということである―。

この分野における発展は、国際法のあらゆる分野においてそうであるように、意識的な知的過程を通してと同じようにまた、実際の事件の及ぼす力を通しても生じる。イラン革命により発生した訴訟での争点についての協定は、この点についての興味ある事例である。米国の捕虜の釈放という結果を引き出したイランとの協定は、ハーグに請求法廷を設立すべきという条項を含んでいた。この法廷には、米国民からのイランに対する請求と、義務、契約、収用、その他財産権に影響を及ぼす措置に関してのイランからの米国に対する請求に対して、管轄権が与えられた。適用法は、「本法廷が適用することを決定する商事法及び国際法における法律諸規則及び諸原則の選択[42]」である。この条項により、私人関係人は、二国間で作られた条約（一九五四年の友好条約）の違反を訴えている。彼等は、国際法の諸原則を引用している。そして、国家責任に関する法（原告たちの個人的安全に関連する問題の文脈において）も引用している。これらのどの分野においても、古典的国際法の教えによると、イラン政府は当該個々人や諸企業に対し義務を負うものではなかった。義務は、彼等の国民国家へ負わされたのである。ここでは我々は、単に通常の国籍継続の要件を放棄したのみならず、私人関係人による実体的な国際法の諸権利を産み出しているのである。

（1）一九九三年一二月二六日。一条、49 Stat. 3097, TS No. 88I.
（2）国連憲章四条
（3）三二条

（4）三五条二項

（5）九三条二項

（6）これらの問題すべてに関しては、R. Higgins, The Development of International Law through the Political Organs of the United Nations (1963), 13-25. を参照のこと。

（7）Ibid., 23.

（8）一般的には、J. Crawford, The Creation of States in International Law (1979). を参照のこと。

（9）LNOJ 1st Ass. (1920) 667. また、Higgins, The Development of International Law, 34 n. 30. を参照のこと。

（10）サンマリノとリヒテンシュタインは（国連の加盟国となる以前に）国際司法裁判所規程の当事国であった。

（11）H. Lauterpacht, Recognition in International Law (1947), 52-8（承認は「構成要素である」、つまり、独立した国家にとり必要な要素の一つである。しかし、諸要素が客観的に存在するときには義務的である。）Crawford, The Creation of States, 17-20; R. Jennings, 121 Recueil des cours (1967), 350; J. Verzijl, International Law (1960), ii. 587; T. Chen, The International Law of Recognition with Special Reference to Great Britain and United States (1951), 18 n. 41; J. Verhoeven, La Reconnaissance internationale dans la pratique contemporaine: Les Relations publiques internationales (1975), 714-15. を比較せよ。

（12）安全保障理事会決議二七七（一九七〇）。

（13）総会決議二七七五E（XXVI）（一九七一）・三四一一D（XXX）（一九七五）。

（14）Declaration of the EC on Yugoslavia and on Guidelines of Recognition of New States (1992) 31 ILM, 1485 を参照のこと。また、International Conference on Yugoslaviaにおいて創設されたユーゴスラビア仲裁委員会の法律的意見（ibid., 1494）を参照のこと。

（15）ドイツは一九九一年一二月一九日にクロアチアを承認した。ECの残り一一ヶ国は、一九九二年一月一五日にクロアチアを承認した。

(16) A国がB国と同じ組織の加盟国であるということには、承認ということを何ら含まない（非常に限定された加盟資格の組織でない限りは）。しかし、A国が、加盟国は国家でなくてはならない組織へのB国の加盟について賛成投票をするということは、B国を国家として承認するということを含んでいる。

(17) 一九八〇年英国は、もはや公式には新政府の承認はしないと公表した（新国家の公式な承認ということは続けるけれども）：Hansard, Parl. Deb. (Commons), vol 983, cols. 277–9 (Written Answers, 25 Apr. 1980). コメントとしては、C. Warbrick, "The New British Policy on Recognition of Governments" (1981) 30 ICLQ 568. を参照のこと。

(18) とりわけ、City of Berne v. Bank of England (1804) 9 Ves. Jun. 347. を参照のこと；Gur Corporation v. Trust Bank of Africa Limited [1986] 3 AER 449を比較せよ。；Russian Socialist Republic V Cibrario (1923) 235 NY 255; Diggs v. Dent (1975) 14 ILM 795. を比較せよ。；Société Despa et Fils v. USSR (1931–2) 6 Annual Digest of Public International law Cases, Case No. 28. を参照のこと。国際法における承認の問題についての詳細な秀れた一般的調査の1つとしては、Oppenheim's International Law, 9th eds., ed. R. Jennings and A. Watts (1992), vol. i. pt. I, pp. 126–203. を参照のこと。

(19) 英国においては、Luther v. Sagor [1921] 3 KB 532; Carl Zeiss Stiftung v. Rayner and Keeler [1967] AC 853. を参照のこと。

(20) Arantzazu Mendi [1939] AC 256；米国においては、Wulfsohn v. Russian Socialist Republic (1923) 234 NY 372, 138 NE 24 とs. 1116 (c) (ii) Protection of Diplomats Act 1971 (1972) 11 ILM 1405. を比較せよ。

(21) しかし、Thrid Restatement of the Law: The Foreign Retations Law of the United States (1987), の七頁から一五頁、特に権力分立に関する九頁参照のこと。

(22) Carl Zeiss Stiftung [1967] AC 853. を参照のこと。また、Hesperides Hotels Ltd. v. Aegean Turkish Holidays Ltd. [1979] AC 508 に表明されている Lord Denning の見解を参照のこと。

(23) 非常に例外的に、国際条約により設立された国際機関が、単一の国家の準拠法のもとにおかれるものとして、スイス法が準拠法である国際決済銀行（Bank for International Settlements）がある。

(24) 国連の任務中に被った損害に対する賠償、ICJ Reports (1949) 174.

(25) Ibid., 179.

(26) これらの争点は、一九八五年の国際スズ理事会（International Tin Council）の崩壊に伴う大量訴訟の中心的争点であった。Maclaine Watson and Co. Ltd. v. International Tin Council [1988] 3 WLR 1169; In re International Tin Council [1988] WLR 1159; J.H. Rayner Ltd. v. Department of Trade and Industry [1989] 3 WLR 969. この問題は、国際法協会により審理されている。そしてまた、Westland Helicopters V Arab Organisation for Industrialization に関する国際仲裁においても検討されてきた—本件では、アラブ工業機構は第一次仲裁裁判が述べているように「国家からは実際上区別し難い」ものであったが（80 IRL 596 at 622）。

(27) G. Schwarzenberger, A Manual of International Law, (3rd edn., 1957), i. 128-30; R. Bindschedler, "Die Anerkennung im Volkerrecht" (1961-2) 9 Archiv des Volkerrechts 387-8; I. Seidl-Hohenveldern, "Die Volkerrechtliche Haftung fur Handlungen internationales Organisationen im Verhaltnis zu Nichtmitgliedstaaten "(1961) 11 Osterrechische Zeitschrift fur offentliches Recht 497-506; I. Seidl-Hohenveldern," Recentsbeziehungen zwischen Internationalen Organisationen und den einselnenstaaten" (1953-4) 4 Archiv des Volkerrechts 33; H. Mosler, "Reflexions sur la personnalité juridique en droit international public", Mélanges offerts à Henri Rolin (1964); W. Wengler, Actes officiels du Congres international d'études sur la Communauté Européene du Charbon et de l'Acier (1958), iii. 10-13, 318-19.

(28) ITC v. Amalgament Inc. 80 ILR 31. を参照のこと。

(29) J.H. Rayner Ltd. v. Department of Trade and Industry [1989] 3 WLR 969. コメントと批評については、R. Jennings, "An International Lawyer Takes Stock" (1990) 39ICLQ 513. を参照のこと。

(30) Arab Monetary Fund v. Hashim (No. 3) [1991] 2 WLR 729を参照のこと。

(31) D. Anzilotti, Cours de droit international (1929), 134; Gihl, Folkratt under Fred (1956); M. Siotto

-Pintor, Recueil des cours (1932, III), 356.

(32) Schwarzenberger, Manual; International Law as Applied by International Courts and Tribunals (3rd edn., 1957), i. 140-55.

(33) 例えば、C. Norgaard, The Position of the Individual in International Law (1962).

(34) R. Higgins, "Conceptual Thinking about the Individual in International Law" (1978) 4 British Journal of International Studies I at 5.

(35) D.P. O'Connell International Law (1965), i. 116.

(36) ヨーロッパ裁判所を比較せよ。ヨーロッパ裁判所は、とりわけ、共同体の機関による作為・不作為に関する行政裁判所の一つとして機能している。そしてまた、組織上の裁判所の一つとして、国内裁判所の求めによってヨーロッパ共同体条約の解釈を行う。ECC条約一七七条を参照のこと。

(37) たとえば、UK Protection of Foreign Trading Interests Act 1980.

(38) 生々しい一例として、Barcelona Traction, Light and Power Company Case, ICJ Reports (1970), 18を参照のこと。

(39) Ser. A/B, no. 61, p. 231.

(40) Denning卿により、Gouriet v. Union of Post Office Workers [1977] 2 WIR 696.において援用された見解。この点は、Gouriet氏に有利な控訴院の決定を破棄した貴族院によっては承認されなかった。

(41) H. Lauterpacht, International Law (1950), 27.

(42) 米国政府及びイランイスラム共和国政府による請求の和解に関するアルジェリア民主人民共和国の宣言、五条 (1981) 20 ILM 230.

第四章　事物裁判権の配分：裁判管轄権

第一章から第三章においては、国際法とはいかなるものか、それはいかなる機能を果たすのか、いかにしてその実体的内容を確認するのか、誰に適用するのか、ということを論じてきた。このことは、もしも国際法は文脈にかまわず行うルールの機械的な適用であると主張しないとすれば、国際法とは紛争を回避し、抑制し、解決する手助けをすることのできるシステムの一つなのである、ということを明らかにする目的で書かれた本書の導入部であった。

第四章から第一五章では、国際法が争いを回避することを助ける幾つかの方法を明らかにしている。ここで非常に重要なことは、裁判管轄権の問題である。なぜならば、それが事物裁判権を配分することのすべてだからである。どの国が、誰に対して、いかなる状況において、権力を行使し得るかということに関して、明確な基準を与えること以上に、争いを回避するのに重要な方法というものは存在しない。こうした事物裁判権の配分なくしては、すべては怨恨と混乱である。

いかなる教科書であれ、以下のような裁判管轄権の根拠を示すであろう。

領域管轄権：これにより国家は、その領域内における人々及び事件に関する法律を定立し適用することができる。

国籍管轄権

保護管轄権
受動的人格（あるいは、属人）（passive personality）管轄権
普遍的管轄権
実効（あるいは効果）（effect）管轄権：これの主張は、より争いのあるところである。

これらを一つ一つ見ていくつもりはない。この話題については、故 Francis Mann 博士によりハーグ・アカデミーにおいて一九六四年と一九八四年になされた二つの優れた講義を含む他のところにおいて、広範囲に扱われている。

むしろ、ここまでの章においてそうしたように、私は今だ明白でないもの、争いのあるもの、不確かなもの―要するに、この話題において鍵となる問題―に焦点を合わせることを選んだ。従って、普遍的管轄権について、受動的人格管轄権について、誘拐と管轄権の行使について、そして域外適用の管轄権について、幾つか述べることにしよう。

普遍的管轄権

国際法は、国際社会に対する幾つかの犯罪に関し管轄権の行使を認めている。すなわち、たとえある行為が領域外で発生しようとも、また自国民でない者によって犯されようとも、そしてまた自国民がその行為により害されることはなくとも、その行為の性質が、ある国家に自国法を適用するための管轄権を行使する権利を与える。

この文脈においてしばしば引用されるのは、Barcelona Traction 事件における国際司法裁判所による有名な傍論（dictum）である。ある国家が他国に負う義務を国際社会全体に負う義務と対比させ、裁判所は後者について「まさにその性質からいって、こうした義務はすべての国家の関心事である。ここに関係している諸権利の重

要性のゆえに、すべての国家はこれらの権利の擁護ということに法的な利益を有していると判示され得るから、これらは万人に対しての（または対世的な、erga omnes）義務である」と述べた。[1] 裁判所はそして、侵略、ジェノサイド、そして奴隷制度や人種差別からの保護を含む人間の基本的諸権利という、現代国際法における例を引用して話を続けた。

この裁判所の傍論は、しばしばそれが確証することができる以上に権威ある文書として、不正確に用いられている。あたかも普遍的管轄権の原則の現代的適用について指針を与えるかのごとく—あたかも裁判所が、こうした犯罪の各々に関して普遍的管轄権を肯定しているがごとく—、この傍論は語られている。勿論、裁判所はこうした類のことは何もしなかった。この傍論は、管轄権の主張の文脈においてなされたものではなく、外交的保護に関連する法律の審査という文脈でなされたのである。通常、国際請求を行う前に、被告となる国が原告となる国の国民に関して原告の国への義務を破っている、ということを原告たる国家は示すことが必要である。国際義務が当然に帰すべき当事国に対してのみ、その違反に関しては請求を行うことができる。[2] 裁判所は、これらの違反に関しては国籍継続の原則という制限的要件は適用されまい、と示唆した。

更に、国籍継続の原則は、民事請求においての外交上の主張にも関係している。義務を対世的に負っているところでは、このことはその原則に対する既述の例外については真実である。[3] 対照的に、普遍性の原則は、刑事管轄権の適用にも関係がある。

国際法律家の中には、普遍性の原則というものは、国家が外国人により外国でなされた行為に関しては何らの刑事管轄権も有しないという基本原則の例外の一つである、とするものもいる。[4] この見解は、本書の第一章において触れたより広い争点の一部である—つまり国際法というものを、例外をもった一連の規則としてみるか、それとも、その選択が事実及び状況のすべての文脈において行われなくてはならない補足的な規範とみるかである

―。思うに、普遍性の原則は確立した規範の一つであり、管轄権についての他の諸規範と共に有効なのであり、他の規範のどれからも例外としては看做されてはいない。

なんにせよ、普遍性の原則の対象となることが合意されている犯罪は、その数が非常に限られていると容易に言えよう。これらの犯罪が、ほとんどの国の国内管轄権においては犯罪として[5]一般的に扱われていて、それでいてまた、国際秩序に対する攻撃の一つとしても認められる諸行為であるということが、その要件である。「まさにその本質からして、この原則は限られた数の事例にしか適用できない。……これは、全体として国際秩序に対する被告人の攻撃に根拠を置いている[6]」と正しく述べられているように、普遍性の原則に基づいて管轄権を行使するという権利は、普遍的若しくは準普遍的な視野をもった条約または一般国際法の受諾ということから生じ得る。後者は、普遍的管轄権を許す犯罪中最も一般的に[7]受け入れられている例―海賊行為[8]―にその根拠を与えている。奴隷制度もまた一般的に、普遍的管轄権の対象としてみられている。[9]ニュールンベルグ法廷は、戦争犯罪―言い換えれば、一九〇七年ハーグ諸条約に例示されている敵対行為に関する慣習的または伝統的な法の主な違反―に対して管轄権を有した。[10]今日、一九四九年のジュネーブ諸条約の主な違反は、普遍的管轄権を許している犯罪の小さなリストの中に含まれるであろう。[11]

古典的な一例は、Eichmann 事件におけるイスラエル裁判所による管轄権の主張である。ここでは、Hitler の「最終的解決」(final solution) の主な執行人に対し、イスラエル国の領土以外のどこかで行われた行為に関し、そして、イスラエル市民でない者（実際、当時イスラエルという国は存在していなかった）に対して、管轄権が行使された。Eichmann がイスラエルに連行されたやり方に対しては、他国から異論が出はしたが、そうした犯罪に対し普遍的管轄権を主張するイスラエルの権利については、何らの抗議もなされなかった。[12]Demjanyuk 事件においては、アメリカ合衆国のある裁判所は、東ヨーロッパの強制収容所における殺人及び関連諸犯罪で告発された者を裁判にかけるイスラエルの権限を認めた。その裁判所は、「国際法は、幾つかの犯罪はいかなる国家によろうとも処罰されるであろうと規定している。なぜならば、そうした犯罪を犯した者は、全人類の共通の敵であり、全ての国家がその逮捕と処罰に等しい利害を有しているからである。」と述べた。[13]

国際法の側からみると、戦争犯罪を裁判にかけ処罰することには明白な普遍的管轄権が存在しているのだが、国内法上こうしたことを行うためには更に何らかの要件が必要とされるかどうかは、若干不確かである。このことは単に、ある国内法が一般国際法をいかにして「受け入れる」かという問題ではない。[14] これは以下のようなことであろう。つまり、もしもある国の国内法が、ある犯罪に対し管轄権を許す国際法の普遍性の原則を承認しているとしても、実際上の問題として、その犯罪が国内立法によって定義されることが必要となろう。

この点については、英国で起きたある論争によって十分に描かれている。英国軍事法の手引き（The British Manual of Military Law）は、明白な表現でこう述べている。

「戦争犯罪は諸国の法において犯罪であり、それ故に、すべての国の裁判所により裁判に付される。……英国軍事法廷は、どこの国籍を有する者によりなされた戦争犯罪に対してであれ、英国のみにおいて管轄権を有している。……戦争犯罪の犠牲者が、英国民でなくてはならないということは必要ではない。[15]」

これは、英国に住んでいるといわれる一七人の、戦争犯罪人と申し立てられた人たちについて、いかなる処置を取り得るかまたは取るべきであるか（取り得たとして）という問題に直面したときの、一九八八年の内務大臣の声明とは対照的である。内務大臣は以下のように述べた。

「英国の裁判所は、国外で非謀殺または謀殺の罪を犯した英国市民に対して管轄権を有している。しかし、もしもその申し立てが、彼等が英国市民になる前若しくは英国に住むようになる前の事件に関するものであるならば、現在英国市民であろうと、または現在当地に居住しかつしばらくそうしていた人であろうと、そういう人々に対しては管轄権を有しない。」[16]

英国の法律を修正することなしには、「現在英国市民であるか、または英国居住者である人々を戦争犯罪で訴追する」[17]ためのいかなる行為も取り得ないということが、当然のこととして前提とされた。この見解は以下のようなものであるように思われた。国外でなされた殺人に対しては、自国民でない者に対して管轄権は存しない。そして、戦争犯罪は殺人罪である。それ故に、自国民でない者によりなされた戦争犯罪に関しては管轄権は存しない。すると、現在英国市民であるかまたは英国居住者である犯人といわれる人々に関しては、特別の立法による管轄権がとられる必要があるであろう。

とはいえ、この件に関し命じられた審問は、立法というものは「英国の裁判所に、国際法上既に与えられている管轄権の一つを用いる権限を与えるだけであろう」と説明し、その報告書においてこの点について十分に正しく述べていた。[18]

この報告書は、「英国裁判所は、現在英国市民または英国居住者である人々により、第二次大戦中ドイツまたはドイツ占領地において、戦争犯罪（戦争に関する法律及び慣習の違反）としてなされた謀殺及び非謀殺に対して、管轄権が与えられるべきである」と勧告した。[19] 幾つかの点について述べてみよう。第一に、もしも犯罪者が現在英国市民でないかまたは長期居住者でないならば、管轄権をもつことはできないであろうとなお推測される。英国は、戦争犯罪に関する普遍性の原則にもかかわらず、現在市民でも居住者でもなく、休暇で英国にやってきた戦争犯罪人に対しては管轄権を主張することはできない、という見解をとっているようにみえた。それは、一つの政治的決断の反映であろう。しかし、これは管轄権を創設するのにそうした関連性を求めていない普遍性の原則についての、正しい理解ではない。一九九〇年夏の、イラクによるクウェートへの侵略という文脈においては、英国は当然のこととして、Saddam Hussein 大統領は戦争犯罪で裁判にかけられるべきだと主張した。普遍性の原則に実効性を与える法律もまた明らかに、第二次大戦の犯罪以外のものを扱うには狭すぎる。例えば、それは、アラビア湾においてなされた戦争犯罪に対する裁判を許さないであろう。第二に、その報告書の勧告は、謀殺または非謀殺以外の戦争犯罪[20]と人道に対する罪とを除外した。後者は、普遍的管轄権が付与され得るか否かが疑わしいが故ではなく、遡及効についての懸念から除外された。その報告書は、「一九三九年には、人道に対する罪について国際的に受け入れられた定義というものは存しなかった」と認めたのである[21]。

英国政府は、大変な困難を伴って、この報告書の提案に基づいた法律を通した。提案された法律は、衆議院ではかなりの得票差を獲得したが、貴族院では二度敗れた[22]。

この点以外にも、どのような他の犯罪が普遍的管轄権を許すかについては、争いがある。普遍的管轄権は様々の他の事項にも存在すると、しばしば単に漠然と主張される。ニュールンベルグ裁判憲章六条は、戦争犯罪のみならず平和に対する罪及び人道に対する罪に対しても管轄権を与えた。前者は、侵略戦争を企てることを必然的に伴っていた。後者は、「大規模な戦争犯罪」（war crimes writ large）[23]―戦争前若しくは戦争中に市民に対しなされた、皆殺し、殺人、国外追放等―と正しく述べられている。ニュールンベルグ憲章及び同判決の諸原則は、満場一致で一九四六年国連総会において採択された[24]。

よって、今日では普遍的管轄権は、戦争直前または戦争中になされた戦争犯罪、平和に対する罪、そして人道に対する罪に対し存在していると言えるであろう。しかし、ニュールンベルグ裁判は、平和時におきた人道に対する罪に対しては、普遍的管轄権は与えていない[25]。この形式において犯罪と取り組んでいるジェノサイド条約は、領域管轄権と潜在的な普遍的管轄権の両方を規定している。その一条において、締約国は、ジェノサイドとは「防止し処罰することを約束する国際法上の犯罪の一つである」ことを確認している。六条では、ジェノサイドの罪で告発された人々は、その行為がなされた国において裁判にかけられるか、または「国際刑事裁判所の管轄権を受諾する締約国に対しては、管轄権を有する国際刑事裁判所により」裁判にかけられる、と規定している。勿論、こうした国際刑事裁判所というものは未だ存在していない。そして六条の規定は、いかなる国内裁判所に対してであれこの犯罪に対し権限を主張することができる権利を与えるという意味においての、普遍的管轄権には不十分である。

国際法の管轄権についての詳細な分析は、米国外交関係法第三版リステイトメントに見ることができる。これにおいては、こうした事項を単に、「ジェノサイドと戦争犯罪が普遍的管轄権に服するということは、第二次大戦後認められた」と述べるだけという、幾分不正確な方法で扱っている。これは、「ジェノサイドを処罰するための普遍的管轄権は、広く慣習国際法の一原則として受け入れられている」と強く主張しているが、そこで与えられている根拠は、ジェノサイドが慣習国際法違反の一つであるということだけである。しかし、ある行為が国際法違反の一つであるという事実からは、ひとりでに普遍的管轄権は生じはしない。後において、そしてより適切に、その注釈書は、ジェノサイドは国際法委員会（ILC）の国家責任に関する条文草案において[26]「国際犯罪」の一つとして特徴づけられていると言及している。条文草案は管轄権を扱うことが目的ではないが、しかしリステイトメントの注釈書は、「国際犯罪は普遍的管轄権に服すると思われる」と付け加えている。[27]国際法の幾つかの違反に対し「犯罪」という概念を帰することで、たった二つの目的が現実に充たされる限りにおいては、このことは正しいと思われる。第一には、問題の違反に対し、一つの一般化された汚名を付けることである。第二には、普遍的管轄権が黙認されるであろうということを示唆することである。

しかしながら、国際法委員会条文草案一九条はまた、アパルトヘイト、自決権の重大な違反、甚だしい公害を禁止するという義務に対する重大な違反、というものを国際法上の犯罪として分類している。これらが、いかにして普遍的管轄権を生じさせるかを理解することは難しい。[28]一九条に挙げられているものは、普遍的管轄権の基礎の一つとなるというには、あまりにも飛躍がありすぎるだけである。

第三版リステイトメントは、既述した幾つかの違反（海賊行為、奴隷取引、ジェノサイド、戦争犯罪）に対し、普遍的管轄権の存在を明記し、そして「飛行機に対する攻撃とかハイジャック」及び「多分幾つかのテロ行為」についてもまた述べている。これら後者は、国家責任に関する国際法委員会条文草案一九条において提案された「国際犯罪」の一覧表の中に、今では表示されている。では、こうしたものに関しては普遍的管轄権が存在する、と言うことは正しいであろうか。

まず第一に指摘されるべきは、飛行機のハイジャックに関する限りにおいては、国際法により許される管轄権の根拠は主に関連諸条約の審理により見出されるということである。では、主な文書の幾つかを簡単に見ることとしよう。

一九六三年の航空機内で行なわれた犯罪その他のある種の行為に関する東京条約[29]の規定は、複雑である。この条約の規定によると、様々なもの―飛行機の登録、飛行機の到着地、危害を被った乗員の国籍、他の条約による義務―を根拠として管轄権を与えているが、これらのどれ一つとして普遍的管轄権になりはしない。

モントリオール条約とハーグ条約は、近年管轄権に関する一つの重要な条約上の根拠となってきているもの―投降地処罰の原則（the aut dedire aut punire principle）―の、初期の例である。モントリオール条約[30]とハーグ条約[31]は、犯罪が当該国に登録している飛行機上で発生した時、及び犯罪が発生した飛行機が犯罪者がなお機上にある状態で当該国の領域に着陸する時[32]にとられる管轄権を想定している。ここでも、国内法に従って刑事管轄権を行使することを除外するものは何もない。重要なことは、締約国は、犯罪を厳しい刑罰で処罰し得るようにすること[33]、及びそうした犯罪と犯罪者に対し管轄権を創設するために必要であるとしてそうした措置を講ずることが[34]、求められているということである。今や古典的な方式の一つではあるが、このことは両条約七条に以下のように規定された。

「犯罪行為の容疑者が領域内で発見された締約国は、当該容疑者を引き渡さない場合には、当該犯罪行為が自国領域内でなされたものであるか否かを問わず、いかなる例外もなく、訴追のために自国の権限ある当局に事件を付託する義務を負う。」

これが本条約の全締約国（今や一四〇ヶ国を超えている）の管轄権に対し規定しているかぎりにおいては、これが普遍的管轄権として語られることは十分理解し得るであろう。しかしこれは、厳密な意味では真の普遍的管轄権では未だない。なぜならば、ある所定の場合に、ほんの小数の限られた締約国のみが、二条、四条及び七条を根拠として管轄権を行使し得るだけであるから。「普遍的」とは、比較的限定された管轄権の根拠が状況上発生したとしても、管轄権を行使することができるために必要なことは何であれすべての締約国が行うことができる、という要件につきる。時々どこかで表明される見解に反し[35]、ここでのこれは条約を根拠とする普遍的管轄権ではない（そして、そうした条約の根拠が一般国際法へ「変形していく」という問題は生じない）。第三版リステイトメントは、ハイジャックに関して国際法の一般原則どころか、条約を根拠とした普遍的管轄権が存在することに関してさえ、説得力ある典拠を提供していない。

第三版リステイトメントにより普遍的管轄権を明示していると言及されている他の諸条約は、実際にはそうはしていない。一九七五年の国際的に保護される者（外交官を含む）に対する犯罪の予防及び処罰に関する条約は、領域管轄権、旗国管轄権及び国籍管轄権を規定している[36]。同じ管轄権（定住無国籍者にまで広げられた）は、人質をとる行為に関する国際条約に存在している[37]。一九八〇年の核物質の保護に関する条約においては[38]、管轄権は領土権、国旗、または容疑者の国籍に根拠がおかれている。拷問及びその他の残虐な、非人道的な若しくは品位を傷つける取扱いまたは刑罰を禁止する国連条約[39]の管轄権の根拠はもう少し広く、被害者の国籍も更なる根拠を与えている。一九六一年の麻薬に関する単一条約[40]は一九七二年の議定書で修正されたので[41]、条約国は禁止されている行為を自国の刑法で犯罪とし、犯罪者が自国の領域において捜し出された時には、訴追するかまたはその犯罪がなされた国に引き渡すかのいずれかを行うことと規定している。こうした条約は、管轄権の広い選択の根拠を与えようとするものではあるが、普遍的管轄権の例というわけではない。適切に表現される普遍的管轄権というものは、ある犯罪に対する管轄権の主張をいかなる国に対しても許すものである。

この状況は、テロ行為に関しても変わらない。それはまた、リステイトメントや一九九〇年の欧州審議会の犯罪問題に関する欧州委員会報告書[42]においてもまた、普遍的管轄権を許しているものとして主張されてはいるが。この後者の報告書は、またもやあまりにも大雑把ではあるが、「普遍的管轄権を採用することを想定している諸条約は、テロ行為に対する戦い、拷問の防止、外交官の保護、核物質からの身体の保護、そして人質をとる行為、ということに関連している条約である」と主張している。

しかし、正確に分析してみると、そうした条約のいずれも普遍的管轄権を規定してはいない。これらは、投降地処罰の原則と結びつけて考えられる管轄権の様々な根拠―つまり、条約の締約国は、自国領域内で発見された犯罪者を裁判にかけるかまたは裁判のために引き渡す義務がある―を規定している。

これらのすべての条約中で、真の普遍的管轄権に最も近いものは、テロ行為の鎮圧に関するヨーロッパ条約である。この条約は、テロリストの犯罪と思われる犯罪を一覧表にして、そうした犯罪のどれひとつとして引き渡しを拒む目的のために「政治的犯罪」として看做されてはならないと明記し、そして、各締約国は「容疑者が自国領域内に存在し、それでいてその者を引き渡さない場合には」、管轄権を創設するために必要であると思われる措置を採らなくてはならないと、再度規定している。よって、条約締約国であるということ以上にその犯罪との関係は、求められてはいない[43]。

受動的人格（あるいは、属人）管轄権

いわゆる受動的人格の原則は、ある国の国民が、その国の領域外で発生した事件により領域外で被害をうけた場合の、その事件に対する管轄権の主張の一つである。それ故に、この管轄権の根拠は自国民の保護であり、それ以外の何ものでもない。これは、治外法権の行為から生じた被害が自国領域内の自国民（または自国経済）に対するものである点では、いわゆる実効あるいは効果管轄権と対照をなすものとなる。SS Lotus 事件[44]は、伝統的にこの原則についての判決例として引用されるが、非常に慎重に読まれなくてはならない。この事件では、トルコ船とフランス船が公海上で衝突し、トルコ人船員の命が失われた。Lotus 号がコンスタンティノープルに入港したとき、船長は逮捕され、故殺罪で起訴され有罪となった。フランスは、トルコの管轄権の主張に抗議し、この論争は常設国際司法裁判所へと持ち込まれた。同裁判所は、その決定の理由はそれほど明白ではなかったが、トルコに有利な決定を行った。トルコ船における効力は、トルコの領域における効力と同視された。しかし、船舶も大使館も「国家の領域」ではないのであり、この技巧的な手法は管轄権の争点を曖昧にするだけである。

受動的人格は、一九五二年のブラッセル条約[45]、一九五八年の公海に関するジュネーブ条約[46]、または一九八二年の海洋法に関する国連条約[47]においては、船舶の衝突に対する管轄権の根拠として採用されてはいない。これらの条約は、共通点のある事実に関してはむしろ単一国旗管轄権を選んでいる。

更に、Lotus 事件において、同裁判所は公海上における衝突という問題に直面した。管轄権は何らかの禁止規則がこれを妨げない限り[48]はある国家により主張され得るということの効力として、その適用範囲の広い傍論を他国の領域内における受動的人格管轄権に対する判決例と看做すことはできまい（あたかも、例えばフランスにおいてフランスとトルコの車が自動車事故を起こし、トルコがフランス人運転手に対し刑事管轄権を主張するかのごとくに）。

こうした警告は十分に強調されてきたが、一九九〇年代になって受動的人格の原則を主張することへの関心が復活してきていることもまた、認めなくてはなるまい。これは、国際的テロ行為の爆発的増加という背景から起きている。ここでの問題は、競合する管轄権の衝突ではなく、むしろ明らかに管轄権を有している国が、—テロリストに対する政治的同情という理由のためか、はたまた管轄権を行使することは更なるテロ行為を招くということを怖れてか—管轄権を行使することを嫌がっているという事実である。従って、テロ行為に対して直接的な法的利害とそしてまたテロ行為と戦うことの必要性について強い政治的信念を有する他の国々は、彼等自身が管轄権を主張することの可能性の根拠を確認しようとしている。そして、米国とフランスは、これについて興味ある例を提供している。

この問題については、米国の外交関係法の第三版リステイトメント(49)に明確に要約されている。そこでは、管轄権の根拠の一つとしての犠牲者の国籍は、「通常の不法行為や犯罪には一般的には受け入れられてはいないが(50)、国籍を理由としてのある国の国民へのテロリストその他の組織的攻撃に、または、ある国の外交使節とかその他の公務員の暗殺に適用されるものとして、徐々に受け入れられてきている。」と述べられている。

国際的な影響力はこれにはほとんどないが(51)、疑いもなく、米国は近年においてそうした権利を強く主張してきている。

米国の立場は、もしも自国民が国外において危害を受けたならば、それはその関係国の管轄権の問題である、というものであるように思われる。—しかしまた、その者が国籍を有する国の立法において、国外の自国市民へのそうした危害を禁ずる何らかの規定が存在している範囲では、国籍国の管轄権に含まれるかもしれない(52)—。

人質をとる行為に関連する法律は、そうした目的のために立案された。(53)この法律は、もしも問題となる行為が米国外で発生したならば、犯人又は人質が米国市民でない場合あるいは犯人が米国内において発見されない場合は、[54]米国裁判所は本法律によって管轄権を有しないと規定している。しかるに受動的人格の原則は、イタリア船に乗っていた一人の米国市民が地中海でテロリストにより殺害されたAchille Lauro事件[55]においては、明らかに頼りにされた。一九八五年の米国テロリスト訴追法は同じように、「テロリストの活動を助長するために、または被害者の国籍のために、米国外において米国人に暴力的な攻撃を行う者の訴追と処罰」について関係があるものを、規定している。[56]これもまた、一種の受動的人格を基礎とする管轄権を、創設しようとするものである。しかし、管轄権のこの主張は、一般的に「テロリスト」の犯罪として呼ばれている犯罪になお限定されることが、意図されているように思われる。例えば、外国にいる米国人が酒場での暴力沙汰とか強盗の被害者である場合には（この法律における適用範囲の広い用語にもかかわらず）、管轄権を主張する意図はないようにみえる。

一九八六年米国議会は、外交的保護及び反テロ行為包括法を制定した。[57]この法律における「米国国民に対する国外でのテロ行為に対する域外適用管轄権」と題する一一三A章は、その二三三一条(a)において、「米国国民が米国外にいる時にその者を殺害する誰に対してであれ、もしもその殺害が謀殺、故殺、そして過失致死であるならば」、管轄権が存在すると規定している。この受動的人格管轄権の見掛けの幅広さは、米国における訴追は、「そのような犯罪が、政府または市民に対しての、強制、脅迫又は報復ということを意図された」ときのみ行われる、と規定する二三三一条(e)によって限界を画されている。

よって、受動的人格の原則は、テロリストタイプの犯罪に関してのみ、米国により主張されるのである。[58]Lotus事件がこの管轄権の根拠に対する判決例（これは疑わしいが）と考えられている限りにおいては、それは勿論、訴訟物のこのカタログに対するその原則を制限するものを何も含んではいない。テロリストタイプの事件に対する受動的人格の主張の制限は、国家主権とそれに関連しての市民の安全に抵触するきらびやかな一群の事実を教えている。このことが「保護管轄権の原則の、きっかけとなる。それ故に、より争いがありかつより受け入れられにくい受動的人格の理論を求める必要はない。[59]」と指摘されている。

フランスにおいてもまた、[60]受動的人格の原則に対する伝統的な敵意というものは、この原則に基づいた法律により凌駕されている。ここでもまた、そうした法律に対して責任をもつ人たちにより、その法の実施は、国家の安全が絡んでいる事件に限定されるという意図であると、説明されている。一九七五年の刑事訴訟法六八九条は、自国民に対しなされた域外適用の犯罪に対しフランスが管轄権を主張することを可能とした。[61]この法律に反対する人たちへの返答として、[62]フランスの管轄権は犯罪発生国の管轄権を補足するものであり、自国の安全保障が絡まない限り[63]はいかなる場合であれ主張されないであろう、と説明された。米国におけると同じように、管轄権に対するこの主張は、領域管轄権を有する国が訴追することに乗り気でない、フランス国民に対するテロリスト的性質をもった一連の事件の結果であった。

この管轄権を主張するそうした国々における立法は、テロリストの犯罪に限定されてはいない。しかし、現実にはその適用はそれらに限定されている。外交上の主張は、見分けることは難しい。通常この問題は同時に発生する管轄権と相入れないわけではないが、むしろ二者択一的な管轄権を有する国は、それを主張することを望まない。また、たとえば一九七九年の人質をとる行為に関する国際条約のような最近の幾つかの条約は、管轄権の可能性の一つとして受動的人格を含んでいることを記さなくてはなるまい。次に見て行くのは、このことについてである。

抗議の数々は、通常そうした（限定された）受動的人格管轄権の主張などというものに対するものではなく、—容疑者を被害者の国家領域へ強制的に連行すること、その結果として、これを根拠とした保護は今度は効果的になされ得る—他の何かに対してである。

管轄権に対する先行行為としての誘拐

誘拐は、管轄権の根拠の一つではあり得ない。しかし時には、管轄権が他の何らかの根拠に基づいて主張されている犯罪を裁判にかけるために、ある者を領土内に連行するための手段ではあり得る。しばしばその主張されている管轄権の根拠としては、普遍的又は受動的人格があろう。それ故に、Eichmann 事件では、被告人は、東欧においてなされた人道に対する罪についてイスラエルで裁判を受けるために、アルゼンチンから誘拐された。Yunis 事件では、レバノン人である被告人は、ヨルダン王国の飛行機をベイルートでハイジャックし破壊したことについて裁判を受けるために、公海上のヨットに誘い出されて逮捕され、米国に連行された。[64] その飛行機に搭乗していた三人の米人乗客は、その苦難を切り抜けた。しかし、他国の領域主権の侵害ということは伴わなかった。そして、Achille Lauro 事件では、テロリストたちは公海上の航行を妨げられて、イタリア当局に引渡された(Achille Lauro 号は、イタリア船であった)。米国市民の殺害について裁判にかけるために、後に一九八四年米国―イタリア犯罪人引渡し条約に基づいて彼等の引渡しが求められた。

管轄権の主張における誘拐の関連性というものは、主に関係している国内裁判所による決定についての争点事実の一つに留まっている。ここでは、これは不適切に入手された証拠に類推できるかもしれない。裁判所によっては、こうした証拠の使用を退けるものがある。しかし裁判所によっては、すべての状況におけるその証拠の重みというものに影響するだけで、退けはしないものもある。同様に、裁判所によっては、誘拐により裁判所へ連行された犯罪者に対しての管轄権の行使を拒否しているものもある。しかし Eichmann 事件のイスラエル最高裁判所のように、多くの裁判所は、ある者がいかにして裁判所に連行されるかということは裁判所にとっての問題ではない、と主張している。こうした裁判所は、被告人の出頭という事実と管轄権の独立した根拠を樹立することの必要性に、関心があるだけである。

国際法それ自体は、管轄権の争点に関し誘拐の影響について何か述べることがあろうか。被告人を裁判所に連行する方法というものは、裁判所のその者への管轄権と関連性があるであろうか。思うに、この質問に答えるためには、明確に理解されることが必要な法と政策の様々な関連した問題点が存在している。

誘拐された人たちは、様々に異なる国内管轄の中において裁判にかけられるから、この問題はしばしば、主に様々に異なる国内法の問題の一つとして扱われる。しかしこうした場合には、明らかに裁判所のある国の国境を越えて発生する諸要素を含んでいるから、国際法の諸原則がここでもまた関連していると理解されている。それ故に、まず第一の疑問は、管轄権の効果的な主張は国際法の違反次第なのか否かというものである。この疑問に対する答えは、そう思われるほど単純ではない。個人の立場からみると、強制的な抑留と移送（ある管轄から他の管轄へであろうとなかろうと、はたまた裁判にかけるためであろうとなかろうと）は、人は誰でも己れの身の安全について権利を有しているのでありデュープロセスに従ってのみ制限されるから、人権を侵害しているのである。このことは、すべての主要な人権文書において規定されている。[65] 正確なデュープロセスの要件というものは条約を基礎としているであろうが、その原則は一般適用のものであり又慣習国際法の規範の一つでもあるように思われるであろう。すべての人権がそうであるように、それは潔白な人同様悪者も犯罪者も、主張する資格が与えられている権利の一つである。

関係する他国の立場から見ると、国際法違反が発生しているか否かの答えは、その置かれた特定の状況次第である。もしも被告人が外国の領域から誘拐されたのならば、その国の主権の侵害というものが発生している。ある国の公務員が、許可なしに他国の領域内において自国の刑事法を執行することもまた、国際法に反している。多くの主要事件においては、誘拐は他国の領域から実際に発生している。[66] しかし時には、誘拐というものは、他国の領域主権を侵害することをまさに避けるために、公海上において又は公海を越えて行うよう注意深く手筈が整えられるであろう。[67] そうすると争点は、個人に対する有害な行為は、―伝統的国際法がそうとるであろうように―その人が国籍を有する国に対してなされた危害なのか否か、ということになる。この疑問に対する一般的な回答がいかなるものであろうとも（私は、それは否定的であるべきだと信じているが）[68]、ある人の人権を侵害する行為というものは、その人が国籍を有する国に対してなされた危害と看做されるべきではあるまい。人権の目的のすべては、個人を国家から区別することにあるのであり、両者を重なり合わせることではない。[69]

ある事件において、国際法が誘拐により侵害されたとして、このことによりさもなくば現行の管轄権に基づいて裁判を行うことのできる裁判所の権利というものを、剥奪しなくてはならないであろうか。これは、異なる著者や裁判所が種々の見解をとっているところの非常に争いのあるテーマである。米国最高裁判所は一連の判決において、被告人の事前の誘拐を根拠として管轄権を無効とすることは退けた。同裁判所は、いかなる条約も引用されていないので、たとえ被告人の出頭が強制的誘拐という手段により行われたものであろうとも裁判所は適切に管轄権を行使し得るであろう、と判示している。[70] そして更に、被告人は犯罪人引渡し条約の諸条件に違反して起訴されはしないであろうとも、判示している。[71] 一九九二年の Alvarez-Machain 事件において、米国最高裁判所は、誘拐は一般国際法に違反するかもしれない―しかし、そのことは、管轄権を無効とする根拠ではなかろう―と認めた。ある条約が侵害される場合のみ、管轄権は無効とされなくてはならないであろう。そして、同最高裁判所は国際法の一般諸原則に照らし合わせて、犯罪人引渡し条約の存在が必然的に誘拐がその条約締約国間において禁じられるべきだということを意味していると推測されるべきではない、と判示した。[72] 誘拐は、国際法上非常に明白に禁じられているので、その条約自体の中に誘拐の禁止を含める理由はなかったという議論は、裁判所の支持を見出せなかった。しかし、「犯罪人引渡し条約の一方締約国が、他方締約国の領域内で市民を逮捕する権利を秘かに留保していると信ずるとしたらショックである」[73]とした最高裁判事の少数意見に賛同しないということは難しい。

しかしここで述べておくべきことは、最高裁判所は誘拐が当該条約に違反したか否かを議論していたのであって、もしも誘拐が一般的に国際法にあるいは特定の条約に違反したとしても管轄権は行使されるべきかどうかという、根源的な論点について議論しているのではない、ということである。既に、前者については肯定(Ker 事件)し、後者については否定(Rauscher 事件)してきた。一般国際法違反と条約法違反の間における結果の違いは、従い難いように思われる。しかし、根源的な疑問が一つ重要なものとして残っている。多くの指導的な著者は、、管轄権はこうした状況では主張されるべきではないと精力的に主張している。[74]たとえば、Francis Mann は、誘拐は国際的な不法行為の一つであり、不法な行為からは裁判権は生じない(ex injuria juris non oritur)という原則の適用は、そうでなければ存在する管轄権の根拠の一つがそれ故に行使されるべきではないということを意味する、と論じている。[75]そしてその原則の背後における政策的な根拠に目を向けるならば、答えは多分よりはっきりしないものであろう。不法な行為からの原則(ex injuria rule)は、国際法上不法に行動する者が、第三者との関係において、不当に扱われた者の犠牲の上に自分たちの不法行為を強固なものとすることが可能となるべきではない、ということを保証することであった。

Eichmann のようなタイプの事件においては、Eichmann に対する管轄権の主張は、アルゼンチンの主権の疑いもない侵害を、悪化させることも果たまた永続させることもしなかった。不当に扱われた当事国の犠牲において強固とされる収穫物というものは、存在しなかった。たとえば、Eichmann に対する管轄権の行使は、アルゼンチンの領域に対する何らかの権原の確認を必然的に伴いはしなかった。

しかし同時に、国際的不法行為は止めさせられるべきであり、そして管轄権を許すことは不法行為を奨励することである、という見解を支持する重要な政治的諸要因が存在していることは、否定できない。南アフリカ最高裁判所が、保安当局によりスワジランドから誘拐された被告人に対する管轄権を無効としたときに述べたように、「犯罪者を有罪とする目的のために、法に対する尊敬の念を低下させるような方法を用いるとき、最終的な敗者は社会である」[76]。

戦争犯罪とか人質を取るといったような、一般に非難される犯罪に携わる者を裁判にかけることを支持する、重大な政策的考慮というものもまた存在している。不法な方法による被告人の逮捕を切り離し、そして、さもなくばその者に対し存在する管轄権を行使することによって、こうした政策的目的はほぼ間違いなくより叶えられるであろう。国際法は、誘拐に代表される違反に対して独自の救済策を備えることができなくてはなるまい―分権化した法秩序においては、救済策は外交的または経済的応答に頼らざるを得ないのであって、国際的な裁判による不法行為の認定に頼る必要はないかもしれないが―。

単純に海外において自国の警察力を行使しようとする国による乱用を防ぐために、ここで提案される「切り離し」は、国際犯罪と看做されている限定された犯罪のカテゴリー―戦争犯罪、人道に対する罪、そして議論の余地はあるが奴隷制度―への普遍的管轄権の主張に対してのみ適用しなくてはならない。しかし、他の犯罪のために裁判にかけられる者たちの出頭を確保するための誘拐は、管轄権を無効とする原因とならなくてはならない。

域外適用管轄権

論理的には、領域性の原則に根拠をおかない管轄権の行使のすべては、域外適用管轄権の行使である。国籍原則は、これにより国家は一定の状況下においては自国の刑法を国外に居る自国民に適用できるようにするのだが、管轄権の域外適用の一つの形である。原則として国際法は、その行使が行き過ぎずかつ他国の領域内でこれを執行しようとしない限りは、管轄権のこの根拠には寛大である。簡単な例を一つ取ってみると、もしもあるイスラム教国が、自国民を国外に居る間もあいかわらずアルコールを禁ずる法の対象に留めておこうと望むならば、(彼等は、現在滞在中の国の法律では合法的に飲酒できるとしても)そうした表現でもって自国の法律を作成し、逸脱した市民を帰国したならば裁判にかけることは自由である。しかし、その国の当局が、自国市民が住んでいる他国の管轄権の下にある領域において彼等に自国法を執行しようと試みることは、受け入れられないであろう。国籍管轄権に関する最大の問題は、誰が国外にいる自国民なのか、特に法人の分野においては、ということを識別することについて生じている。米国にとっては特に、米国企業の海外の子会社は、たとえ現地ではその国に組み入れられたとしても、現実には「米国企業」として留まっている—そしてそれ故に、外国に居る自国民にさえ適用するという表現でもって作成されたそうした米国法の対象となる—。しかしながら、こうした子会社が組み入れられた受け入れ国は、こうした子会社は現地の国籍の企業であると看做して、自国の法律の対象にのみなるとする。ときには、国籍に関する理解についてのこうした相違が、大きな問題を引き起している。それ故に、一九七九年米国は、テラヘンにおける外交官及び領事館スタッフの監禁に応じて、自国の管轄権に服するすべてのイランの財産を凍結した(77)。ここでは、米国内の財産のみならず米国銀行及びその海外子会社により保有されているドル建て口座にもまた、これは適用されるものと解釈された。一九八一年及び一九八二年には、米国はポーランドが戒厳令を敷いたのに応じて、シベリアからヨーロッパへのガスのパイプライン建設計画に対する資材の供給を禁ずる措置を採った。この禁止は、米企業及びその子会社に、たとえ海外にあるものであれ果また海外で生産された資材に対してであれ、適用された(78)。前者の場合においては、米国の凍結法の及ぶ範囲についての米国の主張の合法性については、疑問が呈された(79)。そして、シベリアのパイプライン契約に影響を与える諸措置は、欧州共同体からの公式の抗議を引き起した(80)。

これらの事件においては、問題は二面性をもっていた—国籍管轄権は、国民がなお「海外」に居るのに当然に主張され得るか否か。そして、それに先だつ争点として、国籍に対し域外の法律が適用されるといわれるその国籍はいかにして決定するのか—。海外のドル口座の「国籍」とは何なのか、また、米国企業の現地子会社の「国籍」とは何なのか。

これによりある国が、自国の安全保障のために領域外に向けられたある限定された範囲での諸措置に対して管轄権を行使するかもしれないという保護管轄権は、管轄権の域外での行使の比較的問題視されないもう一つの例である。

既述してきた受動的人格の原則は、海外に居る国民に対して及ぼされた危害を根拠として管轄権を行使するのであるから、これもまた域外適用管轄権の一つである。

しかし言うまでもなく、「域外適用管轄権」は、国籍管轄権、保護管轄権そして受動的人格管轄権に関して、各々独自の意味を有している。これは、より争いのある一つの主張—すなわち、管轄権を主張している領域内においてひどく有害な結果をもたらすことを意図し、かつ、実際にもたらした、海外で発生している行為に対して、海外にいる者（たとえ自国民でなくても）に対し管轄権を行使することができるということ—を意味するようになってきている。最初に一九四五年のAlcoa事件において米国最高裁判所によりはっきりと表現されたこの公式的記述は、「実効（あるいは効果）原則」(the effects doctrine) として知られるようになっている。[81] これは、刑事法及び反トラスト法の分野において特に重要であり、また、大変争いのあるところでもある。

英国により最も強く主張された一つの立場は、そうした管轄権の行使は単純に国際法上違法である、というものであった。「主たる規則」として域内性をみているので、英国の見地では、他のすべての管轄権の根拠はその規則への例外と看做されるべきであり、また、国際法における正当化を必要とするようなものと看做されるべきである。そうした正当化は、国籍管轄権及び保護原則の管轄権に対しても、そしてある限定された範囲での犯罪に関しての普遍的管轄権に対してさえも見出されるだろうとはいえ、英国の見解では実効原則の中に見出すことはできない。いかなる法規範もそれを許してはいないのであって、好きなように経済活動を行う他人の自由に対する受け入れ難い干渉とそれはなるのではないかと、強く主張されている。なぜ、A社とB社は、もしもこれらの会社の母国の法が許しているならば、例えば価格を定めることにより制限的な取引行為を行うことを自由にできてはならないのか、と英国は問うているのである。なぜ、C国の裁判所は、A・B両社の行為がC国内の価格に重大な影響を与えるからという理由で、これらの会社に対し管轄権を有しなくてはならないのであろうか。

管轄権について英連邦諸国の多くは、自国の中にまで米国の管轄権が及びすぎていると考えるそれに対する戦いに加わって、この見解を支持している。EC諸国の立場はそれほど明確ではない。これらの国は、—EC自体と同様に—正式に米国の一定の域外適用管轄権に対し抗議することでは、確かに英国と力を合わせてきている。しかし、EC条約八五条の要件はそれ自体が議論の余地があるとはいえ、共同体による一つの域外適用管轄権の行使を含んでいる。八五条は、共同市場内において競争を制限したりまたは競争を歪めたりするような契約を禁じている。ヨーロッパ裁判所は永年に渡り、その管轄権の地理的到達範囲というものを、ECの領域において法人となったかまたはそこに本部を置いている企業の活動に限定されるものではない、と解釈している。(82) では、米国によりECの利益に反して適用される場合を除き、また、抗議のためにECが英国と力を合わせる場合を除き、ECは実効原則に賛同しているということは、正しいであろうか。

最近まで若干不明確なところがあった。主要なECの諸事例は、域外適用性というようなものよりもむしろ、「経済的統一」の概念に根拠を置いてきた。これらの事例は、EC内の企業は、独立して行動するのではなく親会社の指示に従っているであろう—そして、その親会社がECの外にあるならば、もしも八五条違反の行為が存在する場合には、そうすると「経済的統一」の概念がその親会社に対してもまた管轄権を許すだろう―ということを認めた。初め経済的統一の概念に反対した英国は、もしも子会社が実際に共同体内で経営に従事するならば管轄権がそれを根拠として行使され得るということを、受け入れるようになってきた。そして、ヨーロッパ裁判所における Wood Pulp 事件[83]において―これは実際には域外適用管轄権の行使ではなかったので―、共同体のエージェント（すなわち子会社ですらない）の行為を通して競争を害する会社に対し管轄権が主張されるべきであるということは受け入れられよう、と言明する用意さえなされた。しかし、その事件においてヨーロッパ裁判所は、EC内でエージェントを通して販売をしている海外の外国企業に対する管轄権の行使を肯定しつつも、より広い表現を用い、これらの外国企業のみならずそれ自体は決してエージェントを通してとかその他の方法により共同体内での販売をしなかったカルテルにもまた、ECの管轄権を主張した。実効原則は今や名のみ受け入れられているにすぎない。

この論争は、実効管轄権を行使しているある国家が、それが行われた国においては合法である経済活動を非合法というだけでなく犯罪として分類しているという場合には、特に激しいものとなっている。多くの国は、「阻止（対抗）立法」(blocking legislation) ―言い換えれば、制限的な取引業務に関して、他国により設けられた刑事手続についてその国に情報とか証拠を提供することを禁ずる制定法上の条項―を導入することにより応えている。[84]多くの米国人ではない解説者は、こうした法令に喝采しているが[85]、私は残念に思う。英国の法令は、思うに、犯罪として禁じられた行為を類別し、そして、米国内に事務所をもち米国内で経営を行っている―すなわち、単に外国で経営しているとか、米国内において何らかの有害な影響を及ぼしているというだけでなく[86]―外国法人組織により犯された時に、それがために複数の損害賠償を査定するという米国の権利さえも阻んでいるので、合理的なというには遙かに行きすぎている。

もっとも、双方が今や争いを抑えようと強く望んでいる証拠がある。阻止立法をもつ国の中には、それに基づいては行動していない国もある。そして、英国は、何が領域内での行為というものを構成するかについて、ずっと適用範囲の広い解釈を行ってきている。領域性についての広い解釈のひとつは、他の解釈では域外のものとして定義されたものと部分的に重なる。そうした部分について、米国裁判所は、域外適用管轄権が行使される前に、米国の権益と関係する外国の利害との間には均衡がとられなくてはならない、と指摘している。主要判例(87)の中に見出されるように、重きを置かれるべき諸要素は、外国の法律又は政策との衝突の態度、各国において申し立てられている違反行為の相対的重要性（つまり、もしもそれが禁止され、かつ／または、犯罪であったならば）、国外における救済手続きの利用可能性とそこでの訴訟傾向、米国の通商及びその可能性を害する意図の存在、域外適用管轄権の行使が外国との関係に及ぼし得る影響、そしてその問題が条約によりカヴァーされているか否か、というものを含んでいた。

さしあたりこの問題は、両方の側の、できることならばこの点についての更なる争いは避けたいという明らかな望みに直面して、休止しているように思われる。

もう二点だけ指摘しよう。第一に、一般的に犯罪と看做される行為に対する域外適用管轄権に関し特別の考慮が払われることには、議論の余地がある。制限的な取引業務が合法か不法か果また犯罪的か否かについては、国により異なる見解をとってはいるが、たとえば殺人とか恐喝そして麻薬取引が犯罪であることについては、全ての国が賛成している。ヨーロッパ審議会法律問題委員会は、域外適用刑事管轄権に関する興味ある報告書において、こうした状況下では、域外適用管轄権は一つの正当視される例外と看做されるべきであると指摘している。「犯罪に対する戦いのための国家間の国際的結束」という原則にそれ自体根拠をおき、「犯罪に対する戦いのための国家間の国際的結束ということに根拠を置く限り、域外適用刑事管轄権という方式を創設する諸国の自由に対し、国際公法は何らの制限も課すものではない。」と委員会は述べている。この管轄権の行使は、国際的結束に役立つか否かまたはその結束が害されるか否か、ということに根拠を置かなければならない。(88)

域外適用管轄権に関する大論争において、これを合法と信ずる者たち（米国及び時としてはヨーロッパ共同体）は、もしも行為が国際法で禁じられていないならばそれは許されているという主張の判決例として、Lotus 事件を引用している。一定の行為に対する域外適用管轄権の行使には同情的でないわけではないが、常設国際司法裁判所の唯一の傍論からあまりに多くを読みとることはできないという気が、私はしている。これは、まったく異なった事実に基づく情況に直面した昔々に作られた一裁判所の不明確な傍論に照らし合わせることにより法律問題に決着をつけるという、軽薄な行動の一つの例と思われる。現代国際法を決定するには、もっと良い方法がある。

意思決定にもっと柔軟な手法を適用するとき、この争点に対する鍵は、そのための国家主権の発動よりもむしろ共通の価値の保護の中にあると、私は信じている。消費者を害し価格を高く維持する規制的な運用に対する戦いは、共通の犯罪行為に対する戦いとともに、国際的な結束の価値があると思われる。そうした目的のための域外適用管轄権の行使は、他の領域とはちがうものを根拠とした管轄権においての管轄権の行使と同じように、歓迎できると思われる。

（1）　Case Concerning the Barcelona Traction, Light and Power Company Limited (2nd Phase), ICJ Reports (1970) 3 at para. 33.
（2）　Reparation for Injuries Suffered in the Service of the United Nations, Advisory Opinion, ICJ Reprots (1949) 174 at 181-2. を参照のこと。

（３）　この裁判所の傍論は、まだまだ価値を試されなくてはならないが、筆者には過度に広範な表現で言い表わされているように思われる。A国は、国際司法裁判所へ、非自国民X氏のために、彼がB国により人種差別をされているという理由により訴えを起こすことができると、本当に言えるであろうか。もしもその訴えが、ある条約に基づいて若しくは「一般国際法の主要部分となった」と主張されているある保護についての権利に照らし合わせてなされたならば、答えは異なるか（Barcelona Traction事件、判決、para. 34を参照のこと）。保護についてのこうした諸権利が一般国際法になっているか否か不確かであるがために、すべてが困惑なのである。そして、裁判所により触れられている代わりとなる根拠―普遍的または準普遍的性格の諸文書―においては、非自国民のために行う国家行為の可能性というものは大変に限られている。例えば、ヨーロッパ人権条約二四条及びそれにより持ち込まれた諸事件を参照のこと。それらは、厳密な法解釈では非自国民「のために」ではなくて自国民もしくは非自国民の人権の侵害という形での条約侵犯に対し起されたものだが。例えば、Application 1990/82, France, Norway, Denmark, Sweden and Netherlands v. Turkey 26 Yearbook of the European Convention on Human Rights (1983), Part II, 1; Application 4448/70, Denmark, Norway, Sweden and Netherlands v. Greece 12 Yearbook of the European Convention on Human Rights (1969), 12. を参照のこと。

（４）　F.A. Mann, “The Doctrine of Jurisdiction in International Law”, Recueil des cours (1964, 1), 1. Mannは、「法律を制定する国家は、外国人により国外でなされた行為に関しては何らの権利も有しない」という原則に対する例外の一つとして、普遍性のことを書いている。しかし、普遍性の原則は適用についての管轄についてであって、法律制定についてのものではない（九三頁）。

（５）　アメリカ合衆国外交関係法第三版リステイトメント（Third Restatement of the Law: Foreign Relations Law of the United States）は、普遍的管轄権は一般的には刑事法の形をとって行使されてはいるけれども、「国際法は、例えば不法行為における救済策や犠牲者への損害賠償を規定することにより、このことを根拠として非刑事法の適用を除外はしない」と正しく述べている（S. 404, comment b)。

（６）　Mann, “Doctrine”, 95.

（7）アメリカ合衆国外交関係法第二版リステイトメントは、普遍的管轄権に属する犯罪として海賊行為のみを引用していた（s. 34を参照のこと）。

（8）M. McDougal and W.J. Burke, The Public Order of the Oceans（1962）, 805-23. を参照のこと。また、一九四八年公海に関するジュネーブ条約一九条、450 UNTS 82. を参照のこと。

（9）この効果に対する主張としては、M. McDougal, H. Lasswell, and L.C. Chen, Human Rights and World Public Order（1980）, 354. を参照のこと。彼等が言及している（第七章及び一三二頁から二八三頁）法律的文書は、奴隷制度への一般的非難を示している。しかし、そうした文書中普遍的管轄権の一般的規範性を補強するような、何らかの新たな要素を含んでいるものは比較的少ない。

（10）国際軍事法廷憲章（Charter of the International Military Tribunal）六条は、平和に対する犯罪、戦争犯罪、そして人道に対する犯罪に対して管轄権を創設した。

（11）R. Baxter, "The Municipal and International Law Basis of Jurisdiction over War Crimes"（1951）28 BYIL 382; M. McDougal and F. Feliciano, Law and Mininum World Public Order: The Legal Regulation of International Force（1961）, 706-21. を参照のこと。これらの条約の締約国は、国籍に関係なく、そこでの重大な違反をした者を捜索し訴追し処罰する義務がある。

（12）Attorney General of Israel v. Eichmann 36 ILR 277. を参照のこと。実際に、エルサレム地方裁判所は、保護原則にもまたその管轄権の根拠を置いた。36 ILR 5, para. 30. を参照のこと。

（13）Demjanyukに関し、603 F. Supp. 1468（ND Ohio）aff'd 776 F. 2d 571（6th Cir. 1985）, cert. は、457 US 1016, 106 S.Ct. 1198, 89 L. Ed. 2d. 312（1986）. を否定した。米国の裁判所は、外国人の犯人の引渡しの要求という文脈において、この論点を検討していた。

（14）国により条約法をいかに「受け入れる」かは非常に異なりはするが、実質的にはどこにおいても、一般国際法は受容のための何らの特別の行為を求められることなくして国内法の一部として単純に扱われている。

（15）Manual of Military Law, III（1956）, para. 637.

(16) Hansard, Official Report, 8 Feb. 1988, col. 32.

(17) Report of War Cimes Enquiry, 16 June 1989, para. I. 6.

(18) Ibid., paras. 6.35-6.44.

(19) Ibid., paras. 9.22-9.30, and 10.3.

(20) 戦争犯罪と申し立てられているものの多くは、—例えば、外国人を捕虜にとるとか、クウェート人の虐待といった—謀殺とか非謀殺以外の犯罪に関連していた。Hansard, 6 Sept. 1990, col. 174を参照のこと。また、EC諸国からの国連事務総長への提案については、Financial Times, 16 Apr. 1991, p. 4を参照のこと。四つの一九四九年ジュネーブ条約において特定された「深刻な違反」に言及し、報告書は「多くの点において、ジュネーブ諸条約の深刻な違反の概念は、国際法及び多くの国の国内法における戦争犯罪の概念と置き換えられたと言うことができる」(para. 5. 32) と述べている。旧ユーゴスラビアにおけるセルビア当局により実行された「民族浄化」の文脈においては、それに責任があると申し立てられている幾人かのセルビア将校の訴追への呼びかけがなされている。例えば、米国国務省長官Lawrence EagleburgerによるNewsweek, 11 Jan. 1993, p. 30に報道されている声明を参照のこと。また、G. Gilbert, "Punishing the Perpetrators" (1992) 142 New Law Journal 1237-8. を参照のこと。

(21) para. 5. 43.

(22) Hansard, House of Lords, 4 Dec. 1989, col. 604; 4 June 1990, col. 1080; 5 June 1990, col. 1177. を参照のこと。多くの他の国においても似たような法律がある。中にはもっと一般的な管轄権を断言するものもある。

(23) I. Brownlie, Principles of Public International Law (4th edn., 1990), 560.

(24) 総会決議95/1, 1946.

(25) Brownlie, Principles of International Law, 563. を参照のこと。もっと一般的なジェノサイドについての最近の考察としては、"Genocide and International Law", in Y. Dinstein (ed.), International Law at a Time of Perplexity: Essays in Honour of Shabtai Rosenne (1989), 797-821. を参照のこと。

(26) 国際法委員会報告、一九条、GAOR 33rd sess., suppl. 10, p. 193.

（27）　Third Restatement, s. 404, p. 257.
（28）　しかし、アパルトヘイト犯罪の抑圧及び処罰に関する国際条約（総会決議三〇六八（XXVIII）1973）は、四条(b)に、普遍的管轄権と必要な司法上及び行政上の措置をとることについての規定を含んでいる。
（29）　704 UNTS 219.
（30）　民間航空の安全に対する不法な行為の防止に関するモントリオール条約 23 Sept. 1971, UNTS 974（1975）, 177.
（31）　航空機の不法な奪取の防止に関するハーグ条約、16 Dec. 1970, UNTS 860（1973）, 105;（1973）10 ILM 133.
（32）　四条
（33）　二条
（34）　四条一項、二項
（35）　例えば、犯罪問題に関する欧州委員会の報告書、Extraterritonial Criminal Jurisdiction (Strasburg, 1990) を参照のこと。ここでもまた「幾つかの条約は明らかに、普遍的管轄権の採用を規定しまたは要求している。通貨・有価証券等の偽造、海賊行為、ハイジャック、そして民間航空の安全を想定しての行為に関する諸条約は、そうした例である」（一五頁）と、大雑把に述べている。
（36）　1035 UNTS 167.
（37）　総会決議一四六（XXXIV）, UKTS81（1983）, Cmnd 9100
（38）　(1979) 18 ILM 1419.
（39）　総会決議四六（XXXIX）, Misc. 12（1985）, Cmnd 9593.
（40）　520 UNTS 151.
（41）　(1972) 11 ILM 804.
（42）　犯罪問題に関する欧州委員会の報告書、Extraterritarial Criminal Jurisdiction, 15 n. 35.
（43）　(1977) ETS 90.

(44)　(1927) PCIJ Ser. A, no. 10.

(45)　International Convention on Certain Rules Concerning Civil Jurisdiction in Matters of Collision, 439 UNTS 217.

(46)　450 UNTS 82.

(47)　A/CONF./62/121, 1982

(48)　(1927) PCIJ Ser. A, no. 10, at p. 19.

(49)　(1987), i. 240.

(50)　受動的人格の原則に対する米国の有名な強力な反対例として、Cutting事件を参照のこと。The Cutting Case (1887), For. Rel. 751 (1888), repr. 2 JM Moore, International Law Digest (1906), 232-40. ここでは、米国国務省長官は、犯罪の客体がたまたまある国の国民であるというたったそれだけの理由で、犯罪地ではなくその国で裁判にかけられるであろうという指摘を、国際法に反するとして拒絶した（ibid., 228-42）。

(51)　その報告者の覚え書き（p. 243 n. 3）では、締約国が「もしも、その国が管轄権を行使することが適当であると考えるならば、被害者がその国の国民であるときには」管轄権を行使することを認める、拷問及びその他の残虐な、非人道的若しくは品位を傷つける取扱い又は刑罰を禁止する条約五条一項(c)について言及している。

(52)　国家安全保障顧問 Robert McFarlane の声明（(1985) 24 ILM 1509 at 1522）を参照のこと。McFarlane氏は、地中海においてイタリア船 Achille Lauro をハイジャックし、他国民と共に米国市民を人質にとり、米国市民一人を殺害したテロリストの逮捕（公海上での航行を妨害することによっての）という文脈で話していた。テロリストたちは、最初はイタリア当局に引渡されたが、後に一九八四年の米国－イタリア犯罪人引渡し条約に基づき、その引渡しが求められた。

(53)　ここで言及されている法律は、Public Law 98-473-Oct. 12. 1984. であり、特に、Ch. XX, part A: “Act for the Prevention and Punishment of the Crime of Hostage Taking” である。条約文については、(1985) 24 ILM 1551. を参照のこと

(54) 人質をとる行為に関する法律の用語は、これらが累加的な要件であるのか、はたまた二者択一的な要件なのかについては不明確である。他の条約は「または」という単語によってつながれているのに、これら二つの条項 (SS. 1203 (b) 1, (A) and (B)) はそうではない。

(55) 起訴状は、管轄権の選択的根拠として、「国際法上の海賊行為」とそれに関する関連米国法にまた言及しているのだが。(1985) 24 ILM 1556-7. を参照のこと。

(56) 99th Cong., 1st sess., 132 Cong. Rec. 1382-8. 本法は、今では1986 Omnibus Diplomatic Security and Antiterrorism Act, 100 Stat. 896 (1986); USC s. 2331 (1986) に編入されている。

(57) Ibid., 注釈書としては、C. Blakesley, "Jurisdictional Issues and Conflicts of Jurisdiction", in C. Bassiouni (ed.), Legal Responses to International Terroism, US Procedural Aspects (1988), 131-81. を参照のこと。Blakesleyは、米国の管轄権の及ぶ範囲を広げようとする試みを一般的に批判し、そして特に、米国のリステイトメントを、国際的な諸法原則に反するとして批判している (ibid. n. 26)。

(58) 外国での犠牲者がたまたま米国市民であるという事実は、米国裁判所にその犯罪を裁く管轄権を与えはしないという点に関しはっきり述べた多くの一連の初期の米国の判例が、存在している。2 Hackworth, Digest of Internatioal Law (1942), 179. を参照のこと。

(59) Blakesley, "Jurisdictional Issues", 144. United States v. Yunis, 681 F. Supp. 909, 914-15 (DDC 1988) において、裁判所は、国際法に関する限りにおいては—米国市民がたまたま搭乗していた—外国の飛行機を外国空域においてハイジャックした外国人に対する管轄権を主張するために、普遍的及び受動的人格の原則の両方を頼りにした。この飛行機の飛行は、米国内で終えはしなかった。注釈については、A. Lowenfeld, "U.S. Law Enforcement Abroad: The Constitution and International Law" (1989) 83 AJIL 880; Abramovsky, "Extraterritorial Jurisdiction: the United States' Unwarranted Attempt to Alter International Law in United States v. Yunis" (1990) 15 Yale Journal of World Public Order 121. を参照のこと。

(60) この点に関しては、Blakesley, "Jurisdictional Issues", 172-7. に大変よく説明されている。勿論、フランスはLotus事件においては、トルコの管轄権の主張には強く反対した。

(61) Law of 11 July 1975, No. 75-624, 1 Dalloz 1975.

(62) 特に、J.P. Cot. Blakesley, "Jurisdictional Issues", 175 nn. 158, 159.を、レファレンスとして参照のこと。

(63) Ibid., n. 159.

(64) United States v. Yunis 924 F. 2d 1086 (DC Sir. 1991)

(65) ヨーロッパ人権条約五条、自由権規約九条、米州人権条約七条。

(66) Eichmann事件は、おそらく最も有名である。また、USA v. Alvarez-Machain事件、一九九二年六月一五日最高裁判決(1992) 31 ILM 901再録、を参照のこと。

(67) 例えば、United States v. Yunis 924 F. 2d 1086 (DC Cir. 1991)

(68) 個人への危害はその人が国籍を有する国に対する危害である、とする法律上の擬制というものは、個人が国際裁判所に出訴することが手続上できないということそして自国の外交的保護に依存することへの必要性ということの結果である。この擬制は、固有の価値というものをもっていない。

(69) 国が他国に対し人権侵害の訴えを起こすことが出来るところでは、このことは自国民のための訴えに束縛されはしない(例えば、ヨーロッパ人権条約二四条を参照のこと)。

(70) Ker v. Illinois (1886) 119 US 436.

(71) US v. Rauscher (1886) 119 US 407.

(72) US v. Alvarez-Machain (1992) 31 ILM 901.

(73) Ibid., 914.

(74) この争点についてのA. Lowenfeldによる一連の重要な論文を参照のこと。"US Law Enforcenent Abroad: The Constitution and International Law" (1989) 83 AJIL 880; "US Law Enforcement Abroad: The Constitution and International Law, Continued" (1990) 84 AJIL 444; "kidnapping by Government Order: A Follow-Up" (1990) 84 AJIL 712; "Still more on Kidnapping" (1991) 85 AJIL 655.

(75)　F.A. Mann, "Reflections on the Prosecution of Persons Abducted in Breach of International Law", Y. Dinstein (ed.), International Law at a Time of Perplexity, (1989) 407.

(76)　State v. Ebrahim, South Africa Supreme Court, Appellate Division, 16 Feb. 1991, (1992) 31 ILM 888 at 898. に再録

(77)　44 Fed. Reg. 65, 956, 1979, 3 CFR, 535, 1980. に、一九八〇年に統合された。

(78)　米国の措置については、(1982) 21 ILM 855, 864, 1098, 1115. を参照のこと。

(79)　この争点についての詳細な分析については、R. Edwards, "Extraterritorial Application of the US Iranian Assets Control Regulations" (1981) 75 AJIL 870. を参照のこと。

(80)　(1982) 21 ILM 891-904. を参照のこと。

(81)　United States v. Aluminium Co. of America, 148 F. 2d 416 (1945).

(82)　Dyestuffs Case [1972] ECR 619; Béguelin Case [1971] ECR 949.

(83)　Ahlstrom and Others v. Commission of European Communities (Wood Pulp) [1988] ECR 5193.

(84)　たとえば、Protection of Trading Interests Act 1980 (UK); Foreign Proceedings (Prohibition of Certain Evidence) Act 1976 (Australia); Limitation of Danish Shipowners' Freedom to Give Information to Authorities of Foreign Countries 1967 (Denmark); Law Prohibiting a Shipowner in Certain Cases to Produce Documents 1968 (Finland).

(85)　たとえば、V. Lowe, "Blocking Extraterritorial Jurisdiction: The British Protection of Trading Interests Act, 1980" (1981) 75 AJIL 257; S. April, "Blocking Statutes as a Response to the Extraterritorial Application of Law", in C. Olmstead (ed.), Extraterritorial Application of Laws and Responses Thereto (1984), 223.

(86)　s. 6 (1) of the 1978 Act. の適用範囲の広い表現を参照のこと。

(87)　特に、Timberlane Lumber Co. v. Bank of America, 549 F. 2d 597 (1976), また、Mannington Mills v. Congoleum Corp 595 F. 2d 1287 (1979). 紛争に関する資料の有用なコレクションの一つとしては、V. Lowe,

Extraterritorial Jurisdiction (1983).

(88) ヨーロッパ審議会、犯罪問題に関するヨーロッパ委員会、Extrateritorial Criminal Jurisdiction (1990), 27.

第五章　裁判管轄権限に対する例外：訴訟及び執行からの免除

第四章では、国際法が国家間における事物裁判権の配分についての諸規範、つまり管轄権の理論を規定する方法を見てきた。管轄権の行使に関する最も基本的な根拠は、領域性による根拠である。ある領域内において、国家が自国の法律を適用することを予期することは自然である。そして、原則としてその法律は、その領域内のすべて―自国民、外国人、住民そして訪問者―に適用されるであろう。もしあなたが他国に行くときは、その国の法律及び法制度の中に身を置くのである。ハーグを訪れるいかなる英国人も、道路の右側を運転しなくてはならないことを覚悟する。そしてまた、ハーグに住む英国人住民は、オランダ法に基づいてその収入に対し課税されることを覚悟する。幾つかの自制の要素がこうした事態にはまさに入ってくるが、そこでは常識が勝る。もし英国人が一日だけ訪れるとしても、なお右側を運転しなくてはならない。しかし、一日の訪問でオランダの税制度の対象とされる結果になることを予期はしないであろう。しかし一般的な言い方をすると、領域管轄権が適用される。

現実には、立法に関する管轄権と執行に関する管轄権と呼ぶ著者もいる、管轄権の主要なカテゴリーが二つ存在している。思うに、より良い区別としては、規定するための管轄権と適用するための管轄権であろう。

自国領域内においては、国家は法律を定めることと適用することの両方を予定するであろう。本章では、自国領域内において法律を適用する権限に例外が存するか否かを考えよう。「国家免除」のテーマは、法律の領域適用への例外そのものにかかわる。

古典的国際法においては、領域性を根拠とする通常の法律適用への一つの例外における二受益者、つまり外国及び外国の外交官が存在している。これら二受益者に、今日では第三番目の何らかの免除の利益を受ける者―国際機構―が加えられなくてはなるまい。これら各々には、何らかの留意すべき点がある。

国家免除

古典的国際法においては、政府自体を含む国家に、他国の領域管轄権からの免除が与えられていた。すべてが相互に関連している政策上の様々な理由が指摘されている。まず第一に、理由の一つは主権平等の原則、つまり、支配権をもつもののいない平等なもの (pari parem non habet imperium) の中に見出されるであろう。いかなる国も、他国の法律に服することを期待され得ない。第二に、他国の管轄権に服することは、国家の尊厳性を害することとなるであろうと言われている。Parlement Belge 事件において、控訴院裁判官 Brett は、「全ての他の主権国家の独立と尊厳を尊重することについての、全ての主権国家」の義務について、述べている。[(1)]

他国の管轄権よりの国家の絶対的な免除の原則は、前世紀のまさに終りに至るまで支配していた。[(2)] 国が完全に国家というものにより独占されるわけではない機能に従事するようになって、この絶対的な免除の原則は疑いを持たれ始めた。もしも、一つは私人との間に、そしてもう一つは政府との間に、二つの全く同じ契約がなされたとして、なぜに前者ではその契約に関する訴えを起すことができ、後者ではそれができないのか、が問われ始めた。そうした問題は、社会主義政府による―そして、実際には非社会主義政府によるものもまた―通商に対する広範囲に亘る契約において、より深刻となってきた。絶対的な免除は、現代の通商の世界の諸要請及び市場における安定性、公平性そして衡平性の概念というものを考えると、不適当な現象の一つと序々に思われ始めた。[(3)]

絶対的な免除は、地位というものに根拠を置かれていた。潜在的な被告にとっては、自分が国家または政府であること、そして、直接または間接に（それが権利を主張している財産に関連しての訴えを通して）[4]訴えられていること、を示すことで十分であった。なぜならば、免除は与えられるべきであるから。しかし、一九五〇年代以降、今世紀に入って以降制限的免除を採用したイタリア及びベルギーの初期の例に従い、制限的又は条件付き免除の原則へと移行する国家の数は、ますます増え始めた。多くの国が現在では通商に従事している。そして、もしも契約を破ったとしても現地の管轄権の行使からは絶対的な免除により守られるということには、ますます不満が感じられた。西ドイツ及び米国[5]は各々、もはや被害者の地位というものを強調しないで、むしろそこで行っていた行動や取引を強調するであろうと仄めかした。制限的免除の原則においては、権力行為（acta jure imperii）—今だ免除が存在するであろうものに関する公権力の行為—と、職務行為（acta jure gestionis）—今や何らの免除も存しないものに関する通商上の又は私的な行為—との間に何らかの区別がなされるべきであった。地位というものは、潜在的に免除を主張し得る者のカテゴリーの中に被告を置くことのためにのみ、その重要性をとどめたのである。しかし、そう主張するための被告の実際の権利は、今やそこで問題となっている行為とか取引次第となるであろう。一九七〇年代、一九八〇年代には、米国及び英国を含む幾つかのコモン・ローの国により、この区別に本質的に根拠を置いた法令の採用が見られ、そしてこれらは、法律が事例を通して発展していくとき不可避的に発生する様々な例外を、整理する方向へと向っていった。[6]

国家免除については、問われるべき非常に多くの詳細かつ魅力的な質問が存在している。国際法は、国家に対し、外国又は外国の政府に関して自国の管轄権を行使することを制限するよう求めている。議論は、その要件としての制限の程度及び範囲についてのものである。国際法の他のあらゆる規範的要件と同様に、条約、慣習の証拠としての国家慣行、裁判上の決定そして学説を見る必要がある。これらは、国家免除の国際法における法源の材料である。しかし、条約に関する限りは、今までのところ普遍的適用の条約というものは存在しない。国際法委員会（ILC）による条文の体系化は完了し、そうした条約のための文面を規定することへと向っている。[7] 国際法委員会内部における永年に渡る大論争の後、条文草案は、国家免除に対しては絶対的な手法よりもむしろ制限的な手法の方を、まさに肯定している。興味深いことに、このことは暗黙の同意[8]—つまり、そうした契約関係を結ぶにあたり外国は管轄権の行使について同意していると考えられる—という表現により論じられている。

影響力のある地域条約の一つの例として、一九七二年の国家免除に関するヨーロッパ条約がある。この条約は主に判決の互恵的な執行に向けられているが、しかし、免除についての制限主義にしっかりと基礎を置いている。[9] 欧州審議会加盟国が、その条約の締約国である。[10]

国家慣行については、一律であると言うことはできない。工業化した国のほとんどは、商業活動や取引のために利用されないようにするために、免除を制限する方向へと動いてきている。これらの管轄権は、今日ではそこで問題となるものの地位ではなく行動を分類している—そして、その行動の性質を決定するのは裁判所である—。しかし、この一般化は、マルクス主義の下で絶対的免除を主張していたソ連邦や工業化した東欧諸国には当て嵌まらない。この新しい時代において考え直している何らかの証拠はあるが、しかしいかなるこうした訂正の過程も、まだほんの始まったばかりである。ラテン・アメリカ諸国は、団結して制限的免除に反対したままである。そして、新コモンウェルズ諸国の多くもまたそうである。[11]

裁判所の判決は勿論国際法の法源の一つである。単独としては、国家免除の話題に関してみるべきものはほとんどが国内裁判所の判決である。はっきりと現地の裁判管轄権からの免除という争点が持ち上がるのは、国内裁判所においてである。そして、こうした法律上の争点は、二つの主権国家に関しての事件においてではなく（これは通常、国際法廷にもち出されよう）、一私人と外国に関する事件において起きる。こうした国内裁判所は、いかなる事件においても、国際法に従って答を出さなくてはならないことは認めている。時には、当該事件に関し制定法又は民法典が存在するところでは、裁判所はその立法法規に従わなくてはならない。しかしそうした立法もまた、現地の立法機関が国際法により要請されかつ許されると了解しているものに、根拠を置かされることとなろう。国家免除の話題は、実質的にも、また、国際法と国内法間のこの好奇心をそそる相互作用の故からも、果てしなく魅惑的である。

免除の話題のあらゆる局面に関して、莫大な量にのぼる博識の著作が存在している。[12] そして、国際法委員会の提案に加えて、この問題は、報告者 Ian Brownlie 教授の指導の下において、国際法学会の注目を細部にわたり浴びてきている。[13]

国際法のこうした法源を調べると、今日の国際法は、ある国の裁判所に外国又は外国の政府に対する裁判管轄権からの絶対的免除を与えることを求めてはいない、と言えよう。しかし、国家又は政府は、その権力行為(acta jure imperii) を理由として、他国の裁判所においてある限定された免除を主張する権利はあるであろう。そう言われるには多くの困難が残されているし、また、非常に多くの技術的な問題がなお未解決でもある。本章においては、未だ残っている最も興味ある問題の中の幾つかについて言及すること以上を望むことはできない。鍵となる問題は、疑いもなくいかにして権力行為を職務行為 (acta jure gestionis) と区別するかである。たとえ権力行為と職務行為の違いを認めたとしても、ある特定の取引がどちらのカテゴリーに当て嵌まるかについては、常に自明というわけではない。売買契約は、一般的に商取引の一種、つまり職務行為の一種と看做される。ではミサイルを買うための契約はどうであろうか。それは主権の権威の行使の一つと見做されるべきであろうか。もしも契約というものは職務行為と見做されるべきならば、外交官採用契約もまたそうであろうか。大使館内で行われる事はすべてが、権力行為と看做されるべきなのか。それとも非外交官の採用を含む世俗的な日常的性格の事項に関しては、免除は存在するべきではないのか。Sengupta v. Republic of India 事件[14]において、あるイングランドの裁判所は、大使館に関する事項はすべてが権力行為であり、現地の裁判管轄権からは免除されるとした。しかし、Alcom v. Republic of Columbia 事件[15]というもう一つのイングランドの事件では、控訴院は、大使館のある銀行口座は当然に買い物をし請求者に支払うために用いられるであろうから商目的のためと特定される、という見解を採った。貴族院は、ある大使館の銀行口座においてなされる個々の支出のすべての性質を知ることを現地の裁判所に求めるべきではないとして、この判決を破棄した。[16]重要な点は、絶対的免除の否定ということが被告国の地位のみに注目するという偏見から脱する一方、このことは機械的に答えを出すことはできないという点である。裁判所は常に、問題となっている取引は商取引上のものであったのかそれとも主権の権威におけるものであったのかを評価しなくてはならないであろうが、これは時には容易なことではないであろう。

今までは、契約がなされた目的をみることによりこれを見分ける切っ掛けがつかめるであろう、と考えられていた。それ故に、ミサイル購入のための契約の例では、「これは私的な（gestionis）のか、はたまた主権的な（imperii）のか」という疑問に対する答えは、契約対象が疑いもなく高度の国家的事項の一つ―主権の権威に関する事項の一つ―であることに着目することにより与えられたであろう。しかし、取引の性質に焦点を合わせるという要件と矛盾しているため、「目的」に依存することを今では一般的に拒否するようになってきている。それ故に、Lord Denning は Trendtex 事件[17]において、一つの契約の目的というものは、絶対的な又は限定された免除を誘引するものとして指摘するには不適切である、と述べた。そして、有名な Empire of Iran 事件[18]において、ドイツ憲法裁判所は、「権力行為と職務行為間に区別をつけるための一手段としては、むしろ国家取引やその結果として生ずる法律関係の性質に言及すべきであって、国家行為の動機とか目的に言及すべきではない[19]」と述べている。

一九七六年の米国外国主権免除法は明白に、ある行為の性格はその目的に照らし合わせることによるよりもむしろその性質により決定されなくてはならない、と規定している。[20]これとは対照的に、英国の法律はこの点については沈黙している。しかし、一九七八年に国家免除法が発効するようになってから後の判例法において、イングランドの裁判所は、ある取引を主権的なあるいは私的なものとして特色づけるのに適切なものは、その契約の性質そのものであってその目的ではない、ということを肯定している。[21]

限界的な事例においてこの説明を行うことには引き続いての困難があり、さらにまた補助としての「目的」が更に不適当だということになると、では他の補助とか基準というものが存在しているであろうか。ある行為が誰によっても行われ得るのかそれとも主権者によってのみ行われ得るのかという基準へ目を向けるという傾向が、最近では疑いもなく存在している。この基準は、Empire of Iran事件で既に前兆が現われていたが、I°Congreso del Partido事件を含む至る所で適用されている。ものによっては、これは主権的な若しくは私的なものとして一つの行為を識別することを助けるという以上のものであり、それ自体不満足な基準の一つと取って代わるものと看做されている。そこで、Sir Gerald Fitzmauriceは、「主権国家は、私人が行うであろうような諸行為を行うからといって、主権国家であることを止めはしない」と述べ[22]、主権的な／私的なという区別を批判した。そしてまたSir Hersch Lauterpachtは、「政治的及び行政的諸活動の通常の範囲から表面上はずれた経済活動に従事することで、国家はやはり全体としての社会の一般的目的のために、一公人として行動する」[23]と書いた。Sir Robert Jenningsの指摘によると、その解決は、ある行為が通常の私人もまた行うであろうものの場合は除外し、主権者の活動の実行としてなされる行為なのかどうかを調べることである。[24]

思うに、この基準もまた有用なものの一つである。しかし、最終的には、事実に対するその適用はなお裁判所による解決すべき問題の一つとして残るであろう。1° Congreso 事件は、効果的にその点を指摘しているように思われる。その事件では、船舶チャーター契約が、キューバ政府とチリの輸入業者である一私企業との間で結ばれていた。品物が、チリにキューバ政府の船団で送られた。チリの Allende 大統領の政府は軍事クーデターにより転覆されたため、当該船団の船長たちはキューバ政府より船荷をチリのバルパライソ港では降ろさないよう命じられた。それ故に、一方では疑う余地のない商契約が存在し、他方では高度の政治的理由によりとられた契約を破れという命令が存在した。しかし、第一審では Goff 判事が、そして貴族院では Lord Wilberforce が、その関連行為が一私人によってのみなされ得るか否かが判断基準である、と判示した。Goff 判事は、権力行為は、「いかなる市民でも行うことができる行為というものに対立するものとしての、それ自体性格上は政府の行為」である行為の一つであろうと述べた。(25) 彼は、船舶にその船荷を降ろすなと命令する行為に対しては、免除が認められるとした。Lord Wilberforce は、結局は同じ判断基準に頼りはしたが、買主に対しその船荷を拒んでいることについては、キューバ共和国は「主権にもとづく権力を行使してはいなかったし、また行使する必要もなかった。キューバは、船の持ち主ならば誰であれするであろうように、マムビサ船会社を通じて、事態を切り抜けるために行動した。それは、政府の権威に訴えはしなかった。」と述べた。(26) 彼はそれ故に、いかなる権力行為の免除も主張されることはできないということを認めた。つまり、異なる裁判所による同じ事実関係への同じ基準の適用というものが、なお必然的に同一の結論へと導くものではない。Lord Wilberforce の見方では事実上、権力行為—多分、宣戦布告、条約の締結、そして財産国有化—の免除により保護されるものは、残されていないであろう。(27)

目的と私法上の行為の間の見事な境が、最近英国における Kuwait Airways Corporation v. Iraqi Airways Company and Another 事件において、描き出されている。(28) この事件においては、裁判官は、クウェート侵略後クウェート航空の飛行機をイラク政府の役人がイラク航空へ引き渡したことは、権力行為ではないと認めた。これは、その動機が商業上のもの（この場合はそうであったが）だったからというわけではなく、この事件の事実関係が、その分類上取引に関するものと呼ばれる状況を示していたからであった。

勿論、市場に加わった後であろうとも、政府は一商人としてではなく一政府として行動することが必要となるかもしれない。しかしなぜ政府は、取引業務に関して訴えられることから免除されるべきなのか。もしも政府の行為が損害を生じさせたならば、払わせようではないか—すべて主張され、又、行われているように、国際法上特別の履行責任というものは存在しないのであり、政府は公益のために必要と考えるいかなる行動をとることも、まったく自由であろうが—。政府はその自由の代価を分担することを、無実の私的関係人に期待することはできない。国際的法システムにおける利益と負担の分配においては、私人たる商人が、政治上及び外交政策上の目的を追求する国家の自由のために支払わなくてはならない理由など、存在しない。

その他の、ここでは触れるだけしかできない多くの未解決の問題が存在している。仲裁に関するある合意は、その仲裁に関係して国内裁判所に起されるいかなる訴訟においても、免除についてのいかなる主張の権利をも放棄したと見做されるべきか。免除に関する一般諸規則は、契約と同様に不法行為にも適用するべきか。雇用契約は、一般諸規則に含まれるべきか。国営企業は、免除のためには国家として扱われるべきか[29]。限定的免除という考えを適用している国においては、こうした質問のすべてに対する答は、かなり明確に肯定的である。しかしこうした事項は、国際法委員会においては—報告者の草案により、または起草された一条項に不満の意を表わすメンバーのコメントにより—すべてが疑問視されてきた。最終的に採択された条文草案は、制限された免除に賛成する者に好まれる答へ引き返している。

限定された免除を実行する国々においてでさえも今まで明確な合意の対象であったことのない、他の争点が存在している。中央銀行に対し免除を与えている国もあれば、そうはしていない国もある。ここではほんの少し述べることができるだけだが、主な話題の一つは訴訟の免除と執行の免除の間の区別である。両者は密接に関係してはいるが、別個の概念である。もしもある国家が訴訟から—つまり、国家に対する法的行動から—免除されているとすれば、そうすると明確に、その国に対する判決の執行という問題は生じはしない。しかし、もしも訴訟から免除されていないとすれば、そしてある判決がその国に対してなされたならば、そうするとその判決はその国の財産に対して執行されるということになるのか。執行の免除がないことが、訴訟の免除のないことに単純に当然なこととどの程度まで看做されるかは、主に国内において決定すべきことのように思われる。国によってはーオランダはこうした国の一つであるが—、この両局面は密接に結合している。しかし、英国や米国のような国においては、各々の局面に関して異なる法律上の要件が存在している。国によっては、国有財産に関する判決の執行を許し、単純に管轄権に適用されるのと同じ免除の基準に従っている—つまり、財産は「公共」財産というよりもむしろ「商業」財産でなくてはならない—。それ故に、ある国家に対して一つの判決が保証されるかもしれないが、外国の財産に対しその判決の執行を確保するということは難しいまま残る。英国国家免除法一三条五項は、外国の大使に、財産は公共の目的のために使用中又は使用が予定されていて、そして、このことは執行の免除を与えるものとして作用する、と証言することを許している。(30) こうした事項のすべてにおいて、これらが国際法上何らの必須要件ではないことは明らかである。もしも国際法委員会の努力が条約という結果に帰するならば、こうしたことの幾つかは、締約国に対し国際条約により明確化されるようになるであろう。今だ形成中の諸規範の体系化においては、その目的は全体としての国際社会の利益を確認しかつ維持し、そしてそれに従って法的諸規定を形成するものであるべきである。

外交特権

常設外交使節団は、国家がそれを通して互いに外交を行う様々な機関としての手段のほんの一つにすぎない。こうした手段は、政府の長（または他の主要な高官）、特別使節団、そして特別又は定期の会議への公式な代表による訪問を含んでいる。常設外交使節団は、多くの国際組織の本部に設立されるであろう。彼等の地位に関する法は、今だ発達の初期段階であるが、国際組織への代表団員の特権と免除は、一九七五年の普遍的性格の国際組織と加盟国における国家代表に関するウィーン条約[31]として法典化された。しかしこの条約は、発効に十分な批准をまだ得ていない。これと対照的に、十五世紀以来互いの領土内に設立してきている常設使節団に適用される外交法は、非常に発達している。この話題に関しては様々な二国間条約もまた存在していたが、一九五〇年代の終りまで外交法の法源は、もっぱら慣習国際法であった。外交関係の一定の面を法典化しようという幾つかの限定された試みは、一八一五年（ウィーン会議）そして国際連盟の下で一九二〇年代に生じている。しかし、この話題については、一九六一年の外交関係に関するウィーン条約まで一般的な法典化は行われなかった。この条約は—これは、特権と免除の問題を含んではいるが、それに限定されてはいない—大部分既存の慣習国際法を確認したものであった。そして、大多数の国がこの条約の締約国である。

外交特権は、国家免除に似て、領域管轄権を規定している一般国際法の例外の一つである。その目的は、外交官に必要な安全性と秘密性の枠の内でその機能を果すのを許すことにある。外交官は通常、法律を規定することのできる現地の管轄権から免除されてはいない（幾つかの税法は、時には外交官や外交官公館に適用されないだけでなく、最初からそれらについては規定がなされていないが）。一般的に、外交官は現地の法律に従うことが求められる。しかしそうした法律を適用し実施する現地の管轄権からは、免除されるであろう。

外交官は不可侵である。彼は尊敬をもって扱われ、攻撃からは守られるべきであり、また抑留されたり逮捕されたりはしないであろう。[32] 外交官は、接受国の刑事裁判管轄権から免除される。[33] 使節団公館は不可侵である。[34] そして使節団の公文書及び書類は、公館内外を問わず不可侵である。[35] 外交目的での通信は保護されるべきであり、[36] 外交封印袋は開封されたり留置されるべきではない。[37]

国家免除に関する法の実体上の重大な要素は不明確であるけれども、外交特権についての法の実体的内容はかなり明確である。不明確なままで残っている幾つかの点について述べよう。国により異なる結婚の形態及び「家族」概念の異なる理解から、外交関係に関するウィーン条約三七条のこの点についての範囲は、若干問題となる。それは、「外交官の家族の構成員で、その外交官の世帯に属するもの」の免除を規定している。接受国はこれを様々に解している。たとえば英国は、この表現を「配偶者及び未成年の子供」を含むと解している。そして、「未成年」とは、英国法に従って十八歳未満の子供を意味すると解している。[38] 外交封印袋を開封したり留置することの禁止は、X線を含むか（これは、ほとんど確実にそうであろう）とか、「嗅犬」による爆発物や麻薬の捜索を含むか、ということについては若干不明確である。

外交使節団の公文書不可侵の原則は十分に確立されていて、争いの余地はない。一般国際法上のこの原則が明確に確証されている典型的判決は、Rose v. King 事件である。[39] しかし、その範囲と適用は、特に一九六一年の外交関係に関するウィーン条約二四条に鑑み、最近若干の注意を必要としている。二四条は、「使節団の公文書及び書類は、いずれの時及びいずれの場所においても不可侵とする」と規定している。条文を読むと、「公文書」と「書類」は二つの別個のものである―その意図は、両者に対し不可侵性を与えることであったが[40]―ということを示すと思われるかもしれない。一九六三年の領事関係に関するウィーン条約は、こうした印象を与えることを避けるために、その一条(k)において「領事機関に属するすべての書類、文書、通信文、本、フィルム、テープ及び登録簿並びに符号及び暗号、索引カード並びにこれらを保護し又は保管するための家具を含む」と定義している。この点は、国際スズ理事会の崩壊に伴う訴訟において、英国との間に結ばれていた本部協定上[41]、当該理事会の公文書は、ウィーン条約二四条により外交使節団の公文書に与えられているのと同じ特権と免除を有するべきであることが保証されるか、という問題を提起した。当該理事会は、その公文書に関してのみ不可侵性を有しているのであって、より一般的な文書にまで有しているのではないことが、国際スズ理事会（これは、スズ取引を止め、ブローカーや銀行家たちに対する負債を支払うことができなかった）の債権者たちにより争われた。控訴審において判事の一人は[42]、「公文書」とは、公式記録として保持される意図での国際スズ理事会の記録に対してのみ言及するにすぎない、と判示した。よってこの判事の見解では、事務局の活動上の文書や他の付帯的な文書というものは、本部協定五条にいう意味での「公文書」ではなかった。この見解は貴族院では支持されなかった。そこでは「公文書」という表現に、領事条約における定義の意味での（外交関係条約二四条での異なる用語法にもかかわらず）、より広い意味を与えようとした[43]。

二四条は、公文書及び書類はいずれの時もかつ「いずれの場所においても」不可侵であるべきだ、と規定している。この最後の文句が、大使館構内以外にある建物が公文書の保管に使われているような場合、そしてまた、たとえば公文書が事務局職員により夜通しの仕事のためにそこに持ち込まれた—または、まったくの不注意から汽車やレストランに忘れられさえした—という場合をカバーすることを意味していることは明らかである。ではもしも、事務局職員又は外交官が国外旅行に行き海外へ滞在中に文書を置き忘れたならば、どうなるのであろうか。イングランドの高等裁判所は、「どこであろうと」とは、その表現からは明らかにオーストラリアとか日本においてでさえもということを意味し得る、という考えに悩まされた。イングランドの裁判所が、ある文書がたまたま置かれている他国において、その国の当局からの文書の不可侵性を強く主張する立場にはありそうもないというのが、本当のところである。しかし、ある文書が裁判管轄権外にたまたま在るという理由で、イングランドの裁判所が自身の権限内になる問題において、裁判所が利用することのできる立場にある非公文書でありかつそれ故にそうした不可侵性の恩恵はないとしてその文書を扱う資格を与えられるということは、まったく別の話である。

しかし、最も注意を引くのは、外交特権の基礎をなす政策的争点である。つまり、もしもこうした免除又は不可侵性が、外交官としての任務を遂行するために与えられたのならば、外交官としての任務が明らかに乱用されているにもかかわらず与え続けなくてはならないのであろうか。英国で発生し公衆を沸かせた、幾つかの例を挙げるとしよう。子供に対しワイセツ行為をした外交官は、刑事裁判管轄権から免除されるが故に起訴を免れるべきであろうか。契約期間が過ぎたにもかかわらず明け渡すことを拒む外交官である賃借人から、家主が財産を取り戻すことに現地法は何の手助けにもならないのであろうか。そして、もしも婦人警官が大使館の窓から撃たれたとして、大使館には現地の警察官は立ち入るべきではなく、またその犯罪について何らの逮捕も行われてはならないということは、共に正しいのであろうか。

心安らかではないことは理解できるが、答えとしては、免除はこうした状況においても有効であり続けなくてはならない、というものでなければならない。まず第一に、裁判からの免除があってはならないと議論することにより、裁判に先んじて刑事上の有罪の推定をすることはできない。第二に、接授国にとっては、外国の外交官がその地位を乱用しているのであるからこうした状況下では免除に頼る権利はないと主張することは、大変容易であろう。無節操な政府が、外国の外交官に嫌がらせを行うためとか外交官に圧力をかけるために、そうした一連の議論を用いることは既に経験されている。特定の場合に外交官が全面的に非難されるべき行動をとったとしても、ウィーン条約の無欠性を維持することはより大きな利益のために重要である。

しかしこのことは、接授国が外交官の権力乱用に直面したとき無力であるということを意味しない。接授国は、自国の主張を証明するどころか説明すらも与えなくてはならないわけでない派遣国に対し、外交官のある者が好ましくない人物（persona non grata）である旨を通告する権利というものを有している。[44] 接授国はまた、使節団の規模を制限することもできる。[45] 極端な場合には、接授国はいつでも外交関係を停止したり終わらせたりすることを決められる。スパイ行為の場合を除いては—そして、その場合でも常にというわけではないが—、諸国はこうした権限に訴えることにしばしば乗り気でなかった。[46] 諸国家が権利の乱用に対して利用できる救済措置を確固として利用することに失敗し、そのため、その代わりとして外交官の善意の仕事を守るために必要とされる免除を削減しようとし、そして、接授国の一存である行為を「権利の乱用」と決めつけ免除を撤回され得るならば、外交官の効果的な保護の一つとして免除を利用できなくなるだろうということは、社会の利益とはならない。

国際組織

国際組織は、ある特定の国に「帰属させられる」わけではないが、それでもなおある特定の国に置かれる。こうした国際組織は、それが置かれている国の裁判管轄権からの、また、もしもその行為とかスタッフとか財産が構成国の管轄権の支配を受ける可能性があるならばすべての構成国からの、一定の特権及び免除を要求する。こうした免除は、その組織の諸目的を遂行するために必要である。

今までのところ国連に関しては、こうした保護についての必要性は憲章一〇五条に規定されている。国連の構内及び公文書の不可侵性、最上級職員の外交官特権、機能的根拠に基づく裁判管轄権及び執行からの上級職員の免除は、国際連合の特権と免除に関する条約に規定されている。[47] 国連は、「あらゆる形式の訴訟手続」から免除された。また、専門機関についても非常に類似した規定をもつ条約が一つある。[48] その上こうした参加国が多数の諸規定は、しばしば国際組織とその本部を受け入れる国との間に交わされる二国間本部協定により、補強されている。こうした状況は、特権や免除に関する一般条約が存在しない点においては、国連専門機関でない国際組織に関しても広い意味では似ている（国際法委員会は、国際組織とその本部受け入れ国との関係を調査している。そして、何らかの条約が結局はできるであろう）。免除の必要性は普通、組織組成文書及び本部協定の中に整理しておかれたその細目中において触れられる。しばしば国家は、自国が一方当事者である本部協定を含むそうした諸条約を、適切な国内立法を制定することにより国内法上有効なものとする必要があろう。

こうした免除は、特別の支配的な諸文書中における免除に関する規定次第なのであろうか、それとも慣習国際法上の事項の一つとして、国際組織により享受されるのであろうか。第三版リステイトメントは、国際組織というものは、慣習法上の事項の一つとして、「法手続並びに財政的コントロール、租税及び諸義務からの免除を含む、組織の諸目的を充足させるために必要な特権及び免除[49]」の資格を与えられている、という見解を取っている。このことを支持するリステイトメント起草者の覚え書きは、実際にすべてが一般的国際組織に関連している。

限定された加盟国による組織は、別個の法的人格をもつとはいえ、本部を受け入れた国の裁判管轄権から慣習国際法上の事項の一つとして免除を受けるであろうか。イングランド高等裁判所は、そうではないと考えている。国際スズ理事会の論争から生じている主要判例の一つにおいて、裁判官は以下のように述べている。

「国際スズ理事会のような国際組織は、私の知る限り、コモン・ローにおいて主権者の地位を有する資格を与えられたと認められたことは決っしてなかった。こうした国際組織はそれ故に、そうした免除が立法措置により与えられたところ以外では、我が国では主権免除のあるいは外交特権の資格は与えられないし、またそれ故に、その与えられた範囲においてのみこの資格は与えられるにすぎない。[50]」

この表明は、債権者たちの弁護士及び裁判官から一様に、その後の訴訟において賛同をもって迎えられた。しかし現実には、国際スズ理事会が—又は、いかなる国際組織も—主権免除または外交特権の資格があるという示唆は存在しない。論点は実はまったく異なっている。それは、国際法は国際人格の異なるタイプの一つ、つまりある国際組織に、機能上の免除が与えられることを求めているのか否かである。一つの肯定的な答えの根拠は、—私は、それは正しいと信ずるが—善意（つまり、ある組織にとりその機能を果すために必要であるものについての規定）にあるのであり、主権又は外交を通しての主権を代表する行為への敬意にあるのではない。そして、一般加盟の組織と限定された加盟の組織との間には、原則として違いを見出すことはできない。論点は、加盟に関する限り、組織の性格の「認定」問題ではない。それは単に、加盟国が—そして、より強い理由で本部所在国が—一体として同時に組織を設立しないで、そして組織に、本部を受け入れる国とは異なるものとしての役割を保証するそうした免除を規定することに失敗するからであろう。[51] この指摘—善意と機能主義の組み合わせの一つ—は、国際司法裁判所の Mazilu 事件における勧告的意見を通して一本の糸のように継続し、そして Shahabud-deen 判事の個別意見においてはっきりとした意思表示を見出す。[52]

残念ながら、国家と国際組織間の関係に関する特別報告者の第五次報告書は、この点に関し明確ではない。それは公文書の不可侵性を規定する幾つかの条約を引用してはいるが[53]、しかしまた、「理論及び国際慣行」は公文書の不可侵性原則を全面的に支持しているとも、結論づけている。[54] それは、「その原則は、国際組織の場合にも同じように妥当する」[55] と単に述べて、この規則を外交使節団に関連している慣習法より演澤しているのである。この問題は未だに、外交使節団と同視することにより処理されている。

ある国際組織についての免除は、以下の状況において慣習的なものでありそして条約が設定しているものにのみ根拠を置かれるだけではないのかどうかを決定することは、重要である。第一に、関連本部協定というものは存在しないかもしれない。[56] 第二に、ある本部協定の表現が、主張され得る免除を網羅し尽しているかどうか、又は、その協定の文面が不十分であるならばその他の免除は慣習国際法に照らし合わせて主張され得るのかどうか、ということを知ることが必要であろう。第三に、裁判所は、条約が国内法に受容されていないならばその条約には効力を与えない、という管轄権のところもある。もしもそうした法律が制定されていないか、又はその法律の表現が条約の表現に十分に符合していないならば[57]、慣習国際法における必要条件により国内裁判所に対し課せられる義務がそれでもなお存在するのか、という疑問が生じてこよう。

本部受け入れ国以外の国々は、国際組織に対し免除を与えなくてはならないのであろうか。Amalgamet 事件において[58]、ニューヨークの裁判所は、米国による一つの条約への誓約が欠けていることを理由に、そのような義務は存在しないと判示した。

明らかに確立されたと思われるのは、幅広い様々な国際組織について、国内裁判所は雇用についての訴えに関する管轄権の主張を禁じているものと慣習国際法は看倣しているということである[59]。更に、国際組織にとりその目的を遂行するためには、訴訟及び執行からの完全な免除を得ることが常に必要というわけではない。このことは、組織次第である。銀行業の分野における多くの組織は、債権保有者及び関連債権者（通常、銀行の財産及び資産は、最終執行前の差押えからは免除されるであろうが）による訴訟を許している[60]。

主権的な／取引のという区別づけは、国際組織に対しても適用されるであろうか。この問題は勿論、国際組織の免除が必ずしも立法規定によってのみ決定されるわけではないということを受け入れる場合にのみ、生じてくる。この区別が言及されている事件もあるが、このことは未解決の問題の一つと思われるし、また組織が私人との間に契約を結んだ場合には免除は許されてはいない[61]。しかし、組織はいかにして「主権に基づき」行為することができるのか。この区別が国際組織に対して何らかの関連性を有していると指摘することは、国際組織を国家と同視することであるが、これは正しくない。国際組織の免除の根拠は、異なっている。一般国際法上関連する判断基準というものは、定められる管轄権からの免除がその組織の諸目的の遂行のために必要なのかどうかというものである。その質問は、訴訟となっている事項に関してその組織が、「主権に基づき」又は「一私人として」行為しているかどうかということに照らし合わせることにより、回答が与えられるものではない。

国際スズ訴訟は、いかなる文書が不可侵性の保護を受ける公文書を構成するかに関連した、もう一つの問題に光を当てている。国際組織は、組織における審議に先だち、調査や検討のために加盟国に送付される会議用の書類を用意する。私の見解では、こうした書類は、加盟国からは「第三者」―この場合には、書類は「その組織の」書類ではなくなってしまい、ウィーン条約二四条に照らし合わせ不可侵性を有しないであろう―としてではないものと受けとめられている。いやむしろ、会議のための文書は、国際組織の機関としての資格において加盟国により受け取られる。これらの文書は、国際組織の文書としての地位を保持し、そして二四条の保護の恩恵を保持する。いかなるこれ以外の結論も、事務局（国際組織の一機関）が加盟諸国（もう一つの機関を構成する）と機密文書を共有するや否やこうした文書はその組織の本部受け入れ国からの機密漏洩に対するいかなる保護もなくなる、という支持できない結果へと導びく。この主張では、国際組織の書類は、もしもその組織が組織の任務のために書類を用いるという立場には決っしてないときにのみ、保護され得ることとなる。なぜならばこの場合は、書類は一機関つまり事務局中にのみ留まっているからである。

それでもなおこれは、国際スズ理事会発行の書類はいったん加盟国に送付されるや否や国際スズ理事会「の」書類ではなくなる、と判示した貴族院によりとられた立場である。(62)

国際組織の公文書に対して与えられるべき保護については、国際法委員会により検討されてきた。不運にも、国家と国際組織間の関係に関する特別報告者による第五次報告書(63)は、実際に発生している様々な問題については触れていない。報告書は、ウィーン条約二四条に単に言及し、そして、国際組織は国際法の対象でありそれ故にその公文書の不可侵性を享受するのだ、と主張している。何が国際組織の公文書を構成するかに関し、それ以上の議論はなされていない。

結　論

(1)　国家が政府としての機能を遂行することができるために必要である訴訟からの諸免除は、実際には大変に制限されている。

(2)　現時点において多くの国において存在する以上に、債務を履行しない国に対する諸判決の執行の可能性をもっと許すべき場合がある。

(3)　一九六一年の条約に代表される外交特権は、外交官が接受国からのいやがらせや干渉なしにその職務を果すことができるために必要とされているものの最小限のものを代表しているだけである。もしも外交官が外交特権を乱用するならば、彼等は国から出て行くことを求められなくてはならない—しかし、免除は狭められてはならない。なぜならば、外交特権は適切な順法のやり方により行動している人たちを守るからである—。

(4)　国際組織の免除に対しては、もっと関心が払われるべきである。そして、国内裁判所は、国際組織に必要とされる免除は、国家とか外交使節団に技巧的に類似させるのではなく、組織自体の機能上の必要性に根拠をおくということを正しく評価するよう奨励されるべきである。免除は一つの重要な目的に役立っているけれども、免除に対する適切な制限というものは、領域に根拠をおく裁判管轄権へのこの例外が果している社会的諸目的の完全なる理解によってのみ、引き出すことができる。

（1）　(1880) 5PD 197 at 214-15.

（2）　すばらしい歴史上重要な調査の一つとして、S. Sucharitkul, State Immunities and Trading Activities

(1959), 3-23. を参照のこと。

(3) R. Higgins, "Certain Aspects of the Law of State Immunity" (1982) 29 NILR 265.

(4) 間接的訴えの古典的な事例としては、Juan Ysmael and Co. Inc. v. Indonesian Government [1954] 3 WLR 531.

(5) S. Sucharitkul, "Immunities of Foreign States before National Authorities," Recueil des cours (1976, I), ch. III. を参照のこと。

(6) Foreign Sovereign Immunity Act 1976 (USA); State Immunity Act 1978 (UK); State Immunity Act 1981 (Canada); Foreign State Immunities Act 1981 (South Africa); Australian Foreign States Immunities Act 1985.

(7) 「国家とその財産の司法免除」の話題は、ILCにおいて一九七八年第三〇会期でとりあげられた。ILCは、特別報告者 Mr. Sucharitkul から、準備報告書及び更に七つの報告書を受けとった。Yearbook of ILC (1979), ii. pt. 1, p. 227, A/CN. 4/323; (1980), ii. pt. 1, p. 199, A/CN. 4/331 and Add. 1; (1981), ii. pt. 1, p. 12, A/CN. 4/340 and Add. 1; (1982), ii. pt. 1, p. 199, A/CN. 4/357; (1983), ii. pt. 1, p. 25, A/CN. 4/363 and Add. 1; (1984), ii. pt. 1, p. 1, A/CN. 4/376 and Adds. 1 and 2; (1985), ii. pt. 1, p. 21, A/CN. 4/388; (1986), ii. pt. 1, p. 8, A/CN. 4/396. を参照のこと。

第三九会期においてILCはMr. Ogisoを特別報告者に指名した。その次の会期において彼は準備報告書を提出した。(1988), ii. pt. 1, p. 96, A/CN. 4/415 and Corr. 1 and 2. そして次いで更に二つの報告書が出された。(1989) ii. pt. 1, p. 59, A/CN. 4/422 and Corr. 1 and Add. 1. 及び、条文草案の第二読会を行うための一九九〇年の準備部分。一九九一年にILCは一連の条文草案を採択し、それからこれらは、この問題に関する国際条約を一つ締結するための会議を招集することの勧告と共に、国連総会に提出された。第四三会期での仕事に関するILCの報告、GAOR 46th sess., suppl. 10 (A/46/10), p. 9. を参照のこと。

(8) 同じ機能が、国際レベルで発生する同意と同じように、国内レベルでの権利の放棄により果されるという興味ある指摘については、R. Jennings, "The Place of the Jurisdictional Immunity of States in International and

Municipal Law” (1987) 108 Vortrage, Reden und Berichte aus dem Europe-Institut 3-22 at 4. を参照のこと。

（9） (1972) 11 ILM 470.

（10） 英国は、絶対的免除の原則からの一九七〇年代におけるコモン・ローの後退というものを確認しかつ促進した一九七八年の国家免除法の公布の理由の一つとして、この条約を批准したいという望みをあげた。

（11） 慣行についてのすぐれた調査については、ILC への特別報告者による初期の報告書（前述注（7）を参照のこと）及び、Crawford 教授の指揮の下、オーストラリア法改正委員会が一九八三年に準備した一連の研究論文に見出すことができる。

（12） Sucharitkul, State Immunities and “Immunities of Foreign States”; C. Schreuer, State Immunity: Some Recent Developments (1988); G. Badr, State Immunity, an Analytical and Prognostic View (1984); J. Dellapenna, Suing Foreign Governments and their Corporations (1988) を含む。

（13） Annuaire Yearbook (Cairo, 1987), i ; そして一九九一年に採択された決議、Annuaire Yearbook (Basle, 1991), vol. ii, p. 389; I. Sinclair, “The Law of Sovereign Immunity: Recent Developments,” Recueil des cours (1980, II), 130 ; そして、その他多くのもの。また、R. Higgins, “Recent Developments in the Law of Sovereign Immunity in the United Kingdom” (1977) 71 AJIL 424; R. Higgins, “Execution of State Property: United Kingdom Practice,” in (1979) 10 N.Y.I. L.35; そして、R. Higgins, “La Partique britannique en matière d’immunité d’execution,” in L’Immunité d’execution de l’état étranger (1990) を参照のこと。

（14） 64 ILR 352.

（15） (1984) AC 580.

（16） この事件は、前判決を執行しようとした試みでの文脈におけるものであった。一九七八年国家免除法一三条四項は、商目的のための使用又は使用が意図されている財産に関しては、訴訟手続が行われるであろうと規定する。

（17） Trendtex Trading Corp v. Central Bank of Nigeria [1977] 1 QB 529.

（18） Claims against the Empire of Iran (1963), BVerfGE 16; 45 ILR 57.

(19) これは有名な1° Congreso del Partido 事件（[1978] 1 QB 500）の第一審でGoff判事の賛同により引用された。

(20) s. 1603 (d).

(21) たとえばTrendtex Trading Corp. v. Central Bank of Nigeria [1977] 1 QB 529, per Lord Denning MR at 558 and Shaw LJ at 579; そして、1° Congreso del Partido [1981] 3 WLR 328 per Lord Wilberforce at 262-3を参照のこと。

(22) G. Fitzmaurice, "State Immunity from Proceedings in Foreign Courts" (1933) 14 BYIL 101 at 121.

(23) H. Lauterpacht, "The Problem of Jurisdictional Immunities of Foreign States" (1951) 28 BYIL 220 at 224.

(24) Jennings, "The Place of the Jurisdictional Immunity of States", 8.

(25) [1978] QB 500 at 528.

(26) [1983] AC 244 at 268.

(27) 第一読会において採択された国際法委員会の条項は、「現条項は、国有化の措置の域外の効果に関し生ずるであろういかなる問題に対しても、不利益は与えない」と規定した条項を一つ含んでいた。この一風変わった条項は、免除に関連する体系中には明らかに存在しないのであり、国有化された資源に関しての―外国裁判所の裁判管轄権からの―免除の問題は、十分に権力行為の原則の適用によりカヴァーされるように思われる。この誤解した条項は、最終的に採択された条項では生き残れなかった。

(28) Financial Times Law Reports, 17 July 1992. この事件は、現在控訴審でひっくり返されている。判決原文はまだ未着である。

(29) 特にILCの特別報告者による第三次報告書の一一条における奇妙な提案を参照のこと。A/CN. 4/431, 11 Apr. 1990.

(30) 一九七八年英国国家免除法一三条五項。

(31) A/CONF. 67/16, (1975) 69 AJIL 730. に報告されている。
(32) 一九六一年四月一八日、外交関係に関するウィーン条約二九条。
(33) 三一条
(34) 三二条
(35) 二四条
(36) 二七条
(37) 二七条三項
(38) 詳しくは、E. Denza, Diplomatic Law (1976), 225. を参照のこと。
(39) [1947] 3 DLR 617. またイギリスの事件である Fayed v. Al Tajir [1987] 3 WLR 102. を参照のこと。
(40) 草案二二条に関する国際法委員会コメンター第二節を参照のこと。Yearbook of ILC (1958), ii. 96.
(41) 一九七二年二月九日、Cmnd. 4938.
(42) Shearson Lehman Brorhers Inc. v. Maclaine Watson & Co. Ltd. (No. 2) [1988] 1 AER 116 per Mustill LJ at 122.
(43) Ibid.
(44) 九条
(45) 一一条
(46) このことは、一九八四年から五年の会期における衆議院外務委員会でまさに認められた。より詳しくは当会期の報告書、The Abuse of Diplomatic Immunities and Privileges を参照のこと。これはウィーン条約の適用について、より確固とした政策をとることを主張し、そのために特別の勧告を行った。これは英国政府により受け入れられた。R. Higgins, "The Abuse of Diplomatic Privileges and Immunities: Recent United Kingdom Experience" (1985) 79 AJIL 641; R. Higgins, "UK Foreign Affairs Committee Report on the Abuse of Diplomatic Privileges and Immunities: Government Response and Report" (1986) 80 AJIL 135. を参照のこと。

(47) 1 UNTS 15.

(48) 33 UNTS 261.

(49) Third Restatement of the Law: The Foreign Relations Law of the United States (1987) i.s. 467 (1).

(50) 当時担当であった Bingham 判事が、Standard Chartered Bank v. International Tin Council [1987] 1 WLR 641 at 647-8. において。この傍論は、コモン・ローにおいては、国際スズ理事会は主権免除又は外交特権を享受しないという、弁護士による譲歩から出てきた。

(51) この指摘は、P. Reuter, Le Droit au secret et les institutions internationales (1956) 53 AFDI 60. によってもまたなされている。

(52) Applicability of Article VI, s. 22 of the Convention on the Privileges and Immunities of the United Nations, ICJ Reports 1989.

(53) A/CN. 4/432, p. 4, 11 May 1990: チリ政府とラテンアメリカ経済委員会間の協定1条1項（9）。UN Leg. Ser. St/LEG/SER. B/10, p. 218.

(54) para. 48.

(55) para. 46.

(56) 長年に渡り、政府間海事協議機関（IMCO）と英国の間には、本部協定は存在しなかった。R. Higgins, The Development of International Law through the Political Organs of the United Nations (1963), 248 n. 37. を参照のこと。

(57) たとえば、国際スズ理事会の本部協定八条と、一九七二年の関連理事会規則六条を比較のこと。

(58) International Tin Council v. Amalgamet Inc. (1988) 524 NYS 2d 971.

(59) Shamsee v. Shamsee 102 5 Ct. 389, 70 L. 2d 207 (1981); Weidner v. International Telecommunications Satellite Org 392 A. 2d 508 (DC App. L 578); Int. Institute of Agriculture and Profile, Court of Cassation, Italy 1931; また、Law Suits Against International Organizations: Cases in National Courts Involving Staff and

Employment (World Bank Legal Dept., 1982) を参照のこと

(60) たとえば、国際復興開発銀行協定七条三項、2 UNTS 134 at 80; アジア開発銀行協定五〇条、571 UNTS 123; 国際金融公社による協定諸条文、264 UNTS 117. 国際スズ理事会は、金属取引きに関しなされた交易諸協定に関しては、訴訟からの免除を有しなかった。

(61) 例えば、Branno v. Ministry of War 22 ILR 756.

(62) 本部協定に効力を与える英国の法律において、国際スズ理事会加盟諸国の文書の不可侵性に対しては別規定がなされたという事実をよりどころとして、この結論に達したのであった。Shearson Lehman Bros. Inc. v. Maclaine Waterson & Co. Ltd. [1988], I WLR 16, HL. なお筆者は、本件において、国際スズ理事会の弁護人であったことを述べておかなくてはならない。

(63) (この話題についての第二部)、A/CN. 4/432, 11 May 1990.

第六章　個人の必要とするものに答える：人権

既に見てきたように、国際法は、国家に対し相互の関係において規範的な目安を与えるシステムの一つである。このシステムの及ぶ範囲から個人を除外しなくてはならない理由はないとはいえ、このシステムの主な関係者は当然に主権国家であるということをこれまで見てきた。しかし、もしも国際法の伝統的な内容が、国家間の関係を安定させかつ促進させることに向けられるのならば、こうした国を構成する個々人の必要とするものが無視されないということを、いかにして保証し得るのであろうか。国家間の関係の改善は、主に他の諸目的—重要であり、また、市民の必要とするものに反しないではあろうが、本質的には異なる諸目的—に向けられている。問題は、国家間の関係を補強している諸規範は、個々人の必要とするものに対してはいかなる直接的な意味でもほとんど触れられていないというだけでなく、個人がその最も基本的に必要とするものを期待するのは彼自身の政府に対してである、という点である。また同時に、個人がしばしば最も保護を必要とするのは、彼自身の政府からである。

伝統的国際法が、この点に関し提供できるものはほとんどないことは明らかである。国家は確かに、他方当事国の領域内に居住する一方当事国の人種的、国民的又は宗教的集団の保護について、互いに条約を結ぶかもしれない。実際に、ある国際裁判所が、そうした諸条約の適用についてのいかなる紛争をも解決すると規定することは可能である。これは本来両大戦間の少数民族諸条約が採ったシステムであり、そこでは有用な保護というものが疑いもなく規定されていた。[1]しかし、それは明らかに不十分である。個人は、こうした裁判所に直接訴える手段もなく、自由にすることのできるいかなる法律上の権利もなく、自身の国に対するいかなる救済手段もなく、取り残されている。

人権法として特色づけられる国際法の特別の体系は、国際法の他のものとは著しく異なっている。そこでは、義務は直接個人に対し負う（そして、ある個人の属する国家の政府に対してではなくて）と規定し、そして、こうした義務の効果的な保証のために、裁判所に訴える手段を個々人に序々に与えている。ひとたび義務は個人に対し負うのだ（なぜならば、個人が権利を有しているから）ということが認められるや否や、今度は、義務は外国人に対してのみ負うべきであり国民に対し負うべきではないとすることの理論的理由は存在しない。自国民の取扱いを、本質的には国内裁判管轄権内の事項でありそれ故に国際社会によっては再吟味しえないものと看做すことは、維持できないものとなってきている。

なぜに、義務を個々人に対し直接に負わなくてはならないのか。その答えは、個々人が権利を、人権を有しているが故である、ということのみである。それでは、人権により何を意味するのか。たとえば、政府との契約を政府自身が破ったことにより個人が有するであろう権利と、拷問されることのない権利との違いは、何なのか。これらは共に、確かに法律上の権利である。そこでこの答えは、以下のように進めることができる。人権は、一人の人間であるということだけで保持される諸権利である。人権は、人間の高潔さと尊厳さの重要な構成部分である。それ故に、人権は、いかなる国内法システムによろうとも意図的に与えられることもはたまた意図的に撤回されることもできない諸権利である。それ故に、人権は国内法システムにより最も効果的に履行されるかもしれないが、[2]こうしたシステムはこの権利の法源ではない。その義務は国内法の内容中に反映されはするが、国際人権法がその義務の法源である。この権利はあらゆる異なった管轄権においても同じであろうということが更に続く。他の法律上の権利は、大部分の法システム中に現存するとはいえども、その実体及び体系化については国内法システムに依存するであろう。上記の例に戻すと、契約違反に対し救済策を有する権利というものは、事実上あらゆる法システム中に存在する。しかし、政府が契約を破棄するとか、そうした違反に対する法律手続から免除されるという自由をどこまで有するかは、その契約に関する適切な法律次第であろう。しかし、政府に課せられた拷問の使用の禁止は、法律上の事項の一つとして、その政府自身の法システム次第というわけでは決してない。その義務は、国際法上の義務の一つである。

時には、人権の完全に普遍的な概念というものは存在し得ないと言われる。なぜならば、この世界における様々な文化や政府システムを考慮に入れることが必要だからである。(3) 思うに、この考えは、主に国家によりそしてまた他者に西欧的な考え方を押しつけまいと気づかっているリベラルな学者により、押し進められている論点の一つである。これは、認知された普遍的基準の恩恵を受けることをひとえに案じているだけの、被弾圧者により押し進められることは稀である。人権についての非普遍的相対論的見解は、実際に非常に国家中心主義的な見解の一つであり、人権は人の権利であり、そして国家とか国家群が各自の政治経済政策及び文化が関係している限りでは各々異なる行動をするであろうという現実に左右されはしない、という事実を見失っている。私は心から、人間の精神というものの普遍性を信じている。個々人はどこでも同一の本質的なものを求めている。十分な食料と避難所をもつこと。自由にものが言えること。己れの信ずる宗教を実践すること、又は宗教上の信仰から関係を絶つこと。身体が国家から脅かされていないと感ずること。拷問されないであろうとか、はたまた、起訴されることなくしては抑留されないだろうとか、そしてまた、もしも起訴されたなら公平な裁判を受けるであろうというようなことを知ること。こうした願望の対象には、文化とか宗教とかの発展段階により左右されるようなものは何もないと私は信じている。こうした願望は、ヨーロッパの都会生活者によってと同じくアフリカの部族民によっても、またマンハッタンのアパートの居住者によってと同じくラテンアメリカの貧民窟の住民によっても、同じように痛切に感じられるのである。

人権における政治及び文化相対主義についての議論は、永年に亘り多くの形態をとっている。一九九〇年代初期、東ヨーロッパにおいての事態はいかに見られていたかを思い返すことは、価値がある。第二次大戦後の初期段階においては、自国民の扱いは純粋に国内問題であり、他国も国連諸機関も正式に意見を述べることはできないと主張された。一九六〇年代中途から、ソ連邦及び東ヨーロッパ諸国が、様々な人権に関する国際文書の締約国となり始めた。こうした国々は、国家主権の行使の一つとして、こうした諸権利の規定における国際法上の義務に賛同したということを、今や認めたのであった。しかし、権利をいかに履行するかは、いまだ国家の裁量に委ねられているという立場が取られた。ヘルシンキ最終決定書によるシステムにおいて、昔ながらの社会主義諸国は、他国又は人権諸グループによる監視は国内問題に対する干渉であるという見解をとった。権利を与えるための国際義務が存在したとはいえ、そのことは遵守を監視することにより干渉する資格というものを他者に与えはしなかった。市民的及び政治的権利に関する国際規約におけるシステムに関する限りでは、少し異なる点が一つ設けられた。この規約自体が、規約人権委員会を通して一つの国際的な監視のメカニズムを提供したのである。これは社会主義諸国から完全に受け入れられた——実際、時宜を得たやり方により求められた報告書を提出すること、及びこうした報告書の審議に協力するために十分資格のある代表者を送ることに関する社会主義諸国の業績は、一般的に模範的であったと言わなくはならない——。しかし、履行の方法は特定の政治システムによって変わるだろうことは予期されるべきだ、という議論がなされた(4)。それ故に、社会主義体制の政府の奨励という方向へいくことを条件としてではあるが、言論の自由を許すすべての憲法は、多文化的でかつ政治的に異なる世界を反映することにより履行の多様性を許したものと、看做されるべきであった。

一九九〇年代初期に東ヨーロッパにおいて起きた変化により、こうした議論はもはや聞かれなくなった。実際に、国家は異なる方法により（立法により、憲法を通して、コモン・ローを通して）諸権利を履行するかもしれないが、何が履行されるべきかという内容そのものは国際基準に依るのであり、異ならないであろう。(5)

多様性の話題が現在最も頻繁におきる分野は、宗教と国内における自決という二分野である。宗教に関しては、規約人権委員会における締約国からの報告書の審議に関する報告書を読むとわかるように、(6)二つの特別の争点が生じている。幾つかの（すべてではないが）イスラム教国は、背教の罪（信仰を捨て他宗教に改宗すること）は死をもって罰されるべきだとイスラムの教えは要求している、と信じている。また、すべてではないとはいえイスラム教国の中には、イスラム法というものは、他国では全然罰せられないかまたはずっと軽く罰せられるだけだろう犯罪の一群に対し、特に過酷な手段で罰することを要求していると解釈するものもある。

もしも普遍的人権基準が設定されるならば、文化的宗教的多様性はいかに尊重されるべきであろうか。思うに、採用された諸基準は原則的には普遍的適用のものではないと指摘することに、咎を求めることはできない。特に国際人権規約は、あらゆる異なった政治的及び宗教的諸システムを代表する世界のあらゆる地域からの国の参加をもって長い年月をかけて体系化されたことに、恩恵を受けた。規約の表現は、全員の賛成で採択された。そして、政治的にまた宗教的に異なるすべての国が、規約の締約国になるか否かについて自由な選択権を有していた。もしも規約の特定の要件が、現実に深遠な宗教の教義とか政治的出発点と両立し難いものと看做されるならば、正しい行動のとり方は、こうした要件に関しては留保することであった。しかし、これは実際には行われなかったことは印象的である—留保は、宗教的及び政治的な哲学のこうしたむしろ重要な点については、ほとんどなされない—。もしも留保がなされないならば、そうすると、思うに政治的及び文化的多様性に対する敏感さは、国家が、保証するものから免除されると看做されることを、求めないのである。

ここにまた、論じなければならないもう一つの異なる面における哲学的諸問題が存在している。人権は、一人の人間であることにより国家に対し持つ一つの権利である。しかし、こうした権利とは何なのか。この質問に対する答えは、ここでも再び、国際法の性質及び法源に対し採る手法次第である。人権諸義務の法源は様々な国際文書中に見出されるべきであり、そして、これらの諸文書が人権として包含しかつ示す権利は何であれ少なくとも批准締約国にとってはそれ故に人権である、と答えるものもあろう。こうした権利は早晩慣習国際法の中に反映されるようになるであろうし、またそれ故に人権はもっと一般的になるであろう。それに対し、国際諸文書は義務を表示しかつ人権が保証されるべき方法についての細部を提供するための媒介物にすぎない、と言うものもあろう。諸規範を産み出しそしてそれらに関して遵守の期待を持たせるのは、それに関連する様々な要因と国家慣行による諸要求の相互作用である。多くの新たな問題が論じられてきている。人権と適切にもそう呼ばれるものは、市民的及び政治的権利の分野に限定されるのか。この立場は現在では弱まっているように見えはするが、永年に亘り伝統的な西欧の見解であった。この見解を支持する様々な理由が述べられている。権利は、国家の側における相関的な義務を前提としている。すべての国家は、その政治システムがいかなるものであれ又経済発展の程度がいかなるものであれ、市民的及び政治的権利を充たすべき立場にある。拷問の回避、自由な議論への寛容さ、宗教の自由は、本質的に国家の側の善意の問題である。対照的に、経済的及び社会的権利と説かれている諸要求―教育、有給休暇、食料及び住居への要求―は、しばしばまったく提供する国家の能力の範囲内にない問題である。このことは特に、貧しい国々においては真実である。ここでまた、これはある権利を即時に提供するという義務がある締約国―特定の国―の能力に照らし合わせて、その権利を定義することである。もしもそうされ得ないならば、権利は存在しない。このことは勿論、救済手段なくしては権利は存在しないという、一般によく知られた法格言を繰り返すことである。しかしこれを分析するとき、類似性はそれほど明かではない。この格言は、救済手段なくしては権利は空っぽの貝殻にすぎないだろうということを、思い出させてくれる。そのことは明らかに正しい（国際法の分権的システムにおいては、「救済手続」は無数の形態を取るであろうことは明らかであるが）。しかしそれだからといって、失望した原告が最初から一つの権利として承認され得るものを何も有していなかったと看做されなくてはならないというべきではない。ここでもこの手法は、事柄を個人の立場からというよりも国家の立場から見ている。履行に関する問題は、個人の権利をそれでもなお一つの権利として残している。勿論、経済的及び社会的権利に関連し国家が何を正確には為す義務があり、そしてそれはどういう風に為すべきなのかは、注意深く分析する必要がある。そして、私が述べようとしているのは、そのことである。

また、「権利」は、何がしかの法律上の請求が行われ得ることを含んでいるのであり、そして経済的及び社会的権利は法的に裁判で決着をつけるものではないから、経済的及び社会的権利は権利などではあり得ないと時には言われている。ある貧しいアフリカの国の市民が、自国の裁判所に対し、政府は自分の教育とか健康管理に対する権利を侵害しているとして出訴することは、何を意味するのかと言われている。裁判に訴えることができることと権利との相互関係は、国内法の視点からは理解し得る態度の一つである。しかし勿論、国際法律家は様々な理由により（時には裁判管轄権を理由に、時にはもっと本質的な理由で）、国際法上有する諸権利を擁護するために訴えを起すことは不可能であるという現象には、非常に慣れ親しんでいる。第三者訴訟手続に訴えることのできる可能性が欠如していることは、確かにその権利が存在しているかどうかということの判断の基準ではない。国際法律家にとって、権利の存在は国際法の法源に照らし合わせて判断される。

経済的社会的及び文化的権利は、もう二つの理由からも真の権利ではないと指摘されている。つまり、これらの権利は内容に関しても又いかなる結果においても不明確である。なぜならばこうした要求は、即時の履行はほとんど不可能であり、それらは単なる目標にすぎないと認識されるべきだからである。ここでは、受益者の手中にある権利の内容の不明確さは、現実には国家に課せられる義務の範囲に関しての不明確さと混同されている。権利の保有者の立場からは、無料での初等教育への権利は、拷問から自由であることの権利と同じぐらいに明白なものである。ここでの真の違いは、市民的及び政治的権利に関する国家の諸義務は大部分が禁じられた行為の回避という特有の表現で扱われているが、他方経済的及び社会的権利に関する諸規定は一般的に国家による特別の積極的行動を求めている、という点にある。国家は、言論の自由への権利の行使に対し何ら干渉しないでいれば、そのことにより言論の自由を与えるという義務を充たすであろう。しかし、食料への権利というものは、国家による積極的行動を必要としている。(7) ある権利の履行が消極的な自制よりもむしろ積極的な行動を必要とするならば、その権利はまさに一つの権利としての資格があると直ちに言わなくてはなるまい。その上、積極的な義務の概念は、徐々に市民的及び政治的諸権利における規範的要件の重要部分となってきている。幾つかの権利に関してヨーロッパ人権裁判所は、これらの権利の達成のために政府に対し積極的義務が課せられると指摘している。(8) 一つの明白な例は、公正な裁判の権利に事実上含まれている裁判を受ける権利である。法廷への扉を閉じることの単なる不履行というだけでは、平等に裁判を受ける権利を保証することにはなるまい。法的サービスについての情報の提供、利用しやすい場所に裁判所を設置すること、そして多分場合によっては法律扶助の提供ということが、すべて必要とされるかもしれない。

市民的及び政治的権利に関する国際規約に基づき活動している規約人権委員会は、実効的に権利を保証するために（たとえ不干渉主義者の言い分に目を向けても）国家が積極的措置を取ることが必要であるとたびたび指摘している。たとえば、規約一七条に保証されているプライヴァシーの保護は、国家に対し当該条項により許される限度を越えて郵便や通信に干渉しないことを求めている。しかしそれでは十分ではない。委員会は、我々が住んでいる複雑な世界においてこの権利を実効的ならしめるためには、締約国が、プライヴァシーへの許された干渉の限界を明記する立法その他の措置や、それらの行使が裁判所により認定されることを求める保護手段及び乱用に対する審査手続を持っていることが必要であろう、ということを明らかにしている。データ情報の不適切なコントロールによるプライヴァシー侵害の全分野は、等しく積極的な措置を必要としている。締約国は、自らが保証している積極的措置に関する情報の提供を、規約人権委員会より求められている。[9] 拷問及び非人間的そして品位を傷つける扱いに対する禁止でさえも、しばしば積極的な措置を求めている。囚人看守や警察官は、教育される必要がある。彼等が国際法上の禁止事項及び被拘禁者の取扱いのための国際最低規則を熟知することを確実にするための、諸計画が必要とされる。そして、何らかの問題が存在するところでは、積極的な起訴と有罪となった者たちの適切な処罰が必要である。[10] これらすべてが、虐待「からの自由」の一つとして扱われている一つの権利を保証することの、重要部分である。

そう言われるとすると、経済的及び社会的権利に関する限り、問題が残ることを認めざるを得ない。たとえば、無料の初等教育とか二週間の有給休暇に対する権利というものは、十分に明白である。しかし—飢餓からの自由とか十分な食料への権利というような—他の諸権利は、実際にはその内容に関してはずっと不正確である。そして、たとえ何が与えられなくてはならないかが正確にわかったとしても、多くの国は現時点では単純にその権利を与えることのできる立場にはない、という根源的な問題が実際には残る。

経済的社会的及び文化的権利に関する国際規約に基づいて行動している委員会は、これらの論点について前向きな態度を示している。その出発点は、これらは現在の権利であり長期的目標ではないというものである。締約国は、これらの権利を与えるためにできることを行うという即時的義務がある。締約国は、かなり詳細にこれらの権利の漸進的達成のための計画を明定することを求められる。この義務は現在の義務の一つであるから、締約国は現実的な計画を準備しなくてはならないし、定期的な審議において彼等自身が設定した時間割をいかに満たしていかを委員会に示さなくてはならない。権利の中身に関しては、委員会は必要ならばその体系化に手を貸すことができる。たとえば、最低栄養物摂取要件の確定は、様々な専門家の情報源に求めることができる。委員会は、この仕事の骨子を苦心して仕上げかつそれを達成するための様々なメカニズムを調査するために、もともとは小委員会のために準備された、食料への権利に関するある専門家による研究を利用している。[11] 締約国は、この権利を与える義務を適切に果すために、基本構想やその足掛かりを構築することへの参加が期待される。委員会の任務は、これらの基本構想の体系化を助けること、そして、これらが履行されるのを監視することである。当委員会の手法は、想像的でもあり現実的でもある国際法規範の体系化に通ずる創造性のもう一つの例である。[12]

そして、人権というものは個々人の市民的及び政治的権利と同様に経済的及び社会的権利をも包含するということを受け入れるならば、集合的権利はどう考えるべきであろうか。いわゆる「第三世代」の権利とさえ呼ばれるものについてはどうであろうか。[13] ある集団により保持される一つの権利が人権と呼ばれることがなぜできないかには、本質的理由はないように思われる。第七章においてもっと述べる予定の自決権は、まさにそうした権利の一つである。これは、X氏とかY夫人により保持される権利というよりもむしろ、人民（peoples）の権利の一つである。なぜこのことが、自決権をより劣った権利としなくてはならないのか。その答えは、「人民」は原告のカテゴリーには直ちには該当せず、訴訟を起すことが簡単にはできないということだけである。しかし、司法判断適合性は、人権の一つとしてある規定の地位が判定される物差しではない、ということは既に見てきている。これは、それを明記する意図をもつ諸法源の権威性に照らし合わせて、又、義務が存在する社会の期待というものに照らし合わせて、判定されるべきである。

こうした根拠によって、そして真の権利として認められてきているような諸権利に原則として反対するからではないが、いわゆる集合的権利とかあるいは第三世代の人権と呼ばれている権利のすべてが実際には権利というわけではないように、私には思われる。「平和への人民の権利」は、あまりにも漠然としているが故に、人権の一つと名づけることは適当でないと思われる。自決の権利の保持者である「人民」は、確認することができる（そして、これについては次章において詳細に論ずる）。また、平和への権利を与えられている「人民」とは、確かに我々一人一人の個人である。では、義務は誰の双肩にかかっているのか。特定の国家か。すべての国家か。誰が誰に義務を負うのか。そしてその義務とは何なのか。政府のもつ経済的役割とか市場が占める位置について異なる見解が採られている世界において、食料とか住居についての規定に関して規範的な基本構想の樹立を行うことは、全く困難である。権威あるものと看做されるような方法により、いかなる手段が平和を保証するものと解されるべきなのかを規定することのできる専門家の意見体系というものは、未だないように思われる。勿論、幾つかの武器が禁止されるし、幾つかのタイプの武器のテストは不法であるし、武器売買はコントロールされるべきだし、軍備縮小措置は望ましいことである、ということには幅広い意見の一致が存在している。しかしそれ以上に、更にいかなる措置が平和を最も良く保証するかということについては、根本的な意見の違いが残っている。

条約が存在していることが、ある権利が存在しているか否かについての唯一の基準というわけではなかろう。勿論、権利は慣習国際法上も存在するであろう。とはいえ条約は重要な指標の一つであろうし、また、慣習国際法上ある権利が存在するという主張は、国際諸機関の決議や宣言中に証拠が見出されるであろう国家慣行を含むその法源についての通常の基準に照らし合わせて、立証される必要があるだろう。こうしたことは、たとえばいわゆる平和への権利には欠けている。しかるに、発展への権利に関する限りにおいては、これは指導的な学者たちにより広く支持されてきているし、またこの問題に関し国連総会決議も一つある(14)。また様々な国際機関によりしばしば主張されてもいる。とはいえこの権利は、明らかに経済的社会的及び文化的権利に関する国際規約では欠けている。思うに、この権利を人権の一つとして分類するためには、手に負えそうもない諸問題が残っている。

この権利の保持者は、おそらくは発展途上地域の人民であろう。しかし、この権利が何を課すのかは、現時点ではまったくわかっていない。事実、この権利の存在を宣言する文献の多くはこの疑問をまったく無視し、代わりに集合の権利又は第四世代の権利（本章注＊参照）の合法性（必要とはいえ不十分な論点）に専念している。発展への権利は、単に経済的社会的及び文化的権利に関する規約に列挙された権利のすべてが充たされるときに、我々が有するものにすぎないのか。言い換えれば、食料への権利、住居への権利、教育への権利、健康への権利を要約したものの略記表現の一つであろうか。それともこれらの権利のいずれをも達成するための、必要条件の一つであろうか[15]。そしてもしそうであるならば、国家に課せられる義務とは正確には何なのか―そして実際に、どの政府に対してか―。発展への権利は、幾つかの貧しい国は、法的権利の一つとして産業基盤を年間〇〇パーセント向上させる権利があるということを意味するのか。それとも、こうした国々は貿易条件において保護されるべきだということを意味するのか。それとも、彼等の日常生活物質に価格支援がなされるべきだということを意味するのか。こうしたことのすべてが、不明瞭である。彼等は外国の援助を受けとる法的な権利を持っているということを、それはあるいは意味するのか。それとも、投資を意味するのか。もしそうならばこのことは、国家は援助とか投資を民間部門に任せるべきではなく国家自身で行わなくてはならないということを意味するのか。そして、何に対して援助と投資は向けられるべきなのか。いかなる活動が経済発展を維持するためのものといえるのか。これは世銀のような国際機関が正式に宣言する問題なのか、それとも受益国にとって主権に基づく選択の問題なのか。何が必要とされているかに関し意見の一致は存在しないし、また提供すべき何らかの特定の義務があるという期待は何も存在しないということを知るために、こうした質問をするだけである。

もしも伝統的な意味での人権を、個人又は個々人と彼等に対し裁判管轄権を有する国家との間にある義務の一つとして考えるならば、そうするといわゆる発展への権利がこうしたパターンを越えるものであることには、議論の余地はない。これはまさに、国家が自国民のために他国から―そして実際には国際機関から―恩恵を受けるために主張された権利の一つである。発展への権利に関する限り最終的な疑問の一つは、これが新しく出現してきている環境についての諸規範と両立し得るか否かが不明であるということである。発展に対し支払うべき環境の代価は、しばしば存在する。国家は、他国へ―そして実際にはより長期的には自国民へ―及ぼす影響の重大さにもかかわらずこうした問題において白紙委任状（carte blanche）を有するかどうかは、もはや明白ではない。市民は、安全な環境への権利―人権の一つとしての地位はまた現段階では不確かであり、かつ発展の初期の局面にある主張の一つ―を主張しはじめている。発展と環境の必要とするものは、しばしば逆方向に向いている。[16]

ここまで、人権であるものと人権でないものとの間に線を引いてみせようとしてきた。だがこのことは、学問的問題の域を越えている。なぜならば、人権としての主張の表明は、意思決定の諸過程に対する一致した優先順位達成のための過程の一部だからである。権利の限定されたリストが存在するかどうかとか、リストは際限なく広げ得るかどうかについて、しばしば疑問が呈されている。[17] その質問に対する回答は、何が人権を構成するのかについての各自の理解次第である。人によっては、それは市民的及び政治的諸権利の中心となる一連のものである。また、人によっては、それは市民的及び政治的諸権利すべてであるが、経済的社会的及び文化的諸権利ではない。また人によっては、経済的及び社会的権利は「基本的必需品」（basic-needs）という基準において含まれ得るであろう―それ故に、食料と住居に対する権利は、権利として看做され得るだろうが、他のものは願望としてのものであろう―。では、あるものが「権利」であるとか「権利を受ける資格」であるという観念は、どこから生まれるのであろうか。[18] 人権に対する「基本的必需品」という手法以上に、客観的な根拠を正確に指摘することは困難である。忠誠へのお返しに、国家が個人の自由と安全及びその財産を守るという社会契約の原理は、一つの答え―しかしまた、非常に短い市民的及び政治的権利のリスト――を提供している。私自身は、人権は個人により政府に対して作り出された一つの特に重大な激しい要求である、という立場を選ぶ[19]。たとえば、一〇年前にはそうした人権の存在にすら重大な疑いがあっただろう子供の権利に関する条約に、今や前例のない程の批准がなされている。それ故に、原則としてこのリストは限界のないものであろう。実際問題としては、権利のリストが拡張し続けていることが問題を生み出している。もしも諸国がこの拡張に、信念からよりもむしろ政治的便宜からの理由で同意するならば、そうすると新造語は疑いもなく品性が落ちていくであろうし、またある権利を人権と呼ぶことの主な機能面での重要性は—その非難は、このことを無視することに帰する—失われよう。

権利の拡張しているリストに関連した—そして実際上、いかにすれば既存の権利がより良く保護され得るかについて、より正確な表現により詳述している諸文書とも関連した—機能上の問題もまた存在している。しかしこのことは、人権を守るために今日種々の試みをしている主な方法を、まず第一に確認することを求めているのである。

第一になすべきことは、勿論権利の確認と表明である。慣習国際法は、基準を設定している世界人権宣言と多くの国内憲法及び裁判所におけるその基準の受け入れの間の相互作用において一つの重要な例を提供することで、このことに疑いもなく一つの役割を果してきている。しかし人権の体系化について最も推進力となるのは、疑いもなく条約作成過程を通してのものである。国際人権規約、つまり市民的及び政治的権利に関する規約と経済的社会的及び文化的権利に関する規約は、普遍的な立場から広範囲に亘る権利を扱っている文書を提供している。これらの文書は、主な権利すべてを網羅し、世界中のすべての国に開かれている。たとえば、市民的及び政治的権利に関する規約は、世界中の様々な地域からの一五〇の締約国を有している。もう一つの—または、しばしば補足的な—方法は、地域的な基盤に基づいてではあるが、包括的な様々な権利保護の規定を行うことである。この考えは、権利は、その地域に信頼を置きそれ故にどちらかといえば効果的な強制手段を許す、という立場にたって体系化されるであろうというものである。それ故に、ヨーロッパ人権条約は概して、市民的及び政治的権利に関する規約よりも包含している権利は少ない。両条約中にある諸権利は、しばしば同じような表現で（若干の顕著な例外と共に）規定されている。そして、これらの権利の執行のためのメカニズムは、地球規模のものにおけるよりもヨーロッパ型のものにおける方が疑いもなく幾分か強い。しかし、地域的文書と普遍的文書の相対的性質については、たやすく一般化することはできない。国際人権規約に含まれている諸権利は、ヨーロッパ人権条約及び米州人権条約に含まれている権利に似てはいるが、それらに全く同じというわけではないということはしばしばある。制度上のメカニズムは、互いに一定の類似点と幾つかの明らかな相違点をもっている。アフリカ憲章は、政府に許されている規制権限はより広く、集合的権利についてはもっと協調され、国家や家族への個人の義務の概念が導入され、憲章の遵守に対しては比較的弱い制度上の措置を置く、というように著しく異なる権利の体系化を行っている。[20]

幅広い様々な権利に関する普遍的文書及び地域的文書は、永年に亘り単一の権利を苦心して作り上げることに向けられた普遍的文書により補われてきている。それ故に今日では、ジェノサイドに関し、人種差別に関し、女性の権利に関し、拷問に関し、そしてまた子供の権利に関し、国際条約が存在している。死刑廃止を規定する市民的及び政治的権利に関する規約に対する新しい選択議定書は、一九九一年に発効した。

そういうわけで、識別されはっきりと規定された諸規範が今や存在する。これらの実施（そして、実施は履行の過程の一部であり、そして、そう考えている人もいるだろうが、履行から切り離されていないしまた履行の「より重大な任務」にとって不適切であるというわけではない）は、様々な機関において行われている。こうした機関の中には、それ自体特別の人権への使命を有するものもあるが、そうでないものもある。後者のカテゴリー中では、安全保障理事会に触れなくてはなるまい。それでもなお、安全保障理事会自体の平和と安全の任務を果たすために、安全保障理事会は時には人権の論点を拠り所にすることがある。平和と安全に関する事項を扱うに際して、人権への関心もまた現存する―または、実際に、まさしく国際の平和への脅威を引き起こしている要素である―かもしれない。安全保障理事会はそこで、そうした人権事項について判断を下す決議を通すかもしれない。南アフリカへの武器の供給に関する、いわゆるナミビア問題に関する、占領地におけるパレスチナ人の扱いに関する、そしてクルド人及び湾岸におけるシーア派のおかれた状況に関する諸決議は、すべてがその実例である。

人権問題が付随的に起きる国連の機関がある一方、人権問題を扱うことを特に委任されている機関も存在している。国連人権委員会は、そうした機関の一つである。[21] そこで働く人々はそれぞれの政府の代表であるから、この委員会が政治的であることは否定できない。そして―何を議事事項にすべきかということ、そして何を実質上論ずるべきかということの両方の―討論は、しばしば論争的となる。しかし、非差別及び少数者に関する小委員会（この委員会のメンバーは、個人の資格での専門家であり、若干政治的には緊張感のない雰囲気の中で仕事をすることができる）と共に、この委員会は幾つかの重要な組織的手段と手続を秘蔵している。特に一五〇三手続について述べておこう。これにより、ある特定の権利の大規模な侵害形態があると訴えられている国に対して、申立てがなされるであろう。その手続は、国に対する幾つかの政治的保護が備えられているため扱いにくいものではある。しかし、これは面子をたてるための技巧の一つと看做されよう。諸国による一五〇三手続に基づく自国に対する事実認定を防ごうとする大変な努力は、国々がこの委員会を気にしていることを示しているように思われる。

委員会はまた特別報告者の設置を通して、事実調査―これ自体人権の保護にとり重大なテクニックの一つ―に対し多大なる貢献をしている。時には、彼らはいわゆる「現地についての報告者」（チリやアフガニスタンについて報告した人々が、この例として引用されよう）であり、時には、彼等は特定の問題についての報告者（たとえば、略式手続による死刑に関する特別報告者）である。報告者は、訪問する必要がある国々の協力を得ようとするであいう自国の立場が公正に報告されるであろうという事実が、その国の自信は、人権の立場の改善に貢献する一つの要素となろう。このことは、特別報告者に対するチリの態度において真実であった。しかし、アフガニスタンのようにたとえ協力が否定される時でさえも、片寄らない事実に基づく情報を提供するために注意深い調査がなされる。

ろう。時には調査に関し友好な関係が樹立され得よう。そして、自国の立場が公正に報告されるであろうという
その国の自信は、人権の立場の改善に貢献する一つの要素となろう。このことは、特別報告者に対するチリの態
度において真実であった。しかし、アフガニスタンのようにたとえ協力が否定される時でさえも、片寄らない事
実に基づく情報を提供するために注意深い調査がなされる。

人権に関する事実調査は、多くの形態を取ることが可能である。ヨーロッパ人権委員会は、申立てられた個々の事件の文脈において幾つかの控え目な事実調査の権限を有している[22]。ヨーロッパ人権委員会は、囚人を訪問し、抑留されている者に会い、目撃者と話すことを求めることができる。米州人権委員会[23]は、米州人権条約の締約国からの招待に答えてまたは自由意思により、現地調査（On-site investigations）を行うことができるという、著しく幅広い事実調査権限を有している。米州人権委員会は、その調査に関し非常に詳細な報告書を発行する。現地への訪問という形態による事実調査は、拷問の予防に重要な要素の一つである。拷問に関するヨーロッパ条約は、委員会による事実調査についての諸規定を含んでいて、委員長 Cassese 教授の下に、重要かつ非常に詳細な情報を出版し始めている[24]。そして勿論、非政府団体（N.G.O.）も、事実調査については特に重要な役割を有している。時にはこうした団体は、当の国家から、囚人や抑留センターを調査したり裁判に列席するよう招待されるであろう。また場合によっては、その信頼性を確保するために注意深い手続きに従ってではあるが、当該国家内における犠牲者とかその他の人々に、情報について頼らざるを得ないであろう[25]。

地域的システムは、各々独自の制度化したシステムを有している。ヨーロッパのシステムにおいては、国に対する個人による申立て又は国相互間の紛争という形式のいかんにかかわらず、委員会と裁判所が主に人権の訴えに用いられる。米州システムは、委員会による他の事実調査機能と共に、裁判所と委員会における司法的及び準司法的機能を併用している。市民的及び政治的権利に関する国際規約は、規約人権委員会の形式をとっての[26]効果

的な監視システムを規定することにより、普遍的な条約システムに新天地を開いた。その他の単一のトピックスに関する条約にはまた、（たとえば人種差別撤廃に関する委員会（人種差別撤廃条約）、拷問に対する委員会（拷問等禁止条約）、そして女子に対するあらゆる形態の差別の撤廃に関する委員会（女子差別撤廃条約）のように）監視のための委員会が規定されている。これらは、かなりの範囲にわたり規約にもとづく規約人権委員会の実際の運用を見習っている。そして、監視は、国による報告と個々の権利の主張者による申立てという組合せを通して達成されるのが最良である、ということがわかってきている。締約国による報告システムは、義務的である。準司法資格の一種を有して事件を審理する規約委員会の権利は、選択的である。もしもある国が当の条約における特別の手続というものを受け入れるならば、将来そうした申立て（通報）に対し訴訟手続が稼動されるであろう。

規約に基づく規約人権委員会は現在では、締約国の報告及び事件の審理の両方にかなりの経験を有している。締約国は、規約が当該国家に効力を生じた時から一年以内に報告書を提出し、それからは五年毎に新たな報告書を提出することが求められている。規約委員会は、こうした規則正しい周期以外にも更なる報告書を要求する権利を有している。締約国は、公開で委員会が行う自国の報告書審議に参加する。ここでは、委員会は対決的な敵意のこもった反対尋問というよりはむしろ、当該締約国と「建設的な話し合い」をもつことに全力を尽くしているのであり、この審議が遵守状態を監視し進展を奨励するための有用な一手段であることを証明している。締約国は、各自の報告書が何を網羅すべきかそしてそれはいかなる形式でか、ということについてガイドラインを与えられる。委員会メンバーは（異なった報告毎に—すなわち、第一回報告、第二回報告、第三回報告に対して—幾分異なった手続に従って）、報告書には何が述べられているか、何が欠けているか、そして何が他の情報よりわかっているか、ということについて厳密に調べるであろう。審議の終りに際し、委員会メンバーは、当該国家における人権状況はいかなるものであるとわかったかについて、各々の寸評を行うであろう。そして委員会は、委員会としての調査結果を提出する。

委員会は、一九八〇年代に通報手続の利用が幾何級数的に増加して以来、判例法上かなりの法的判断記録を今日では有している。こういう具合に、権利を侵害されている個人を助けまた政府が規約上の幾つかの法的義務を明記することを助けるための、諸努力が行われるのである。もしもヨーロッパ人権裁判所の決定の履行の様式が著しく良いとするならば、規約における判例法に関する限りその構図はそれよりもずっと複合している。ヨーロッパ人権条約は、履行を確実とするために独自の条約手続規定を有している。それに対し規約の表現上締約国は、規約人権委員会の見解を実行する義務を負ってはいないので、比較できる手続規定というものは存在しない。しかし、規約人権委員会は最近、判例法の遵守についてより「徹底的に究明する」ための幾つかの手続規定を導入している。(27)

こうした諸手続のまさに成功は、それ独自の問題を引き起している。ヨーロッパ人権条約の締約国は、委員会及び裁判所に持ち出される事件の準備のために大変な時間を費やさなくてはならないということに気づいている。そして、非常に数多くの国連の人権条約に基づく諸機関への締約国報告システムの広がりは、確実に締約国に対し問題を引き起している。豊かな先進国にとっても、今や報告書を要求する様々な機関のすべてに報告書を提出することは、非常に困難である。況んやこうした任務を果すにはしばしば人材が不足している小国や発展途上国にとっては、これは法外に面倒な仕事である。そこで、この重荷を楽にするための作業が国連組織内において進行中である。その作業の一部は、助言サービスの形―たとえば、報告書の準備に関しての地域セミナーという形式による、技術的な援助の付与―をとっている。条約による諸機関の要請から生ずる問題についての重要かつ創造的な研究が、Philip Alston 教授によって作成されている。(28) 報告書の準備が標準化され得るように、様々な機関の要求しているものの間にできる限りの画一性を与え、そしてコンピューター化によりこの任務を助けることができるようにするための努力が、今日なされている。

条約による機関の増殖は、報告書を作成することが必要であるという結果と同時に、締約国にとり財政上の関り合いをもたらす。これはまた、ある共通の権利を扱っている様々な条約上の機関による異なった法的判断体系という、厄介な亡霊を呼び出す。これ以上異なる条約による機関を作る余地はほとんどないということ、そして、もしも市民的及び政治的規約に列挙されている諸権利をより精巧に作り上げたいと望むならば、規約人権委員会に国からの報告と判例法の両方を監視する機能を持たせることができるようにするための議定書を規約に付け加えることにより、このことはなされるべきだということはほぼまちがいない。こうした解決策は、規約人権委員会の性質と地位に対し独自の含みをもつことになろう。

人権のための戦いに加わることは、我々一人一人の問題である。国際的人権諸機関は、この戦いを単独で行うことはできない。そして諸国は、自国領域内において人権を見張るということ以上のことを行わなくてはならない。最終的には、人権の促進に対する諸国の関心度は、公平な条約上の監視機関がその任務を効果的に遂行することを許すために資源を快く提供することによって、判断されるであろう。国々はまた、地域レベル及び国際レベルの両方において、人権条約システムにおける制度上の諸問題を自発的に検討しなくてはなるまい。一九九三年六月ウィーンにおいて開催された人権のための世界会議は、こうした制度上の諸問題に取り組んでいくための手段を提供することができ得たのであった。しかし諸国はそうすることに何の関心も示さなかった。

（1）　J. Fouques-Duparc, La Protection des minorités de race, de langue et de religion (1992); P. de Azcarate, The League of Nations and National Minorities（1945）. を参照のこと。少数民族諸条約の本文については、H. Temperley, A History of the Peace Conference of Paris V.（1969）432ff. を参照のこと。また、Oppenheim's

International Law, 9th edn., ed. R. Jennings and A. Watts (1992), vol. i., pts. 2-4, pp. 973-5.を参照のこと。

（2） これがまさに、国内救済手段を尽すというルールがあらゆる国際人権文書中に現存する理由である。また、A. Drzemszewski, "The Domestic Application of the European Human Rights Convention" (1980) 30 ICLQ 118.を参照のこと。

（3） この点については、とりわけI. Nguema, "Human Rights Perspective in Africa" (1990) 11 HRLJ 261; D. Donoho, "Relativism Versus Universalism in Human Rights: The Search for Meaningful Standards" (1991) 27 Stanford Law Journal 345; H. Gros Espiel, "The Evoling Concept of Human Rights: Western, Socialist and Third World Approaches", in B. Ramcharan (ed.), Human Rights Thirty Years after the Universal Declaration (1979), 41 ff.を参照のこと。

（4） B. Graefrath, "The Application of International Human Rights Standards to States with Different Economic, Social and Cultural Systems," in The United Nations after Forty Years: Human Rights (1986). そしてC. Tomuschat, "Human Rights in a Worldwide Framework: Some Current Issues" (1985) Zeitschrift für auslandisches offentliches Recht und Volkerrecht 547; 又、R. Higgins, "Human Rights: Some Questions of Integrity" (1989) 52 Modern Law Review 1.を比較せよ。

（5） R. Mullerson, Human Rights: Ideas, Norms, Reality (1991) (in Russian), ch. 2, pp. 13, 26; R. Mullerson, "Human Rights and the Individual as a Subject of International Law" (1990) 1 European Journal of International Law 33.を参照のこと。

（6） チュニジア（CCPR/C/SR/990-2, 15-16 July 1990）及び、ヨルダン（CCPR/C/SR/107-9, 17 and 18 July 1991）の報告書の審議と、イラン（CCPR/C/SR. 193, 29 Nov. 1992）の報告書の審議を比較せよ。

（7） A. Eide, Report on the Right to Adequate Food as a Human Right, UN Doc. E/CN. 4/Sub. 2/1987/23.

（8） ヨーロッパ人権裁判所が、ヨーロッパ人権条約の条文を、締約国が積極的行動をとることを要求しているものと解釈した事件については、Airey v. Ireland, Ser. A, no. 32, 9 Oct. 1979 at para. 25; Marckx V. Belgium, Ser. A, no. 31, 13 June 1979 at para. 31; Johnston v. Ireland, Ser. A, no. 112, 18 Dec. 1986 at para. 74. を参照のこと。

（9）一九八二年七月二七日に採択された、General Comment 6 (16) (Art. 6) と、一九八八年五月二八日に採択された、General Comment 16 (32) を参照のこと。

（10）共に一九九二年四月七日に採択された、General Comment 20 (44) (Art. 7) と General Comment 21 (44) (Art. 10) を参照のこと。また、一般論としては、自由権規約二条二項及び三条を参照のこと。

（11）Eide, Report on the Right to Food; E/C. 12/1989/SR. 20, pp. 2-9.

（12）P. Alston and G. Quinn, "The Nature and Scope of States Parties' Obligations under the International Covenant on Economic, Social and Cultural Rights" (1987) 9 HRQ 157-93; P. Alston, "The Second Session of the UN Committee on Economic, Social and Cultural Rights" (1988) 82 AJIL 603; P. Alston, "The Committee on Economic, Social and Cultural Rights", in P. Alston (ed.), The United Nations and Human Rights: A Critical Appraisal (1992), 473ff.

（13）P. Alston, "Conjuring Up New Human Rights: A Proposal for Quality Control" (1984) 78 AJIL 607; S. Marks, "Emerging Human Rights: A New Generation for the 1980s?" (1981) 33 Rutgers Law Review 435; V. Nanda, "Development as an Emerging Human Right under International Law" (1984-5) 13 Denver Journal of International Law and Policy 161; D. Shelton, "Human Rights, Environmental Rights and the Rights to the Environment" (1991) 28 Stanford Journal of International Law 103; I. Hodkova, "Is the re a Right to a Healthy Environment in the International Legal Order?" (1991) 7 Connecticut Journal of International Law 65. を参照のこと。

（14）総会決議四一／一二八（一九八六）。

（15）A. Eide, "Developmentalism and Human Rights-Toward a Merger? Some Provisional Reflections", in L.

Rehof and C. Gulman (eds.), Human Rights in Domestic Law and Development, Assistance Policies of the Nordic Countries (1989), 69 ff.

(16) B. Conable, "Development and the Environment: A Global Balance" (1990) 5 American University Journal of International Law and Policy 235; R. Houseman and D. Zaelke, "Trade, Environment and Sustainable Development: A Primer" (1992) 15 Hastings International and Comparative Law Review 535; R. Munro and J. Lammers, Environmental Protection and Sustainable Development: Legal Principles and Recommendations (1987); P. Alston, E. Lutz, S. McCaffrey, I. Shihata, and D. Wirth, "Environment, Economic Development and Human Rights: A Triangular Relationship? A Panel," Proc. ASIL (1988), 40.を参照のこと。

(17) この論点は、R. Bilder, "Rethinking International Human Rights: Some Basic Questions" (1969) 2 HRJ 557.に印象的な分析方法により述べられている。

(18) この哲学的な質問に関しては、莫大な著作物がある。特に、O. von Gierke, Natural Law and the Theory of Society, 1550–1800, 2 vols. (1934); J. Finnis, Natural Law and Natural Rights (1980); R. Dworkin, Taking Rights Seriously (rev. edn., 1978).を参照のこと。また、一般的にはC. Palley, The United Kingdom and Human Rights (1991), pp. 1–38の本文を参照のこと。

(19) M. McDougal, H. Lasswell, and L.C. Chen, Human Rights and World Public Order (1980), 80ff.

(20) M. Hamalengwa, C. Flinterman, and E. Dankwa, The International Law of Human Rights in Africa (1988), 1–77; E. Bello (1981) 30 ICLQ 628; S. Neff (1984) 33 ICLQ 331; E. Kodjo (1990) 11 HRLJ 271.を参照のこと。

(21) H. Tolley, The UN Commission on Human Rights (1987); T. Van Boven, "The UN and Human Rights", in A. Cassese (ed.), UN Law/Human Rights: Two Topics in International Law (1979).を参照のこと。

(22) ヨーロッパ人権条約二八条

（23）　米州人権条約四一条と四八条一項。また、R. Norris, “Observations in loco: Practice and Procedure of the Inter-American Commission” (1980) 15 Texas ILJ 45.

（24）　拷問及び非人道的な若しくは品位を傷つける取扱い又は刑罰の防止のためのヨーロッパ条約一〇条一項。オーストリアにおける事実調査に関する重大で興味ある報告書としては、CPT/Inf (91) 10, 3 Oct. 1991. を参照のこと。

（25）　B. Ramcharan (ed.), International Law and Fact Finding in the Field of Human Rights (1982).

（26）　R. Higgins, “Encouraging Human Rights”, LSE Quarterly (1986), 249; T. Opsahl, “Instruments of Implementation of Human Rights” (1989) 10 HRLJ 13.

（27）　詳しくは、規約人権委員会の一九九一年の報告書A/46/40 (1991), GAOR 46th sess., 173. を参照のこと。

（28）　Effective Implementation of International Instruments on Human Rights, Including Repoting Obligations, A/44/668 (1989).

＊　第三世代の権利は確立された権利であり、集合的形態（例えば、少数民族の権利）として表わされる。それに対して第四世代の権利は、「環境への権利」とか「平和への権利」といった、より抽象的な概念である（ヒギンズ判事よりの書簡、一九九七・八・一五）。

第七章　自決権

第六章では、人権に対する国際システムについて考察した。本章においては、一つの特定の人権―自決権―について述べる。すべての権利中、なぜ自決権は一つの独立した章を建てるに値するのか。なんといっても、最も深刻な重要性をもつ他の諸権利―たとえば拷問からの自由―が存在しているのだから。自決権が別個の章の対象となる理由は、これがわかりにくく国際法の他の諸規範と異常なまでにからみ合っていて争いあるところでありまた時事問題でもあること、そしてまた法創造過程の複雑さをよく描き出していることにある。

自決権は独立により満足させられるという、一般的推論がある。国連憲章が、そうした表現により自決権を規定しているともまた広く考えられている。しかし実際には、そういった規定は国連憲章中にはない。自決権の概念の今日的理解は、様々な歴史的要因の相互作用により生み出されてきている。しかし、一般に流布している神話に反し、国連憲章中にはその起源は見い出せない。他の法形成のメカニズムが働いているのである。

国連憲章が作られたとき、インド（直後に独立国となった）とウクライナ及び白ロシアの例外を除き、既に独立していた五一の原加盟国が存在していた。幾分異例であるが政治的取引の結果であった後者二ケ国は、なおソ連邦内の共和国であったにもかかわらず独立した国連加盟国として扱われた。一九四六年には、主権を有する加盟国の権利と義務に関心は集中していた。独立していないものたちの権利について考えることは、いまだ流行とはなっていなかった。確かに、植民地を持っている国々はその支配している人民に対し義務がある、と認めるものはあった。しかし、当時それには、独立を与える義務などは明らかに含まれていなかった。国連憲章が、自決権という言葉の今日的な意味において自決権を承諾しているという一般的推測は、実際には歴史の遡及的書き直しの一つである。

第一段階：植民地支配からの自決と独立

国連憲章は、自決権についてはむしろほとんど言及していない。憲章における最初の言及は、一条二項に表われている。そこでは、国連の目的の一つは「人民の同権及び自決の原則の尊重に基礎をおく諸国家間の友好関係を発展させること」である、と規定している。その表現―「人民の同権及び自決」―は、至るところに見られる決まり文句である。それ故に、経済的及び社会的協力に関する五五条は、国連に、一層高い生活水準、保健的及び文化的諸問題の解決及び人権の普遍的尊重―すべては「同権及び自決に基礎をおく」諸国間における平和で友好的な関係に必要な諸条件を創造するために―を促進させるよう命じている。一条二項及び五五条においては共に、その文脈は他国又は他国政府の干渉から保護されるべき一国の人民の権利であると思われる。自決を「同権」と対にしていることを無視することはできない―そして、ここに規定されているのは、国家の同権であり個人のそれではない[1]。そういうわけで、元来は自決の概念は、植民地の人民の権利の一つとしての独立する権利についていやそれどころか投票する権利についてすら、触れているようには思えなかった。

国連憲章が自決に関し何を規定しているかについての一般的推測の不正確さは、属領を扱っている憲章の箇所を見ることにより一層印象的に説明される。ここでは、推測されるように、独立の基礎として自決を与える義務に対する言及が見い出されよう。しかし実際には、第十一章及び十二章では「自決」という表現を用いていない。非自治地域に関する第十一章は、七三条(b)において「各地域及びその人民の特殊事情並びに人民の進歩の異なる段階に応じて、自治を発達させ、人民の政治的願望に妥当な考慮を払い、且つ、人民の自由な政治制度の漸進的発達について人民を援助すること」という、統治している国の義務に触れている。賞賛に値はするが、これは今日一般的に自決として考えられているものにはまったく不充分である。信託統治制度を網羅している第十二章は、今日信託統治制度の準拠規定中に見い出すことを期待するだろうものに、少し近いものとなっている。七六条は、信託統治制度の基本目的は、「(b)各地域及びその人民の特殊事情並びに関係人民が自由に表明する願望に適合するように、自治又は独立に向っての住民の漸進的発達を促進すること」であると規定している。しかし、なお「自決」という表現は用いられていないし、独立が唯一の妥当な帰結であるとも考えられてはいなかった。

自決権は、国連憲章の本文においては規定されていない—少くとも一般的に用いられている意味では—と今や言うことができる。しかし国際法は、成文からのみ発達するわけではない。事項によっては、今日の諸規範は、憲章の成文本文から逸脱するようにもまた思われる。それは必然的に、どちらが真の国際法なのかという問題を提示する。まず第一に指摘される点は、成文の単語からの逸脱がみな同じではないことである。むしろ限定された原則の主張を発展させせかつ詳細に論じるものもあるし、明確に成文により記載されていることと実際は矛盾しているように見える逸脱もある。自決の場合には、その表現は元来むしろ限定されかつ国家を基本とした意味を有していた。しかし、諸国に対して、互いに干渉しないというだけではなくて植民地の人民に対し己れの運命を決定する権利を与えることをも求める規範の出現を禁ずるものは、憲章中には何も存在していなかった。しかし、武力の行使に関してずっと後の章において見るように、憲章の文面と今日の慣行との間の逸脱は別個の性質のものである。そこでは、成文の文面は、慣行を憲章の規範への例外の一つと見るべきかそれとも憲章の改正の一つと見るべきかという疑問を生じさせる現行の慣行を、禁じているように思われる。なお法発展のこうした面については、後ほど触れることとする。

さしあたり、自決が憲章において触れられている注意深いやり方にもかかわらず、一九五〇年代には総会により争点として取り上げられ一つの道徳的主張となり始めた、ということを記しておけば十分である。そして、一九六〇年代においてアフリカやアジアからの加盟国の増加に伴い、自決は徐々に植民地の人民の権利の一つとして主張され始めた。最初は、植民地をもつ幾つかの国は、自決について法的な権利が存在するという考えに抵抗した。こうした国々の見解では、これは単なる政治的目標の一つにすぎなかった。しかし徐々に、一つの法的な権利という考えに対する彼等の抵抗は弱まっていった。これらの国々は、七三条(e)による義務について、特に政治的進歩に関する国連への情報に関する規定の表現について、一層幅広い解釈を受け入れた。自決の概念の発展は、歴史的に非植民地化―そして、たとえ七三条は自治についてだけ述べているとしても、植民地の人民が自ら選択するならば植民地の人民に独立を提示することは義務的であるとする、増大する意見の一致と共に(2)―と深く関わっていた。

自決が、非植民地化の文脈で法的権利の一つとして受け入れられ始めたとはいえ(3)、それは独立に対する一つの選択ということには決して限定されなかった。他国と合併するとか(4)、または旧宗主国と憲法上の関係を維持する(5)という、ある地域の人民による選択もまた等しく歓迎された。勿論通常は、その選択は独立することである。非常にしばしば国連は、それ自体レフェレンダム又は直接国民投票を組織し行ったり、又はそうした作業を監視することで、選択によりなされるそうした作業において重要な役割を演じてきている(6)。

第二段階：自決と人権

法的発達における次の段階は、植民地解放の過程における法的義務の一つとしての自決から、人権の一つとしての自決へ橋を架けることであった。互いに二四時間以内に採択された総会の二つの決議一五一四（XV）及び一五四一（XV）は、自決に対する人民の権利について表明した。決議一五一四―植民地諸国と人民への独立の付与に関する宣言―では、「人民」という文言への言及は、植民地主義への多くの間接的言及により条件付けられている。そして、その重要な二項において、植民地支配の下にあるすべての人民は、「その政治的地位を自由に決定し並びにその経済的社会的及び文化的発展を自由に追求する」権利を有すると規定した。決議一五四一（XV）は、この自決権の行使は様々な成果をもたらし得ることを明らかにし、かつ、情報に通じた自由で自発的な選択がなされることを保証するために必要とされる諸手続きを、明記した。しかし、植民地解放に関するこうした重要な決議が通って六年も経たない間に、自決への人民の権利は植民地解放に関する規範的慣行の域を越えて、独立した一つの掟として出現することとなった。

一九六六年に、市民的及び政治的権利に関する規約と経済的社会的及び文化的権利に関する規約の条約文が、最終的に締結された。両規約各々の一条は、「すべての人民は、自決の権利を有する。この権利に基づき、すべての人民は、その政治的地位を自由に決定し並びにその経済的社会的及び文化的発展を自由に追求する」と規定している。これ以降、人権の表現中に自決への言及が繰り返されているのを見ることとなる。ヘルシンキ最終決定書は、自決は人民の権利の一つであることを明らかにしているとはいえ、興味深いことには古い国連憲章の言回しをもとにまとめ上げている。それは、「すべての人民は、常に、外部の干与を受けることなく、完全に自由にその欲するとき又欲するようにその国内的及び対外的な政治的地位を決定し、かつその政治的経済的社会的及び文化的な発展を望むように追求する権利を有する」とすることにより、「人民の平等の権利及び自決の原則」について述べている。(7) 人及び人民の権利に関するアフリカ憲章もまた、すべての人民が自決権を有すべきだと規定している。(8)

もしも自決が国連憲章におけるその控え目な始まりから、植民地解放の法的権利の一つとしてのまた一個の独立の人権としての発達をしたとしても、なお答えなくてはならない多くの問題が存在している。後に明らかになるように、問題は相互に複雑に関連していて、どの問題に対する回答も別の問題に対し与える回答に依拠することとなる。しかし、分析的な目的のためには、様々な問題を分類する若干の努力が必要である。

植民地主義を越える自決

もしも自決が法的権利の一つとして受け入れられるようになるならば、その適用は植民地の解放にのみ限定されるであろうか。Namibiaについての勧告的意見において国際司法裁判所は、「国連憲章中に記されたものとしての非自治地域に関する国際法のその後の発展は、自決の諸原則をそれらの地域すべてに適用可能とした」ことを肯定した。(9) Western Saharaについての勧告的意見において、(10)「人民の権利の一つとしての自決の原則と、すべての植民地的状況に速やかな終焉をもたらす目的でのその適用」について述べるとき、同裁判所は再度、自決と植民地支配の下での人民の権利との間の関連性について確認した。未だ植民地解放の文脈中ではあるが、この原則についてのより新しい言及は、Burkina Faso v. Mali事件(11)の裁判とGuinea-Bissau v. Senegal事件の仲裁裁定(12)において見い出される

自決権は、植民地支配の下での人民に対してのみならず、外国または他民族による支配に服している人民にも適用され得るということが、更に受け入れられるようになってきた。このことは、一九七〇年の友好的関係に関する国連宣言中に詳細に説明された。この宣言は、拘束力ある文書としてよりもむしろ総会決議の中に含まれているにもかかわらず、そしてまた二つの規約はこうした状況について触れていないにもかかわらず、この点に関して広く引用されている。この宣言は、自決は植民地主義及び「他民族の征服、支配そして搾取への人民の隷属」という状況下において利用される、と述べている。この条項を支持する人たちは、明らかに二つの全く異な

る状況を考えていた。第一の場合としては、南アフリカ―独立国ではあったが、「他民族支配」及びその少数民族支配のため外国の支援の対象となるものとして、多くの人により認められた国家―を考えていた。第二の場合は、まったく異なった事項―軍による交戦状態の終了又は停止から生ずる被占領地域の地位―であった。こうした地域における人民の立場は、単に人道法により保護されるべきであるというだけでなく、こうした人々の自決への権利の主張によっても保護されるべきだと感じられた。(13) とにかく、他民族の占領という状況下における自決の権利について触れている国連決議は、数多く存在している。これらには、アフガニスタンとアラブの被占領地域に関する決議を含んでいる。(14)

友好関係に関する国連宣言の文言は、(15) 一見したところ、自決が植民地解放のある特定の時期に限定されているという見解を支持しているように思われる。この宣言は、なかんずく、植民地もしくは非自治地域は「植民地又は非自治地域の人民が憲章に従って自決の権利を行使するまで」、それ自体別個に存在し続けると規定している。

かなりの期間に渡り、自決が植民地の文脈をこえて何らかの適用の余地があるかもしれないという考えには、強固な抵抗があった。この抵抗は、東ヨーロッパ諸国と新興国により共有された。旧東ヨーロッパにおいては、人民が自己の政治的及び経済的運命を決める権利を有するということを容認することは、あきらかに、望まれなかった。この現象は、植民地からの解放についてのみ相応しかった。そして、新独立国の多くは、自決を彼等と旧宗主国との間の問題の一つとして考え、国家とその住民との間のものとしては考えなかった。実際に、このことはほとんどが、市民的及び政治的権利に関する国際規約の批准に際してインドにより文章で宣言され、(16) かつ最近においても、規約人権委員会による第三回報告書の審理に際してインドにより繰り返されている。(17) 第三世界諸国のおそれていることの一部は、植民地時代以降の自決が、ある国における民族集団が他国の同一民族集団と共に分離もしくは合体しようとし、そのため新民族国家の分裂という結果に必然的になるかもしれない、ということであった。しかし、自決は引き続き適用可能であるという考えは、市民的及び政治的権利に関する規約の下に活動している規約人権委員会により、一貫して促進されている。そしてこの考えは、疑いもなく一般的支持を得ている。(18) 規約締約国からの報告書を審理するときには、規約人権委員会は、そうした締約国が責任を負っているだろう属領（外的自決）についてのみならず、当該国住民が自らの政治的及び経済的仕組みを決定（内的自決）しなくてはならない機会についても尋ねる。事実上、内的自決に関し厳密に調べてのコメントや質問に対し答えることを拒否する締約国はないし、またそうした権利は存在しないと規約委員会が言われることもない。むしろ、この権利は存在するのであって、最も頻繁に行われる議論はこれがとり得る形態についてである、ということが受け入れられている。

自決についての人及び人民の権利に関するアフリカ憲章における言及は、この権利を植民地主義に結びつけない表現によってのものである。二〇条は以下のように規定する。

一、すべての人民は、生存の権利を有する。すべての人民は、疑う余地のない、かつ、譲りえない自決の権利を有する。すべての人民は、その政治的地位を自由に決定し、並びに自らが自由に選んだ政策に従ってその経済的及び社会的発展を追求する。

二、植民地人民又は抑圧された人民は、国際社会より認められたあらゆる手段に訴え、支配の束縛から自己を解放する権利を有する。

三、すべての人民は、外国の政治的経済的又は文化的な支配に対する解放闘争において、この憲章の締約国の援助を受ける権利を有する。

三項は植民地主義または外国の支配に対し向けられているが、一項及び二項はより幅広い表現で言い表わされている。ヘルシンキ最終決定書諸条項の表現も明らかに自決の原則の継続しかつ前進している関連性を前提としているということにも、我々はまた気づいている[19]。

こうした現実は、自決は独立についてのみであり、独立は植民地主義の終結により達成されるのであり、更なる独立は分離を通してのみ達成され得る、と考える著者たちの立場からはほど遠いものである。なぜならば—私の意見では、正しく—彼等は、代議政体の存在するところには法的な分離の権利というものは存在しないと信じているからである—彼等は、こうした状況下において許される自決というものは存在しないと結論する—。この議論の大部分は、総会決議二六二五（XXV）に集中していた。この決議では、自決を正当と認める幾つかの項の後に位置し自決に関する終りから二番目の項において、「上記の各項のいずれも、自決の原則に従って行動し、それ故に人種、信条又はヒフの色による差別なくその領域に属するすべての人民を代表する政府を有する主権独立国家の領土保全又は政治的統一を全部又は一部分割しあるいは毀損するいかなる行動をも、承認し又は奨励するものと解釈されてはならない。」と規定している。

自決は、人種差別者による政治体制の下に暮らす人民に対してのみ適用されるのであり、この決議の表現は非人種差別者による代議政体が存在しているところでは自決を禁じている、と強く主張する見解を採っている人もいる[20]。

しかし、勿論これは、自決は単に独立することのみを意味すると仮定している—そして次いで、植民地状態から脱却した後における独立とは、領土の全体としての統一を害しての分離のみを意味し得ると仮定している—。思うに、出発点が正しくない。これは間違いなく、規約人権委員会がとる立場ではない—この件に関する規約人権委員会の慣行と、そして国家報告書の審理における質疑応答において証拠として提示される諸国の意見の一致点について、審理する必要がある—。

自決が独立にのみ結びつけられてはいなかったことは、最初から明白であった。独立した領域の人民は、常に自らの将来の政治的及び経済的形態を選択する権利を有している。独立は最も頻繁に選択される道ではあるが、その他の可能性も常に存在するのであり、時には選択されている。総会決議一五四一（XV）はずっと昔に、自決は、「独立、自由な連合、独立国家との統合、または人民により自由に決定される他の何らかの政治的地位の出現、というものを通して」行使されると述べた。隷属していたキプロスの人民は、最終的に単独の主権国家としての独立を決意するまでは、考えうる選択肢の一つとしてギリシャとの統合を企図した。[21] ジブラルタルの人民は、レフェレンダムにより、[22] 英国との間に現在の憲法上の協定を維持することを決めている。幾つかの他の権限は地方に委ね、最終的な主権にもとづく諸権限はウェストミンスターに残すと自由に決めることは、自決による行為の一つである。そして、プエルトリコの人民は、候補者たちが「独立」とか「連合」とか「合衆国の五十一番目の州」という主張を掲げて立候補している継続的な選挙を通じて、彼等自身の選択を行ってきている。[23] 現在では彼等は、五十一番目の州にもまた独立した主権国家にもなることを望まず、米国合衆国と連合した地位に留まることを望んでいる。一時期植民地からの独立に関する国連委員会においては、こうした独立をしないという選択に対しては若干の反対が表明されたが、[24] 人民は自らの選択を行う権利がないということは真剣に議論することはできない。重要なことは、適切な様々の選択肢が隷属する人々に対し提供され、そしてこうした人々が自らの選択を表明する機会が与えられることである。

選択を表明する機会は、常に与えられてきたわけではない。Western Sahara事件において、国際司法裁判所は、「幾つかの場合においては、国連総会は当該領域の住民に意見を聞くという要件を省いている。そうした事例は、ある一定の住民は自決の資格を与えられる『人民』を構成しないという考慮か、はたまた特定の状況を考えると意見を求めることは全く不要であるという確信の、いずれかに基づいていた[25]」ということを認めた。

西イリアンの先住民は、オランダによる支配の終わりに国連による暫定統治の完了によりインドネシアと併合する件についての決定に関して、人民投票による直接の相談をうけなかった。[26] そして、西サハラにおいても、国際司法裁判所が想定していた人民投票は、本書出版時には、まだ行われていない。[27] しかし、多くの場合国連は、人民投票の組織とか実施される選挙の監視についての専門技術を通して、自決の基礎となる自由な選択権の行使に貢献できている。ナミビアにおける選挙は、独立への移行のみならず、様々な政党の中から自由に政府を選ぶことを保証した、典型的な一例である。[28]

自決は決っして、単に独立ということだけを意味するのではなかった。これは、人民の自由な選択を意味してきた。植民地主義の時代においては、この選択は、独立やその他の植民地から独立した後の地位についての可能性に、焦点が合わされていた。それは、すべての人民は「その政治的地位を自由に決定することができる」、と市民的及び政治的権利に関する国際規約一条中に言及される権利に反映される植民地主義の側面である。しかし、その権利はそれを越えている（そしてこのことが、自決を植民地解放の歴史的瞬間に限定する人々から都合良く忘れられている部分である）―この権利はまた「経済的社会的及び文化的発展を自由に追求する」ものでもある―。もしも自決が地位のみならず政府に対しても自由な選択権を提供しないならば、そのことはなされ得ないであろう。ナミビアにおける国連による直接国民投票が支持したのは、―ジンバブエにおける植民地少数者支配からの移行に際し行われた、国際的に監督された選挙においてそうであったように―まさに決定に対するこの要件の二重性であった。

そして、この権利は進展中の権利の一つである。人民が経済的社会的及び文化的発展を自由に追求する権利を与えられているのは、植民地支配からの独立の時のみではない。これは不変の権利の一つである。そしてそれ故に、人民は自らの政府を選ぶ権利が与えられているということをも意味する。規約人権委員会は、自国の定期報告書の審理のために委員会に出席する締約国に対し、自決権は、人民が自らの経済的社会的及び文化的発展を決定することができるために、自らの政府システムについて継続した自由な選択権を人民に与えることを求めている、と一貫して告げている。これを一政党制国家において達成することは事実上不可能であるということが、明らかとされ―そして、最近になってされたわけでない―ている。何らかの参加民主主義の形態を許す一政党制システムにおいてすら、システムそれ自体は前もって決定される。それ故に、政治的経済的及び社会的な選択の幅は既に狭められている。現在アフリカにおいて始まっている複数政党制の実験において、規約人権委員会はある締約国に対し、新しく四政党を許可したことは歓迎されるべきことではあるが、政党の数を制限することはなお自決とは両立し得ない、と示唆している。(29) 複数制は、多くの形態を取り得る。しかし自決は、人民による統治そして次いでその経済的社会的及び文化的発展についての人民の継続した選択権、を必要とするのである。

このことは、更なるもう一つの疑問をもたらす。投票及び政治への参与に関する規定を含む市民的及び政治的権利に関する規約のもう一つの条項―二五条―を取り上げてみると、一条における自決は、植民地体制及び人種差別的支配の名残り以外の何かとして理解されるべきだと、本当に言うことができるのか。言い換えれば、既に述べた一条についての見解は、二五条の存在にもかかわらず依然として説得力があり得るだろうか。二五条は、すべての市民は、政治に参与し普通選挙権に基づいて定期的に行われる選挙において投票しまた自国の公務に携わる権利というものを有する、と規定している。

疑いもなく、一条と二五条の間には密接な関係が存在している。しかし二五条は、どういう風に自由な選択権(一条に必然的に含まれている)が与えられるべきか―普通選挙権に基づく定期的選挙により―についての詳細に関するものである。そして、それは一条により触れられているものを明らかに越えるものを、すなわち政治家としてであれ公務員としてであれ差別されることなく自国の政治に参与する権利を、カヴァーしている。二五条と一条一項の間には密接な関係がある一方、前者には自決権を狭く解するよう求めるものは何もない。この二つの条項は、補足関係にある。

自決と少数民族

近年においては、旧来の諸国家（しばしば一党による非民主的支配下にある）は、崩壊し始めている。ソビエト連邦やユーゴスラビアを構成する諸地域は、分離した国家として独立を主張している。こうした新国家の国境内において多数派を構成している人々は、旧連邦又は連邦構造の中では少数民族であった。そして今や彼等は、少数民族として自決の資格が与えられていると主張する。一般に様々な民族主義者各派が主張しているように、少数民族は自決の資格が与えられ、かつ、自決は分離を必然的に伴う、ということは正しいのであろうか。

「誰が正確には自決権を有するのか」という質問には、自決と国家統一間の関係をまず第一に理解することなくして答えることはできない。自決に関して形成されている諸規範は—紛れもなくかつ一貫して—、いかにしても自決は領土保全に利用されるべきものでありかつその敵ではない、という気がかりな決まり文句を含んでいた。植民地諸国・諸人民に対する独立付与に関する総会決議一五一四（XV）及び友好関係に関する諸原則についての宣言総会決議二六二五（XXV）—両者共に自決を強調している—は共に、領土保全を侵害すると解されるいかなるものに対しても警告している。決議一五一四においては、「一国の国民的統一及び領土保全を、全部又は一部毀損することを目的とするいかなる企図も、国連憲章の目的及び原則と両立しない」と規定されている。また決議二六二五（XXV）においては、「上記の条項のいずれも、……主権独立国家の領土保全又は政治的統一を全部又は一部分割しあるいは毀損するいかなる行動をも、承認し又は奨励するものと解釈されてはならない」と規定されている。これは標準的な決まり文句の一つであり、あたかも自決権へ限界を設けるかのように、または少くとも平衡錘を与えるためのように、ほとんど必ず自決権を肯定する文書中に見い出される。自決権は独立時にのみ適用され得ると結論づける著者がいるのは、この均衡の故である。

私は、自決は開かれた複数政党制による政治過程を含む多くの方法を通して行使され得るのであり、そして、これは領土保全の保護を呼びかける関連文書中の諸条項と完全に両立し得るものであるということを示そうと、試みてきた。

領土保全の要件は、今日における自決の行使にいかなる限界を設定するのであろうか。それは、この権利は全体としての人民によりなされる政治的権利の行使に限定される、ということを本当に意味するのか。

自国国境は、必ずしも己れ自身のものとは一致しない政治的利益を根拠として旧宗主国により固定されたという事実に伴う諸問題が出てくるだろうということは、植民地から新しく生れる国々により常に理解されていた。新生アフリカ諸国の場合には、受け継いだ国境の問題は特に深刻であり、諸部族はしばしば新しい国境にまたがっていて、なお統一の必要性を感じ続けている。しかし、受け継がれた国境は、新生国家によりこうしたことを全て知った上で受け入れられてきている。国境の安定と決着の重要性が、最優先事項と看做されたのである。一九世紀初期にラテンアメリカにおいて新しく独立した国々は、スペイン及びポルトガルからの独立に際し、先の支配者たちの行政区分であったものを国境として採用した。こうした植民地の国境が独立後その正当性を挑まれることなく受け入れられることは、君たちが占有しているように（uti possidetis）の原則として知られるようになった。これは、アフリカやアジアにおけるものを含め、より一般的な反響を見い出してきた原則の一つである。総会決議一五一四（XV）及び一五四一（XV）は、自決への言及と国民的統一及び領土保全の重要性とを、注意深く衡量している。これは必然的に、これらの決議が植民地の国境が新生国家の国境として機能するということを意図していた、という結果を伴うこととなる。この原則が、ラテンアメリカと同様に独立したアフリカへも必要であると認識されてきたことは、驚くにはあたらない。なぜならば、それが果そうとする根源的な政策目的は同じだからである。独立に際してのアフリカの国境について記すときに、ある信頼できるアフリカの注釈者はこれについて、「失われた領土の再擁護は、常に現実的であるというわけではない。特に、先祖の単位それ自体と同じように結束させられるものとしての新しい政治的な方式へと具体化されるときには。」[30]と適切に記している。

アフリカの植民地独立の最盛期一九六四年に、アフリカ統一機構（OAU）は、現状がアフリカの国境として保持されるべきであり、こうした国境が独立を果す国々にとりアフリカにおける国際国境を示すであろうということを確認した、有名なカイロ決議を採択した。植民地の国境を受け継ぐことを受け入れるということによりアフリカ統一機構の加盟国は、アフリカ大陸に対する君たちが占有しているようにの原則の適用性を、実際上認めた。アフリカ統一機構のこの決議は、アフリカの君たちが占有しているようにの原則に対する法的権威の根拠であった、ということが主要な点というわけではない。むしろ、この決議は根源的な規範の一つ—領土保全と国際的安定に対する義務—を反映したものということである。こうした物事の見方は、Guinea-Bissau v. Senegal事件[31]において追認されている。Bedjaoui 判事は、その少数意見において、あらゆるところに適用可能な君たちが占有しているようにという唯一の概念が存在するだけである、と判示した。そしてGuinea-Guinea-Bissau Maritime Delimitation 事件の仲裁裁判[32]における裁判長であったLachs 判事が、この原則のアフリカへの適用を肯定し、条約に関する国家承継に関する一九七八年ウィーン条約[33]に含まれている諸原則と全く一致する原則である、と指摘している—そして、条約承継に関する一般国際法からもそういってよかろう—。

アフリカへのこの原則の適用性については、疑いの余地はない。これは、Mali-Burkina Faso 事件における国際司法裁判所への当事国による事件の付託の、根拠となった。しかしいかなる場合であれ、国際司法裁判所法廷がこの原則が適用可能であるという認定をするであろうことは、明らかである。

その事件において法廷は、明らかにこの原則を一般国際法の原則の一つと看做した。歴史的には、この原則は「植民地からの独立を果たすために必要である」[34]ものであったが、今や一般国際法の一部である。「国際法―そして、その結果としての君たちが占有しているようにという原則―は、新しい状態に対応できるのである」[35]。

ではここで、出発点に戻ろう。君たちが占有しているようにという原則は、自決の概念と両立するであろうか。言い換えれば、自決は、実際にそれによって、受け継いだ国境内での諸権利の行使に制限されるものと理解されるべきであろうか。Burkina Faso事件において法廷は、「一見したところでは」二つの概念間には両立し得ないものがあるように見えることに気付きはしたが、「君たちが占有しているように」は自決の価値を減じはしないと認めた。そして、注目すべき一節中において特別裁判官Abi Saabは、国境地帯の安定なくしての自決権の行使は現実には空中の楼閣にすぎない、と説明した。混乱は、人権にとり役立つものとはならない。

ここでこの点を以下のように要約できよう。自決権は、植民地からの解放の瞬間を越えて継続し、そして現存する国境内の政治的及び経済的システムについての選択を許す。勿論、国際境界の両側に住む同じ部族、集団、又は民族のメンバーが互いに自由に往き来する機会があるべきだということは、非常に望ましいことである。しかしこれは、国際境界の引き直し請求によるのではなく、近隣との関係及び開かれた国境により達成されるべきである。「君たちが占有しているように」は、国家が国境を引き直すことに自由な意思で賛成することを妨げはしない。しかし自決権は、こうしたことを求めてはいない。

更にまた、一定の集団によるある国家から分離したいという欲求は、―独自の独立国家を形成するためにか、はたまた他のグループ又は集団に加わるためかを問わず―彼等の人権が抑圧されているときが最も激烈であろう。丁度自国から出て行く権利を行使したいという個々人の欲求は、彼等の権利が侵害されている時に最も強いように、民族集団の分離したいという欲求は、彼等が虐たげられているときに最も顕著である。

このことは、今検討中の、すなわち少数民族は自決権を有するのかという疑問と共に、我々をどこに置き去りにするのであろうか。言い換えると、誰が正確には自決権の資格を有するのか。国際人権規約及び他の諸文書から、この権利に対して資格を有するのは「すべての人民」であるということを既に見てきた。しかしそれによって、何を理解すべきなのであろうか。これには、実際には二つの可能性がある―「人民」(peoples)とは、ある国家におけるすべての国民を意味するというものと、「人民」とは、民族、人種、そして多分宗教を根拠とした特色のある諸集団からなるすべての人々を意味するという―。

領土保全の重要性に関して、すべての関連文書中及び国家慣行（これは、国家の主張、宣言、取った立場を意味する）中において強調されていることは、「人民」とはある領域内におけるすべての民族という意味で理解されるべきであるということである。勿論、異なる少数民族集団のメンバーすべてが、その国の人民の一部である。そういう意味では、彼等もまた個人として、自決権の保有者である。しかし、そのようなものとしての少数民族は、自決の権利を有しない。それは、実際上彼等は分離の権利とか独立の権利又は他国における類似の集団と合併する権利を有していない、ということを意味している。

今日政治指導者たちの間では、自決の法的権利に訴えることが流行している（そしてそれには感謝しなくてはならない）。そしてまた、少数民族の諸権利についての正真正銘の憂慮も存在している。しかし、国際法律家にとっては、レトリックは混乱している。多くの政府は、一九五〇年代の自決は法的な権利の一つではない（西側の主張）とした主張から、そしてまた、植民地からの解放以上に適用されない（第三世界の見解）という主張から、少なくとも多くのヨーロッパの指導者たちによる自決は少数民族が分離することを正当化する権利の一つであるという一つの推論へと、ずっと歩んでいるように思われる。なお、私がなぜこの通りだとは信じていないかについては、説明してきた。

この見解から何が出てくるのだろうか。このことは、一方では少数民族は保護されることなく取り残されるべきであり、他方では新独立国家はもはや再び形成されたり承認されることなくいかなる場合にも国境は凍結される、ということを意味するのであろうか。答は、どれも「否」である。では、順々にこれらを取り上げていくとしよう。少数民族は、すべての個人が資格を与えられている人権の保証（非差別を含む）を通して、そしてより詳しくは少数民族の諸権利の条項を通して、実際に保護されるべきである。両大戦間における少数民族諸条約[36]及び常設国際司法裁判所の判決及び意見中[37]に既に予言されていたこれらの権利は、市民的及び政治的権利に関する国際規約二七条において現在の体系化を見い出している。二七条は、

「種族的、宗教的又は言語的少数民族が存在する国において、当該少数民族に属する者は、その集団の他の構成員と共に自己の文化を享有し、自己の宗教を信仰しかつ実践し又は自己の言語を使用する権利を否定されない。」と規定している。

理想の世界では、これらの権利は一国における生活を織りなすものの一部であろう。特別な問題が生じるその時どきに、挙国一致政府は少数民族に対する政府の義務を思い出させられることが必要であろう。そして、幾つかの特殊な状況下では—そして、それは今日イラクにおいては事実であろう—、国内自治がこれらの権利の実現に対し最良の保証を与えるであろう（勿論、自治は独立ではない）。分離は、非常時には魅力的に思えるかもしれないが—特に、挙国一致政府が非民主的でかつ政府自身を代表しているにすぎない場合には—、分離が全ての問題を治しはしまいというのが現実である。ある特定の少数民族が地域的には支配的であるといった地方が、ある国家には存在しているかもしれない。もしもこうした少数民族が抑圧されていると感じるならば、分離することを望むかもしれない。しかしこの地方地域内において、その支配的な少数民族の少数民族—多分、全国的な多数

民族か他の人種的少数民族に属している人々―が存在するかもしれない。こうした状況は、ソビエト連邦の共和国の幾つか及びユーゴスラビアの分離しつつある地域の幾つかにおいて認められるであろう。事実上すべての少数民族は、それ自身に対する少数民族を持っているのであり、抑圧の恐怖は、そのピラミッドを更に押し下げる。ここで得るべき教訓は、自決権は少数民族の諸権利の適切な保護と連動しているということである―しかし、これらは別々の権利であり、互いに混同されるべきではないが―。

第二の質問に対するものとしては、自決についてのこの見解は、新国境は決っして認めることはできないということを意味しているわけではない。たとえ現代の政治的推測に反して、自決権は少数民族による分離を正当化するものの一つではないとしても、国際法上分離とか新国家の形成を禁ずるものは何も存在していない。君たちが占有しているようにという原則は、諸国家はその継承した植民地時代の国境を受け入れたということを提供する。これは、少数民族集団に対し、彼等を虐待したり又は彼等が代表されていないと感じるある結合単位の一部に止まるべき義務を課すものではない。もしも彼等が、現実に独立国家を樹立するかまたは既存国家に加わるならば、そうするとその新しい現実は、その永続性が示され得るとき当然に国際社会により認知されるであろう。旧マリ連邦における、そしてバングラデシュの誕生によるインド亜大陸における領土の再配分は、最初の植民地からの解放後に出現した新生国家の例である。権利侵害が生じないように（ex injuria non oritur）という原則の適用のないところでは、国際法は新しい現実を承認するであろう。そして、分離が現実におき、他国政府に頼らないでそして当該領域上に効果的に機能している独自の政府をもつ新国家が出現したところでは、次には承認ということが続くであろう。

もしも自決への資格を有する「人民」がある国家における全国民であるならば、―たとえば、インドにおけるナガ人とかフランスにおけるバスク人とかカナダにおけるインディアンといった―ある特定の少数民族が、規約一条における自決権の目的にかなう「人民」であるかどうかという難しい問題に答えることは不要となる。しかし勿論、こうした集団すべてが、二七条（この条項は、少数民族の権利を扱っている）の目的にかなう少数民族なのかどうかという問題がなお残るであろう。そうしたことは本章の範囲を越えているが、自決権は、全体としての人民よりもむしろ特殊な集団の手中にある権利の一つであると推測している人たちは、何が少数民族を構成するかということ、そして、すべての少数民族が自決の目的にかなう「人民」であるかということの、二段階の問題に直面している。

市民的及び政治的権利に関する規約に基づく規約人権委員会は、ある集団は自決の目的にかなう「人民」ではない―幾人かは明らかにそう信じているが―という決定を下してはいない。ある領域におけるすべての人民の権利として自決をみる委員会の見解は、実際にはそうした認定の必要性というものを排除してきた。しかし、この点について役立つように言及するには、自決に関する裁判管轄の性質について幾つかの認定をしなくてはならなかった。選択議定書によって、個々人はその手続を受け入れている規約締約国に対し、申立てを行うであろう。選択議定書は、「この規約に定めるいずれかの権利の侵害」（前文、一条と二条）及び「この規約のいずれかの規定」（四条）に関して、申立てがなされると規定している。自決権は、疑いもなく「この規約に定める」権利の一つである。一見したところでは、規約委員会が自決に関する申立て（「通報」）を取り扱うことには何ら困難はないように思われよう。しかし、選択議定書はまた、通報は「この規約に定めるいずれかの権利が侵害されたと主張する個人」（一条）によりもたらされるとも規定している。次いで規約人権委員会手続規則は、通報は当該個人により提出されるべきであるということを強調する。この規約の手続き上、集団による訴訟とかクラスアクション（集合代表訴訟）の可能性は存しない。それ故に、委員会はディレンマに陥っている。自決の権利はこの規約中の権利の一つである―規約第一部に唯一置かれていて、残りの諸権利とは異なる類いの権利であるにもかかわらず—。しかし、この権利は人民による権利の一つであっていかなる個人の権利でもないが、それでいて個人のみが通報を提出し得る。現実に規約一条の目的にかなう「人民」であると主張する諸集団（カナダのミクマク・インディアン（Mikmaq Indians）及びルビコン・レーク・バンド・インディアン（Lubicon Lake Band Indians）、並びにスウェーデンのラップ人（Samis））により申立てられた一連の事件を扱うに際し、規約人権委員会は以下のように決定している。

「すべての人民は、規約一条に明記されているように、自決の権利並びに己れたちの政治的地位を決定し、経済的社会的及び文化的発展を追求し、そして天然の富と資源の処分を自由に行うことができる権利を有しているとはいえ、ルビコン・レーク・バンドが「人民」を構成するかどうかという問題は、当委員会が自由権規約選択議定書において述べなくてはならない争点の一つではない。選択議定書は、個人が己れの個人的諸権利が侵害されていると主張することができる手続を規定している。これらの権利は、六条から二七条まで、この規約第三部に規定されている。[38]」

もちろん個人は、各々が侵害された個人の権利について申立てを行う場合に訴訟参加し得る。そしてまた、少数民族の権利は個人の権利でもあるということが、理解されなくてはならない。二七条は、少数民族の一員としての個人の権利、という表現により表わされている。

自決に関しては、言及すべき争点がもう一つ残っている。それは、領土保全の原則の結果として起きる。自決権が、本質的に領土についての権原に関する紛争において、レトリックの武器庫の一部となる場合がしばしばある。ジブラルタルの事件及びフォークランド諸島の事件は、共にこの点を例示している。ジブラルタルへの権原は、英国とスペインの間で争われている。フォークランド—マルビナス—諸島への権原は、英国とアルゼンチンの間で争われている。英国の見解では、自決権は果すべき適切な役割をもっている。これら諸島は、そこに住む人民が現状のままが良いか否かを決定する機会を与えられている属領である。英国の立場からは、この領域上の人民の願望が傾聴され、そして留意されることが重要である。しかしアルゼンチンやスペインの立場からは、それは見当違いである。もしも当該領域がアルゼンチン又はスペインに帰属するならば、そうすると住民は自決の権利など有しない―英国にたまたま住むスペイン人とかアルゼンチン人が有しない以上に―。Western Sahara 事件における Hardy Dillard 裁判官の有名な傍論は、大いに引用されてきている。「領域の運命を決定するのは人々であり、領域が人々の運命を決定するのではない[39]。」

これは非常に魅力的な格言ではあるけれども、なお領域についての争点が最初にくると言わざるを得ない。領域主権はどこに存するかが決定されるまでは、住民が自決の権利を有するかどうかを考えることは不可能である。それ故に、Western Sahara 事件において、領域が実際にはモーリタニアに属すのかそれともモロッコに属すのかをまずみることが必要であった。もしそうであるならば、西サハラの人民は（こうした国のすべての市民は、己れ自身の政治的地位及び経済的発展を決定しなくてはならないという進行中の権利以外の）自決の権利を有してはいなかったであろう。西サハラに対しどちらの国家も主権を有していなかったので、その地域は実際には、その人民が自決権を行使し自己の運命を選択する権利を与えられている、スペインの植民地としての保護領の一つであった。私が、香港の今日の諸問題を自決の問題とみる人々とは見解を共にしないことは、以上述べてきたことから必然的にでてくる。少くとも租借地に関しては権原は中国にあるのであって、一九九七年にはそこに戻さなくてはならないことは明白である。争点は、香港の人々が自決の権利を否定されていると主張することよりもむしろ、一九九七年以降香港においてすべての人権の普遍性が保証されるべきだということにある。

結論

永年に渡り西ヨーロッパ、東ヨーロッパ、そして第三世界等における既得権により法的権利としては否定されてきた自決権は、今や新しい危険―すべての人間に対するあらゆる物事に存在している危険―に直面している。国際法律家の役割というものは―知的という点からは不合理である場合は現下の流行を避けること、そして、適切に理解されるならば国際法のこの重要な原則がいかに共通の価値の実現に尽し得るかということを示す分析を提供するということにおいて―不変である。

(1)　憲章準備作業文書が、この表現についてのこの解釈を確認している。VI, UNCIO 300を参照のこと。憲章における自決への言及に関する外交史の徹底的分析の一つとしては、A. Cassese, Self-Determination of Peoples: A Legal Reappraisal (1993), 34-42.を参照のこと。

(2)　R. Higgins, The Development of International Law through the Political Organs of the United Nations (1963), 90-106.を参照のこと。

(3)　法的規範の一つとしての自決権の地位に関する異なる初期の諸見解については、R. Jennings, The Acquisition of Territory in International Law (1963), 78; R. Emerson, “Self-Determination” (1971) 65 AJIL 464-5; M. Pomerance, Self-Determination in Law and Practice (1982), 70-1.を参照のこと。また、Higgins, The Development of International Law 101-6; G. Scelle, 'Quelques reflexions sur le droit des peuples à disposer d'eux-mêmes', in Mélanges Spiropoulos (1957), 385-91.を比較せよ。一九七一年までには、国際司法裁判所にとって、国際法の進展が、自決の原則がすべての非自治地域に適用できるということを意味することは明白であった。(Legal Consequences for States of the Continued Presence of South Africa in Namibia notwithstanding Security Council Resolution 276 (1970), Advisory Opinion ICJ Reports (1971) 16 at 31)

(4) たとえば、北カメルーンのナイジェリアへの統合及び、南カメルーンのカメルーン共和国への統合。
(5) たとえば、英国に対してジブラルタル、アメリカ合衆国に対してプエルトルコ。
(6) たとえば、総会決議九四四（X）、一九五五年一二月一五日、そして、一九五六年五月に英領トーゴランドにおいて保証された直接国民投票。総会決議一三五〇（XIII）、そして、一九五六年十一月及び一九六一年二月に北カメルーンと南カメルーンにおいて保証された直接国民投票。総会決議一五八〇（IV）、そして、一九六一年九月のルワンダにおいて保証されたレフェレンダム。等々を参照のこと。
(7) (1975) 14 ILM 1292.
(8) 20条(1982) 21 ILM 59.
(9) Namibia Advisory Opinion, ICJ Reports (1971) 16 at para. 52.
(10) Western Sahara Advisory Opinion, ICJ Reports (1975) 12 at para. 162.
(11) ICJ Reports (1986) 554 at paras. 25-6.
(12) (1990) RGDIP 240; そして 83 ILR I.
(13) 友好関係に関する宣言の起草中においてこの条項についてとられた異なる立場についての、優れた調査の一つとして、Cassese, Self-Determination of Peoples, 72-6. を参照のこと
(14) 総会決議二五三五(XXIVB) 1970 and 2672-C; 総会決議三二三六(XXIX) 1974 (Palestine); 総会決議二一四四(XXV) 1987 (Afghanistan). を参照のこと
(15) 総会決議二六二五(XXV), Principle (e).
(16) フランス、オランダ、西ドイツがこの留保に対し異議を唱えた。
(17) インドの第二回報告書、CCPR/C/37/Add. 13, 及びそれの審理 CCPR/C/SR/1039-42, 26-7 Mar. 1991. を参照のこと。
(18) 国際法委員会は、憲章が求めているものは何かということについては修正主義の見解に頼ったにもかかわらず、総会への一九八八年報告書においてはこの見解を支持した。同委員会はそこでは、「憲章に普遍的原則の一つとし

て宣言された自決の原則は、主に植民地主義の根絶のために適用されてきた。しかし、それ以外にもこの原則が用いられ、または用いられ得る、あるいは用いられるべき場合が存在してきた。それは、植民地という文脈にのみに排他的に結びつけようとしなければ、もっと幅広く適用されるであろう。こうした関係では、当委員会の全委員は、自決の原則は普遍的適用性のあるものであると信じた。」と述べていた（Yearbook of ILC (1988), ii. pt. 2, p. 64）。

(19) G. Arangio-Ruizによりなされた指摘。“Human Rights and Non-Intervention in the Helsinki Final Act,” Recueil des cours (1977, IV), 195 at 224-31.

(20) A. Cassese, “The Helsinki Declaration and Self-Determination,” in T. Buergenthal and J. Hall (eds.), Human Rights, International Law and the Helsinki Accord (1977), 83 at 88-92.を参照のこと。また、Pomerance, Self-Determination in Law and Practice, 39.を参照のこと。また、これらの論点の幾つかに関する有用な調査については、P. Thornberry, “Self Determination, Minorities, Human Rights: A Review of International Instruments” (1989) 38 ICLQ 867.を参照のこと。

(21) R. Higgins, United Nations Peacekeeping (1881) iv. 33-4.を参照のこと。

(22) 一九六七年九月一〇日に行われた。

(23) M. Reisman, Puerto Rico and the International Process, New Roles in Association (1975); J. Crawford, The Creation of States in International Law (1979) 372.を参照のこと。

(24) それ故に、国連総会は一九六七年一二月一九日の決議二三五三（XXII）において、ジブラルタルにおけるレフェレンダムの実施を承認しなかった。

(25) ICJ Reports (1975) 33, at para. 59

(26) 総会決議一七五二(XVII), 一九六二年九月二一日; 総会決議二五〇四(XXIV), 一九六九年一一月一九日を参照のこと。批判としては、M. Pomerance (1974) 12 Canadian YBIL 38-66.を参照のこと。更には、J. Crawford, The Creation of States in International Law (1979), 382 n. 132

(27)　レフェレンダムに対するスケジュールを承認している安全保障理事会決議六九〇、一九九一年四月二九日を参照のこと。強固な（かつ十分に根拠を示した）批判としてはまた、T. Franck, "The Stealing of the Sahara" (1976) 70 AJIL 694. を参照のこと。

(28)　事務総長の報告書、Enhancing International Effectiveness of the Principle of Periodic and Genuine Elections, GA Doc. A/46/609, 19 Nov. 1991, pp. 6-7. を参照のこと。

(29)　ザイールの第二回報告書、CCPR/C/57/Add.I 及びその審理、CCPR/C/SR 993-995, 17-19 July, 1990. を参照のこと。

(30)　A. Cukwurah, The Settlement of Boundary Disputes in International Law (1967), 164.

(31)　本章注(12)を参照のこと。

(32)　77 ILR 636.

(33)　(1978) 17 ILM 1488. この条約は今のところまだ発効していない。

(34)　ICJ Reports (1986) 554 at para. 23.

(35)　Ibid., para. 30.

(36)　一覧表にしたものとして、F. Capotorti, Study on the Rights of Persons Belonging to Ethnic, Religious, and Linguistic Minorities, UN Doc. E/CN. 4/ Sub. 2/1979/384/rev. 1. を参照のこと。

(37)　例えば、Minority Schools in Albania (1935) PCIJ, Ser. A/B, no. 64, p. 4.

(38)　Lubicon Lake Band v. Canada UNDOC A/42/40 (1984), para. 32. 1; Communication No. 167/1984.

(39)　ICJ Reports (1975) 12 at 122 (sep. op. Judge Dillard).

第八章　天然資源と国際規範

天然資源についての国際法を学ぶことは、速やかに、それは単独の単一体の話題ではないということに気づくことである。ほとんどすべての事が、特殊な資源に関してでない限りは、そこで学んでいる天然資源の分類次第である。答のみならず実際に質問する必要のある問題さえも、その当初の事項次第であろう。この点を明らかにするために、以下の天然資源の三つの大まかな例をとり上げて行くことにしよう。深海海底の鉱物資源、巨大な国際河川により運ばれる分も含めた水、そして陸地において又は領海の下において又は大陸棚において発見された石油。深海海底の鉱物資源は、国家管轄権を越えた地域に位置している。誰がこれらを開発するのか。実際に、誰が開発するかはいかにして決定されるのか。それはいかにして為されるべきか。そしてどのような制約の中でか。そして、国際河川により運ばれる水についてはどうなのか。これらの河川及びその貴重な資源は、誰の管轄権に服するのか。河川の各地域毎に、異なる国家主権の下における資源として扱われるべきなのか。国際法は、水の使用及び管理についての国家の特権に関し何らかの制限を課すのか。そして、そうした何らかの規範的制約は、何を根拠とするのか。石油は最も一般的には、ある国家の管轄権内にある領域において発見される。時には完全なる主権管轄権の領域において発見されるだろうし、また時には、機能的管轄権の領域において発見されるであろう。そして時には、共有管轄権の領域に位置している。これらはいかなる違いを作り出すのか。資源の所在地が、資源に関しては領域国家に対してまさに望むものを望む時に行なうという完全なる自由を与え、すべての争点を決定するのであろうか。そして、これらの疑問に対する法的な回答はどこで見つけられるのであろうか。

これらのカテゴリー各々について、これらが引き起こしている異なる争点について、簡単ではあるがもう少し詳しく論ずるために検討させてほしい。

深海海底の資源

国際法の最も初期の段階から、公海の自由という概念は形成された。[1]それは、一九五八年の公海に関する国連条約において初めて法典化された。その条約における特定の規定は非締約国を拘束しなかったとはいえ、公海の基本的な地位については既に慣習国際法であるところのものを疑いもなく示していた。公海の自由は、公海において発見される資源を取り去る自由をまた必然的に伴うということを、常に当然のこととして前提にしていた。公海における漁業は、誰の許しも不要である。なぜならば、公海に対しては誰も権原を有しないから。一九五〇年代になって、魚類が公海における唯一の重要な資源というわけではないことが明らかとなり始めた。海水の下、海底それ自体に、異なる類いの資源―特に目立つものとしては、マンガン、コバルト、ニッケルという鉱物資源―が存在していた。石油もまた、深海海底の一定の地域には在りそうであった。その上、人類のためにそして経済的利益のために、こうした資源を開発することが可能となる時がくるのは、そう遠い先のことではなさそうであった。一九六七年にマルタ政府は、こうした新しく認識されてきた現実に関して、国際法が発展していく方向に重大な影響を与えるであろう考えの一つを、国連総会に提案した。[2]そこにおいて、深海海底の資源は「人類共同の遺産」であり、そして資源に対する共同の遺産というこの概念は、たとえば公海海域における魚類の占有取得とは異なる、と指摘された。後者の場合には、魚類は無主物（res nullius）であった―つまり、誰にも属していないのであり、それ故にそれらを採取したいと望みそしてそうすることができる立場にある人は誰でも採取しうる、ということである—。しかし、「共同の遺産」の一つと呼ばれる資源は、明らかに異なるものを意味していた。これは、海中を泳いでいる魚のように、原則としては誰だろうと採取できる—しかし、世界共同体の許可と世界共同体を代表する諸機関が定めるであろう条件に基づいてのみであるが—資源のひとつであることを意味してはいたが。なぜ国家管轄権を越えた海域において、海水中の資源（魚、プランクトン、そして海水それ自体）が無主物として扱われるべきなのかについては、論理的な何らかの理由を見出すことは難しい。そうした海域においては、海底の上の海水中にある資源よりも、むしろ海底にある資源が異なるレジーム—そこでは共有性という属性の法的な重大さと国家管轄権の欠如というものが異なって扱われるだろう、一レジーム—に分類上入るものとして扱われるべきであるが故に。しかし勿論、それは単なる論理上の問題ではなかった。経済的かつ政治的考慮が働いていた。経済的考慮としては、深海海底の資源は、その上を泳いでいる魚よりずっと経済的価値があるだろうということであった。そして、我々は有限かつ減少している天然資源の時代に生きている。政治的考慮として作用したのは、共有性という属性に対する無主物の手法は、誰であれこうした資源を開発できるとはいえ実際には限られた人しかそうしない、ということを意味するということであった。深海海底の鉱物資源を調査し開発することをいかなる国家に対しても許すことは、それがそう思われるほどは開かれたものではなかった。なぜならば、こうした活動に従事することができるだけの財源が豊かでかつ技術面でもノウ・ハウを有している国家は、ほんの一握りであったろうから。原則としてすべての国家に開かれたものは、実際にはほんの少数の国家の手中にある資源となるであろう。勿論、そうしたことは問題ではないのであり、現実に調査や開発を行うことが財源的にも技術的にも可能な国々にとっては実際上それは意味がある、と主張することもできよう。まさに問題となるのは、これらの資源が市場を通して世界共同体全体に利用可能となるべきだ、ということであった。このことに賛同するかどうかは、各自の政治哲学次第である。どうしても価格が現実に調査や開発を行う人々によって決定されることは避けられないであろうし、資源はしばしば貧しい国々の手の届かない価格で市場に出されるであろうから、いかなる単独国家の管轄権をも越えて資源を共同に利用するということを幻想としてしまうこととなる、という見解を採る総会の多数の国々にとっては、それは明らかに受け入れ難い返答であった。

「人類共同の遺産」という概念が貢献したのは、こうした根源的な諸目的であった。そしてほんの短期間の間において、いかにしてこの概念が一つの規範としての性質を持つものとして広く受け入れられていったかを見ることは、興味深いことであった。様々な機関における繰り返された引用、様々な文書の書面中における再現、学者の著作による分析、そうしたものすべてが新生の規範という特質をもつこの概念に帰し始めた。その後間もなく総会は、人類共同の遺産の法的レジームはいかに作動するかに関し国際的合意を結ぶことを一時停止し、深海海底の開発に関しモラトリアムを呼びかける決議を通した。(3) 現実には、その合意は新しい包括的な海洋法条約―海洋法に関する国連条約（UNCLOS）―のための多数国間交渉のより広い枠組みの中で、捜し求められてきた。UNCLOSのための諸提案は、領海に関する、大陸棚に関する、排他的経済水域の新しい概念に関する、科学的事項に関する、―そして、深海海底に関する、―様々な独立した部分を含んでいた。しかしこれらは、「一括取引」の一つであるべきであった。十五年間に亘り、これらは一緒に交渉され、そして一体としてその成否をともにするべきであった。どの国も、この厖大な条約のすべての点において完全に満足させられることは期待できなかった。しかし、すべての国が、その条約の大部分において自国の利害関係が十分に表現されていることに気づき、自国が好まない部分も喜んで受け入れる用意があるだろうことが期待された。しばらくの間、このことが問題であるように思われた。深海海底を開発する潜在的能力をもつ工業先進国は、「人類共同の遺産」の概念の法的根拠について重大な留保を表明したが、その概念の含意を議論しそしてその概念の形成に参加する用意があった。しかし、総会により勧告されたモラトリアムは、法的根拠を欠いているとして抵抗をうけ、事実上関係諸国すべてが、時が熟するまでは国内の法的権限により深海海底を開発する、という方法を採った[4]。これらの立法措置の幾つかが、もしも深海海底についての海洋法に関する国連条約の提案が成功したならばそこで必要とされるだろう国際機関の資金に関し、後日一方的に定める貢献額についての規定を作ったことは、慣行とそして多分法的信念の徐々の形成についての一つの興味ある描写である。これらの提案は、本来は、料金を支払えば調査や開発の許可を与える、一つの国連許可機関を考えていた。そして、提案される許可地域の幾つかの部分は、その上、自分たちで調査や開発をする財政的又は領土的基盤を持たない貧困国のために設置される別の国際機関による、将来の開発のためにとって置かれることとなった。この機関を援助するために、開発に成功した許可状所有者たちにより使用料が支払われるのであろう[5]。

最終的には、先進工業国にはこれは受け入れ難いことが判明した。ほとんどの部分においては、国連海洋法条約は全体として満足のいくものであったが、深海海底に関するセクションは、彼等の見解ではあまりにも不満足なものだったので、この条約の全体としての受け入れを拒絶する覚悟をした。本書執筆時には、一九八二年国連海洋法条約はいまだ発動していない—手法のギャップがなお埋められ得るか否かについて関係当事国全てによる一層の努力が目下なされているその結果として、批准締約国の数は発効を時間の問題としているが—（一九九四年発効：訳者注）。同時に、重大な経済的理由から、深海海底の資源の開発はまだ何ら試みられていない。それ故に、「法的な行き詰まり」が存在している。今のところそれ故に、深海海底における鉱物資源について、少々不確かな一連の疑問及び答が残っている。一般国際法上、ある国家が一方的に深海海底の鉱物資源を開発しようとすることは、本当に不法なのか。この疑問そしてその答は、国際法の法源について—出現する慣習について（特に締約国の慣行が「書類上」のみである時）、法的信念（opinio juris）について、いかなる証拠が要求されるかについて—がまさにすべてである。もしも国連の諸決議について、問題になっている慣行についての主な関係者たち

（本件では資本投資国）の支持を得なくてはならなかったBP-Texaco事件[6]においてDupuy教授により提唱された判断基準を適用するならば、「人類共同の遺産」が強制力のある規範の一つと看做されるように作られたとは思われない。最終的にはこれらの国は批准しなかったとはいえ、しかしこの問題は、BP-Texaco事件に完全に類似しているというわけではない―共同の遺産という手法に対する国連加盟国の大多数による支援は、取り決められた文面から明らかであった。そしてまた、その文面は工業国政府の多くからも承認された―。そして、これらの国の国内法及び国内法に基づき行動することの躊躇は、「共同の遺産」という手法への若干の感受性を示している。これらの争点は、とても簡単に解決できるものではない。ただ言えることは、深海海底の天然資源を取り巻く主要な争点は、おもに裁判管轄権の問題と法の発達に関するものだということである。

資源の一つとしての水

国際河川の問題は、若干異なっている。国際河川は、二つ又はそれ以上の国の領土を通り水―エネルギーの源としてと同時に、生命及びその維持のための基礎を与えているすべての資源の中最も重要な資源―を運んでいる。上流河岸国は、源流を発する河川に対して領土主権を有し、そしてそれ故に望み通りにその河川を用い得るという意味において、その河川全体に対し合法的な支配権を有するのか。それとも―この可能性に関するささやかな変形の一つとして―各国は、自国領土内にある河川に対しては、自国の管轄権の範囲内にある諸資源について、望むことを行うことができる完全なる主権を有するのか。勿論そうならば、河川がその源流を発する国家は、他の河岸諸国に流入する水の全部又は一部を遮断するという方法によりその権利を行使することを選ぶかもしれない。そうすると、他の河岸諸国が自由に行使できるものは、何も存在しないかまたは実質的に減少させられることとなる。初期の利害関係諸国の見解中には、国際河川の様々な区分には完全な領土主権の原則が適用されるという考えを支持しているようにとれるものもあった。リオ・グランデ川に関する米国合衆国の権利についてのHarmon司法長官の見解は、その典型的な例である。(7) 勿論、もしも国際法が、ある国家にその領土内にある河川に対する完全なる行動の自由を許すならば、その時は、他の下流河岸諸国に対しそれにより生じるいかなる結果についても、何らの損害を認めることもできない。

前に述べたとおり、天然資源に関する国際法の本質を明記しようとするとき、法の発達を助ける資源の相違点についての鋭い理解なくしては、適切な質問と解答を学ぶことはできない。深海海底に関連がある事項に関しては、国家慣行、国連の役割、未批准の条約文の地位、等を考察する。国際河川の航行以外の利用（つまり、資源としての利用）に関する法の発達は、むしろ異なった起源を有している。確かに、二、三の重要な判例及び仲裁裁判(8)は存在している―しかし、これらは合意された条約や合意された仲裁契約（agreed compromis）の背後事情にはすべて反しているので、むしろ頼るには慎重でなければならない―。そして、様々な水路紛争、はっきり表明された申立て、そして合意された解決方法というものの中に表われているように、非常に複雑な国家の行動パターンが存在している。これらは、各々の特殊な事実に基づいて解釈することがあまりにもしばしば必要となる。また、主に航行の側面に向けられた厖大な数の、特定河川に関する二国間及び多数国間の国際条約が存在する。通常今日まで、天然資源としての水に関する法律は、私的な国際法組織、特に各々永年に渡りこの話題を議事事項に載せてきた国際法協会と国際法学会による法典化の試みを通して、主に発達してきている。国際法協会は、年齢や国籍の異なる国際法律家の幅広い集りである。国際法学会は、かなり年輩の招待された法律家を会員とする西欧人の会員が優勢なより小さなものである。しかし我々の関心を引くのは、これらの組織の各々の法典化の努力から、共通の立場として現れてきているものである―以下にみるように、それらの原則が、意思決定権者及び法典化手続を今日押し進めようとする人々の双方により、規範として主張されているからというだけではなく(9)

―。

幾つかの主要な原則が出現している。国家は実際に、自国の領土における水資源に対しては主権を有している―しかし、これは国際法により許されている範囲内においてであるが―。それ故に、重要なことは、関連する国際法上の諸制約を確認することである。国際法は、主権の行使に際して水の他の利用者の正統な権益が考慮されるべきことを求めている。正統な権益は、資源の受益者としての使用における公平な分け前として定義されるようになっている。「公平な」と「受益者として」を、各々別々に定義することは不可能である。定義している諸条項は簡潔である。しかし、思うに出発点は、何が受益者としての使用かを決めるべきだということでなければならない。そうしてこそ、その使用における公平な分け前という、より難しい質問に進むことができる。今まで触れてきた国際諸文書の進化を通して、ある使用が受益者としての使用であるか否かを決定する場合に、考慮に入れるべき一連の基準（序列的ではないが、すべて重要な）が明らかとなってきている。使用目的は何か。飲用水を提供するためか、灌漑用のためか、エネルギー資源のためか、それともリクレーションのためか。その特定の使用は、不経済な方法で行なわれるのか、果たまた資源を保護するような方法で行われるのか。過去においてこの貴重な資源の浪費があったか。また、その国のどこかに代替的水資源が存在するのか、それとも計画中の国際河川の特定の範囲の使用に全面的に又は主に依存するのか、ということを知ることは重要である。[10]

これらの質問のすべてに対する回答は、ある事件においてその資源の競合する使用者に対し問われた同じ質問と、比べられなくてはなるまい。幾つかの河岸国においての、望ましくかつ重要な使用というものが存在するであろう。提示された背後の事情に関する基準と比較検証して評価することの必要性を、無用とするものは何もない。この評価の手続（これは、受益者としての使用における公平な分け前を確実にすることを許すものだが）は、他の質問もまた含んでいる。他国がその国自身の新たな使用のために置き換えたいと望んでいるものに対し、ある国に既に一種の受益者としての使用が存在しているか。既にその資源（その一部を他国から求められている）を使用している国は、これを賢明に使用してきたか。水資源は、「一時的に棚上げ」―つまり、ある国による現時点の使用は斟酌されない。なぜならば、その国の現時点の使用よりも好ましいだろう新しい受益者としての使用計画として宙ぶらりんとなっている計画案があるから―され得るであろうか。

国際法の義務により制限される主権概念を発展させ、受益者としての使用における公平な分け前に対するすべての河川流域国の権利として、この義務を概念化し、そして、様々な使用がこうしたカテゴリーにあてはまるか否かを決めるための指標を提供することに、国際法協会と国際法学会は貢献してきている。将来の使用に対して現在の使用の方が優位にあるという規範は、こうした一般的とはいえない法源を通してはあまり明確に現われていない。受益者としての使用における公平な分け前に対するものとして出現した権利は、ほとんど偶然にも、別の永年に亘る諸問題を解決してきた。第一には、水路の自然の流れを変えたいと望む河岸国は、他の河岸諸国の同意を得る必要があるかどうかということについてである。多くのスペイン語圏の国は、長年に亘り、これへの答は肯定的であるべきだと主張している。つまり、事前の許可が求められる。なぜならば、たとえ水流の変更により他の河岸諸国に対して不利な結果をもたらさなくとも、その流れは物の道理として他国に通じているのだから。しかし、Lake Lanoux 事件における仲裁裁判所は、そうは考えなかった。(11) 事前の同意は必要とされなかった。そしてまた、ある国が他の河岸国に危害を及ぼすようなやり方で行動する意図があるだろうということは、推定されるべきではないことであった。初期における一つの例外を除き、(12) 国際法協会や国際法学会の決議はいずれも、河川の流れに関してであれ水の分け前とか量に関してであれ、水流の変更についての事前の許可を求めていない。重要な基準は、そうした変更が受益者としての使用の基準を満たすかどうか、そして、他の河岸国に彼等自身の受益者としての使用については公平な分け前を残すものであるのかどうか、ということであろう。

受益者としての使用方式の公平な分け前の必然的な結果の一つとして解決される第二の要素は、変更に対し賠償されることとなっているかどうかという問題である。水流を変える若しくは上流の河岸国による使用を変えるということをしないという義務は存在しないので、不法な行為による損害を根拠として賠償しなくてはならない義務は存在しない。それ故に、実際に危害を及ぼす措置を生じさせる何らかの変更は許されるであろう。評価できる程の顕著な危害が引き起こされない限り、賠償は支払われないという国際的な法基準が発達しつつある。

資源の一つとしての水に関する国際法の発達への手法は、国際法委員会（ILC）により考慮されるようになって以来、非常に異なった展開を見せている。最初の特別報告者は、国際司法裁判所に登用される前のSchwebel判事であった。彼は、出現しつつある諸規範に準拠して、国家主権についてはそれほど強調せず共有する資源の当事者としての河岸国について強調した一つの水路システム概念の導入によるものを含む、様々な規範を打ち立てようとした。Schwebel判事により導入された専門用語からは若干の後退はあるけれども、根源的な考えは定着してきている。(13) 国際司法裁判所に登用される前のEverson判事の短期間の特別報告者という地位の後、(14) 国際法委員会の作業を一九九一年の条文草案の第一読会の採択へと導いたMcCaffrey教授の手へと、この問題は受け継がれた。(15) 彼の仕事は、出現した実体的諸ルールに付け加えられるまったく新しい世界へ我々を導いている。この世界は、協力についての手続法と呼ぶものにより成り立っている。国際法委員会の原文は、きわめて多くの国際義務―実体についてではなく、一方では情報を知らせる責任についての、他方では相談する責任に関しての―を今や含んでいる。言い換えれば、賠償を請求する国による一方的な適用についての基準のリストを提供することは、争いを解決するには不十分であると看倣されたのである。争いは、話し合いと情報を共有することによりずっとうまく回避され得る。国際法委員会の原文は、むしろ特別の詳しさで、水路国間におけるあらゆる種類の技術に関する情報及び計画の共有を要求している。そして、事前の同意を要件としてはいないけれども、相談する義務—そして、相談が合意に至らない場合の第三者手続についての更なる詳細な条項—が存在している。形成されつつある実体的諸規範のこの印象的な織りまぜと、協力についての非常に詳細な手続を通してのこうしたことに関する争いの回避は、どこか他の所で繰り返し見ることとなる現象の一つである。

石油埋蔵物

石油に関する国際法は、さらに異なっている。深海海底には石油埋蔵物が多量にあるだろうが、これを取り出そうとすることは現在のところ必要でもないしまた魅力的でもない、ということが立証されている。事実上すべての既知の商業ベースにのる石油埋蔵物は、内陸又は領海の下に（そして明らかに国家領域内に）、又は大陸棚に存在している。後者に関しては、国家が大陸棚での資源開発のために管轄権を主張した初期の一方的行為があっ[16]というまに慣習国際法の黙認されたルールの一つとなり、次いで一九五八年の大陸棚に関するジュネーブ条約において認知されたことは[17]、よく知られている。大陸棚の（そしてそれ故に合法的開発の）外縁の境界の定義は、直ちに問題となった。一九五八年の条約では、二〇〇メートルという定められた深さあるいは開発可能性により、測られた。そして、これらは事実上同じであると推定された[18]。しかし急速に発達している技術は、すぐにより深いところの資源までも開発することが可能だということを明らかとした。一九八二年の国連海洋法条約が発効するまでは、大陸棚の外縁の境界についての新しい定義[19]（ここでは、法的権利はもはや明確に、大陸棚の自然の地形及び地質構造についての考慮に拘束されない）が慣習国際法を代表しているか否かについては、疑問が残らざるを得なかった。これらの条項は非常に幅広く受け入れられていて、そしてこの新しい定義に基づいて行動する国々に対する抗議はなかったので、これらはまさに現下の国際法を代表しているようにみえる。残る紛争の種は、大陸棚の定義についてではなく、隣接の又は重なっている大陸棚の境界を定めるための—ここで論ずる対象とは異なる問題の一つであるが―提案についてである。

　それでは、大陸棚の地下にある石油埋蔵物は、法的見地からいって国内にある砂漠の地下にある埋蔵物とまったく同じだ、と結論を下すべきか。これはあまりにも単純化しすぎよう。陸地全体に対しては、明白な主権が存在している。他国の中になんらかの権利を有すものは存在しないのであって、すべての鉱物埋蔵物に対して、自らが権原を行使するかどうか、またはそれらの資源の上の土地の所有者による所有を許すかどうかは、当該国家の裁量事項の一つである。しかし、大陸棚条約―一九五八年の条約又は一九八二年の条約を問わず―は、沿岸国は資源の調査及び開発の目的のために主権者としての管轄権を有する、と規定している。それは機能的主権の一つである。その区別は、大変な法的重要性をもつものの一つである。まず第一に、大陸棚への適用の目的をもって可決する立法（刑事立法、民事立法そして租税立法）は、いかなる立法であれ大陸棚の資源の調査及び開発に関する事項に限定されるということに、諸国は用心しなくてはならなかった。刑事裁判管轄権及び民事責任の及ぶ範囲については、様々な裁判管轄において興味ある判例法が生み出されている。そして、大陸棚の課税もまた同じである。ある国が、自国領域内に事務所を持たずして自国大陸棚で仕事をし、それでいてそれ自体は調査にも開発にも従事していない会社に課税できるかどうかという論点は、北海において特に困難な問題を引き起こしてきた。船によって石油掘削のためのプラットホームに対し食料や娯楽を提供しているサービス会社は、沿岸国により課税されることに抵抗してきた。ここでも、現地裁判管轄権は、国際法で認められた特別の管轄権に逆らって租税立法を解釈しなくてはなるまい。(20)

　より重要な考慮すべきことがもう一つある。もしも内陸の鉱物資源が国家に帰属させられるならば、その国がこうした資源を所有することは明白である。しかし大陸棚という場所における資源に関しては、そうした国は所有権（ownership）を有していない―それは、調査や開発のための主権を有するのみである―。このことは、いかなる人も許可なくして調査や開発を行わないだろうし、また、その目的のためにその国は許可を与えるであろうが、しかしその国自身が石油を「所有する」のではない、ということを意味する。では一体、沖合の石油について許可を得た人は、何を得るのであろうか。古いタイプの内陸における採掘権は、しばしば採掘権の所持者にその場所における権原（title）を譲り渡した。しかし、沖合での許可状の所持者は、許可を与える政府がそれ自体権原を持たない資源に対し、それにより権原を得ることはできない。彼はその代わりに、調査し開発するための（こうした行為は、さもなくば違法となろう）そして占有へと縮小した、一つの権利を得るのである。許可を得た人に権原を与えるということは、占有への事実上の縮小である。それ故に、例えば、採掘された石油への権利が占有に縮小されるとき、北海油田においては、権原は許可の授与によってではなく油井の坑口装置によって譲渡される。

では、こうしたことは一体なぜ重大なのか。こうしたことは、貸付け機関にとり密接な関係があるが故に、最も散文的なレベルで重大である。許可された者への貸付けは、その者が所有している資源を担保に保証を行うことはできない。どの政府であれ、いつでも一方的行為によって占有への故意の縮小を阻止することができよう。こうした場合に、投資家や他の許可状を有していない共同経営者は、貸付けに対する返済とか投資に対する利益の取り戻しを、生産される石油量とかその石油の現金価値に照らして行うための様々な財政上の技術を、発展させている。こうした様々な取り決めが、石油それ自体における利益を意味しているかどうかに関して、国内法に関連して複雑な諸問題がまた生じている[21]。

しかし、政府の能力という文脈においてもまた、許可による利益を打ち切ったり変更したりまたは間接的に入手したりすることは、重要である。こうした状況下での国際法上許可を得た者の有する正確な権利というものは、まことに難しい問題である。この問題は、変更されたり入手されたものが、石油に対する権原ではなく石油の占有に縮小された権利である場合には、より難しいものである。

これから論じるのは、国家による干渉のこうした面についてである。まず初めに、状況設定をさせていただきたい。国際河川に関係するところでは、関係者は様々な国家であり、こうした国の主権にもとづく行動への制約は純粋な国際法の問題の一つである。こうした制約は、国家間におけるそれ以前の契約関係からは導かれない。しかし、石油について考える場合は大変に異なる。通常の状態においては、資源はある国の管轄権内に位置している。そこで、外国企業（しばしば私企業だが、時には他国の公企業である場合もある）は、石油を調査し掘削する許可を手に入れる。こうした取り決めの詳細は、両者が当事者である一つ又は複数の文書中に含まれる。それ故に、生じる問題はそれ自体大変に異なる出方をする。外国の投資家の立場から言うと、ときどき以下のようなことが問題となる。求められている巨額の投資を行ったとして、その投資及び費した労力に対する利益を取り入れることが許されるだろうとか、また契約条件の履行が果実（つまり石油）を生みはじめたまさにその時にその報酬が取り上げられることはないだろうということは、いかにして確かとなり得るのであろうか。受け入れ国政府の立場から言うと、以下のような問題が考えられる。言い尽されまた為され尽されていることだが、自国の天然資源に関して外国の石油会社と結んだ取り決めが、市場の状況の変化にはほとんど連動しない条件に長期間に亘り固定されないだけの柔軟性というものを、いかにして維持することができるのであろうか。更には、外国の投資家との契約の取り決めにもかかわらず、政府の適正な主権者としての考慮―言い換えれば、健康、安全そして規制諸基準に対する考慮。すなわち、一方では住民がこうしたことの不足に悩まされないこと、及び他方では、天然資源から適正な経済的利益を確保することを保証するための―に合致すると、いかにして保証できるのか。

私は、国際法律家の固有の任務は、あたかも投資家とか政府が法律上の善を独占しているかのごとくに、誰が「正しい」とかもしくは「誤っている」とかを宣言することではない、と確信している。むしろこうした難問が、両当事者に受け入れ可能でかつ共通の利益となるようなやり方によって、回避され、抑制され、そして必要ならば解決され得るか否かを知るために、国際法により与えられた機会を用いなければならない。

必要な最初の問いは、国際法は一体全体何らかの役割を演じるのかどうかである。もしも天然資源開発の国際契約において、適正な法が国内法であるならばこれにより本質的にこの問題は終わりであると指摘するものもいる。[22] もしも政府により課せられた何らかの変更―もっと面倒な契約条件とか、より高い課税とか、あるいは財産の国有化の形をすら取るかどうかという―が国内法上は合法であるならば、そうすると契約関係に適用される法律がそうしたものである以上は、この問題はそれだけのことである。それに対して、そうした契約の適正な法は、実際に特定の規定の解釈及び適用を決定するであろうし、国際法は、外国人の扱いとか裁判の否定そして誠実といったことに関するすべての規範のみならず、財産の没収に関する規範に対してもその役割を果たしていていかなる多国間関係においても恒常的に存在し続けていると主張して、異なる見解を取るものもいる。[23]

しかしこれは、むしろ手品師のトリックに似ている。空中に同時にあまりに多くのボールが上がっているために、どれが一体実際にある特定の瞬間に重要なのか知ることは難しい。論じているのは財産権であると、確信しているのだろうか。旧来の採掘権においては、投資家はその場所の石油に対する権原を手に入れた。沖合の石油においては、既述の理由によりそうはできない。しかし現在では、契約上の権利はそれ自体財産権の形をとるということは、十分に認められている。[24] それはなぜ問題となるのだろうか。なぜこの問題を、契約法上の問題の一つとして扱うだけでは不十分なのか。答は、国際法は財産権に関しむしろ多く述べているが、多国間契約に関しては（国際条約に関連する法の類推による場合を除き）、比較的ほとんど述べていないということである。また、契約の単なる違反と財産の没収の間の違いは、何らかの賠償の決定に関連してくるであろう。

国際仲裁裁判官というものは、そうした類の人として、たとえ国内の準拠法の条項に直面したときでも、国際法が実際にはそうした事項に関連していることに気づく傾向があることは、否定できないように思われる。Egoth事件(25)及びSettebello事件(26)は、国内法が適用される多国間契約の明白な例である。しかるに双方の事件においては、国際法が役割を与えられた。前者においては、国際法が国法の一部であることから、国内法への言及は必然的に国際法を含むことを、仲裁裁判官は認めた。（勿論、この契約に国内法が適用されるにもかかわらず国際法が考慮されるべきだと望む弁護人は、常にそれを持ち出せるかということは議論の的であった。しかし、国際法が国内法と同じ地位をもつ国もあるし、また多くの国においては、制定法が矛盾する条項を規定していない限りにおいてのみ国際法は適用されよう。）Settlebello事件においては、仲裁裁判官は、提示された特定の事実及び国際仲裁裁判官としての立場から、単に国内法のみを適用することには気が進まなかった。国際法は何らかの役割を演じなくてはならなかった。これは、部分的には適切な法の問題についての結果から方向性を定められた決定であり、また部分的には、Texaco-Libya事件において単独仲裁裁判官であったDupuy教授により明確に述べられた原則の、一つの例証でもあった。そこでは、Dupuy教授は、国際法が何らかの役割を果すことを不可避とする、契約を「国際化する」国際仲裁裁判所が存在すべきであるというまさにその事実を認めた。(27)Dupuy教授の理由付けは、外国の投資家は、定義上は政府が変更することが可能である国内法のなすがままに己れの身を委ねることには神経質になるであろうこと及び、この事件が国際仲裁裁判所に持ち込まれることを保証することにより国内法にのみ依拠することは避けられたということであった。勿論、国内法にのみ依拠することを避ける最良の方法は、国際法を導入する準拠法条項を置くことであると言わざるを得まいが。交渉過程において、もしも私人関係人はこれを果すことが出来ないのならば、国際仲裁裁判官は交渉中の当事者の一方が達成し得なかったものを救済しなくてはならないということは、疑わしいように思われる。同時に、国際仲裁裁判所に付託する目的については、確かに審理の価値がある。これは現地裁判所が信頼するに値しないからだったのか、それとも異なる法のシステムが適用されるべきであったからなのか。

もっとも、仲裁裁判所の実例を研究すると、以下のことがわかる。つまり、国内法適用の法律条項のみが存在しようとも、はたまた、国際法と国内法の「混成された」条項（リビア仲裁裁判におけるように、又は投資に関する紛争の処理のための国際条約四二条におけるように）が存在しようとも、国際仲裁裁判官はおそらく国際法が関連するということを見つけるであろう。

もしも国際法が用いられるならば、そのことは何を教えてくれるのであろうか。幾つかのちょっとした指摘をしてみよう。第一に、国連諸決議により体系化されそして様々な仲裁裁判や著作において主張される一概念として登場した、天然資源に対する永久的主権の概念は、産業先進国により重大な部分について異議を申し立てられた。その問題の一部は、この概念を作り上げる一連の法源の資料を形成する決議は、二つとして同じことを述べていないという点であった。賠償を要求するものもあれば、そうしないものもある。国際的な法基準に言及するものもあれば、そうしないものもある。拘束力ある義務に触れるものもあれば、そうしないものもある。[28]もっとも私は、時の経過と、そして多くの石油に関する仲裁裁判における争点についての精巧な推論により、[29]この概念は「落ち着いて」きたと考えるが。それは現在では、たとえば国家は自国の資源に関しては非常に特別な立場にあると要約できるような、一つの重大な共通の合意を要求する規範を象徴している。もしも独立国家としての揺籃期において、それらの国が経済的現象とはまったく懸け離れた諸義務を引き受け、そしてそうした取決めが長期間に亘るものであるならば、仲裁裁判所は同情的に、不利な契約から国家を解き放つための方策へと目を向ける。特に、契約時に事態を「凍結」しようとする条項は、仲裁裁判により段々とその有効性は許容されなくなっている。こうした条項は、もはや安定化条項とは看做されないか（Khemco 事件におけるように）[30]、または、こうした条項は、国有化ということがそうした効果を有すると解釈されることを禁じているにちがいない（Aminoil

事件において判示されたように[31]、と言われるかもしれない。交渉による変更を保証しようとする試みは、今日では寛容に扱われるであろう。

同時に、国有化は補償を必要とする。そして補償が差別的でなく、かつ、公けの目的のためになされる場合のみ、それは合法的であろう。天然資源に対する永久的主権の概念は、自発的になした契約を無視する自由を国家に残して置きはしない。

ここで、補償の一つの側面に関しての今日の論争について、若干のコメントを行って結論としたい。

合法的な国有化に対する補償には、いかなる要件が含まれるべきか

BP-Libya 事件において、単独仲裁裁判官であった Lagergren は、簡単に以下のように判示した。リビアの国有化法は、「ブリティッシュ・ペトロリアムの採掘権の基本的な侵害となる。」また「更に、被告による原告の財産、諸権利及び利益の没収は、純粋に無関係の政治的理由によりなされ、その上恣意的かつ差別的性格のものであるから、明らかに国際公法に違反する」。それからすぐに彼は救済手段の問題に話を転じ、その裁定において、原状回復（restituto in integrum）の利用可能性について論じる大変に興味深い分析を行った。そして彼は、「原告は、被告の不法な行為により生じる損害に対し権利を有している。」という結論を下した[32]。その損害の性質及び範囲は、他の機会に扱われるものとして残され、結局は交渉による解決がなされた。

Texaco-Libya 事件においては、単独仲裁裁判官であった Dupuy は、本質的には同じ事実を扱うに際し、リビア政府は「一九七三年及び一九七四年に公布された国有化措置の採択により、原告と結んだ石油採掘権契約書における義務を果すことに失敗した」と判示した。Lagergren 判事と異なり Dupuy 教授は、原状回復を原則として国際法上利用できる救済手段の一つと信じ、その契約の履行を命令した[33]。損害について履行以上のものは、

公有物についてはない。

Liamco事件においては、単独仲裁裁判官であったMahmassaniは、これらの問題に新しい精巧な推論を持ち込んだ。彼は、採掘契約というものは契約上の義務でありかつ無体財産でもある、ということを明らかにした。一方では、契約の神聖さというものは、国際法及びイスラム法双方の不可欠な要素の一つである。他方では、国際社会における意見の支配的傾向は、諸国に対し天然資源への実質上の権利を許すものであった。他の仲裁裁判官とは異なり、そこで彼は、時期尚早の契約の打ち切りに対する救済手段と国有化による財産没収に対する救済手段とを、分けて考えた。彼は、国有化は補償を要することを十分に認め、損害には最小限度「全資産諸設備及び様々な出費を含んだ国有化された有体財産の価値」として述べている現実に生ずる損害（damnum emergens）を含まなくてはならない、と躊躇なく認めた。[34] そして彼は、補償には得べかりし利益（lucrum cessans）もまた利益の損失に含むべきか否かという、より一層の争いある問題について思案した。そして彼は、これへの答は没収が合法か否かということ次第であろうということ及び、得べかりし利益はもしも国有化が不法であるならば支払うべきであろうということを、自覚した。しかし、国際法の進展は諸国が天然資源の国有化について主権者としての権利を有することを意味したので、そこでMahmassani仲裁裁判官は、「もしも取られた措置が差別的ではなく、又、条約に違反もせず、そしてもしも補償が十分になされるならば、契約期間満了前に採掘権を国有化することは合法である」と結んだ。[35] 合法的な国有化に対する得べかりし利益の問題に目を転じるとき、Mahmassani仲裁裁判官は、本来適用されるべき法（国際法とリビア法）はこの点について不明確であることを認め、―得べかりし利益に基づいた請求は、事実上除外されるとして―「公平な補償（equitable compensation）」の方式に訴えた。

Virally教授は、Khemco事件（Amoco Finance）における英国－イラン仲裁法廷で彼が行った重要な裁定において、更に数段階進んだ分析を行った。Mahmassani は、彼以前のあらゆる仲裁裁判官がそうであったように、契約の神聖さを強調し、そして、国有化は時期尚早に終らされた契約に対して補償を必要とするということを受け入れていたが、Virally 教授は、彼の見解では、私人関係人との契約に拘束されるということは「公の利益のために求められる行為を不可能とし、私益が正当に確立された公益に勝る」ことを許すだろうとして、これを簡単に拒否した。(36) しかし、私はこれには賛同しないと言わざるを得ない。国家は、契約を侵害する行為でも公の利益のための行為と看做すものはなお行うであろう。しかし、外国の投資家が国家の主権によるこの行為を承諾しなければならない理由は存在しない。今日における主要な点は、現実に生ずる損害や得べかりし利益とは異なるものである。Virally 教授は、イランは契約違反について責任はなくその国有化は合法的なものであった、と認めた。そこで、Liamco のように（BP や Texaco とはちがい）そこで述べられた争点は、合法的な国有化において得べかりし利益—失われた利益—を支払う責任についてであった。(37) しかし、それは不法な没収の事例であった。Chorzow Factory 事件は、原状回復若しくはそれが不可能ならば同価値の金銭を用意した。Virally 教授は、常設国際司法裁判所は、賠償は不法な行為による結果をぬぐい去り多分もしもその行為がなされなかったならば存在していたであろう状況を再現しなくてはならないと述べていた、ということを強調した。(38) そして、彼は占有奪取の丁度その時の価値に補償を限定することは、「もしもポーランド政府が収用する権利を有していて、かつ、もしもその不法な行為は収用されたものの正当な価格を支払わなかったことのみだとすれば」その場合のみ可能であったろう、とする常設国際司法裁判所の傍論を指摘した。そして、合法的な収用においては、「占有奪取の丁度その時の価値」に相当する「収用されたものの正当な価格」のみが支払われるべきだ、と結論した。それ故に、現実の損害は存在するであろうが、得べかりし利益は存在しないであろう。

これには困難を感じる—そして率直に言って、常設国際司法裁判所による議論の方法にも—。まず、補償に関する法律における中心的要素は、単なる（そして単に考えているだけの）一つの異なる状況―不法な没収―について述べている、六〇年前の常設裁判所の傍論の一つから演繹したことによって解決されなくてはならないとは思わない、と言うことから始めよう。言うならば、「占有奪取の丁度その時の価格」に照らし合わせて「収用されたものの正当な価格」は将来の利益を除外するという推論に、当惑しているのである。財産の価値というものは、市場がそれに支払うだろうものである。そしてもしも、占有奪取の丁度その時に、独立の当事者としての買主がその財産に値を付けることができるとすれば、そこでの価格は、（少くとも商売とは採算がとれることであるならば）一定の利益のこの買主の見込みを反映するであろう。利益の見込みがその後から付加される「真の」財産価値というものは、存在しない。一〇年契約において、もしも国有化が五年で行われるならば、五年目における会社の価値は、買い主の六年目から一〇年目までの投機的ではない利益の見込みを含むであろう。

現実に生ずる損害と得べかりし利益の現代における位置付けの問題は、争いのある経済上の現実についての一九二八年の傍論を熟考することよりもむしろ、代替策の政策分析による解決に対する一つの理想的事例を提供する。必然的に、議論は見事にバランスがとられた。もしもVirally教授の見解が正しいならば、そうすると再び外国投資家は、国家の経済的自由という重荷を背負う。たとえ将来の利益に対する補償を確保しないとしても、彼等は「始めの状態に戻らされる」のでありそれ故に何らの現実の損害を被らない、と言うことは実際としては十分ではない。経済上の意義では、彼等は現実の損害を被る。なぜならば、他の場所での経済的機会を失った彼等の投資は、これらの将来の利益の計算に基づいてなされているからである。他方、もしも合法的な没収に対してより緩やかな評価基準が存在しないならば、そしてもしも補償は同じであるならば、そうすると資本輸入国にとって合法的に行動する動機は存在しない。こうした国々は、政治的目的のために差別的なやり方で収用するかもしれない。

答は、合法的な収用の評価から得べかりし利益を除外することにあるのではなく、不法な没収の評価の中に刑罰の要素を含めることにあるように思われるかもしれない。しかしこれは、仲裁裁判所法廷の役割が、国家を「処罰すること」、民事補償よりもむしろ刑事損害賠償金を扱うことである、ということを前提としている。そして、これはそうではない。財産の価値は、その没収の合法か不法かという性質により変わらないのであり、そして国家に対し国際法に従ってそれでもなお合法的に収用するための動機を提供するのは、「刑罰的」評価よりもむしろ信用の喪失であるというのが、現時点における私の結論である。

（1） Grotius, Mare liberum (1609). Gentilis, Advocatio Hispanica (1613)及び、Selden, Mare clausum sive de dominio maris (1618)を比較せよ。更に、Bynkershoek, De dominio maris (1702)及び、公海の自由の容認の発達史に関しては、D. O'Connell, International Law (1982), i. ch. 1.を比較せよ。

（2） The Declaration of Principles on the Seabed and Ocean Floor の国連総会による採択、総会決議二七四九(XXV)、一九七〇を参照のこと。

（3） 総会決議二五七四(XXIV)一九六九。

（4） 西ドイツの一九八〇年の立法、19 ILM 1330、フランスの一九八二年の立法、21 ILM 808、日本の一九八三年の立法、22 ILM 102、英国の一九八一年の立法、20 ILM 1217、米国の一九八〇年の立法、19 ILM 1003、を参照のこと。

（5） 一九八二年条約十一節を参照のこと。UN Doc. A/CONF. 62/122; (1982) 21 ILM 1261.

（6） BP v. Libyan Arab Republic 53 ILR 297.

（7） 21 Opinions Attorney-General (1895) 274 at 282-3.

（8） Lake Lanoux Arbitration 24 ILR 101; Diversion of the Waters of the River Meuse Case (1937) PCIJ Ser. A/B, no. 70, p. 70; Trail Smelter Arbitration (1939) 33 AJIL 182-212.を参照のこと。

(9) 特に、国際法学会のマドリード宣言:(1911) 24 Annuaire Yearbook 365; 同ザルツブルグ決議: (1961) 49 Annuaire Yearbook ii 381; 国際法協会のニューヨーク決議: Report of 48th Conference, pp. viii-x; 国際法協会のヘルシンキ諸原則: Report of the 52nd Conference (1966)を参照のこと。

(10) ヘルシンキ諸原則、四条を参照のこと。

(11) 24 ILR 101 at 140.

(12) 一九一一年のマドリード宣言

(13) Yearbook of ILC (1980), ii. pt. I, p.159.

(14) 第四一回会期での作業に関する国際法委員会報告書。A/44/10, GAOR 44th sess. (1991), paras. 621-36.

(15) 第四三回会期での作業に関する国際法委員会報告書。A/46/10, GAOR 46th sess. (1991), p. 152.

(16) 一九四六年のトルーマン宣言、そして、様々な英国属領、南米諸国の大多数その他による類似の主張。Laws and Regulations on the Regime of the High Seas (UN publ.), i. (1951), 38ff.を参照のこと。

(17) 二条

(18) 一条

(19) 一九八二年条約七六条

(20) T. Daintith and G. Willoughby, Manual of United Kingdom Oil and Gas Law (1984), 1-1107.を参照のこと。

(21) Ibid., i. 430.

(22) F.A. Mann, “State Contracts and State Responsibility” (1960) 54 AJIL 572.また、C.F. Amerasinghe, “State Breaches of Contracts with Aliens and International Law ” (1964) 58 AJIL 881.を参照のこと。

(23) R. Jennings, “State Contracts in International Law” (1961) 37 BYIL 156.

(24) German Interests in Polish Upper Silesia Case (1926) PCIJ Ser. A, no. 17; Norwegian Shipowners Claims (1922) 1 UNRIAA 307.

(25) SPP (Middle East) Ltd. v. Arab Republic of Egypt (1983) 22 ILM 752.
(26) 未報告。付随的訴訟として、Settebello Ltd v. Banco Totta and Acores [1985] 2 AER 1025. を参照のこと。
(27) 53 ILR 389. Texaco 事件においては、Egoth 事件や Settebello 事件とは異なり、国内法のみならず国際法にも言及する1つの複雑な適用法条項が存在した、ということを明らかにしておかなくてはならない。
(28) 総会決議一八〇三 (XVII); 総会決議三一七一 (XXVII); 総会決議三二〇二 (S-VI); 総会決議三二八一 (XXIX) における異なる表現を参照のこと。
(29) Petroleum Development Limited v. Sheikh of Abu Dhabi, 18 ILR 37; Saudi Arabia v. Aramco, 47 ILR 117; Sapphire International Petroleum Ltd. v. NIOC, 35 ILR 136; BPV Libyan Arab Republic, 53 ILR 297; Texaco v. Libyan Arab Republic, 53 ILR 389; Liamco v. Libyan Arab Republic, 62 ILR 140; Kuwait v. Aminoil, 66 ILR 518.
(30) Amoco International Finance Corp. v. Islamic Republic of Iran (1988) 27 ILM 1314.
(31) 66 ILR 518.
(32) 53 ILR 297 at 355.
(33) 53 ILR 389 at 507-8.
(34) 62 ILR 140 at 201.
(35) Ibid., 207.
(36) (1988) 27 ILM 1314, para. 178.
(37) (1928) PCIJ Ser. A, no. 17.
(38) (1988) 27 ILM 1361, para. 196.

第九章　責任と義務：国家責任に関する法

国際法が、いかに国家間に事物管轄権を配分するかを理解することが重要であると同じように、国際法がいかに国家の国際責任を決定するかを理解することも重要である。管轄に関する法は、行動するための資格に関するものであるが、国家責任に関する法は、国家が行動する場合に負わされた義務に関するものである。管轄に関する法においては、確定している分野と非常に解決の難しい局面とが存在している。国家責任に関する法においては、未だ確なものはほとんどないと考えることは許されよう。しかし、伝統的にこれは主要な分野の一つと看倣されているし、また国際法の全理論構造における中心的要素の一つとも看倣されている。本章では、こうした伝統的見解が正当化されるか否かを検討するとしよう。

国家責任の研究は、国際法委員会（ILC）による扱い方と不分離の密接な関係がある。個人の資格で選出された国際法の専門家により構成される機関である国際法委員会は、国連総会のために、「国際法の漸進的発達及び法典化を奨励するために、研究を発議し及び勧告を行う」とする憲章十三条により総会に与えられた任務を遂行する。これら二つの任務は不可分であって、法典化は何らかの発達を必然的に伴うし、漸進的発達は法典化への展望を奨励することを可能とするということは、ずっと受け入れられてきている。国家責任についての問題は、一九五三年以来国際法委員会の議事事項となっている—そして、この話題についての仕事の終りは未だ見えてこない—。この話題を扱うに際しての国際法委員会の困難さは、主要な異なるそれでいて可能なアプローチが、この話題に色々独自の見解をもつ一連の様々な特別報告者により取られているという事実に、反映されている。この話題に関しての最初の特別報告者は、一九五五年に任命されたGarcia Amadorであった。彼は、一九五六年から一九六一年の間に、六つの報告書を提出した。一九六二年には、この問題について見通しをつけようとして、国際法委員会はAgo教授（現在国際司法裁判所裁判官であり、ハーグ・アカデミー館長）を委員長とする小委員会を任命した。この小委員会は、一九六三年に報告書を提出したが、国際法委員会は引き続きAgo教授に、この研究を進めることを任せた。彼は特別報告者に任命され、一九六九年から一九七九年の間に八つの報告書を作成した。一九七三年から一九七九年の間には、Ago提案をもとにして委員会は、国家責任に関し三二ヶ条に及ぶものを採択した。しかし、これは厖大な研究プロジェクトのほんの一部にすぎなかった。そして一九七九年にAgo教授が辞任した後、それは特別報告者として取って代わったRiphagen教授により進められた。一九八〇年から一九八六年の間に、彼は七つの報告書を出した。[1] しかし一九八〇年以来、委員会は実際にはほんの五ヶ条を更に採択したにすぎない。一九八七年には、Arangio-Ruiz教授が特別報告者として任命された。一九八八年から一九九二年にかけて、彼は四つの報告書を作成した。しかしこの話題は、国際法委員会の議事事項において何らの特別な優先的扱いも受けてはこなかった—実際に、第四三会期では、委員会はArangio-Ruizの第三次報告書を討議するための時間を作ることが出来なかった—。第三次及び第四次報告書は、まとめて一九九二年の国際法委員会の第四四回会期において取り上げられた。[2] 第二一七六回会議から第二一八〇回会議において、委員会は、条文草案及び、「等価賠償」、権益そして履行に関する詳細かつ学究的な注釈を検討した。

これらの報告者一人一人の仕事は、それ以前の報告者が行った仕事の継続というよりもむしろ、大きな方向転換を示していた。そしてこれらの方向性の断続的な変化は、国家責任という話題は一体全体いかなるものか、そしてその法典化はいかに進めていくべきかに関して、大きな見解の相違が存在することの反映であった。この問題については、その時々に戻ってみることが必要であろう。

では、一体国家責任に関する法とは何なのか。最も基本的な出発点でありかつ一般的賛同を得られるであろうことは、これは国際法の違反の一つに対する責任についてだということである。もしもある国家が、国際義務の一つに違反したならば、その国家はその違反に対して責任を負う。こんな明らかな事が、どうして四〇年に渡る未解決の仕事を生み出し得たのか。これは信じ難いことと思われる。明らかに、何らかの証明が必要とされよう。

ここでは、この基本的な公式—国際的に違法な行為に対する責任—ですら何の目的に貢献するのかを問うことから、始めなくてはならない。ある国家が「責任を負う」(accountable)ということは、何を意味するか。義務の違反に「責任を負う」と言うことは、自明のように思われる。しかしこれはまた、二つの事項を意味し得る。ある人が行為を行う意図を持ち、かつ／または、自分は何を行っているかを理解する精神的能力を持つことを意味するとき、ある人は「責任を負う」という。しかし、「責任を負う」という単語は、またもう一つの付帯的意味—国際的に違法な行動に対して義務があり、そしてその義務は履行されなくてはならない—を伴っている。

この問題をこういうふうに考えるや否や、この簡単かつ自明な主張—「国家は、国際義務違反に対して責任を負う」—は、きわめて多くの副次的疑問を生み出すということを知ることができる。まず第一に、ここにいう「国家」とは、何を意味しているのか。責任を負うのは個人なのか。もしくは抽象的に(in abstracto)国家なのか。国家は、厳密には誰の行為に対して責任があるのか—正式な政府の決定に対してか、はたまたその使用人の行為に対してか—。一体全体、私人の行為に対して国家は責任があり得るのか。それから、何が国際義務違反を構成するのかという、これまでの議論とはまったく異なる一連の問題がある。勿論まず第一に、義務が破られたかどうかを調べることができる前に、その義務とは何なのかを知らなくてはならない。そしてそれから、発生した違反について故意若しくは犯意が必要とされるかどうかを問うことが、必要である。通常ある国際義務の違反と看做される行為が、そうは看做されるべきではない状況が存在するであろうか。また、国際義務違反について論ずるとき、作為について述べているのか、それとも不作為についても述べているのか。そしてまた、「国家は、国際義務違反に対して責任を負っている」という、よく知られた所見により、もう一つの道が開かれる。すなわち、救済手段を用いての「責任」の均一化である。国家責任に関する法は、国家はその義務違反に対し救済手段を提供しなくてはならない、という主張を必然的に伴うといわれている。(3) しかし何が救済手段なのか。そして、誰に対してのものか。賠償が支払われる前に損害が示されなくてはならないか。そして、いかにして賠償は決定され査定されるべきか。

ここに至って、なぜ一見したところ一夏の研究で充分と見えるこの話題が四十年を費やしたかが、分かり始めたことであろう。これは、単に国家への帰属性についての争点だけでなく、義務についての全実体法そして賠償に関する国際法全体をも網羅するものとして、解釈されてきている。あたかもこうした困難だけでは不充分であるかのごとく、更にもう一つの困難が付け加えられている。国家に責任のある行為の中には、国際義務に違反したというのみならず、犯罪的ともいうべき行為が存在するのか。「国際犯罪」ということは何を意味しているのか。そして、そうすることにより責任の面ではいかなる結果となるのか。

著述、裁判事例、そして国際法委員会の議論においては、こうした問題はしばしば一緒にされている。しかし、順々にこれらを見ていこうとすることには意義がある。

禁じられた行為の帰属性としての国家責任

現在までのところにおいて国際法委員会により採択された条文草案は、疑いもなくある一定の重要性を有してきている。これらの草案は広く引用され、またしばしばあたかも権威あるもののごとく―つまり、(これらは非常に注意深く立案されかつ採択の前に諸国政府へ提出されたので）正式な意味では国際法の法源の一つというわけではないにもかかわらず、幅広い意見の一致を反映しているものとして―評価されている。一条は、「国家によるあらゆる国際違法行為は、国際責任を生ぜしめる。」と規定している。そして三条は次のように続けている。

「国家の国際違法行為は、以下の場合に存在する。

(a) 国際法上、作為又は不作為からなる行為が国家に帰属し、かつ

(b) 当該行為が、当該国家の国際義務違反を構成する場合」

犯罪の実行に対してと同様に、国際義務違反を構成する不作為に対しても責任が重くのしかかり得るということは、注目すべきことである。Ago教授は、なぜ帰属性が「主観的」と分類されたか不思議に思われるとはいえ、確実に定着してきている分類として作為及び不作為の属性を「主観的」要因と性格づけ、義務違反を「客観的」要因と性格づけた。(4) しかしとにかく、ここでは前者の概念つまり帰属性について述べていく。国家というものは、昔々常設国際司法裁判所が、German Settlers in Poland事件において、「国家は代理人や代表者たちによってかつ彼等を通してのみ、行動することができる」(5) と指摘したように、抽象的な概念と考えられている。国家機関（政府諸部局又は裁判所のような）又は国家に雇われている個々人やグループ（警察、軍隊、税関官吏）が、国際法に違反するやり方で行動する場合、彼等の行為は国家に帰属し、国家は当該行為に対して国際責任があるというのが、国家責任に関する法の中心的要素の一つであった。国家責任の判例要旨の一部をなす―少くともイギリス法学派では―過去の多くの事件は、この点へと向けられている。それ故に、一九二六年のメキシコ－米国一般請求権委員会（The Mexican-US General Claims Commission）におけるYoumans事件(6) においては、メキシコ政府は米国市民に対するメキシコ軍の発砲について責任があると判示された。同委員会はその裁定において、米国により進められてきた体系的理論を引用した。

「軍人の一部が行ったそうした行為、国際法上最も明白な諸原則及び二国間の諸条約の規定とは無関係に行われたそうした行為により、彼等が雇われ奉仕している政府が生命を失った者たちへ当然責任を負うべきだとすることは、ほとんど述べる必要もないように思われる。」

また、フランスとメキシコの間におきたCaire事件(7)は、ある国の軍隊が不法な死刑執行を行ったというまさにその事実が、その国の責任を確定したことを確認している。軍隊は国家の所産である。Caire事件において明らかにされたことは、そのまさに事実が、「国家」の一部については、いかなる過失も犯意も示すことを不要とするということである。

幾つかのことが、論理的に出てくる。たとえ当該使用人の問題となっているその行為を特に命じたのではなくても―もしも、この種のいかなる単独の「過失」も存在しないとしても―、その国は責任があるだろう。更には国家は、たとえ使用人が命じられたことよりも明らかに越えた方法により行動したとしても、責任があるであろう。判例法及びすべての著者は、たとえその使用人の権限踰越（ultra vires）行為に対してであっても、言い換えれば公務員が権限を越えて行動したときでさえも、国家に責任があることについては一致している。(8)実際には更にこれ以上に、もしも国家機関又は国家公務員が国家により明白に禁じられかつ国際法に違反するやり方で行動しても、なおその不法行為に対し責任があるだろうということができる。

時として、非常に地位の低い公務員による違法行為を国家責任から除外するために、この原則は制限されることが必要であるとも指摘されている。(9)しかし、このことは正しいとは言えないのであり、実際にこの点については、これに関する条文草案を作成するに際し、国際法委員会によって拒絶された。国家機関による行為については、六条は、どのタイプの国家機関が関係しているとか、その機関がどういう内部機能を遂行しているとか、はたまた「当該機関が、国家機構において上級若しくは下級の地位にあるか否か」は問題ではない、と規定している。そして八条は、国家に代わって行動する私人の行為の、国家への帰属を扱っている。ここでもまた、私人が上級若しくは下級の地位を有しているかどうかは問題でないとは表現されていないが、彼等の行為の国家への帰属は一般的表現の中に推測されるという事実が、同一の結論に導く。

一九八五年にニュージーランドのオークランド港で虹の戦士号（Rainbow Warrior）を爆破した秘密警察の行為に対する自国の責任について、フランスが行った承認の中に、生々しい一例を見い出すことができる。これらのエージェントは、命令に基づいて行動していたことがフランス首相により認められた。しかし Mitterand 大統領は、この行為は不法であることを全面的に認め、そしてフランスの国際責任を確約した。[10] 権限踰越の行為又は指示に反した行為について、一〇条は次のように規定している。

「国家の機関、地方統治機関、又は政府当局の諸権限を行使することを委任されている機関の行為は、当該機関がその資格において行動していた場合、たとえ特定の場合において、当該機関が国内法上の権限を逸脱しまたはその活動に関する指示に違反しているとしても、国際法上国家の行為と看做される。[11]」

違法という点に関しては、実際にたとえ国家の指示にまさに反していたとしても、行為が不法であるという事実が国家の責任を無効にはしないことも、また明らかである。それは外部からみると、国家のすべての機関及びすべての使用人は「国家」そのものであり、これらが国家の指示に反して行動したと告げられることに、何らの意味もないからである。この可能性は、ずっと昔 Youmans 事件において法廷により、そしてその後国際法委員会により、確固として拒絶された。[12]

商義務違反は、国家責任を必然的に伴うわけではないと主張する人もいる。それ故に、Reuter 教授は、国家責任に関する国際法委員会の議論において、次のように主張した。「交換とか売買といった行為のごとき商業の性質を有する法行為は、たとえ国家機関により行われようとも決して国家に帰属しなかった。これと対象的に、例えば発券銀行の場合には、―これらが私企業であるか国家機関であるかという―国内的地位に関係なく通貨発行は王権の特権の一つであったから、国際法上金融問題に関しては、発券銀行の行為というものは国家に帰属させられ得るであろう(13)」。

興味深いことには、Reuter 教授は、国際責任のために、免責特権についての法にはお馴染の分類を用いている。しかしこれらは、二つの別箇の争点である。ほとんどの国内法システムにおいて、国家は、いかなる性質のものであろうともその携わる行為に対し実際上責任（法律上の）があることは、自明である。しかし、国家責任についての国際法が、現地レベルにおいて解釈されまた立法化される場合、そうした法律上の義務に関する法手続からの免責が存在するかどうかを、決定するであろう。今日、権力行為（acta jure imperii）（Reuter教授の用語を用いると「王権の特権」行為）に対しては免責が存在し、職務行為（acta jure gestionis）（商行為）には免責が存在しない、ということは広く認められている。しかし、国内法上責任を問われる可能性が存在しないならば、職務行為原則の免除ということは、何ら考慮しなくてよい。

たとえほとんどの国内法システムにおいては法律上の責任があるとしても、国際法のレベルにおいては国家が商行為に対する責任を負わないといった何らかの原則が、存在するであろうか。そうした原則はいかなるものか考えることは難しい。もしもルリタニア国農業省が、リリィパット社に合併されたX社との商関係において不正に行動すれば、そしてもしも、この契約には国際法が適用されるとされかつやがてはリリィパット社がX社の請求を引き継ぐならば、不法な商行為に対しルリタニア国の国家責任は存在しないとまさに言えるであろうか。

この文脈においては、鍵となるのは不法行為とそれ以外の行為との間の差異であると指摘する著者がいる。そこで Lady Fox は次のように書いている。

「国家責任に関する行為は、私法上の不法行為における行為とは性質が異なる別のものである。国家責任は、たとえ不法行為の形を取るところでさえも、国家の私法上の商行為には関係しない。つまり『窃盗犯罪又は略奪行為の犠牲者が外国人であるという事実は、それを国際法の問題とはしない。』(Birtish Claims in the Spanish Zone of Morocco (1925) 事件における、国家責任に関する Max Huber 判事の報告書、2 RIAA 615 at 641)[14]」

しかしなぜ、そうでなくてはならないのか。この結論に導く二つの可能な要因があるように思われる（私は、これが正しい結論とは信じないけれども)。まず第一に、国家責任についての古典的国際法は、商手段を通じてなされた不法行為についてよりも、外国人の身体的虐待に主な関心を持ってきた。第二に、国内的救済手続が尽されない限りは、国際不法行為は発生しないと考える人たちが存在する。では各々を順に見ていくとしよう。

国際責任に関する古い事件は、部分的には外国人の身体的虐待に関係するものだったことは事実である。しかし、これらの事件は外国人の財産の没収により引き起こされた被害に、より関心があった。この否定し難い歴史的真実についてのマルキストの見地から、Bernhard Graefrath は、「干渉の禁止、戦争の禁止、人種差別の禁止、又は植民地主義の禁止が存在しなかったから、全システムは『文明国家』に限定され、かつ植民地主義の正当化と成功裡での武力の行使に根拠が置かれたのだ[15]」と書いてる。そうであるとしても、なぜに責任は国際レベルではあるタイプの被害にのみ帰せられ他の被害には帰せられるべきでないかについて、本質的な理由は存在しない—身体的被害と財産の没収は国家責任を負うと言うべきだが、不正な取引はそうすると言うべきではないとする理由はない—。国際契約に違反しないとか、不法な行為により損害を引き起こさない[16]という、何らかの国際義務が存在するかどうかという最も重要な疑問は、原則として肯定的反応が可能であるように思われる。

では、国内的救済の原則とは何か。伝統的な規定—すなわち、国内的救済手続が尽されるまでは、いかなる国際不法行為も（それ故に、いかなる責任も）生じないという—は正しくないのか。この信じられてきた格言には、もしもその出発点を—暴行とか契約違反とか不正な取引とかは、それ自体は国際不法行為ではなく国内法レベルでの関心事にすぎないという―受け入れる場合にのみ、従うことができる。その出発点からは（既述のように、これにはある一定の歴史的傾向を見ることはできるが、原則とか政策という証明は見い出せない）、国際不法行為は国内レベルにおいて義務の侵害又は違反に対し救済手続を提供することの失敗のみである、と必然的になる。

こうした義務が国際法の実体的義務であると思うので、私は国内裁判所へ訴える義務は、国内的救済の原則の要件に―まず初めに国家に責任を負わせるためではなく―合致するために機能するという見解をとっている。人権法の分野は、この原則の生き生きとした実例を提供している。市民的かつ政治的権利に関する国際規約の締約国の義務は、その管轄内における人々の人権を保障することである。いかなる侵害に対しても救済手段を提供するという、きわめて抽象的な義務が存在している。それ故に、国家の義務は、「X氏を虐待すべきではない」というものである。それは、「X氏を虐待したら補償すべきである」というものではない。況んや、これらの義務がある条約に規定されているという事実は、どこからも出てこない。つまりその原則は、一般国際法における義務の問題として適用し得るのである。人権侵害は、商的性格をもつ私法上の不法行為に対するよりも、公法上の不法行為により類似しているのは事実である。しかし、もしも国家が私法領域において行動するならば、国家がそうした行為に対して国際法上何らの責任もないとか、国内的救済手続を尽した後にのみ責任がある、と考えることは難しい。

もしも機関とか国家公務員による行為の帰属性についての根拠がきわめて当然に幅広いものならば、私人の行為に関する立場は何であろうか。私人の行為は、原則として国家には帰属しない。しかしながら、私的行為は、様々な可能性を通して国家の責任を含むようになお為るかもしれない。では順々に見て行くことにしよう。第一に、私的行為は国家の行為ではないが、国家は無法に反対して行動したり秩序ある安全な社会を促進することにより、外国人の福祉を守るよう努める一般義務を有している。ここでは、外国人に対する攻撃や危害を防ぐための一般義務とこれを呼ぶとしよう。勿論それは、もしも個人がバーで外国人を襲うとしたら、—たとえそれが外国人嫌いとか人種的恨みからのものであるとしても—政府に責任があるということを意味するわけではない。国家の責任は、相当な注意により他人への危害を防ぐよう努力することである。それ故に、国家は市民運動や革命の結果として外国人に加えられる危害に対し責任はない、ということになる。イラン－米国請求裁判所は、何度もこのことを肯定する機会があった。革命家たちが実際に新政府となり、かつ、彼等の行為が明確に外国人に対して向けられると仮定した場合のみ、新政府は国際法上責任があるであろう。(17)

国家は、私人の行為に対し責任があることになり得る—もしも国家が個人を助長させ、そして、個人が実効的にこうした行為を行うに際してエージェントとして振舞い、かつ、国家が個人の行為を国家自身の行為として是認するならば—。これら諸要素については、多くの事件において十分に議論されている。イラン－米国請求裁判所は、革命の指導者たちの強烈に表明された反米国感情が米国職員に対する暴力の原因だったと認定するには至らなかった。しかし、幾つかの事件において第一法廷は、革命防衛隊はその当時はイラン国の公式な機関の一つでなかったとはいえ、「もしも彼等が実際に国家のために行動していたことが立証されるならば、彼等の行動は私人の行為とはいえ国家に帰因し得た」、と認定した。革命防衛隊は、革命政府の熟知と黙認において、彼等の行為に対してイランに責任を生じさせる政府の権限を行使していたと、裁判所は判決した。(18)しかし第二法廷は、他の事件における非常によく似た事実に関して、(19)革命防衛隊の行為はイラン国に帰されるべきではないと認定した。適用されるべき法原則は、両法廷共に明白であった。両者は別の仕方で、事実への適用を解釈したのであった。

US Hostages 事件において国際司法裁判所は、米国大使館を襲撃した者たちは、イラン国の公認された法の執行官としての地位を有しないし、又、彼等の行為はそれを根拠としてイラン国に帰せられるべきでもない、と強調した。イラン－米国請求裁判所のように、当該裁判所もまた、Ayatollah Khomeini の一般的諸宣言を、そうした作戦を正当化するものとは解釈しないであろう。また、その後の祝福ですら、民間による大使館に対する戦闘的な者たちの襲撃という性格を変えるには、十分ではなかった[20]。この事件の裁判所は、イラン側の責任の認定について、大使館と外交官を保護することだけを求めている一九六一年の外交関係に関する条約による義務にもとづいて行動することを、怠りかつ統制することに失敗したという、イランの義務違反に限定した。

革命活動は、国家責任からみると独自の問題を提供する。国際法委員会条文草案一四条は、叛乱活動団体による行為は国家の行為とは看做されるべきでない、と断言する。同一五条は、ある国の新政府となる叛乱活動団体の行為は、その国の行為と看做されるべきだと述べている。革命防衛隊は、決して新政府になることなくAyatollah Khomeini の政府とは異なるものに止まったので、これが US Hostages 事件において適用されると認定されはしなかった。イラン－米国裁判所もまた、革命によりたまたま発生した損失に対して国際法上責任は存在しないことを、明確にしている。革命は、国際的に不法な行為ではない。そして後継政府は、まだ革命活動の地位にあったにすぎない間に犯したいかなる不法な行為に対しても責任があるとはいえ、革命それ自体にはいかなる責任も負わない。言い換えれば、そうした行為は国家に帰属しないが故に、また、これらの行為は国際義務違反を必然的に生じさせはしないだろうが故に、国際責任は存在しない。

国際法委員会が一四条についての注釈中で明らかにしているように、同じ原則が民族解放活動にも当てはまる[21]。

Nicaragua–US事件の本案に関する判決において、国際司法裁判所は再度、国家の被用者でもなくかつ国家の機関でもない人々の行為に対する国家責任という争点について、考察せざるを得なかった。ここでは、問題となる関係は、米国とコントラ（Contras）の間におけるそれであった。裁判所は、提出された証拠をもとに、コントラにより行われた軍事行動のすべてが米国の戦略及び作戦を反映しているとすることには満足しない、と述べた。それと同時に、幾つかの軍事行動は米国の顧問との協力により計画されたし、又、米国の立法及び行政機関は明らかにこの地域への軍事及び財政援助について責任があったとした。ニカラグアにおいてコントラが犯した行為が米国に帰され得るか否かを分析するに際し、裁判所は、「米国の法的責任を生じさせる行為に対しては、申し立てられている侵害がなされる間において、その国が軍事又は準軍事行動の実効的支配を有していたことが、幾分は証明されなくてはなるまい」と述べた。(22) そして、本件ではこれは証明されなかった。これは明白に、相当な注意の基準の一つではない。

従事責任に対する注意の基準

国家の個々の使用人の行為に関しては、そうした国家機関の行為としてのものよりもむしろ、もしも国家がそうした行為を合理的に防ぎ得たであろう相当の注意（due diligence）を払うことに失敗したならば国家の責任というものが作働し始める、(23) ということを強調している。

相当の注意の基準は客観的なものかどうか、又は国家に利用可能なすべての手段に照らし合わせて考察されなくてはならないかどうか、ということについては議論されている。その第二の問題に関しては、限られた資源しかない貧しい国は、他者を害する私人の行動を制禦しようとする場合には、満たすべき相当の注意の基準は低度のものであろう。文献や判例法においては、この問題に関して先行する異なる諸見解が存在している。それ故に、米国－コロンビア請求裁判所におけるMontijo事件において、(24) 裁判所は、この注意基準を払うに際してその国が有している諸問題にもかかわらず、外国人への権利侵害を防ぐための相当の注意を怠ったことを認定した。しかしよりラテン・アメリカ的見解は、Garcia Amadorによるこの話題についての対照をなす扱いにより提示された。(25)
この問題については、採択された国際法委員会条文中には、すこしも満足に述べられていないのであり、唯一の手引きは、あいまいに表現された二三条だけである。[26]

Tehran Hostages 事件についての判決[27]で国際司法裁判所は、その点については明言していないし、また多分裁判所のとった表現からあまり多くを推測すべきではあるまいが、「相対論」的な手法を採っているように見えた。たとえ現実の米国外交官への危害というものが個人により引き起されたとしても、イラン当局は米外交官に対する保護義務を怠ったと認定し、イラン当局は、「彼等の義務に十分に気付いていた。彼等はその義務を果すために自由に用いられる諸手段を有していた。そして彼等は、完全にこれらの義務を果たすことに失敗した。」と、裁判所は述べた。

これは、特定の義務に関しては相当の注意よりもより高い基準が要求されるかもしれない、という一例であろう。例えば、一九六一年の外交関係に関するウィーン条約二二条は、外交使節団の威厳への攻撃とかいやがらせ又は損傷から使節団を保護するために、接受国に特別の保護義務を課している。保護について幾つかのむしろ積極的かつ特別の措置―外国大使館の入口に警官を配置するとか、隣接地におけるデモを監視しかつ制禦する、などの―が、接受国に期待されるであろう。それ故に、Tehran Hostages 事件において、国際司法裁判所は、米国大使館を威圧しかつ人質をとることが、「それが完全に終わるまで、いかなる警察組織もいかなる軍隊の部隊もまたいかなるイラン政府の役人も、止めようともまた邪魔しようともすることなく」、三時間に渡り継続したということを強調した。

環境の分野においては、国家は諸活動―時には国家自体の、しかし時にはまた私人とか私企業の諸活動―に対して権力を行使しなくてはならないという、注意義務に関する激烈な議論がある。Trail Smelter 事件[28]（これは法技術的には米国法の不抗争適用の一つであったにもかかわらず）や、他の主要な事件（これらは、条約上の義務の解釈に根拠をおいていたにもかかわらず[29]）、及び関連した条約及び宣言の中に展開されている諸基準すべてが、権利侵害を防ぐための注意義務を明らかにしている。[30] 注意義務の基準は、なお明らかではない。しかし、生来危険な性質をもつ幾つかの活動に関しては、結果として生ずる厳格な法的責任を反映した絶対的な注意義務の一つが存在すると、[31] 一層指摘される。

しかし、以下のことを悟らざるを得ない。我々が注意義務の様々な基準に関する議論を始めるや否や、国家責任―国際不法行為に対する責任の概念―の本質からは遠ざかり、義務の実体法に入っていく。ある義務に関する注意責任を判断するための基準は、その義務の特定の要件に照らし合わせて決定される。国家責任に関する法は、これについての答を教えてはくれない。国家は、一般的にあるいは個々人の行為に関して、相当の注意又は特定の義務が要求するようなそうした他の基準への注意を払うことを怠っていることに対し責任がある、と言うことができるだけである。この点については、もう少し異なる文脈においてすぐに触れることにしよう。

被害を防ぐための相当の注意についての国家責任に関しては、その被害を引き起した個人を処罰するための何らかの、それに類似した相当の注意というものがまた存在するかという、興味ある問題がある。このこともまた、国際法委員会条文草案では直接には扱われていない。しかし、外国人に危害を加える自国民を処罰するための何らかの責任という考えは、多くの支援を得ている。Ago 教授は、外国人に対する攻撃について書くとき、国際法委員会への第四次報告書において、それを以下のように記した。[32]「予防と処罰は、保護を提供するという同一の義務の単に二つの側面にすぎないのであり、共に、被保護者への潜在的な攻撃者がそうした攻撃を実行に移すことを思い止まらせるためという、一つの共通の目的を有している。それ故に、当該国家が提供しなければならない保護システムというものは、幾つかの行為が犯されるのを避けるための措置の採用のみならず、予防的措置の実施により予防に失敗した諸行為の張本人に対する制裁についての規定及び適用も、また含んでいる。」

勿論彼の批評は、国際義務の他の例にも同じように当て嵌まる。それ故にBrian Smithは、「不法行為者を逮捕し処罰する義務は、そうすると、当該国家が行うことを禁じられている行為を私人たる個人が行うことを防ぐための、一般的義務の表現の一つにすぎない、」と述べている。(33)

このことは、国家はいかなる場合においても、犯罪者が念入りに追跡されることを被害を受けた外国人に対し保証する義務を負っている、と言うこととまったく同じというわけではない。つまり、この義務は多分、一定の禁じられた活動の不起訴及び処罰は、それによって当該活動の一般的予防に役立つ一定の規則性を伴って起きるわけではない、ということをむしろ確実にすることとなろう。(34)興味深いことには、この問題は、市民的及び政治的権利に関する国際規約における人権義務の特定の文脈中において生じている。この規約における義務の締約国による遵守を監視する規約人権委員会は、申立人は規約上ある特定の人権侵害者の処罰を得る法的権利を有していない、と決定している。それ故に、国家責任という争点は存在しない。(35)ヨーロッパ人権裁判所もまた、Ireland v. United Knigdomの事件において、(36)侵害者を処罰することに失敗したことは義務の違反となる、という考えを否定した。（Ireland v. United Kingdom事件では、侵害者は当該国家の公務員であった。ラテン・アメリカ諸国においては、こうした人々の地位はしばしば激しく争われる。しかし、本質的な問題点は同じように思われる。）しかし、締約国の人権保護状況に関する国家よりの報告書を審理するというもう一つの機能においては、規約人権委員会は、Ago 教授が「同一義務における二つの側面」と呼んだものに関心をもっている。甚だしい人権侵害に対して恩赦を行った国（これは、南米の幾つかの国では真実である）は、これが実際に将来における更なる人権侵害への奨励となるのかどうかに関して、圧力をかけられている—たとえ特定の被害者といわれる人々には、特定の犯罪者を法に照らして処罰するために訴訟を起こす義務はないとしても(37)—。

国際法委員会における初期の議論のほとんどは、—今日では、幸いにも別の時代の問題として葬り去ることのできる問題、つまり、唯一の義務は外国人を自国民が扱われるより悪くは扱わないことであるから、外国人は差別されてはならないというだけなのか、それとも、外国人の待遇については必要最小限の基準というものが存在しているのか、といった質問を含んでいる―外国人の待遇に関する実体国際法に集中していた。国際法は確固として、待遇についての必要最小限の基準という考えを信じてきている。悲惨にも外国人よりも悪い待遇を受けるであろう自国民に対する改善の方法は、自国民にも外国人にも一様に適用される人権法の進展を通してである。自国民に対する基準は、国際法上外国人に対して求められている基準にまで引き上げられなくてはならない。つまり、基準は一緒になって惨めなレベルに引き降ろされてはならない。これが、人権法が国家の義務に言及する方法の一つである。しかし思うに、これは国家責任に関する法をほとんど何も利用していない。それは、義務に関する実体法の一部である。そしてこうした義務は、―外国人及びその財産の現実的取扱いに関する義務というだけでなく―何かそれ以外のものであり得よう。このことは、外交的保護あるいは不正規兵による外国での武力の行使に関し、既に与えられた例からも明らかである。この点は、話を進めて行くことでより一層明らかとなるであろう。

しかし、このテーマを更に詳細に述べる前に、国家責任の性質については、注意すべきもっと哲学的疑問がある。「誰の行為に対して、国家は責任があるのか」という質問から、「責任の必要要件は何か」という質問に、目を向けることとしよう。

責任の必要要件

ここでの重要な問題は、予定されている責任には過失又は意図のいずれかが存在しなければならないのか、ということである。永年に渡り、この点については熱心な議論が行われている。過失（culpa（過誤））が国際義務の何らかの違反に対する責任の必要条件の一つだ、とする立場をとる著者もいる。[38] それに対して、過失の必要条件を、私人による危害から外国人を保護するという、国家の義務に限定する著者もいる。(39) Garcia Amadorは国際法委員会草案において、不作為に対する責任の要素の一つとして、過失を求めた。(40) Corfu Channel事件の判決文は、(41) 国際司法裁判所による不明瞭な判決に「法を見い出す」ためのもう一つの教材として、じっくりと研究されている。この事件では、アルバニアが、コルフ海峡にいかにして機雷が存在するようになったかについての、いかなる認識も否定したにもかかわらず、コルフ海峡に出現した機雷に対して国際的に責任があるとして扱われるべきであるかどうかが、争点であった。英国は、機雷原は「アルバニア政府の黙認若しくは認識により又はそれらをもって」敷かれたとの主張に、アルバニア政府の責任の根拠を置いていた。国際司法裁判所は、機雷原がアルバニアの領海内に敷かれていたという単なる事実は、それ自体アルバニアのそれについての認識を指摘するものではない、と述べた。しかし、すべての証拠及びこれらから出てくる推定をもとに、裁判所は、機雷原を敷くことはアルバニア政府の知ることなくしては成し遂げられ得なかったであろう、という結論を引き出した。船舶の進路に機雷原が存在することの認識及び警告を発することを怠ったことが、国際法に違反したのである。過失の必要性を支持するものとして―もしも過失が必要でないならば、アルバニアが事前に認識していたかどうかを決定することは必要なかったであろう（Lauterpacht）―、これを考える著者もいる。(42) しかし、この判決は、過失については中立であると、―私の見解では正しく―主張する著者もいる。これは単に、知っていたことについての警告を怠ったことが国際義務に違反したいと言っているだけである。(43)

もう一つの見解は、侵害それ自体に必要とされる以上の何らかの過誤なくして責任を負わせることは、国際法の侵害そのものだというものである。(44) それは時には、以下のように表現された。国際責任があるためには過誤が存在しなくてはならなかったが、過誤は侵害そのものの中にあるのであって、過失や犯意の要件の中に決してあるわけではなかった。しかし再びここでも、国家責任の要件について語ろうとするにもかかわらず、義務に関する実体法の議論へと踏み込んでいる。Amerasingheが、「（国家責任の）根拠は、国際義務の内容とともに変わるであろう。このことは、状況によっては認識ある過失又は重過失あるいは思うに犯意を含むかもしれないが、状況によっては無過失の基準あるいは危険を基準とするものであるかもしれない。[45]」と書くとき、このことを暗黙のうちに認めている。

その質問が、「国家は、たとえ犯意をもたずかつ過失もなかった場合でさえも、国家自体による不法行為に対して責任があるのか」というものであるときは、これは明らかに正しく思われる。しかしその争点が、他者によりなされた行為に対する国家の責任についてであるとき、過失についての質問はなおその役割を演じ始める。国家が過失がなくとも責任を負うか否かという争点は義務に照らし合わせて立証されると述べることでは、ものごとは前進しない。過失に対する判断基準は、不法な行為を現実に行う人たちには十分に適合しているであろう。しかしそのことは、もしも過失それ自体がない場合には国家は法的責任を負うべきなのか否かについて、教えることはできない。答えはここでは、国家責任に関する法は最も一般的には責任の帰属の判断基準として国家自身の過失よりむしろ相当の注意を要求する、というものであるようになお思われる。

義務に関する実体法に目を転じると、「無過失責任」―言い換えれば、相当の注意のテストと同じぐらい無関係な過失を伴う、結果に照合しての責任―を課す幾つかの義務のカテゴリーが増大しつつある現代の傾向については、既に記してきた。これは明白に、国際環境の分野において増大しつつある現象の一つである。そして、例としては、一九六三年の原子力損害に対する民間責任に関するウィーン条約、一九六二年の原子力船舶の運行責任に関するブラッセル条約、そして一九七二年の宇宙物体により引き起こされる損害についての国際的責任に関する条約、を挙げれよう。

国際法委員会は、作為及び不作為のような、過失を要しない結果に対する責任を採択している。そこでの唯一の要件は、損害である。しかしここに、一つの難問が出てきた。二九条から三四条は、「違法性を阻却する」事由を記載している。条項中には、違法性を阻却する—例えば、自衛のための合法的措置は不法な行為とならない—ものもある。しかし記載されている条項中には、明らかに違法性にではなく過失に属すると思われるものもある。たとえば三一条は、「違法性は、もしも当該行為が不可抗力（force majeure）による場合は阻却される」と言う。しかし、このことは結果を根拠とした責任といかに調和するのか。不可抗力によりなされた全てについては、過失の存在を取り去るべきである。それは、義務違反の言い訳ではあるが、義務違反を「阻却」しはしない。不可抗力を理由とした国際契約の違反は、依然として違反である。それは単に、違反した相手方が過失なく行動したことを意味するだけである。それ故に、過失にではなく結果に根拠をおく責任のシステムにおいては、それは国際責任には無関係でなくてはならない。危難（distress）に関する項と緊急（necessity）に関する項は、義務の「阻却」を義務の「違反への抗弁」と混同していて、同じ理由から誤解しているように思われる。

国家責任は、国際義務の違反に対して生じる。

Ago 教授と共に国際法委員会は、特定の義務についての議論から顔を背けているが、国際法委員会の外の世界は、国家責任に関する著作を装って、特定の義務に関する題材について述べ続けている。身近な学術誌すべてが、「国家責任と人権の侵害」、「国家責任と海洋汚染」、「国家責任と天然資源に対する永久的主権」—その表は終りがない—に関する著作を含んでいる。幾つかの大学の講座も、話題をごたまぜにして「国家責任」と名付けて、同様の嘆かわしい状況に陥っているよう思われる。国家責任は、国際法におけるあらゆる単一規範に関しての義務の全体についてではない。これは、「Xという話題に関しての国家義務」を述べれば充分であるときに、「国家責任」という表現を用いようとすることである。

しかし、国際法委員会は、「国家責任の二次的役割」と呼ぶもの—国際義務についての法の全て以上の何物でもないものに対する、一つの不幸な名前—に熱中することを避けているとはいえ、もう一つの同じように奇妙な道へ踏み出している。国際法委員会は、「国際的に違法な行為の『動機となる』（instrumental）結果」と呼ぶものに関する詳細な研究を始めている[46]。言い換えると、「被害国が、国際的に違法な行為を犯した国に対し取るであろう措置」の研究に乗り出している。それ故に、国家責任の研究は今や、「対抗措置」と呼ばれるもの—自衛、復仇、干渉等—に関する国際法の全体系を含んでいる。こうした国際法の莫大なテーマが、国家責任に関する国際法委員会による作業の範囲内のものとして扱われるべきということには根本的な誤解があると信ずるとはいえ、「対抗措置」に関し特別報告者より提出された研究[47]は賞賛に値する。

国家責任の帰結は、賠償（reparation）を行う法的責任である。その原則は、有名なChorzow事件[48]及びSS Wimbledon事件[49]において、明白に述べられている。Chorzow事件では、常設国際司法裁判所は、「国家間の契約の結果として生じた諸義務の違反の必然的結果として賠償」を看做す、と述べた。しかし、国際法委員会が現今、補償（compensation）に関する莫大な論文にその精力を向けていることは、誤解しているように思われる。補償についての実体法は、まったく別箇の話題である。思うに、国家責任についての法の法典化は、義務についての全実体法を詳述することでも、はたまた対抗措置に関する論文でも、はたまた補償や賠償に関する全法大系を詳述することを必然的に伴うものでもない。

「国家責任」により包括されない話題はないように思われる。見方によっては、これはあらゆる実体的義務についての法、義務の違反への「動機となる結果」についての法、そして賠償についての法、の細目を網羅している。国際法委員会において、その話題に関し締めくくりとなる研究プログラムを達成するに際しそうした問題を引き起こしたのは、国家責任を「あらゆることについての法」とするまさにこの傾向だというのが、私の意見である。もしも国家責任についての法が、はっきりとした意味を有すべきだとするとそうするとこれらの要件はいずれも不要である。責任の本質は義務の内容ではないし、それは許された応答の中にもまた賠償を詳述することの中にもない。それは、賠償を行う義務と対となり、国際違法行為に対する法的責任の概念の中にある。そして、求められている項目は、帰因性の問題と、法的責任の要件に関する限りにおいては、責任についての法それ自体に特有なものに限定されるべきである。国家責任は、何らかの違反された義務を当然のごとくに前提しかつ賠償を必要とするけれども、もしもそれがまったく別の話題として存在するならば、その唯一の焦点はどこか他の所に置かれなくてはならない。誰の不法な行為が国家の責任を保証するのか、そして、もしも責任というものは他者の行為に対し存在するのならば、その責任は国家それ自体による何らかの過誤又は過失次第であろうか。(50)

なお、まだ述べなくてはならない問題が多くある。それは、害することの違法性と責任の推定の関連性についてである。Chorzow 事件において、常設国際司法裁判所が、賠償は一つの義務の違反の当然の結果であると述べたことは、既に見ている。そして、Wimbledon 事件において同裁判所は、ある義務が違反されたと決定されるや否や、その違反により引き起こされた損失に対し責任がある国はそれに対して償わなくてはならない、と判示した。ここで二つの疑問が生じてくる。まず第一に、もしも損失がなかったらどうなるのか。もしも不法な行為が何らの損失も被害も生じさせなくとも、責任は生じるのか。その答は、その通りである—責任は不法な行為に対してであって、損失に対してではない—というものだと思われる。損失に対する補償は、責任のまさに結果である。実際に、Ago教授及び彼の草案は、すべての違反は損害を招く—もしも物的損失が存在しなければ、その場合の損害は「道徳的損害」である—と信じ、このことを「問題とならない」ものと看做した。要求される補償は控えめではあろうがしかし責任は存在する。次に、国際違法行為と被害との間に、この関連性に関し第二の疑問がある。(51) もしも国際的な違法行為はあるが、被害はないかまたは単に「道徳的被害」のみだとしても、なお責任があるだろうと丁度述べたばかりである。しかし、もしもこれが逆だったらどうなるであろうか。もしも被害はあるが、それは合法的な行為の結果であるとしたら、どうであろうか。Trail Smelter 事件は、その典型的な例である。製錬工場を所有することに違法なことは何もない。しかし、この工場の活動が近隣国に被害を引き起こした。Trail Smelter が設置されていた国は、その被害に対して責任があると、判示された。

これはそれでもなお、責任に対する必要条件として「国際違法行為」(一条)を明確に要求している条文草案に因われているのか。答は否定的である。なぜならば、国際法委員会は、発展と法典化に対して別の話題—すなわち、国際法により禁じられていない行為による侵害的結果に対する法的責任—を持ち込んでいるからである。特別報告者たち—Quentin Baxter 教授、そして彼の早すぎた死により、Barboza 教授—は、主に環境問題に焦点を合わせている。Trail Smelter のような事件—そこでもっていた初期の考えすべては、隣人への危害に対する国際責任に何らかの関係があるというものであった(そして、悪意や過失を必要としない明白な例の一つ)—は、今では国家責任の問題ではなく、他のカテゴリーに入れられている。しかし問題は残っている。もしも現代の国家責任法が、過失に関する議論を解決し結果主義による責任により決着するならば、なぜそれはこうしたタイプの行為もまた網羅できないのか。ここで与えられる答は、結果は何らかの不法行為により引き起こされなくてはならない—そして、ほとんどの環境被害は、それ自体完全に合法な諸行為により引き起こされる—、というものである。しかし、これはなぜそうでなくてはならないのか。もしも、関心があるのは過失よりむしろ結果であるならば、ではなぜ責任は、不法な行為からと同じように合法的な行為から生じる結果にも、また帰することができないのか。勿論、今までに採択された条文草案は、作り直されるべきであろうが、それは国際法委員会のメンバーの誰もが賛成するつもりはない選択肢であるように思われる—彼等を囲んでいるセメントはまだ固まってはいないのだけれども、彼等は石になってしまっている—。

その代わりに—そして、私には、あらゆる論理に反してと思われるのだが—「国際法により禁じられていない行為」により引き起こされた被害は、まったく異なって扱われている。その手法たるや、国家責任の手法とはまったく異なっている。それは、国際法委員会での国際水路に関する法についての Stephen McCaffrey 教授による取り扱いを好例とするような手法[52]、つまり協力に関する法と呼ぶような手法である。その研究の向っているのは、情報、告知、共同研究への参加等の分担である。この中に意義を見い出すことはできる—しかしそれは、活動の合法性を強調し、そして被害を防ぐことは絶対的な義務というわけではないという憶測をもたらす、一つの傾向である—。その基準はそれ故に、たとえ非常に危険性の高い活動に関する場合でも、無過失責任よりは低い。チェルノブイイ（Chernobyl）やボパル（Bhopal）におけるような結果は、（もしも国家責任に関する法にもとづいて処理されるならば、これらはそうであるだろうように）無過失の結果に基づいての国家の無過失責任（strict liability）を引き起こしはしないであろう。環境問題を扱う法律家のなかには、このことは、明らかに危険性の高い諸活動に関して段々と無過失責任を認めてきている、発展しつつある環境に関する国際法[53]とは反対の方向へと導く、と指摘する人もいる。

国家責任という一般見出しの中に被害に対する全責任をもってくること、そして、被害に関する注意義務（すなわち、相当の注意義務があるのか、それとも絶対的な法的責任の義務があるのか）というものは、第一義的義務それ自体次第であると再度強調することは、望ましくないであろうか。環境問題に関する事件では、疑いもなく活動には一方を根拠とするものもまた他方を根拠とするものもあろう—環境に関する実体法が発展し変化しているので、それは発展し変化するだろう—。要求される注意義務を充すことへの失敗と対にされて、責任は被害に対し帰せられるであろう。

もしも、今までに採択された国家責任の条文を変えることは実際には不可能と思われるとしても、この目的を達成することは、これらの条文の適切な解釈によりなおでき得ると思われる。もしも、国家責任に関する法が適用されるために求められるのが国際的に違法な行為であるならば、国際的に違法なものとは、（たとえ過失がなくとも）被害が発生することを許すことである。原子力発電所は、合法的な活動の一つである。しかし、結果として生ずる被害—それは、国家責任がそれに帰する、国際違法行為そのものである—により、注意についての無過失のあるいは相当の注意の基準を満たすことに失敗する。

国際責任の特徴：刑事責任の問題

国際法委員会条文草案一九条一項は、責任は違反された義務の対象物に関係なく一つの義務の違反に対ししかかってくる、ということを確認している。一九条二項及び三項は、幾つかの例を記述して国際犯罪の概念について述べている。四項は、これらの条項に従うと国際犯罪ではない如何なる国際違法行為も国際不法行為を構成する、と規定している。

一九条二項：　国際社会の基本的な利益の保護に不可欠であるがために、その違反が国際社会全体により犯罪として認められるような国際義務の国による違反の結果として生じる国際違法行為は、国際犯罪を構成する。

三項：　二項に従い、かつ有効な国際法の規則に基づいて、国際犯罪はとりわけ、以下の結果として生じ得る。

(a)　侵略を禁止する義務というような、国際の平和と安全の維持に不可欠な重要性をもつ国際義務についての、重大な違反、

(b)　力による植民地支配の確立または維持を禁止する義務というような、人民の自決権の保護に不可欠な重要性をもつ国際義務についての、重大な違反、

(c)　奴隷制度、ジェノサイド及びアパルトヘイトを禁止する義務というような、人間の保護に不可欠な重要性をもつ国際義務についての、広範囲に渡る重大な違反、

(d)　大気または海洋の大量汚染を禁止する義務というような、人間環境の保護と保全に不可欠な重要性をもつ国際義務についての、重大な違反。(54)

一九条について、そしてその根底にある思想について、大論争がなされてきた。なぜ犯罪と不法行為を区別することが一体全体必要だと考えられたのかが、問われている。いかなる特徴についてであれ、国際違法行為について述べることだけでは、なぜ単純に十分ではなかったのか。様々な答が与えられている。Graefrath は、「明らかに、異なる法的結果を必然的に伴う異なるカテゴリーの国際法違反というものが存在している」と述べ、一つの常識的な答を示している。(55) 国際法委員会への報告書の中で、Agoは、犯罪から不法行為を区別する理由として、国連憲章第七章の下での国連の制度化したシステムと、Barcelona Traction 事件(56)において国際司法裁判所によりはっきりと述べられた、対世的な義務の概念中に生じている利害関係を挙げた。

憲章第七章の下での制度化されたシステムはまた、―「国連の安全保障システムは、こうした差別化に根拠をおいている」として(57)― Graefrath からも大いに頼りとされている。しかし、国連第七章のシステムが、国家責任という目的のために国際犯罪の新しいカテゴリーを求めているという指摘は、まったく説得的ではないと思う。Graefrathが指摘するように、国連憲章四〇条から四二条が、国際犯罪の古典的カテゴリー（侵略戦争の遂行）と最も密接な関係を持つことは真実であるが、こうした条項の歴史もそしてまた文面も、これらが犯罪に対する刑罰的制裁の一つだと示唆してはいない。(58) Pierre-Marie Dupuy が述べているように、憲章第七章の四一条及び四二条は、「ある違法行為の過失を個別的に罰するという目的ではなく、平和への攻撃又は平和への脅威という事態を終わらせるという目的」をもっている。彼の見解によると―そして、これには私も同感である―、これらの条文は五一条と共に「自制措置であって責任のそれではない(59)」。確かに、これらの中に不法行為が犯罪から区別される何らかの要件を読みとることは、難しい。

対世的な（erga omnes）という概念が、国家の国際犯罪のカテゴリーを体系化することを求めているという指摘には、同じように当惑させられる。Barcelona Traction 事件における傍論が、適切に分析した場合に引用が可能である以上に際限もなく引用されているという事実は別としても、その関連性はここでも説得力に欠けている。[60] それは、対世的なという概念から強行法規（jus cogens）のカテゴリーへ徐々に移ることを、そして次には、どちらの違反であろうとも必然的に国際犯罪であるという仮定をすることまでも求める。対世的なという概念は訴えの利益に関係があり、強行法規の概念は規範のもつ制限できない性質に関係がある。かなり重複するところはあるかもしれないが、この二つは同じものではない。例えば、人権のすべてが制限できない権利というわけではないし、況んや一定の条件が満たされたとしても合法的に制限ができない権利でもない。更に、Henkin や Schachter そして Smit は、正しくも次のように述べている。「対世的な義務の違反は、必然的に国際犯罪であるということになりはしない。国際法委員会は、海洋法の幾つかの原則は対世的な義務を課しはしたが、これらの違反は国際犯罪ではない、と強調した。[61]」

機能的な面から言って、幾つかの違反を犯罪として分類することは何のためになるのか。ここで二つの重要な可能性を想定し得る。第一には、その分類は疑いもなく、普遍的管轄権が存在する違反というカテゴリーの中にある違反を置くことに役立つ、ということである。しかし、一〇条は国家責任に関するものであり、一九条三項に述べられている例は、大部分が個人によるよりもむしろ国家により行われる行為の例である。この条項は、侵略、自決、奴隷制度、ジェノサイド、アパルトヘイトそして環境の大量汚染について述べている。違反国家に対する普遍的管轄権の承認は、一九条が意図するところではない。違反を犯罪として分類することの第二に考えられる目的は、適切な賠償を刑罰として又は金銭賠償と対となる刑罰として、明記することである。憲章第七章は、

「犯罪」に対する「刑罰」の一つの新しい形式として当然には見做されるべきでないことは、既に述べてきた。そして、いかなる裁判所も未だに国家に対する「刑事処罰」として認め得るようなものは何も課したことはない、と主張する人々に賛同しないことは難しい。救済手続の通常の装備一式―宣言的判決、賠償―は、違反が「不法行為」と呼ばれようと「犯罪」と呼ばれようと、そうした違反に現実に利用可能なもののすべてなのである。Gilbertが書いているように、「犯罪的行動に対する刑罰の概念は、明らかに違反国家の取り扱いに直接的な方法で適用されることはあり得ない。なぜならば、そのなかに、この概念は垂直的な社会を含蓄しているからである。犯罪の不可欠な要素の一つではあるが。」[62]

もしも国家の国際犯罪責任という考えが困難を伴うならば、個人の国際犯罪責任概念の発展は、より注目に値するように思われる。この方面において、幾つかの興味ある発展が現在生れている。たとえば、最近の国際法委員会による人類の平和と安全に対する犯罪の規約草案[63]は、国家の代理人の責任のみならず、ジェノサイドや麻薬取引に従事する私人の責任についてもまた記述している（ここでも、また、国家責任に関する国際法委員会条文草案一九条でも、拷問が国際犯罪の一つと看做されていないのはなぜなのか、不思議に思えるが。）。しかし、刑罰に関する規定については、なお意見の一致が待たれている。

一方、国際法委員会の研究グループの一つが、組織面及び管轄権の面に関する法律上の争点に触れて、国際刑事法廷の可能性について迫力ある研究を行っている。[64]ここでもまた示唆されているのは、国際犯罪に問われている個人に対し法廷を提供することである。その提案は、国家犯罪責任に関する国際法委員会草案一九条とは異なった立場をとっている。

国家責任のこれまでの調査は、国家責任はむしろ定義が明確な何かを意味すべきであるにもかかわらず、近年ますます何もかにもを意味させるようになってきていると述べて、締めくくることができる。国家責任は、確かに少なければ少ないほどよいと言うことができる話題の一つである。

(1) この期間における国家責任に関する国際法委員会の研究の有用なレジメについては、M. Spinedi and B. Simma (eds.), United Nations Codification of State Responsibility (1987), 326-93.を参照のこと。

(2) A/CN. 4/440 and Add. 1; A/CN. 4/444 and Corr. 1 and Add. 1, 2 and 3；またA/CN. 4/421 and Corr. 1 and A/CN. 4/432.を参照のこと。

(3) 契約違反は、適切な様式での賠償をする義務を伴うということは、国際法の原則の一つである。(Chorzow Factory Case (Jurisdiction) (1927) PCIJ Ser. A, no. 9, p. 21;また、Chorzow Factory (Indemnity) (1928) PCIJ Ser. A, no. 17, p. 29を参照のこと)

(4) R. Ago, Second Report on State Responsibility, Yearbook of ILC (1970), ii. 177 at 187.また、E. Jimenez de Arechaga, "International Responsibility", in M. Sφrensen (ed.), Manual of Public International Law (1968), 534; C.F. Amerasinghe, State Responsibility for Injury to Aliens (1967), 37.を参照のこと。

(5) (1923) PCIJ Ser. B, no. 6, at p. 22.

(6) Thomas H. Youmans (USA) v. United Mexican States (1926) 4 RIAA 110.

(7) Estate of Jean-Baptiste Caire (France) v. United Mexicans States (1929) 5RIAA 516.

(8) Arechaga, "International Responsibility", 548; T. Meron, "International Responsibility of States for Unauthorized Acts of their Officials" (1957) 23 BYIL p. 85.

(9) 条文草案第一部一条から三五条は、Yearbook of ILC (1980), ii. pt. 2, pp. 30-4に公表されている。条文草案第二部一条から五条は、第三七回会期（一九八五）での作業についての国際法委員会の報告書、A/CN. 4/L. 478, pp. 2-3,に公表されている。これらの条文は、第一読会において採択されている。

(10) The Rainbow Warrior, 74 ILR 241, esp. at 256-7, 261, 263を参照のこと。

(11) Yearbook of ILC (1975), ii. 60. 権限踰越行為と国家責任に関しては、I. Brownlie, System of the Law of

Nations: State Responsibility, pt. 1 (1983), 145–50; Amerasinghe, State Responsibility for Injury to Aliens, 104–14;そして、B.D. Smith, State Responsibility and the Marine Environment (1988), 31–4. を参照のこと。

(12) 各々、(1926) 4 UNRIAA 110 at 115–16; そして国際法委員会条文草案十条。但し、二〇〇一年七月採択された草案最終条文 (A/CN. 4/L. 600/Rev. 1) においては、それまでの七条と十条が、新七条として統合された。

(13) Yearbook of the ILC (1974), i. 1253rd meeting, p. 16.

(14) H. Fox, "State Responsibility and Tort Proceedings against a Foreign State in Municipal Courts" (1989), 20 Netherlands Yearbook of International Law 3 at 12.

(15) B. Graefrath, "Responsibility and Damages Caused: Relationship between Responsibility and Damages", Recueil des cours 1984, II) 9 at 24.

(16) さもなくば国家による契約違反とみえるであろうことを許すように変えられる、国内法の適用される契約のより複雑な要因については、ここでは除いている。このシナリオにおける国家責任のおかれた立場についての異なる見解については、F.A. Mann, "State Contracts and State Responsibility" (1960) 54 AJIL 581; R. Jennings, "State Contracts in International Law" (1961) 27 BYIL 156; C.F. Amerasinghe, "State Breaches of Contracts with Aliens and International Law" (1964) 58 AJIL 881. に申し分なく表わされている。

(17) たとえば、Short v. Islamic Republic of Iran (1987) 16 Iran–USCTR 76. を参照のこと。

(18) Yeager v. Iran (1987) 17 Iran—USCTR 92 at 104.

(19) Rankin v. Iran (1987) 17 Iran—USCTR 135.

(20) テヘランにおけるアメリカ合衆国外交官及び領事館員に関する事件(United States of America v. Iran), ICJ Reports (1980) 3 at 30.

(21) しかし、民族解放活動は、認知された国際的地位を有しているのであり、自決を追求していて合法的に行動していると主張して、国際法委員会が民族解放活動と叛乱活動とを同一基準で扱っていることを批判する人もいる。例えば、H. Atlam, "National Liberation Movements and International Responsibility", in M. Spinedi and B.

Simma (eds.), United Nations Codification of State Responsibility (1987), 35-57. しかし、一四条と一五条は、行為の帰属のみを扱っているのであってその合法性を扱っていない。そして、帰属性というものは決して、合法及び不法な行為の間の差異次第ではない。

(22) Military and Paramilitary Activities (Nicaragua v. USA) (Merits), ICJ Reports (1986), 14.

(23) 相当な注意の基準は、例えばShort v. Islamic Republic, Iran-United States Claims Tribunal (1987) において肯定されている。

(24) The Montijo Case (1874) (US v. Colombia), Moore, ii., Arbitrations 1421 at 1444

(25) F. Garcia Amador, Draft Articles on the Responsibility of the State for Injuries Caused in its Territory to the Person or Property of Aliens, repr. in F. Garcia Amador, L. Sohn, and R. Baxter (eds.), Recent Codification of the Law of State Responsibility for Injury to Aliens, i. (1974), 130. この話題についての興味ある見解の一つとして、Smith, State Responsibility and the Marine Environment, 36-43. を参照のこと。

(26) 二三条は、「国際義務により国に要求されている結果が、その国の選択に基づく手段により一定の事態の発生を防止することである場合には、当該義務違反は、採られた行為により国がその結果を達成しない場合にのみ存在する」と規定している。

(27) Case Concerning United States Diplomatic and Consular Staff in Tehran (United States of America v. Iran), ICJ Reports (1980) 3 at 30

(28) Trail Smelter Case (USA v. Canada), 3 UNRIAA 1905; Corfu Channel Case (UK v. Albania). ICJ Reports (1949) 4.

(29) Diversion of Water from the Meuse (1937) PCIJ Ser. A/B, no. 70; Lake Lanoux Case (France v. Spain) (1958) 62 RGDIP 79.

(30) 一九八二年国連海洋法条約一九四条と一九八条。一九六九年汚染に関するブラッセル政府間海事協議機関（現在の国際海事機関）民事責任条約、三条と七条。そしてまた、とりわけ、A. Boyle, "Marine Pollution under the

Law of the Sea Convention" (1985) 79 AJIL 347 ff; J. Schneider, World Public Order of the Environment (1976), ch. 6; L. Goldie, "Concepts of Strict and Absolute Liability and the Ranking of Liability in Terms of Relative Exposure to Risk" (1985) 16 Netherlands Yearbook of International Law 175. を参照のこと。

(31) 宇宙物体により引き起こされる損害についての国際責任に関する条約三条。

(32) Ago, Fourth Report on State Responsibility, C/CN. 4/264 and Add. 1, Yearbook of ILC (1972) ii. 71

(33) 彼の刺激的な本である State Responsibility and the Marine Environment の三七頁。

(34) 同じ趣旨については、The James Case (US v. Mexico) (1925) 4 UNRIAA 82 at 118. を参照のこと。

(35) 例えば、HCMA v. Netherlands, Communication 213/1986, Report of the Human Rights Committee, GAOR 44th sess., suppl. 40. を参照のこと。起訴の義務についての総論に関しては、D. Orentlicher による興味ある論文、"Settling Accounts: The Duty to Prosecute Human Rights Violations of a Prior Regime" (1991) 100 Yale Law Journal 2539. を参照のこと。

(36) Ireland v. United Kingdom, 25 European Court of Human Rights, Judgments, European Court of Human Rights Ser. A (1978), para. 10.

(37) 例えば、ウルグアイの第二回報告書(CCPR/C/28/Add. 10) の規約人権委員会による審理、876th–879th meetings, held 27–8 Mar. 1989 (CCPR/C/SR/876–9)を参照のこと。

(38) 例えば、J. Brierly, The Law of Nations (6th edn., 1963), 289; H. Rolin, "Les Principes de droit international Public", Recueil des cours (1950), ii. 302 at 445.

(39) 例えば、P. M. Dupuy, "Responsabilité internationale des états", Recueil des cours (1984, v), 13 at 23 ff; C. de Visscher, "La Responsabilité des états", Bibliotheca Visseriana (1924), ii. 86 at 88. それについての議論及び文献の有用かつ簡明な概要については、Smith, State Responsibility and the Marine Environment, 12–15 を参照のこと。

(40) Garcia Amador, 条文草案二七条

(41) Corfu Channel Case (UK v. Albania), ICJ Reports, (1949) 4.

(42) Oppenheim, International Law, ed. H. Lauterpacht (8th edn., 1955), i. 343.を参照のこと。

(43) しかし確かに、Krylov 裁判官及びEcer裁判官という二裁判官による少数意見は、過失とか犯意とか重過失についての必要性を、明確な表現で述べている。各々ICJ Reports (1949) 72及び128を参照のこと。また、良くできた概要については、Smith, State Responsibility and the Marine Environment, 12-15.を参照のこと。

(44) 例えば、D. Anzilotti, Cours de droit international (6th edn., 1929), 496-51; I. Brownlie, System of the Law of Nations: State Responsibility, pt. 1 (1983), 38-46; Jiminez de Arechaga "International Responsibility", in Søensen (ed.), Manual of Public International Law, 531 at 535.

(45) State Responsibility for Injury to Aliens (1967), 45.

(46) A/CN. 4/L/478, 15 July 1992, para. 12.を参照のこと。

(47) 特に、G. Arangio-Ruiz教授の第三次、第四次報告書、A/CN. 4/440 and Add. 1;そしてA/CN. 4/444 and Corr. 1, and Add. 1, 2 and 3;そして国際法委員会一九九二年七月十五日の報告書第三章、A/CN. 4/L. 478を参照のこと。

(48) (1928) PCIJ Ser. A, no. 17, p. 29.

(49) (1923) PCIJ Ser. A, no. 1, p. 3.

(50) 国家責任の現時の概念に関するこれらの疑念は、Philip Allottの挑発的かつ刺激的論文、"State Responsibility and the Unmaking of International Law" (1985) 29 Harvard International Law Journal I"において一層押し進められている。Allottは、国家責任に対して知性的に立証可能ないかなる役割をも否定する。彼は、法的責任というものは特定の違法行為の性質そのものから出てくるのであり、救済手段の要件は、「当該事件における法的責任の性質を、特定の違法行為の性質と調和させる機能の一つ」であると論ずる(p. 12)。そして、「責任の法的内容を決定することは、犯罪とその結果に対する法的責任との間に、一つのカテゴリーを作ることになる。このカテゴリーは、不必要なだけでなく危険でもある。」と主張する(p. 13)。

(51)　A. Tanzi, "Is Damage a Distinct Condition for the Existance of an Internationally Wrongful Act?", in Spinedi and Simma (eds.), United Nations Codification of State Responsibility, I.を参照のこと。

(52)　例えば、国際水路の非航行使用についての法に関する第六次報告書、A/CN. 4/427/Add. 1.を参照のこと。

(53)　K. Zemanek, "Causes and Forms of International Liability", in B. Cheng and E.D. Brown (eds.), Contemporary Problems of International Law: Essays in Honour of Georg Schwarzenberger (1988), 319.また、A.E. Boyleの説得力ある批判、"State Responsibility and International Liability for Injurions Consequences of Acts not prohibited by International Law: A Necessary Distinction?" (1990) 33 ICLQ 1.を参照のこと。一般論としてはまた、(1985) 16 Netherlands Yearbook of International Law: Symposium on State Responsibility and Liability for Injurious Consequences Arising out of Acts not Prohibited by International Law.を参照のこと

(54)　Yearbook of IILC (1976), ii. pt. 2, p. 73 at pp. 95-122.

(55)　B. Graefrath, "International Crimes: A Specific Regime of International Responsibility of States and its Legal Consequence", in J. Weiler, A. Cassese, and M. Spinedi (eds.), International Crimes of State (1989), 160, 161.

(56)　R. Ago, Fifth Report, Yearbook of ILC (1976), ii. pt. 1, p. 3 at pp. 26-57; そして彼のコメント、ibid, i.p. 7 at pp. 8, 56-61.

(57)　Graefrath, "International Crimes", 162.

(58)　R. Russell and J. Muther, A History of the United Nations Charter (1958), 234.を参照のこと。

(59)　P.M. Dupuy, "The Institutionalization of International Crimes of State", in Weiler, Cassese, and Spinedi (eds.), International Crimes of State, 170 at 176.を参照のこと。また、国家責任に関しての一般論としては、同じ著者のRecueil des cours (1984. v), 55; Annuaire Français de Droit International (1979), 539; RGDIP (1980), 449; RGDIP (1983), 537.を参照のこと。

(60)　第四章五七頁を参照のこと。

(61) International Law, Cases and Materials (1980), 567. また、M. Mohr, "The ILC's Distinction between "International Crimes" and "International Delicts" and its Implications", in M. Spinedi and B. Simma (eds.), United Nations Codification of State Responsibility (1987) 134-5. を参照のこと。

(62) G. Gilbert, "The Criminal Responsibility of States" (1990) 39 ICLQ 345 at 356.

(63) Draft Code of Crimes Against the Peace and Security of Mankind, A/CN. 4/L. 471, 6 July 1992.

(64) Ibid., 国際犯罪の管轄権問題に関する研究グループの報告書。この報告書は、一九九二年の終りに国連総会により承認された。総会は、国際法委員会に制定法の草案作成にとりかかるよう指図している。

第十章 国際連合

憲章一条に掲げられ、かつ、前文の背景から読みとられるべき国連の明確な目的は、平和の維持、紛争の解決及び社会的、経済的そして人道的な福祉の促進に集中している。憲章においては、これらは完全な統一体である。もしも紛争が解決されないと平和は維持され得ないであろうこと、そして、不正義や経済的及び社会的な剝奪は不安定な状態や国際的テロを育てる土壌を提供することは、憲章中に十分認められている。

ここで、国連の相互に連結した諸目的の広い分野にまたがり、国連の努力のすべて及び成功と失敗を概観しようと試みることなど、できることではない—またそれは適切ではなかろう—。ここでの私の焦点は、常に紛争が生ずるより広い文脈を忘れはしないとはいえ、法的問題点を強調しつつ、むしろ幾分より狭い意味に紛争を封じ込めることにある。

国連は、紛争を回避し抑制しそして解決するために努力する、重要な機関の一つである。経済的、社会的、そして人道的問題に関する仕事、及び実際に軍備管理と軍備縮小の交渉に関する仕事を考慮に入れないとしても、国連は憲章の幾つかの規定を根拠として行動しなくてはならない。国連は、国際法の促進と発展に責任を負っているし、紛争の解決にも役割を有しているし、また、集団安全保障の条項においては中心的役割を演ずるよう意図されている。これらについて、順々に若干の短い説明を加えるとしよう。

国連内における国際法の正式な審議

法律上の争点についての研究は、総会や安全保障理事会における直接的な紛争からは比較的離されて、主に国連内でこれに関し進められる。それ故に、総会の第六委員会が、総会の注意を引いている法律上の争点の審議を任されている。昨今の問題点は、国連の役割の強化、民族解放運動の地位、武力紛争の犠牲者の保護に関する一九四九年ジュネーブ諸条約への追加議定書の地位、外交官や領事官及び代表の安全はいかにしてより保護され得るかの審議、紛争の平和的解決に関する一般問題、そして領事関係に関するウィーン条約に対する追加議定書の問題、に関する作業を含んでいる。こうした話題のすべてに関し、第六委員会は独自の報告書を出している。そして更に同委員会は、他機関が国連に提出した法律問題に関する報告書を審理するという任務を有している—例えば、国際法委員会が総会にその作業に関する報告を行うとき、国際法委員会が研究している個々の話題に関する特定の提案を審理するのは、第六委員会である—。

憲章一三条は、「(a)　政治的分野において、国際協力を促進すること並びに国際法の漸進的発達及び法典化を奨励すること」のために研究を発議し勧告をする、と規定している。この任務を遂行するために、国際法委員会が創設され、そして四〇年以上に亘り、その過程の一部としての漸進的発達を必然的に伴いつつ法典化に集中した法律研究に従事してきている。様々な話題に関する国際法委員会の仕事については、既にこれまでの章において言及している。国際法委員会は、長い間、国家責任の法典化を扱ってきている。また国家免除に関する研究や国際水路の非航行使用についての法に関する研究では、すばらしい進歩をみせている。また、平和及び人類の安全に対する犯罪の規約草案を、第一読会で採択している。(1)　それに関しては、今やそれを論評する機会を更にまた有することとなる諸国からの、なお一層の論争と非常に多様な意見が存在するはずである。(2)　国家と国際機構間の関係についての話題の第二点目を解決しようと努力した後、国際法委員会はもうこれ以上この話題を追求しないことを一九九二年決めた。国際法委員会の業績は種々雑多なものである、と評価することは公平だと思う。法典化の機が熟した話題は、（たとえ発達の必須要件を備えていたとしても）注意深く選択される必要がある。妥当な時間の物差しの範囲内で結論を出すことを可能とするつもりで、扱いやすい範囲の話題を追求するという、最近歓迎すべき傾向が存在している。そして、研究方法という見地からは、かなり委員会を拡大してきたという結果については若干の心配はあるものの、委員会は今では新しい手順に落ち着き、そして非常に生産的な研究に従事しているように思われる。

紛争の平和的解決

憲章六章は、紛争の平和的解決に関する特別の条項を含んでいる。他の何より先に、紛争を安全保障理事会と総会に持ち込むためのメカニズムを規定している。事務総長は彼自身、憲章九九条によって、国際の平和及び安全の維持を脅威すると認める事項について、安全保障理事会の注意を促すことができる。この権限は、初期においてはまことに控え目に用いられたが、現在ではむしろ多用されている。第六章においては、三五条一項が、加盟国はいかなる紛争についても—その紛争の当事国であろうとなかろうと—安全保障理事会又は総会の注意を促すことができる、と規定している。そして三五条二項は更に、国連加盟国でない紛争当事国は、国連に問題を持ち込めると規定している。憲章の他の条項（三一条と三二条）は、安全保障理事会の理事国でない国が、様々な条件に基づいて安全保障理事会の審議に参加することが許されることを、保証している。

安全保障理事会は、いかなる紛争も調査することができる。そして永年に亘り、事実調査団の何らかの利用がなされている。事実の中立の立場での検証は、事実が争われているところではしばしば不可欠であるのみならず、それ自体が、ある状況を抑制しかつ緊張を和らげる手段の一つでもある。こうした調査団は、当該紛争国の同意なくしてはその領土に入ることはできない。しかし、こうした事実調査チームの入国を許すことによって隠すものは何もないということを示すことは、当事国にとってしばしば好都合であろう。事務総長自身が事実調査団を設立するのか、それともこれは安全保障理事会による承認によってのみ行い得るのかという初期の組織上の争いは、事務総長がこれを行うのに有利になるよう解決されたように思われる。(3) 事実調査団の成功は、当該国家の協力とそのチームの能力次第で変わっていった。

紛争解決の可能性の広い幅については、三三条に、事実についての調査以外にも、交渉、仲介、調停、仲裁裁判、司法的解決そして地域的機関の利用を規定している。時には、これらの手段をとるための援助が、安全保障理事会自身から申し出られよう。また時には、これらの機能に関する援助が、事務総長から彼の命令の一部として提供される。時々は、事務総長自身が安全保障理事会に解決策を提案する。もっと一般的には、安全保障理事会が提案を行う（そして、非公式にではあれ、事務局よりもむしろ安全保障理事会からのイニシアチブという傾向が、東西関係の改善以来より目立つようになっている）。しかしどちらにせよ、機能しうる平和的解決への提案を行うよう求められるのは、しばしば事務総長である。この相互関係は、最大限の柔軟性を残した広い表現により事務総長に周旋（good offices）を行うことを求めている決議―例えば、オランダ―インドネシア紛争についての、(4) アラブ―イスラエル休戦協定の実施についての、(5) カシミールにおける停戦の監視についての、(6) 東チモールに代表を送ることについての、ホークランド紛争についての、(7) 等々リストはほとんど尽きることがない(8)―において、十分に証明されている。事務総長は、日常的に―時には非公式に、時には公式に―交渉を行うことを助けている。彼は、一般的には安全保障理事会の監視の下にある事態に関し、直接交渉において積極的役割を促進しかつ果している。トルコ系キプロス政府とギリシャ系キプロス政府間の話し合いにおける事務総長の役割は、この点についての一例である。彼は当事者が同席に気が進まないところでは、間接的な交渉において同じように手伝うことができる。一九四九年のアラブ－イスラエル休戦交渉は、この一例である。安全保障理事会はまた、事務総長に調停者や仲裁者を提供することを要請してきている。一九四九年から五四年にかけてのオランダ－インドネシア紛争において、またキプロスの事態の初期においては、調停者と仲裁者が各々大変に頼りにされた。三三条は、義務的第三者方式を確認してはいるが、国連のみが人員を提供すると主張してはいない。安全保障理事会による事件の考慮と、自国政府の指示に従い行動するとはいえ国連全体が追求している平和的解決に賛成する、様々な信頼できる国々の政治家により演じられる調停者としての役割との間には、しばしば相互関係が存在している。

地域的機関の利用については、三三条は勿論平和的解決について言及している（地域的機関と強制措置における安全保障理事会の間の相互関係については、本章の他の場所で扱う）。欧州審議会システム、汎米州システムそしてアフリカ統一機構はすべて、平和的解決のための独自の手続を有していて、これらは最も重要なものであり続けている。このことは、国際の平和と安全の維持にこうした地域的機関が果す役割の重要性を強調する「平和のための課題」という報告書の中で[9]、事務総長により確認されている。地域的機関による紛争解決の仕組みの創設を、紛争の地域での解決への、そしてまたでき得る限りの安全保障理事会による干渉の排除への、地域的欲求の表われとみる解説者もいる[10]。実際は、しばしばもっと複雑である。時には、ある争点を扱うことを回避したいと欲するのは国連それ自体の場合もある[11]。アフリカ統一機構の関連では、西サハラとチャド・リビアの間における難しい問題が、この点を立証している。西サハラの場合、アフリカ統一機構はあらゆる段階において、紛争当事者であるモロッコとポリサリオ戦線との間の紛争を平和裡に解決するための試みに際し、国連と全面的に協力している。アフリカ統一機構は、安全保障理事会により採択された決議六五八（一九九〇）及び六九〇（一九九一）による解決策の枠組みの中における、西サハラの人民の自決に関するレフェレンダムを組織し監視することを援助する国連の専門知識を、歓迎している。[12] チャドとリビア間の国境紛争の事例でも同じように、アフリカ統一機構と国連は、この事態を平和裡に打開するための共同の仕事に協力している。[13] 両事例において、国連は問題に単独で取り組むことには気が進まなかった。

平和的解決の問題における地域的機関と国連の関係は、複雑でありかつ多少不満足なものである。どういう場合に世界的な機関よりも地域的な機関を選ぶのが適当かに関して、意思決定権者を導びくための明確な指針はないように思われる。米国とソ連邦が衝突していた間は、地域的組織への付託により問題の政治化を避けることができた。しかし冷戦の終結以来、地域的組織への付託はしばしば、問題への一般的関心の欠如―これは「誰か他の人の問題だ」という感情―の反映である。なお悪いことには、幾つかの主役となる国はその地域内において巨大な軍事力と影響力を有していて、そこにおいては国連で得ることができる以上の支持を集めることができる。地域の安定への欲求は、しばしば地域的組織に、主役二ヶ国中の力の強い方に対して他方の犠牲により便宜をはかろうとさせるだろう。

平和と集団安全保障：意図と新機軸

しかし、国連が紛争抑制についてそうした重要な役割を引き受けているのは、平和と安全保障の問題を直接扱う憲章第七章における権限に関連している。国際の平和の要《かなめ》となるのは、第二次大戦の連合国であった諸大国による集団安全保障の条項であった。国家が自衛のために行為することを不要としたのは、この集団安全保障であった。国家による一方的な武力の行使は、今や自衛に限定された―そしてこれは、安全保障理事会により監視された―。諸大国は、安全保障理事会を通して、各加盟国によって提供されるだろう常設国連軍をまとめるであろう（四三条）。諸大国よりなる軍事参謀委員会は、これらの案を実現するために援助することが予定されていた（四七条）。

よく知られているように、憲章に詳細に述べられているにもかかわらず、こうした意図は何にもならなかった。他のすべての国の団結がそれに基礎を置いていた諸大国の団結は、あっという間に失われた。そして、平和の維持のための国連軍に関するいかなる協定も不可能であった。国連の仕事のあらゆる面―経済的、人道的そして軍事的―は、最初の一〇年間は東西紛争の現実により影響されかつ限定された。憲章は、集団的軍事行動を想定したのみならず、これが五大国のどの国に対しても使用されないように意図されていた。ソ連邦、米国、中国、仏国そして英国は、拒否権（veto）―つまり、単独の否定票により安全保障理事会の決定を無効にする権限―を与えられていた。憲章を起草していた当時、五大国間には、拒否権は、決議の可決がさもなくば五大国のいずれかに対する軍事行動という結果になり得る場合のみ用いられるべき、という了解が存在していた。[14] しかしながら（最初はソ連邦により、後年には他国によってもまた）拒否権をもっと広く、同盟国に向けられるいかなる制裁の可能性をも止めるために、そして実際に、同盟国に対する単なる批判的な決議すらも止めるために、用いるのが慣例となった。安全保障理事会は、徐々に軍事的にも政治的にも行動することには無力となってきた。[15]

西側は、国連に平和を維持するための何らかの役割を許す代替策を捜した。安全保障理事会が国連軍の設立に賛成し損ねたことは、平和はそれ故に執行されることはできないこと、そして、国連加盟国は軍隊を提供することを強いられることはありえないことをのみ意味する、と主張された。しかしもしも平和が、それを強いることによるのではなく、ある国の要請により領土を取り締まることにより維持され得るならば、そしてもしも他の国連加盟国が、そうした警察権力のために進んで協力するならば、そのような行動がとられ得るであろうと、その主張は続いた。これは憲章が想定していたものとは違うとはいえ、憲章により禁じられてはいないし、又、憲章の目的の一つ―平和―へ向けられていた。これは米国及び西側の一般的な見解であったが、また、既に国連加盟国であった比較的少数の第三世界の国々によっても、支持された。

しかしそれは、ソ連邦及びその同盟国のとる見解ではなかった。彼らは、憲章は、四三条に基づいて合意された国連軍に関する協定により例示される国連による武力の行使についての大変詳細な条項を有している、という見解をとった。そして、もしもこうした手続に従い行動されないならば、憲章中に規定されていない代替策は必然的に不法であるとされた。新たな二つの争点が存在した。予定された軍事参謀委員会（つまり、五大国の参謀総長たち）に与えられたコントロール権限を通して、実効的な拒否権というものが国連軍の諸活動に対し得られるであろうと、憲章は想定していた。しかし、想定された憲章における案を越えて行動する警官隊は、拒否権によるコントロールを逃れ、実際には事務総長の日々のコントロールの下にあるであろう。これは、根拠としている文書が意図しているものを越えることとならなかったか。

更に、国連による平和維持の考えを支持する者たちより、もしも安全保障理事会における拒否権の行使が安全保障理事会が行動することを不可能とするならば、国連警察隊は安全保障理事会のみならず総会によってさえ指図され得ることとなろう、と主張された。これらの考えは、当時国連機関における投票において容易に多数の支持を集めることができ、かつ事務総長を信頼していた西側に受け入れられた。しかしこうした考えは、常に少数派で可能な限り拒否権に頼る必要があったソ連邦には、まったく受け入れられなかった。(16)

最初の国連平和維持軍が一九五六年創設されたのは、こうした背景においてであった。スエズにおける米国－フランス－イスラエルの干渉、そして安全保障理事会における非難決議を防ぐための英国及びフランスによる拒否権の行使の後、事務総長 Dag Hammarskjold は、総会による国連平和維持軍の創設を提案した。この軍隊は、停戦を見張り、エジプト領土からの英国、フランス、イスラエル軍の撤退を監視するものであった。侵略軍及びエジプトのすべてが、そうした軍隊の構想を歓迎した。ソ連邦は、明らかに英国とフランスがスエズから出て行くことを欲していたにもかかわらず、既に記したような原理原則的な理由から、国連緊急軍（UNEF）構想に反対した。国連緊急軍の経費が、他の国連の経費と同じ分担率とやり方で国連加盟国間において配分されたとき、ソ連邦及びその同盟国は支払を拒否した。またフランスも同じであった。最初から、国連平和維持の財源は不安定かつ覚束無いものであった。

しかしながら、この平和活動自体は成功であった。国連緊急軍は、実際に全外国部隊の撤退を見張り、一九五六年から一九六七年までこの地域の平和を維持した。それは、成功した一九五八年のレバノンにおける国連監視団（UNOGIL）や世界中至るところの多くの他の国連平和維持活動―コンゴにおいて、インド亜大陸において、キプロスにおいて、など―により追随された。平和維持の構想は、深く根を下ろしてきている。

ソ連邦は、課せられた分担金の支払を拒否した。他の国々は、確かにその事態を利用はしたが、予算分担額中の国連平和維持に帰因する部分を支払うことを怠った。こうした活動は、すべて財源根拠が不安定であった。

とにもかくにも、国連軍は成功裡に創設されかつ配置され、事務局内部にはこの分野のかなりの専門的技術者集団が育った。拒否権のために、たとえ国連は諸大国による武力の行使を制禦することはできないにしても、より小国による武力を制禦することには建設的な役割を有しているように思われた。レバノン、コンゴ、キプロス、インド、パキスタン、インドネシア、イスラエル、アラブ諸国―すべてが、国連平和維持の恩恵に与ったものたちであった―。

一九五〇年代及び一九六〇年代には、国連は米国の外交政策の中心にあった。米国は、憲章によって行い得ることに関し、進歩的な解釈を支持した。これらの組織的計画を実行するにあたり、事務総長の役割の拡大を支持した。また、国連の他の主要な活動―人権基準に関する初期の諸宣言や条約の体系化、及び開発計画―を支持した。対照的に、この時期のソ連邦は、こうした活動に対する支持はすべて差し控え、憲章の厳格な字句の解釈を主張し、事務総長の諸活動を縮小することを求め、国際舞台における国連の役割を縮小することに、自国の外交政策を向けた。

一九六〇年代には、平和維持軍が活躍することを許す、若干ではあるがささやかな利害が存在していた。ソ連邦は、拒否権を行使することなく、一九六〇年にはコンゴについて、一九六四年にはキプロスについて、そして一九七二年にはカシミールについて、平和維持軍が創設されることを許した。しかしなお、これらに対する経費は支払わなかった。西側はというと、彼等は総会が平和維持に対してあまりに大きな権限を有することは賢明ではないと考え始め、そしてすべてのその後の平和維持軍（西イリアンにおける平和維持は例外として）を、安全保障理事会を通して創設した。

国連に対する主要国の態度におきている大きな変化について、何らかの意見を今日我々が有し得るのは、平和維持の発展についてのこの短い歴史と、平和維持及び他の重要な国連活動に対する、米国とソ連邦の伝統的な姿勢を通してのみである。そして一九五〇年代から一九七〇年代が冷戦による姿勢を反映するのならば、一九八〇年代は、米国とソ連邦により反転した一つの役割の何がしかを見せたのであった。

一九八〇年代の終わり、ソ連邦はその歴史的進路に乗り出し、曖昧な態度をとっていた国連諸活動（国連平和維持のような）を支持し、国連の一層の利用に利益を見出しはじめた。将来において国連平和維持のために支払うという意図を示したのみならず、国連平和維持に関連しての未払金も支払うことを約束する意向も示した。[17]これは今やソ連邦が、支払うべき法的義務の存在を信じるという一つの明白な兆候であり、またその心変わりは、単に政策における変更というだけではなく、憲章及び国際法上の国連加盟国の義務の再評価の一つでもあった。ロシア連邦（ソ連邦を継承したもの）は、通常予算で要求されている分担金すべてを支払い、かつ、過去の平和維持のために生じた未払金も若干支払っている。

しかし皮肉にも、ソ連邦が、紛争を回避し抑制し解決するための道具としての国連により好意的になってきた丁度その時に、米国は別方向へと動き出したように思われた。一九八〇年代には、米国は主として敵対的な国連加盟国により包囲され、必然的に総会では多数の票により打ち負かされると感じていた。米国は、自由の政治哲学と一致しない大多数の加盟国が行いたいと望むものの多くに不賛成であった。更に米国は、国連内には巨大な財政上及び行政上の非効率が存在していると強調した。国連の予算への最大の寄与国として、政策にはしばしば賛成しないにもかかわらず、官僚政治と非効率性に悩まされている機関において予算がいかなる額に設定されようとも、一番多くを支払い続けなくてはならなかった。

国連の欠陥は客観的なものであり、国連のプログラムについて政治的留保をした国々により単に作り出されただけのものではない、と言わざるを得ない。事務局は、めったにない程の献身的でかつ能力を備えた多くの優れた職員を擁しているとはいえ、地理的比例配分の要件は、多くのポストが最も有能な人々により占められるわけではないということを意味している。立案、運営そして予算コントロールについては、遺憾な点が多く残されている。非能率、時間の浪費そして資源の浪費がある。毎月、決議や代表による演説を含む何万ページというものが出版される。しかし運営上有意義な書類は、この中のほんの少しにすぎない。そして、国連がその権限内のものとして扱う話題が恒常的に広がっていくため、その努力はかなり重複し、そして実際上しばしば結果に矛盾が生じている。

国連は、こうした欠陥に気付かなかったわけではなく、改善への定期的な試みが行われてきている。(18) 一九八五年には、制度化した取り決めに関するBertrand報告が出された。(19) 国連合同監査団（United Nations' Joint Inspection Unit）の一員であったMaurice Bertrandは、退職目前であったことから、非常に率直な報告書を作成する勇気を持っていた。彼は、国連機構及びその諸手続について非常に批判的であり、そのため遠大な提案を行った。

国連に関し米国がつける限定条件は、財源保留政策として説明された。一九八五年八月米国議会は、外国関係法の改正案―Kassebaum修正条項[20]―を可決した。これは、米国は国連及びその専門機関が、予算上の問題につき加盟国の貢献額に根拠をおいた加重投票を採用するまでは、これらの機関の予算査定額の二〇％以上を支払ってはならない、と規定した。国連総会本会議におけるいかなる加重投票の採用も、憲章一八条の改正を必要とするであろう。第一八章に基づく憲章の改正は、法的効果を有するためには総会の三分の二の賛成投票が必要であるから、そうした改正というものはまず起きそうもない。その上、総会に加重投票を導入することは、国連が基礎をおいている根源的な原則―すなわち、全ての加盟国の主権平等―に対する侮辱を意味しよう。後に、もう一つの立法、一九八五年一二月のGramm-Rudman法[21]が、国際組織に対する議会の承認を得た政府支出金を、更に減額した。支出の保留は、国連のみならず専門諸機関にも適用された。米国はあっというまに、憲章の資金供給分担及び他諸機関の様々な組成文書に基づいて義務をを負わされている支出金について、巨額の延滞金を増やしていった。国連へのその影響は、破壊的であった。国連は、過去においては少額を負担する貢献国の財政不足によりうけた不利な影響を処理することができたとはいえ、米国の財源（これは、全体に対し高い割合を占めていた）の大きな割合の支払の保留は、国連を危機に陥れた。ヨーロッパ共同体諸国は、深い憂慮を表明すべき義務を痛切に感じた。

「十二ヶ国は、最近制定された米国の法律、特にGramm－Rudman－Hollings法及びKassebaum修正条項が、国際条約の義務を履行する行政府の能力に非常な影響を与えていることに対する、我々の憂慮を表明したい。こうした法律の履行は、憲章一七条二項に含まれている国連への米国の財政上の義務に、完全には合致しない結果となるであろう。『合意は拘束する』という原則に対する選択的な執着は、国際秩序のまさに基礎を蝕む。この点に関しては、財政上の諸義務は、他のいかなる国際義務とも異ならない[22]。」

もう一つの改革案が、国連の内部において唆されたのは、この文脈においてであった。一九八六年二月、政府間レベルの専門家グループが、総会議長により指名され総会において設けられた。[23]「十八人委員会」（The Committee of Eighteen）として知られるようになったこのグループは、国連改革の新しい議事日程の一つとして、財源の使用のより一層の効率化を達成することに焦点を合わせた報告書を、一九八六年に作成した。[24]この報告書による結果として、事務総長が国連の予算概略に関して助言を求める場合に、政府間レベルの計画調整委員会（Committee on Programme and Co-ordination）に対して主たる役割を与え、行政財政問題諮問委員会（Advisory Committee on Administrative and Budgetary Questions）に対しては、それより小さい役割を与えることを含む一つの妥協が、国連と米国の間に成立した。個々の専門家より成る行政財政問題諮問委員会の意見が幾分重要視されてはいたが、両機関は共に、伝統的に事務総長に予算概略について助言を行ってきた。計画調整委員会は小さくてかつ政府間レベルの代表により構成されるが故に、この新しい取り決めは、国連の財源に対しより大きな貢献をしている国々に対し、予算の決定においてより大きな影響力を与えるものである。

こうした事は、現在では幾分改善されてきた。予算の設定は、より良い監督権の下に置かれるようになり、無駄を削り効率性を向上させるための幾つかの真剣な試みがなされている。米国政府はそこで、割当てられた賦課金の適切な支払いを再び始めるべきであると議会に対し助言し、そして米国の未納賦課金の支払いについて、事務総長と協議してきた。米国議会は、政府の要望に対し完全には嬉んで答えてはいないが、しかし高い割合の滞納金は今では支払われつつあり、事態はそれほど直ちに危機的であるというわけではない。ソ連邦における旧体制の崩壊後の一九九〇年から一九九二年には、米国は再び国連に対する自国の外交政策を利用し、そして国連による平和維持及び国連の承認による軍事行動に大いに関わり始めた。

米国による一方的な分担金の保留が及ぼした財政上及び法律上の諸影響たるや、非常に広範囲かつ隅々まで行き亘っている。憲章一七条に基づいた割当て分担金の支払を行うという、自国の法的義務に対する米国の明白な違反は、他の加盟国がこれを真似ることを助長している。一九九二年九月現在、わずか五十二ヶ国のみが、国連通常予算に対する自国の賦課金を完済しているにすぎない。[25] この法的義務違反が永続することにより、国連業務には麻痺的な矛盾状況が発現している。一方では、加盟国は、国際の平和の維持とか国連による平和維持という分野における国連の役割の拡大に対する欲求を、公言している。他方では、今日存在しているより大きな可能性を達成するための財政に関する条項の欠如は、国際政治の現実の一つとして受けとめられている。

問題は慢性化していて、ソ連邦や米国により永年に亘り取られてきた立場の変更をはるかに越えて問題は広がっている。一般予算とか平和維持に関連した予算とかにかかわらず、予算の賦課金の支払に失敗するということは、国連に特有のものとなっている。改善された東－西情勢のおかげで、国連は紛争を防ぐためにかなり手伝えるのではないかという改善された展望が存在するときに、財政上の諸問題のためになおそうまでに自制させられることは残念である。一九九二年九月現在、国連加盟国は一〇億英貨ポンド以上をなお延滞している。湾岸戦争の後始末において非常に重要な役割を果たしている国連イラク－クウェート監視団は、一九九二年一〇月三一日現在、加盟国の割当て分担金に二、五〇〇万ドル以上を頼っている。[26] 国連レバノン暫定軍（UN Interim Force in the Lebanon）は、二二、七〇〇万ドル以上の赤字であった。話は変わって、国連加盟国は、西サハラを廻っての永年に渡る紛争に、技術的面については軍事部門の支援により行うとして、国連の計画するレフェンダムにより終止符を打ちたいと望んでいる。レフェンダムは一時的に延期されてはいるが、一九九二年九月三〇日現在、加盟国からの未払い割当て分担金は、二、一〇〇万ドルを超える。[27] 他にも数え切れないほどの例を挙げることができよう。

冷戦の終結によって、財政上の制約のみが集団的安全保障の分野における国連の潜在的能力の完全な実現を妨げると考えることは、単純化しすぎである。一九九〇年から一年において、イラクに対し国連に承認された強制措置の結果としておきた感情の病的高揚状態は、一つの未だ経験のない不穏な現実を引き起こしている。戦争や残酷な行動というものが、至る所で暴れまわる。即使用可能な強制措置を通しての、集団的安全保障のための真の仕組みというものはない。米国は、強制行動の全重荷に耐えることは、財政的には不可能であるし、また政治的には気が進まない。米国が行う選択は、必然的に選択的なものとして見られ、そして公平なやり方によろうということは意図されもしない。

冷戦の終結、そして湾岸戦争の先例は、履行に対する必須条件を検討することもせずに、期待だけ高めている。旧ユーゴスラビアにおける悲惨な出来事は、崩壊した制度上の手法の非常に不満足な性質というものを描き出している。ヨーロッパ共同体（European Community）、西欧連合（Western European Union）、全欧安全保障協力会議（Conference on Security and Co-operation in Europe）、そして国連は、時には同時に、時には結果として、巻き込まれてきている。国連平和維持軍—国連保護軍（UNPROFOR）—は、常に変わる指令にもとづいて幾つかの地点に配置されている。それまでのいかなる平和維持軍とも異なり、この国連保護軍は、国連の武器輸出禁止及び経済制裁の原因となったものに対して行われている。国連平和維持についての必要条件に関する教訓のすべてが、忘れられているように思われる。また、憲章に基づく代替策の可能性のすべてが無視されている。憲章第七章に基づく集団的措置と共に、国連による平和維持は一つの深い矛盾の時期に突入しているようにみえる。

政治的組織体と準司法的活動

憲章一条は、国連に「国際的紛争の調整又は解決を、平和的手段によって且つ正義と国際法の原則に従って実現すること」を要求している。それ故に、国連の日常的政治活動のすべては、憲章による特別の必要条件を履行しなくてはならないだけでなく、一般国際法をも履行しなくてはならない。その時その時に、国連の政治的諸機関は、紛争の解決という文脈において、しばしば偶発的なやり方で国際法を確定するという判断を行っている。交戦権は休戦が成立した後においても主張され得るかということに関する初期の決議は、むしろ一つの明確な例を与えている。[28] 安全保障理事会は何度か、独立した政府であると主張している主体を、「合法性を有しない」とかあるいは「非合法体制」であると確定する決議を通している。南ローデシア（「非合法な人種差別主義者の体制」）と南西アフリカにおける事態に関する決議は、この適例である。[29] 勿論、安全保障理事会が、国際法を確認することに何らかの役割を演ずることに熱心であるということは望ましいことであり、そして国際法の主張は、適用における一つの重要な要件である。しかし、考慮すべき点が幾つかあるように思われる。まず第一に、国際法に関し厳然として宣言をする趣旨の決定がなされるときである。こうした決定は、争点の理解と共に、注意深く、適切な法的な助言にもとづいて、―そして、単に政治的目的のためのほとんどいきあたりばったりの解説としてではなく―なされることが重要である。「人種差別主義者」と呼ぶのと丁度同じようにある政府を「非合法の」と呼ぶことは、この表現を形容詞的にではあるがしかし深刻にではなく用いることである、と認められている。[30] しかし、深刻な法的結果がそれには続くといわれる。こうした記述から、前述の独立を主張する者たちの地位に関しての私の見解と、安全保障理事会により到達された見解とは、異なると思われてはならない。安全保障理事会が注意深い法律分析によりその決定に到達したということは、討論報告書の中にはほとんど証拠がなかったという、単にそれだけのことである。

考慮しなくてはならない第二の点は、安全保障理事会による準司法的決定というものが実際に妥当であるのはどこまでなのか、ということである。これは大変に難しい質問であるが、また最近の事件により特に適切とされる質問でもある。

時には、安全保障理事会は紛争当事国に対して紛争の政治的解決についての様々な選択肢を指摘するだけでなく、解決の実質的中身についての安全保障理事会自身の提案も行うであろう。表現上はそうは述べなくとも、その解決において条件とされる諸要件が国際法により必要条件とされるものであるということは、当然のごとく含まれている。アラブ―イスラエル紛争に対する解決の一つとして祝福されるべき安全保障理事会決議二四二（一九六七）は、優れた例証を提供している。この決議は、以下の諸要素が解決のためになくてはならないと確認している。それらすべては、国際法上の義務の共鳴音である。戦争による領土獲得の不許容。占領地よりの軍隊の撤退。交戦状態の主張の終了。すべての国家の、主権、領土保全そして政治的独立の承認。武力による威嚇又は武力の行使から自由で安全な国境内に住む権利。国際航路の航行の自由。難民問題の正当な解決。まさにここに、いかに平和的解決がなされるべきかについて、安全保障理事会の決定という文脈において事実上意見が述べられるように作成された主張についての真相の、一つの例がある。

幾つかの独立を主張する政府の不承認に関する前述の諸決議には、国際的法律要件の明白な主張とこれらの決定からもたらされる法的結果への言及、というものが存在している。国際法の決定は今や、人権侵害とか国際的侵略に応じての集団的措置（不承認や外交関係の保留）に関する意思決定の、重要な部分となっている。もしも人権侵害を抑制するための集団的措置（四一条）の利用可能性が不確実であるならば（なお、これについては終りから二番目の第十四章において扱う）、侵略に関して行動を起こすという法的権利は疑う余地もない。そして、安全保障理事会決議六六二（一九九〇）が、「イラクによるクウェートの併合は、いかなる形式によろうとも又いかなる口実によろうとも、いかなる合法性も有さないのであり無効であると考えられる、と決定する」とき、それはこの最後のカテゴリーに該当する。

国際法のその他の決定も又、平和と安全の維持に関する安全保障理事会の役割の、必要な要素の一つとして考えられ得る。例えば、安全保障理事会は、確かに湾岸戦争においては、ジュネーブ諸条約の適用及び人道法一般に関して一つの立場を取ることに失敗しなかった。そして興味深いことには、当事国はそうした国際法の諸義務を履行しなくてはならないと気付かされたのみならず、この決議は二度も、「この点に関するイラクの責任」に言及した(31)。ここでも、事件に対応して安全保障理事会が、外交官及び公館の保護に関する法律の侵害が存在したということ―そして再度、「イラクは、外国人またはいかなる外交団若しくは領事団に対する、いかなる暴力の使用に対しても全面的に責任がある」という表現が用いられた―を判定しなくてはならないことは、理解でき得るしまた適切でもあった。一九九〇年九月一六日安全保障理事会決議六六七は、クウェート人及び彼等の財産の酷い扱いが国際法に違反していると宣言したこの決議のすぐ後の安全保障理事会決議六七〇と同じように、国際法の違反という表現を述べている。しかし湾岸に関するこれに続く諸決議は、あまりにも行き過ぎのように思われるし、また、政治的組織によりなされたとみるにはあまりにも異常な諸決定を含んでいる。幾つかの例を挙げてみよう。一九九〇年一〇月二九日決議六七四において安全保障理事会は、「国際法上、イラクはクウェート及び第三国に関し生じたいかなる損失、損害又は損傷に対しても、責任を負っている」と述べた。それは、裁判所なら多少はより限定された表現をすることを望むであろう、国際法の主張の一つである。更にはこの決議は、加盟各国に対し、請求に関する関連情報を集めるよう勧めた。交戦状態が止んだ後に通された一九九一年四月三日決議六八七においては、安全保障理事会は、化学及び生物兵器に関連しイラクの法的地位についての注意を喚起した。この決議はまた、国際国境は一九六四年に両国間で合意されたものをもとにして定められるべきだ、と断定した。安全保障理事会が、ある国が他国との国境問題を解決するために武力を用いることはできないと主張することと、一つか二つのセンテンスの中で国境が引かれるべき所を決定するよう主張することとは、別の問題である。法的分析からは、一九六四年の合意はなお両当事国間において効力を有していると明らかになるであろうと私は信じているけれども、安全保障理事会によるこれらの事項についての決定は、様々な理由のために一九六四年の条約はやはり適用されなかったとするイラクの最近の主張を、全く無視している。もしもどこに国境は引かれるのかという問題が、何らかの法律に基づく裁判所により決定されたならば、展開されるであろうこれらの議論に対して機会が与えられたであろうし、またこうした議論を認めないための（もしもそれが、裁判所の結論であるならば）法的理由が与えられることが、期待されたであろう。イラクは、侵攻の結果として、環境への危害、天然資源の減少、外国の政府、国民、会社への権利侵害に対する直接損害[32]（direct loss and damage）に対して法的な責任があることが、（いかなる法律に基づく審問も行われないで。もっとも、裁判所は類似の決定に達したかもしれないが）更に確認された。あたかも安全保障理事会が審理管轄権を有する裁判所であるがごとく、イラクによる外国への負債の支払拒絶は「無効な」（null and void）と宣言された。そして、知られているように、請求に対する金銭賠償の支払いのために基金が一つ設立され、そしてこの基金を運営するために、委員会が創設された。[33]

これは、捕虜をとるということ、及びそれに続く出来事を廻ってのイラン－米国間論争とは、興味ある対照をなしている。勿論、これらには明白な違いがある―その事件においては、米国がイランに対し請求するのと同じように、イランも米国に請求をしている―。そして、イランは国際司法裁判所により、外交関係に関するウィーン条約に違反しているという判決を下されはしたが、国際的侵略を行ってはいなかった。責任に関する争点と金銭賠償の問題についての決定は、その目的のために創設された法廷（イラン―米国請求裁判所）に任せられた。イラク事件においては、安全保障理事会は法的責任についての法的な決定を行った。[34] 安全保障理事会はまた、法律家を含むとはいえこれに限定されないスタッフを通して、支払われるべき金銭賠償をも扱うであろう。このすべてがいかにうまくいくかを見なくてはならないとはいえ、しかしそれ以前に、安全保障理事会に期待したものとは大変に異なるということを、理解しなくてはならない。安全保障理事会にとり、他の事件においてもまた、通常では司法活動とみなすものの核心―言い換えれば、裁判所に、関連する諸規範についての訓練と経験とそして精通によってなし遂げるべく熟慮のすえに委ねられた諸機能―に立ち入ることが、賢明であるか果たまた思慮深いことであるか否かは、まことに疑わしい。

結　論

紛争を抑制することについての国連の役割を述べるにあたり、これまでは過去及び現在について話してきた。これは、憲章が非凡な道具であり、そして無限の様々な可能性というものが憲章によって可能であることを、示している。本章は、憲章により想定されては全然いないが今日では重要な現実の一つである平和維持活動を、強調してきた。国際環境の改善により一九九〇年及び一九九一年には、安全保障理事会は、本来憲章により意図されていたよりもむしろより機能するであろうと想定することが、可能となっている。しかし安全保障理事会は、明らかに法的に矛盾する危険性をもつ他の新しい道へと乗り出しているという兆候がある。これらが強制行動と干渉を必然的に伴う限りにおいては、本書最終章の対象となるであろう。しかし平和維持活動は、今や無くなることはないであろう。これはより伝統的な国際協力という他の形式での復活により、又は憲章第七章の趣旨における更なる変化と並行して、存続するであろう。

国連憲章は可能性に満ちている。ここまでに略述してきた歴史的な態度の変化は、いろいろな可能性がそこには存在していると同時に、こうした可能性は加盟国がそうすることを望む場合にのみ実現され得る、ということを示している。

（1）　A/CN. 4/L. 459/Add. 1, 5 July 1991.

(2) 一九九二年一〇月、国連総会はこの仕事の幾つかの点について続行することを、国際法委員会に求めた。

(3) 例えば、事務総長は彼のイニシアチブによって、イランとイラクにおける戦争の捕虜の置かれた状況の調査のために (Report of the Mission, UN Doc. S/16962, 1985.を参照のこと)、イラン-イラク戦争において化学兵器が用いられたという訴えを調査するために (Report of the Mission, UN Doc. S/20134, 1988.を参照のこと)、そして南アフリカにおけるアパルトヘイト制度を終らすために取られた措置に関する情報を収集するために (United Nations Press Release 19 June 1990, UN Doc. DH/665.を参照のこと)、事実調査団を送っている。なお更に、M-C. Bourloyannis, "Fact-Finding by the Secretary General of the United Nations" (1990) 22 New York University Journal of International Law and Politics, 641.を参照のこと。

(4) 安保理決議三五 (一九四七)

(5) 安保理決議一一三及び一一四 (一九五六)

(6) 安保理決議二一〇及び二一一 (一九六五)

(7) 安保理決議五〇五 (一九八二)

(8) 有用な情報及び議論については、S. Morphet, "Resolutions and Vetoes in the Security Council: Their Relevance and Significance" (1990) 16 Review of International Studies 341 at 356.を参照のこと。

(9) 国連事務総長の報告書、An Agenda for Peace (1992).

(10) 例えば、D. Bowett, Law of International Institutions (1982), 313-16.を参照のこと。

(11) 例えば、"Cooperation between the United Nations and the Organisation of African Unity," Provisional Verbatim Record of the 60th Meeting of the General Assembly, A/47/PV. 60 at pp. 16-34.を参照のこと。

(12) この点に関するアフリカ統一機構と国連の協力の更なる事例としては、安保理決議七二五 (一九九一年一二月三一日) 及び、西サハラに関する事態についての事務総長の報告書、S/21360, 18 June 1990, そして、S/22464, 19 Apr. 1991.を参照のこと。

(13) アフリカ統一機構決議、AHG/Res. 184 (xxv) and AHG/Res. 200 (xxvi); the "Framework Agreement on

the Peaceful Settlement of the Territorial Dispute between the Republic of Chad and the Great Socialist People's Libyan Arab Jamahiriya," in Memorandum on the Chad-Libya Border Dispute, S. 21114, 26 Jan. 1990, at p. 11; and SC Draft Res. S/15013.を参照のこと。

（14） L. Goodrich and E. Hambro, Charter of the United Nations: Documents and Commentary (1946), 129.

（15） S. Bailey, The Procedure of the United Nations Security Council (1988), 216-21における例を参照のこと。

（16） 議論の詳細については、R. Higgins, United Nations Peacekeeping: Documents and Commentary (4 vols.); 中東に関しては i(1969), 260-72;コンゴに関しては iii(1980), 58-61, 274-304.を参照のこと。

（17） プラウダ一九八八年一二月八日号に報告されている、一九八八年一二月七日のGorbachevの演説を参照のこと。

（18） 例えば、"Jackson Report": R. Jackson, A Study of the Capacity of the United Nations Development System, UN Doc. DP/5 1969; Maurice Bertrandにより作成された（一九八五）、Joint Inspection Unit, Some Reflections on Reform of the United Nations, JIU/REP/85/9; そして事務総長の報告書、Report on the Work of the Organisation (Sept. 1992) 9-16.を参照のこと。

（19） M. Bertrand, Some Reflections on Reform of the United Nations (1985).

（20） 22 USC 278 e (99 Stat. 405, 424, 1985).

（21） Gramm-Rudman法の執行によりもたらされる財源の打ち切りは、一九八五年の均衡予算及び緊急赤字抑制法 (99 Stat. 1037, 一九八五年一二月一二日可決され、2 USC 901.で主に法典化された）を通して履行された。

（22） 国務省長官 Shultz への一九八六年三月一四日覚書(1986) 25 LM482 に再録。

（23） 総会決議四〇／一三七（一九八五）。

（24） Report of the Group of High Level Intergovernmental Experts to Review the Efficiency of the Administrative and Financial Functioning of the United Nations, GA Official Records, suppl. no. 49, A/41/49, 1986.

（25） Status of Contributions as at 30 September 1992 (1993), ST/ADM/SER. B/387, 4-9.

（26） Status of Contributions as at 31 October 1992, ST/ADM/SER. B/391, 39.

（27） Status of Contributions as at 30 September 1992, ST/ADM/SER. B/387, 48. を参照のこと。

（28） 安保理決議九五（一九五一）、一九五一年九月一日を参照のこと。ここでは、安全保障理事会はエジプトに対し、スエズ運河の国際貿易の船舶及び貨物の通航に関する権限を廃止するよう呼びかけた。

（29） 安保理決議二一七（一九六五）、同二七六（一九七〇）。

（30） E. Lauterpacht, Aspects of the Administration of International Justice (1991), 39. を参照のこと。また、R. Higgins, "The Place of International Law in the Settlement of Disputes by the Security Council" (1970) 64 AJIL1. を参照のこと。

（31） 安保理決議六六六（一九九〇）。

（32） 安保理決議六七四（一九九〇）は、直接損害に対する法的な責任を制限することを抜かした。この要件は、安保理決議六八七（一九九一）に導入された。

（33） 安保理決議六八七（一九九一）を参照のこと。

（34） Ibid.

第十一章　紛争解決と国際司法裁判所

これまでに、一つの非中央集権システムの中において、様々な関係者が互いに権利の主張を行うに際し、国際法に訴えるのを見てきた。彼等は、己れの行為や主張というものが国際法の諸要件を満たしているとどの程度真に信じているかは各々であるとはいえ、そうするのである。しかしある法律上の論争をしている当事者が、争点の望ましい解決策は第三者により権威をもって解決されることであると信ずる時、その働きをする国際裁判所に対する可能性が生じてくる。実際に、特に考察するに値するだけの関心を引く三種類のデータが存在している。第一は、様々な国家に対し管轄権を有する国際司法裁判所に対する可能性である。第二は、様々な国家によるこの裁判所の現実の使用である。第三は、この裁判所に提起される事件に関する訴訟物である。これらについて、一つ一つ取り上げることとしよう。

裁判管轄権の可能性

後に見るように、特定の相手との間の特定の紛争に関する同意というよりもむしろ原則としての同意という、むしろ一般的な方法において与えられる同意が徐々に許容されてきているとはいえ、国際裁判所の機能は本質的に同意に基礎を置いている。常設の国際裁判所は、それ自体が国際条約により創設される。それ故に、米州人権裁判所、ヨーロッパ人権裁判所、ヨーロッパ共同体裁判所及び国際司法裁判所は、各々国家間の国際協定にその存在を負っている。しかし存在するということと、特定の主張に関し特定の国家に対して権能を有するということとは、別である。ある裁判所がある特定の紛争に関し管轄権をどの程度有するかを詳細に論ずるのは、設立条約それ自体である。米州人権条約、ヨーロッパ人権条約、ローマ条約、そして国連憲章は、みな各々独自の異なった答を提供している。

米州及びヨーロッパ人権裁判所、そしてヨーロッパ共同体裁判所については、それらが判決できる訴訟物は、設立条約により制限されている。そして、これらの裁判所に出訴できる国は、それらの条約の限られた締約国に制限されている。アジアの二ヶ国からは、漁業紛争を解決するために米州人権裁判所に出訴はできないであろう。しかし、国際司法裁判所は、その長い優れた歴史によるのみならず、それへの出訴の可能性の大きさによっても、すべての国際裁判所中最も高位の裁判所として適切にも考えられている。国際司法裁判所規程の締約国であるいかなる国も（それは、国連加盟国及び規程締約国となるための特別の申請をしたその他の国を意味する）、潜在的に同裁判所に出訴することができる。そして、国際司法裁判所は、国際法のすべてについてのいかなる問題をも扱うことができる。

国際司法裁判所規程三八条は、国際司法裁判所の機能は「付託される紛争を国際法に従って裁判すること」である、と規定している。そして勿論三八条は、次いで裁判所がこの義務を満たすために適用するもの、つまり良く知られた国際法の法源―すなわち慣習、条約、一般原則、裁判上の判決及び指導的国際法学者の著作―について、厳密に述べている。それ故に、国際司法裁判所の利用については、当事者に関しまた訴訟物に関し、共に巨大な可能性が存在している。国連創設以来四十有余年そして常設裁判所の継承としての国際裁判所、ここに一枚の絵が出現し始めている。

三六条一項は、国際司法裁判所の管轄権は、当事者が裁判所に付託する事件及び国連憲章又は現行諸条約に特に規定するすべての事項に及ぶ、と規定している。国際司法裁判所規程のすべての締約国は、いうまでもなく他の規程締約国との間の事件について、特定の問題についてかつ合意を根拠として、当裁判所に対し訴訟を起すことができる。ELSI事件のイタリアと米国による一九八七年の裁判所への共同付託(1)は、まさにそうした例の一つである。そこでは、裁判所に対する締約国であるという利点を利用しこの事件を裁判所に提訴しようということが、二国間において簡単に同意された。その可能性は非常に大であるとはいえ、比較的少数の事件がこの根拠にもとづいて裁判所に持ち込まれてきたにすぎない。しかし、一九八〇年代の非常に早い時期から、特定の問題について合意された付託による国際司法裁判所の利用は、ずっと多くなっている。一九八三年以降、Gulf of Maine事件に関して米国とカナダにより(2)、大陸棚紛争に関してリビアとマルタにより(3)、国境紛争に関してブルキナファソとマリにより(4)、ある判決の修正及び解釈に対するチュニジアの申立てに関してリビアとチュニジアにより(5)、ELSI事件に関してイタリアと米国により(6)、海洋の境界画定に関する問題についてデンマークとノルウェーにより(7)、そして大ベルト海峡の航行に関してフィンランドとデンマークにより(8)、国際司法裁判所は利用されてきた。これを根拠にしての国際司法裁判所の利用は加速する傾向があること（今や全付託中に高い率を占めている）、及び世界中至るところからの広いひろがりを見せる国々がその可能性を利用していることは、顕著である。一九九二年までに国際司法裁判所が、解決を待ち受けている十二以上の事件を持っていたのは偶然ではない。これはまさに、署名などしなければよかったと今では思っている文書に照らし合わせてそこにいやいや引きずり出されるのではなく、自発的に世界中の国々が国際司法裁判所にやってきているからである。このことは疑いもなく、偉大な権限と不偏性をもつ一つの機関としてのみならず、そこでの国際法の解釈が多様な正当性をもつ要求を直ちに予想しかつ反応することを保証する能力があるものとして認められる機関としての国際司法裁判所への、増えつつある信頼を反映している。

三六条一項は、単に裁判所に付託される事件についてのみならず、管轄権の根拠の一つとしての条約についても、述べている。二国間又は多数国間条約の如何を問わず、いかなる条約も、その条約の解釈及び適用に関して生ずる紛争は司法的解釈に付託されるべきである、と規定する条項を含むことは可能である（そうした条項が留保を許すか否かということは、まさにそうした条項に関しての有名なReservations事件[9]において国際司法裁判所が説明したように、それが当該条約の目的及び趣旨に矛盾していないか否かによる。）。そうした可能性を想定している二六〇を越える多数国間及び二国間条約が、存在している。それだけに、多数国間条約における締約国の幅は大変に広い。こうした多数国間条約には、一九八九年の傭兵の採用、使用、資金供与及び訓練を禁止する国際条約及び一九八〇年の南極の海洋生物資源の保存に関する条約が含まれる。例えば、非常に幅広く批准された条約の一つである一九六一年外交関係に関するウィーン条約にも、またそうした一条項がある。二国間条約はどうかといえば、ここでも、条約に関して生ずるいかなる紛争についても国際司法裁判所に訴えることを潜在的に用意している、むしろ国家の幅広いひろがりというものが明らかとなっている。これらには、カナダと米国、幾つかのヨーロッパ諸国（フランス、イタリア、英国、ノルウェー、スイス）、ブラジルとベネズエラ、スーダンとサウジアラビア、そして、トーゴ、ギニアとリベリアのものを含んでいる。アフリカ諸国が、先進国との二国間条約において国際司法裁判所へのこの付託を受諾する用意ができていることは、注意を引く―しかし、彼等相互の二国間条約においては、国際司法裁判所へのいかなるそうした潜在的付託についての証拠も、存在していない―。米州における二国間関係においては、司法的解決の手続は規範ではなく、当事国の同意を条件とする特定の問題についての付託（reference ad hoc）の方が好まれるようである。他の点もまた注意を引く。アジア諸国には、二国間条約問題を国際司法裁判所へ付託することについては、（相手国が誰であるかに関係なく）まったく関心が欠落している。その上、多数国間又は二国間条約の中に管轄条項を挿入するという傾向は、明らかに減ってきている。初期においては、ソ連邦及び東欧諸国は、そうした条項を含んでいる多数国間条約には留保を主張して、国際司法裁判所へのいかなるそのような付託をも拒否した。現在では、そうした反対はすべて撤回されている。しかし、皮肉なことに、そうした条項を挿入することへの一般的関心は、甚だしく減少してきている。一九五一年には、そうした条約は一三あった。しかし一九八〇年以来年に二つ、いやもっとしばしば一つとなっている。この傾向は、幾分かは、提供される代替としての紛争処理手続の多様化の増大を反映しているかもしれない。多数国間条約の締約国は、しばしば紛争を解決し条約義務の履行を保証するための、まったく異なる手続を想定している場合がある。

規程三六条二項は、この規程の当事国は法律的な紛争についての裁判所の管轄を、同一の義務を受諾する他の国に対する関係において当然に（ipso facto）且つ特別の合意なしに、義務的であると認めることをいつでも宣言できると明記し、「選択条項」（Optional Clause）管轄権として知られるものを規定している。この受諾により当事国は、この条項に基づいて裁判所に付託されるであろう将来の紛争の訴訟物が何であるかも知らずまた紛争の相手国をも知らないで—相手国は、管轄について同じ義務を受諾しているだけである—、白紙小切手に有効に署名する。選択条項の受諾は、不定期のものであるか、終了の通告によるものであるか、あるいは一定の期間を付すものであろう。国連の西側加盟国が選択条項受諾国の中で不釣合いに多く、そして比較的少数の第三世界の国しかこの条項を受諾していなかったのが、これまでの現実であった。つい最近まで第三者による司法的解決という考えを受け入れなかった社会主義国は、いまだ選択条項を受諾していない。しかし、今やその状況は著しく変化している。英国のみが、安全保障理事国中唯一選択条項を受諾しているにすぎない。フランスと米国の受諾は、共に通告によって撤回されている。フランスは、Nuclear Tests 事件[10]において自国が暫定措置の決定の対象となったことに気づき、かつ、類似の争点に関し将来において自国に対して管轄権が及ぶ可能性を憂慮した。米国は、Nicaragua v. United States 事件[11]においての、国際司法裁判所による管轄問題の扱い方にひどく憤慨した。中国とソ連邦は、選択条項によるものであれ何であれ、国際司法裁判所の管轄権を決して受諾しなかった。

一九九一年には、選択条項は五〇ヶ国が受諾していたが、その五〇ヶ国中ヨーロッパの国はわずかに一一にすぎなかった。もっとも選択条項の工業国の締約国の中にはオーストラリアと日本が加わりはするが、しかし実質的には、残りのすべては一四のアフリカ諸国と七の中南米諸国を含む第三世界の国々である。アジアはここでもまた、管轄権を与えるというこの方式については、未だ日本、インド、パキスタンそしてフィリピン（そしてキプロス）のみによって過小に代表されている。

選択条項への現実の参加は減少してはいるが、西側の参加よりも第三世界の参加の方が進んでいることは明白であるように思われる。一九六〇年代半ばから一九七〇年代半ばまでの困難な時期―幾分は、South West Africa 事件[12]のおかげであるが―の後、国際司法裁判所は今では明らかに、非常に幅広い範囲の国々の信頼を集めている。勿論これは、国際司法裁判所の不偏性とそして今日の問題の解決を助ける能力に対する信頼というもののあらわれの一つであると同時に、また国際法に対する一つの信任投票でもある。なぜならば、国際司法裁判所が適用しなくてはならないものは国際法であり、そして、国際司法裁判所がいかに公平であろうとも、同裁判所は、その法体系を形成しかつ新興国にはほとんど何も与えなかったものたちに有利であるという偏見を持たれた法体系を適用せざるを得ないであろうという、一九六〇年代にしばしば表現された見解の名残りはないように思われる。今では国際法は、進化と発展に対するそれ自体に内在する手続きにより、すべての国に紛争解決のための手助けをすることができるという、広い評価が存在している。

明らかに過去一〇年間においては、リビア、チュニジア、マルタ、ニカラグア、エルサルバドル、ホンデュラス、ギニアビサウ、セネガル、チャド―カナダ、、米国、デンマーク、ノルウェー、オーストラリア、そしてフィンランドと同じように―といった国々すべてが、国際司法裁判所へ訴え出ることの有利さを感じていた。最近の二〇の事件中約半数は、合意による付託を根拠としたものであった。それに対し残りの半数は、不承不承の被告に対し提起された事件であった。勿論、そうした被告が気が進まなければ進まない程―選択条項を根拠として提起された事件がしばしばそうであるように―、そうした被告は、国際司法裁判所は実際には訴訟を続行する管轄権は有していないと主張する機会を捜したがる。選択条項は、この後ですぐ見るように、多くのそうした機会を提供するのであり、そして過去においては、国際司法裁判所の審理及び判決のかなりの割合のものは、ある事件の核心を占める国際法の実質的争点に向けられたものではなく、裁判所自身の管轄権に関する争点に向けられた。選択条項を強調することが減りつつあり、かつ、裁判所への特別の合意による付託の利用が増加することにより、管轄権問題についてのこの重要な任務は多少減退してきている―もう一つの健全な傾向である―。（同時に、いかなる国際法律家にとっても、管轄権についての争点の幾つかは最も重大な関心事であり、それ故に興味深い研究がなされている。そうした例として、South West Africa 事件[13]、Nicaragua–United States 事件[14]、そして Nauru v. Australia 事件[15]の管轄権に関する訴訟段階を、引用できよう。）

裁判所への訴訟の訴訟物

係争中の訴訟では、裁判所は広い訴訟物を扱うことが求められている。境界画定紛争は、（海洋及び領土双方の、海域又は国境についてか否かを問わず）裁判所の仕事中かなりの部分を占めている。それ故に、領海の幅及びこの目的のための基線を引く方法に関して、重要な事件が幾つも存在している。[16] 陸地の配置に関し、あるいは境界線を引くというより細かい問題に関し、きわめて重要な争点が、ベルギーとオランダ間のFrontier Ladns紛争事件、[17]（英国とフランス間の）Minquiers and Ecrehos Islands事件、[18] そしてマリとブルキナファソ間の国境紛争事件[19]において、発生している。一九九三年六月には、国際司法裁判所は、チャドとリビアの間の国境紛争を扱う事件の審理を開始した。[20]

国際司法裁判所はまた、海洋法という広い分野の中に含まれる他の争点―魅力的かつ対照的な例を提供しているCorfu Channel事件[21]とGreat Belt事件[22]における、特定の現実の状況下における海峡の航行―を扱わなくてはならなかった。そして、時折国際司法裁判所は、平和と安全保障の争点、一般的には敵対関係にある国家間における武力の行使に関連した紛争を含む諸事件を扱っている。過失の不存在下での錯誤に対する法的責任についての興味ある諸問題に関係する米国によるイラン航空飛行機への襲撃に対する論争[23]と、ニカラグアー米国訴訟[24]は、南米における国境を越えての武力行使に関する事件（Nicaragua v. Honduras; Nicaragua v. Casta Rica）[25]と共に、この点に関しての事件である。

原則としては、既述のように、国際司法裁判所は、係争中の訴訟においてはいかなる法律的紛争も扱うことができる。訴訟物は潜在的に非常に大きい。このことから興味ある質問が一つ出てくる。もしも当事者が、現実に代替の紛争解決手続を利用することに合意しているならば、国際司法裁判所に管轄権を認めないよう命ずるものは、同裁判所規程には何も存在しない。ソ連邦及びその同盟国は、最近までいかなる形式のものであれ第三者による解決には反対していたが、一連の事実上は同じ声明において、国際司法裁判所が人権の分野を含む様々な法律上の争点を解決するのを見たいと、最近になって仄かした。国連に紛争を付託する条約についての留保は、撤回されるであろう。[26] これらの声明—公式に国家文書として出された—における一般趣旨は歓迎すべきであるが、一方これらに付け加えられている正確な意味は謎である。なぜならば、これらの国はすべてが、人権に関する法律上の紛争解決について独自の準司法手続を有している自由権規約の締約国である。ここでの意図は、エストニア、モンゴル、ハンガリー、リトアニア、ポーランド、ロシアそしてウクライナは、同規約手続の枠組みの中における人権訴訟に対する更なる選択的な可能性を認めているので、これらを無視すべきでないというもののように思われる。[27] 非公式な会合において、安全保障理事会の常任理事国は相互間において、未だ認定されていないカテゴリーの紛争を国際司法裁判所に付託することにより解決することに合意すべきであるという一つの考えが、また検討されている。但しこれが、訴訟物と当事者に応じてあるいは他の方法に応じて許された留保を利用する選択条項の受諾によりなされるか否かは、明白ではない。もしも別の仕組みが想定されるとすると、それは選択条項に類似する同意を根拠とする事前管轄権の形式の一つであろう。そして、これが選択条項に基づいてなされるのならば、おそらくは各々互いの国に関して又明確に想定されたカテゴリーの紛争に関して、国際司法裁判所へ付託することに互いに合意している、ロシア、フランス、英国、中国そして米国によりこれはなされるのであろう。しかし、この点に関する更なる進展は、行詰まっているように思われる。

留保の問題

選択条項に基づいて許される留保は、規程三六条二項に基づいて申し訳け程度に与えられている管轄権は実際には非常に限定された管轄の譲渡にすぎないものであり得ることを意味している、ということは広く知られている。三六条三項は、選択条項に基づく受諾の宣言は—これにより当事者は、同一の義務を作り出している他の当事者に対する関係において、裁判所の管轄権を認める—、無条件で若しくは相互条件で、多数の若しくは一定の国との間において、又は一定の期間を付して、行われるかもしれないと述べているだけである。このうわべは単純な条項は、三六条二項それ自体の諸条件と対になったとき―その受諾は、同一の義務を受諾する国との関係においてであるが―、際限のない厄介な問題を引き起こしている。三六条三項に述べられている条件は、多数の国若しくは一定の国との相互条件により行うことができる条件である（「A国とB国もまた我が国との間の紛争を解決することを受諾するという条件で、我が国は受諾する」）。これに加え、受諾は一定の期間を付して行うこともできよう（「我が国は、以後五年間、受諾する」）。しかし選択条項は、条約による契約の一つとしても扱われている。そのために、三六条三項に基づく受諾の条件として特に許されているものに加えて、一般条約法の問題としての留保の可能性が生じている。その契約上の条約要件（選択条項に対する様々な当事者間の）は、Rights of Passage事件[28]において裁判所により強調された。Nicaragua v. United States事件において、選択条項に基づく受諾の宣言が条約として扱われるべきならば、受諾の宣言は終了の合理的な通告なくしては撤回され得ない、と裁判所は述べた。受諾の宣言について米国より主張された修正は、事実上一定の名指しされた国に対する終了であって合理的な通告なくして行なわれたものだと、裁判所は認めた。それ故に、米国は法廷から管轄権を撤回することに成功しなかった[29]。

しかし留保はまた許されているのであり、そして時には巧妙に意図されてもいる―それ故に、Rights of Passage事件におけるポルトガルの留保はまさに、通告するや否や受諾を終了することの可能性を留保した―（米国の選択条項の受諾は、そうした留保を有していなかった。そのため、いわゆる「適正な通知[30]」（due-notice）という条約のルールが適用されると判示された。）。通常、条約の留保は条約の批准又は加入時にのみなされ得る。それ故に、もしも選択条項が期間を定めずに受諾されるならば、いかなる留保であれ受諾の時に行われなくてはならない。あるいは、もしも選択条項がたとえば五年の期間で受諾されたならば、その場合は、新たな受諾を行うための次の期間の始まりまでは、新しい留保は為され得ない。しかしマルタのような幾つかの国は、より一層の留保を行うことをまさに許すことを目論む留保を行っている。そうした留保の合法性は、未だ国際司法裁判所により試されたことはない。

留保は、次の三つのタイプが一般的であり、かつ広く受け入れられている。①他当事者に関しての留保（Y国及びZ国との紛争に関する訴訟については合意しないことを除いて、裁判所の管轄を受諾する。つまり人的留保（reservations ratione personae））。②時に関しての留保（一九八五年におきた事件に関するものを除いた全ての紛争に関して、裁判所の管轄を一九九〇年に受諾する。つまり、時間的留保（reservations ratione temporis））。③訴訟物に関しての留保（裁判所の管轄を受諾する。しかし航空紛争の解決については受諾しない。つまり、物的留保（reservations ratione materiae））。この最後のカテゴリーでは、ある国の国内管轄内の訴訟物を―時には、「単独で決定されたとして」―除外する留保への試みが、存在している。もともとは米国により採用されたとはいえ他国によっても また利用されたこのタイプの留保は、法的地位については疑わしい。なぜならば、裁判所自身がまさにその管轄権を決定しなくてはならないからである。Lauterpacht 判事は、このタイプの留保を付した選択条項は、裁判所の管轄の真の受諾では少しもないという見解を取った。[31] この見解の結果は、皮肉にも、遺憾ながら幅広い留保を付したにもかかわらずその国は国際司法裁判所の管轄権を受諾していないというものではなく、管轄権を全く受諾していないというものである。このことは未だ確定的に解決されてはいないが、International Norwegian Loans 事件[32]とRight of Passage 事件[33]において、国際司法裁判所の若干の関心を得ている。

選択条項に基づくと、当事国は同一義務を受諾する他国に関してのみ国際司法裁判所の管轄権を受諾するから、裁判所の管轄権は、これらの国の間に共通するものについてしか存在しない。言い換えれば、A国は、自国の留保及び条件を考慮した後に、B国が受諾したものに関してのみ自国に対する国際司法裁判所の管轄権を受諾する。

それ故に、選択条項の受諾国はいずれも、訴訟の見通しが現実に視界に入ってくる時管轄を逃れるために、あたかも自身の制限のごとく相手国によるあらゆる制限を当てにすることができる。所定の事件における裁判所の管轄権の現実の範囲に関する論争は、しばしば長々とした予審を要し、裁判所の時間を多く消費している。しばしば合意により妥協により裁判所へ特定の問題について付託するという傾向の増加は、裁判所の管轄に関する訴訟の決定に費やす時間の割合を、おそらくは減らすであろう。

法律的紛争

三六条二項は、もう一つの要件―裁判所に係属する事項は、「法律的紛争」である―を含んでいる。裁判所は管轄権を認める前に、それ故に係争物は「法律的」なものでありかつ「紛争」を構成している、という両方を満足しなくてはならない。一般的に言って、何が「法律的」事項かに関しては、裁判所は乱暴な態度をとっている。裁判所へ訴える動機は政治的ではないことが重大であると、(Admissions 事件における勧告的意見[34]の文脈において) 裁判所は述べている。ここで求められていることのすべては、三六条二項に記載される事項のいずれかを含む争点が、存在することである。そして三六条二項は、(a)条約の解釈、(b)国際法上のあらゆる問題、(c)認定されれば国際義務の違反となるようなあらゆる事実の存在、に関する法律的紛争について述べている。もしもこれらの事項のいずれかが、政治的に意図された文脈において (しばしばそうであるように) 生じるならば、関連性がない (irrelevant)。しかしそれでもなお、裁判所は役割を果たすべき法的な任務をもっている。Free Zones 事件[35]において一九三二年という早い時期に、常設国際司法裁判所 (国際司法裁判所の前身) は、もしも答えるべき法律上の諸問題という文脈において生じるのが常であるならば、当裁判所は非常に重要な経済上の諸事項についてもまた意見を述べる用意がある、ということを明らかにした。South West Africa 事件において、持ち込まれた争点は「真に」政治的であり安全保障理事会の決定に委ねられる方が良いと一九六六年に国際司法裁判所が示した見解は[36]、動機という面からも文脈という面からも、条約を解釈すること、国際法上の問題を決定すること、義務違反を宣言すること、又は事後救済の性質や範囲についての問題を処理することが、裁判所が求められている事のすべてであるとするそれまでの首尾一貫した裁判所の態度からは、外れていた。それゆえに、Nicaragua v. United States事件[37]や、イランにより米国に対してなされた訴訟事件[38]のような、非常な議論を呼起した事件ですらも、「法律的」というよりはむしろ「政治的」であるとして事件簿から削除されることはないであろう。

国際司法裁判所は、法律的紛争に対し管轄権を有している。そして時々、裁判所は一方当事者が選択条項に基づいて訴訟を始めようとし、他方当事者が両国間には「紛争」は存在しないと主張する、という状況を扱わなくてはならなかった。これは通常、両者が異なる見解を表明している当座の間は問題が交渉により解決され得る可能性はなお高いので、「紛争」と述べるのはそれ故に時期尚早であるから、両者の関係は「紛争」にまではまだ悪化していないというような、あるいはまた、予期される被告は「紛争」が存在していることを信じないというような、形態をとって述べられる、国際司法裁判所は、最初にMavrommatis事件において常設国際司法裁判所により規定された、「紛争とは、法律又は事実に関する不同意であり、両者間の法律的見解又は利害の衝突である」という定義[39]に、固執した。一方の当事者が、紛争はまさに存在すると主張するという事実もはたまた他方の当事者が存在しないと主張するという事実も、いずれもその争点の決定要因とはならないであろう。国際司法裁判所は、所定の事件の諸事実についての裁判所の決定は客観的な問題であるということを、明確にしている。国際司法「紛争」についての問題は、三六条二項及び三八条一項に基づく管轄の厳格な限界を超えて、様々な状況下において若干の重要性を実際には有している。国連の一機関もしくは専門機関の一つが、国際司法裁判所に法律上の問題点について勧告的意見を求めるとき、時には、この要請は自国が当事者である事項についてその問題に「紛争」が存在するというレッテルを貼るとして、裁判所に助言を与えないよう迫る国もあろう。この点については、すぐ後において再度触れるとしよう。なお、係争事件においてかはたまた勧告的機能においてかを問はず、国際司法裁判所による権能の主張に対する反論の一つとして、この問題が生じる。係争事件においては、潜在的被告は、「紛争」は存在しないと主張する。そして、勧告的管轄においては、現実に「紛争」が存在するから助言は付与されるべきではないし、又、国家間の紛争の判定を必然的に伴うであろう国連機関への助言の付与は適切でもない、と主張する国があるかもしれない。では例を一つ挙げることにしよう。一九六〇年にエチオピアとリベリアにより南アフリカに対し起された訴訟で主張された管轄の根拠は、旧国際連盟の委任統治であった。これは、紛争が存在する場合に、委任統治条約の締約国に、常設国際司法裁判所へ付託する権限を持たせていた。予備的異議において、南アフリカは、エチオピアともリベリアとも何の紛争もないと主張した。しかし Mavrommatis 事件における判断基準を適用し、国際司法裁判所は紛争が存在していると認めた。それは、裁判所への付託を規定している条約の下で、裁判所の管轄権を創設するために「紛争」を必要条件とする例である。最近の UN Headquarters 事件[40]は、裁判所が決定することを求められた実体的争点の一部を形成している「紛争」の存在に関する好例を、提供している。米国は、国連との協定——一九四七年の本部協定——の当事国であったが、この協定は二一項において、「当協定の解釈若しくは適用に関する米国と国連の間に起きるいかなる紛争も、……仲裁裁判所に最終的決定のために付託されなくてはならない。」と規定している。一九七四年にパレスチナ解放機構（PLO）は、総会によりオブザーヴァーの資格を与えられた[41]。パレスチナ解放機構は、その結果としてニューヨーク市にオブザーヴァー使節団を設けた。一九八七年五月に、「米国内でのパレスチナ解放機構事務所の開設及び維持を違法とする」ことを目的とする法案が、米国上院に上程された。その後この法案は（政府の望むところではなかったが）法律となり、米国司法長官は、この法律を支援するために行動する義務があると感ずると述べ、使節団に閉鎖を命じた。国務省は、その立場から、使節団の閉鎖は国連への敷地提供国としての米国の義務に違反するであろうと、国連に対し認めた。米国政府の様々な部門間の紛争に遭遇したために、事務総長は、使節団は現実には閉鎖されないであろうという保証を、得ることはできなかった。そこで彼は、国連と米国との間において本部協定の解釈及び適用に関し紛争が生じたと結論し、当協約に予定されている紛争処理手続を進めた。米国は、疑いもなく問題が存したにもかかわらず、いかなる「紛争」も存在しないという見解を取った。使節団は、未だ閉鎖を命じられてはいなかった。国連総会は、国際司法裁判所に―この争点の実体的事項に関してではなく、本部協定の仲裁手続が実施されるために要求されるまさに紛争が存在するか否かに関し―勧告的意見を求めた。国際司法裁判所は、米国政府内に異なる見解が存在するという事実も、果たまたパレスチナ解放機構の事務所が現実には閉鎖されなかったという事実も、紛争は何ら存在しないということを意味しないと認定した。紛争は客観的には存在すると判示され、その結果として、本部協定の解決手続が動き始めた。

勧告的意見に関する若干の争点

ここまでのところでは、国際司法裁判所の係争管轄権について述べてきた。勿論幾つかの争点―ここでの問題は法的な問題であるという要件と、紛争が存在するか否かという争点―は、勧告的意見においてもまた生じ得るけれども、ここでは国際司法裁判所の勧告的意見について、若干の新たな説明をしよう。規程六五条は、裁判所は、国連憲章によって又は同憲章に従って要請することを許されるいかなる団体からの要請に対し、いかなる法律問題についても、勧告的意見を与えることができると規定する。事実、かなりの数の国連機関や専門機関が、このような要請を行うことを許されている。もっとも、認められた団体中比較的少数の団体のみが、こうした機会を利用してきたにすぎないが。

しかし、勧告的意見に対するこうした要請は、時々は行われてきた。国際司法裁判所はその役割を、要請している機関が、自分は国際法に従って行動していると認識して己れの仕事を続行していくであろうための助言の提供と看倣している。ある面では、裁判所の勧告的管轄権は、その係争管轄権とは非常に異なっている―対審手続というものは存在しないし、当事者を拘束する判決というものも存在しないであろう。しかし、法の状態に関しての助言というもののみが存在する―。しかし規程六八条は、勧告という任務の遂行については、裁判所は「適用することができると認める範囲内で」係争事件に適用されると同じ手続を適用できる、と規定している。

大まかにいえば、似たような手続が事実上踏襲されている。更には、規程締約国は六六条により、勧告的意見に対する要請を通告して貰い、かつ、法律上の争点に関し自分たちの見解を提示するという機会を有する―たとえ当該事件の当事者ではなく、またたとえ彼等に対しいかなる訴訟も提起されていない場合でも―。実際には、勧告手続においては当事者というものは存在しないのであり、最終的には、勧告的意見は要請した機関に与えられる。

国際司法裁判所において、第三者の権利についてはその者の不在の場合判決しないという原則は、勧告的意見に対してはいかに適用され得るか。この原則―聴聞原則（audiatur et altera pars）―は、国際司法裁判所の管轄権の根拠として同意の根底にあるのであり、またMonetary Gold事件[42]において、裁判所により、係争事件に関し再度是認されている。その範囲及び適用については、最近Phosphates事件の予審段階においての裁判所の判決中に、詳細に論じられている。

Phosphates事件においてナウルは、とりわけ一九四七年のナウルに対する信託統治協定に基づく義務のオーストラリアによる違反を主張して、オーストラリアに対し訴訟を起した。ニュージーランドと英国―彼等は、この訴訟の被告ではなかった―は、その協定に基づく共同信託国であった。オーストラリアは、この事件の審議を続行することは、法廷に持ち出されていない国家の法的義務に関し判決を申し渡すことを裁判所に課すこととなり、そしてMonetary Gold事件の原則に背くこととなるであろうという、抗弁を行った。

国際司法裁判所は、他の最近の事件においてこの問題について述べざるを得なかったことを強調し[43]、法廷に持ち出されていない第三者の法律上の利害関係が「その裁判の真の訴訟物」であるか否かを、その判断基準として挙げた。裁判所は、ニュージーランドと英国の利害関係は、言い渡されるべき判決の「真の訴訟物」を構成しないと認定した[44]。それ故に、事態はMonetary Gold事件のそれとは同じではなかった。国際司法裁判所は、このことについては、East Timor事件において、更に詳細に論ずる機会に恵まれるであろう。

一九二三年という早い時期に、Eastern Carelia事件[45]において、常設国際司法裁判所は、勧告的管轄において、裁判所としての活動を支配している重要な諸規則から当裁判所は外れることはないであろうと述べた。紛争について判決を下すための管轄権への同意は、同裁判所の活動を支配している重要な慣行の一つだったろう。その事件では、常設国際司法裁判所は、そこに持ち込まれた懸案は、現実に二国間に係争中の紛争の最も重要な論点に関連していて、それ故に勧告的意見を求めて当裁判所に持ち込まれた懸案に答えることは、当事者間のまさに紛争を裁くことと同じとなろうと認めて、勧告的意見を与えることを否定した。勿論公式には、丁度判決が法廷における当事者に対してのみの限定的決定力しかないように、勧告的意見は、勧告的意見というものに明確には拘束されないであろう二国間の紛争に関して決定力を持つことはないだろうと言えよう。事実、国際司法裁判所が多少荒っぽい態度を第三者の権利に対して取るというのが、その傾向である。係争訴訟に関する限り、規程六二条は、もしも国際司法裁判所が、「ある国が、その事件の裁判により影響を受ける法律的性質の利害関係をもつ」と認めるならば、裁判所における訴訟の当事者ではない国にも、訴訟への参加を許している。六三条は、他国が当事国である条約の解釈を必然的に伴う事件について言及している。こうした国々は、当該事件について通告されるべきであり、かつ「通告を受けた各国は、手続に参加する権利を有する。」もっとも、ある国が訴訟に参加することを非常に難しくするという傾向は、―その文言上は、その範囲内に含まれる国にそうする明らかな権利を与えているように見える六三条に基づいてさえも―裁判所においては（少なくとも、一九八〇年代終りまで）存在していた(46)。国際司法裁判所は、申立て国がある事件により影響を受け得る法律的性質の利害関係を有し得ることを否定するため、判決は当該事件の当事者のみを拘束するとする五九条を指摘しがちであった。そうした態度は、たとえEastern Carelia事件における意見においては、常設国際司法裁判所は別の方向へあまりにも行きすぎたと考えたとしても、その事件における論理と調和させることは難しい。疑いもなく、規程六二条及び六三条に基づく訴訟参加の可能性は、新たな問題を提起している―これは、事件を持ち出した当事者が検討されることを望む以上の諸要素を入れている―。これは、当事者の予定表を狂わせる。もしもある国が、それ自体その事件の訴訟物に対しそしてまたそれに加え他当事者に対し管轄的関係を有していないならば、これらの条項に基づいて訴訟参加できるかどうかについて難しい問題を引き起す。他にも多くの問題がまた存在している。訴訟参加の適切な時期は、管轄権に関する訴訟の段階（法廷に持ち出すことに同意していないものについて、それは本質的に裁判所の法律的立場に関しての何らかの決定を必然的に伴うであろうことを根拠として、判決とか意見というものが出てくることを防ぐために）であるのか。それとも、本案の段階（そうすると、実体に関する裁判所の見解が審理されるかもしれない）であるのか。論理的には、六二条の訴訟参加の時期としての管轄権の段階へと向っているように思われよう―しかし、裁判所はこうした申立てを「時期尚早」と認定している―。法律的に利害関係のある第三者による訴訟参加の問題は、相変らず裁判所にとり目下関心を集めている争点の一つである。国際社会の相互依存の度合の増大により、このことはますます大きくなる問題の一つとなりそうである。そして、絶え間ない事実上の変化が可能であるということは、裁判所が確実にこの分野におけるその法廷運用を精緻なものとしなくてはなるまいということを意味する。この分野における意思決定についての理論的根拠は、現時点においては不確かに思われるし、また、その結果として生ずるかなりの予測不能性というものが存在している。

そうした第三者の立場は、事件における訴訟参加に関して生じているだけでなく、―Eastern Carelia 事件の原則のように―国家はある紛争における自国の法律上の権利を表明することについて潜在的に同等であると認めている勧告的意見に関連しても、生じている。ソ連邦は、国際司法裁判所はCertain Expenses of the UN事件(47)においては、この点に関して、この事件は他国との紛争でありかつ国連との紛争でもあるという理由から、勧告的意見を与えてほしいという総会の要請を退ぞけるべきであったと主張した。裁判所は、それにもかかわらず意見を与えはしたのだが。南アフリカは、裁判所が Namibia 事件(48)において求められた勧告的意見を与えることは、裁判所の管轄権については意見を述べていなかった場合なのにもかかわらず、その領土に関しての南アフリカの法律的権利について表明することを意味すると主張した。裁判所は、ここでもそれにもかかわらず意見を与えはしたのだが。そしてこの問題は、Western Sahara 事件(49)により生々しく描き出された。この事件において国際司法裁判所は、西サハラはスペインの植民地となった時に無主物(terra nullius)であったか否かについて、総会から意見を求められた。そして、もしもそうでなかったとすると、西サハラとモロッコ及びモーリタニアとの間における法律的つながりの性質は何だったのであろうか。モロッコは、スペインとの法律紛争の一方当事者であり、現実にこの争点について係争中であると主張した(50)。そして、モーリタニアもまた同じ主張を行った。スペインもまた、勧告的意見というものは現存する紛争に対する推測を含むかもしれないと主張した。国際司法裁判所は、勧告的意見への要請がなされた時、モロッコとスペイン間には実際に法律的紛争が存在していたと認定した。しかし古いEastern Carelia の原則を根拠として、勧告的意見の手続の続行は行うまいという結論を出す代わりに、―既に、スペイン人の裁判官が一人いるので、モロッコによる特別選任(ad hoc)裁判官を許した―勧告的意見の手続を続行した。しかし原則としては、特別選任裁判官は「事件の当事者」（規程三一条）についてのみ利用可能なのであり、そして勧告的意見については「当事者」は存在しないはずである。このまったく基本的かつ重要な相違点を示されると、勧告的意見において特別選任裁判官を付する問題は、規程六八条に基づくその原則の適用として意図的に勧告的手続もまた係争手続に従うべきであるとすることにより、現実に思い通りに処理されるのかどうか、不思議に思われよう。

とにもかくにも、Western Sahara 事件において国際司法裁判所は、Eastern Carelia 事件における重要な当事国の一つが、規程の当事国でもまた連盟の加盟国でさえもなかったことを強調して、この事件を区別した。これとは対照的に、スペインとモロッコは国連加盟国であり、かつ総会が植民地解放に責任をもっている憲章の条項を受諾していた。彼等は、総会がその機能に基づいて法律的助言を求めることを妨げることはできなかった。

勧告的意見に関連し、この大変に複雑な第三者の権利の問題及びそれに潜在する紛争において重大なことは、争点はまさに双務的に生じているのではなく、意見を求める機関の仕事の文脈において生じていることである。米国は、平和維持についての経費に関するソ連邦の論拠に関し勧告的意見を求めることはできなかったであろう。エチオピアとリベリアは、ナミビアの委任統治についての南アフリカの義務に関し、勧告的意見を求めることはできなかった。そして、スペインもモロッコもまたWestern Sahara事件における争点に関し、勧告的意見を求めることはできなかった。しかしこれらの事件各々において、何らかの機関が、予算を割当てること、委任統治の履行を求めること、そして植民地の解放を行うことに関し、果すべき重要な任務を有していた。国際司法裁判所は、こうした状況において公認された要請を行う機関への助言を与える権利を、むしろ確固として保持することを明らかにしている。

紛争解決と法の発展

国際司法裁判所の機能は、国家間の紛争を解決し、権限を認められた機関に対し助言を与えることである。それは、国際法を抽象的に発展させることではない。しかし勿論、特定の紛争に対するまさに判決と特定の勧告の付与は、国際法を発展させる。これは、司法機能は単なる事実への既存のルールの適用ではないからである。適用が主張される事情、規範の内容の詳細、判然としない事項への適用の拡張、これらすべてが国際法の発展に対して大いに貢献する。実際、一つの事件に対して国際司法裁判所が行うことは、事実に対し明白な既存の法を適用することのみである、と指摘することは困難である。一連の海事事件を通して、国際司法裁判所は、海洋の境界画定に関する一法体系を発展させている。裁判所は自助（Corfu Channel 事件[51]）と低次の不法な軍事行動に応じての武力の行使（Nicaragua v. United States 事件）の両方を含む武力の行使において、係争の論点をはっきりさせている。裁判所は、領土権原に関する様々な事件において、権原を創設するための実効性の原則（effectivités）の法的役割をより明確にするために、伝統的な法を根拠としている。裁判所は、境界の安定性そして最終的決着という点に関し法律を発展させ、かつ現在の国際法における君が占有しているようように（uti possidetis）の原則の占める場所について説明している。国際組織の分野においては、裁判所の勧告的機能は、黙示的権能の概念及び組織権力の発展を、必然的に伴っている。裁判所は、まさに一つの法律的規範のごときものとして、自決権の存在を確認している。

勿論、形式主義的なレベルでは、このことは限られた重要性を持つにすぎない。なぜならば、裁判所の決定は国際法の補助的な法源の一つであるといわれているから（規程三八条一項(d)）であり、また司法判断はいかなるものであれ裁判当事者のみを拘束するとする五九条に服するからである。しかし、現実はそうではないことは、良く知られた事である。国際法の補助的な法源の一つとして扱われるにはほど遠く、国際司法裁判所の判決や意見は、国際法の現実状態に関する権威ある宣言として扱われている。そして裁判所自身、知的意味での一貫性及び思想的一貫性が、裁判所の一連の判決に対する尊敬を存続させるのに必要不可欠であるということを知っている。それ故に、ある特定の法についての判断は裁判の当事者のみを拘束するだろうとはいえ、裁判所はそのような判断を下す過程において、現在の諸事実に関連するそれまでの一連の判決及び傍論を必ず引用するであろう。国際司法裁判所に係争中の紛争を持っていない国々は、裁判所の判決に最大限の関心をもって従う。なぜならば、いずれの判決も同時に争点となっている法律についての権威ある宣言であり、そして同じ法的な争点が生ずる紛争に巻き込まれるならば、常に首尾一貫して行動しようとしかつ己れ自身の法体系を打ち立てようとする国際司法裁判所は同じ結論に到達するであろうということを、それらの国は知っているからである。正式なレベルではA国対B国の事件の裁判所の判決はZ国を拘束しないけれども、Z国は、国際司法裁判所によりはっきりと表明されそしてそうした機会が生じたら疑いもなく直接に適用されるであろう国際法の関連ルールに、拘束される。

勧告的意見でさえも重要な役割を持っている。勿論、勧告的意見の要請（request）というものには当事者は存在しないのであり、また、勧告的意見は技術的にはどの国も拘束しない。しかしLauterpacht判事は早くから、各国は、裁判所が勧告的意見において宣言しているものを受け入れるべきでないかどうかについて誠意をもって真剣に考慮する義務がある、と述べていた。ある国にとって、勧告的意見が根拠としている議論を明白に拒絶するときには（一九七二年のナミビア勧告的意見における国際司法裁判所の理由の部分に関し、英国はそうしたのだが）[52]、賭け率をむしろ高くしなくてはなるまい。非常にしばしば、勧告的意見を求めた機関は、その後その意見を「評価する」とか「受け入れる」という決議をするであろう。例えばこのことは、Reservations事件[53]や国連の法的経費に関する事件においてなされた。勿論そのことは、勧告的意見を国連にとっても加盟国にとっても法的義務の一つへと変えることにはなるまい。しかし、これは与えられた勧告の権威性についての、公けの確認の一つである。既にみてきたように、多くの勧告的意見の背後には、国連の活動に関連しての諸国間の紛争がある。そう多くはないというべきであろうが、事件によっては、国際司法裁判所の助言は根源的な衝突の解決を助けてきた。例えば、エジプトにおけるWHOの地方事務所に関する事件(54)において、又はAdmissions事件(55)において、又は国連の特権及び免除に関する条約六条二二項の適用に関するMazilu事件(56)において、その関連を指摘できよう。根源的な問題への成果は、疑いもなく与えられた助言により促進された。

事件によっては、その時々の絆はもっと希薄であった。Western Sahara事件において裁判所が与えた助言に従い始めたのは、やっと今頃になってからである。多数の加盟国が、Expenses事件において幾つかの平和維持活動に対し（そしてそれ故に、暗に他の類似の活動に対しても）支払う法的義務があるとした国際司法裁判所の認定を、無視してきている。なお事件によっては、蒔かれた法律の種にその重要性がある。様々な国際組織の慣行の見地からは、Reparation for Injuries事件における内在的権限に関する裁判所の認定の運用上の重要性を過大視することは、困難である。そして、種々の要因の混合物が、ナミビアの事態の最終的に成功となる結末へ貢献してきたとはいえ、独立を確保するための政治的かつ外交的努力を補強した法律の論拠の不断の流れというものの重要性を、誰が疑うであろうか。

勿論、国際司法裁判所が国際法の発展においてそうした役割をまさに有しているという事実は、同裁判所がこの機能に関していかに行動に出なくてはならないかに疑いを抱かせる。特に、同裁判所は主張されている争点に判決を下すと単に言うべきなのか、果たまた、より広くかつより制限されない立場で見解を述べることにより規範の発展に意識的に貢献するべきなのか。司法機能というものは事実への主張された単なる規則の適用―同裁判所は、必然的に選択し釈明しかつ詳細に論ずる―ということ以上のものというのが、私自身の意見である。しかし、それでもなお国際司法裁判所は、判決することを求められている規定の争点や、勧告を要請されている規定の争点に関しては、そう（規則の適用）しなくてはならない。この自制―妥当性と関連性の規律―は、国際的な尊敬を集める権威の源の一部である。

（1） Elettronica Sicula case, ICJ Reports (1989) 15.

（2） Delimitation of the Maritime Boundary in the Gulf of Maine Area, ICJ Reports (1984) 246.

（3） Libya-Malta Case, ICJ Reports (1985) 13.

（4） Burkina Faso-Mali Frontier Dispute, ICJ Reports (1986) 554.

（5） Tunisia-Libya Continental Shelf Case. Application for Revision and Interpretation of the Judgment of 24 Feburary 1982, ICJ Reports (1985) 192.

（6） Electtronica Sicula Case, ICJ Reports (1986).

（7） Jan Mayen Continental Shelf Delimitation Case, ICJ Reports (1993).

（8） Passage through the Great Belt (Finland v. Denmark), Provisional Measures, ICJ Reports (1991) 12.この事件は後に和解がなされ、リストから取り下げられた。

（9） Reservations to the Genocide Convention Case, ICJ Reports (1951) 23.

（10） Nuclear Tests Case, ICJ Reports (1974) 253.

（11） Military and Paramilitary Activities in and against Nicaragua, Jurisdiction and Admissibility, ICJ Reports (1984) 392.）米国での議論については、Editorial Comments (1985) 79 AJIL: H. Briggs, ibid. 373; T. Franck, ibid. 379; A. d'Amato, ibid. 385; E. Highet, ibid. 992; M. Reisman (1986) 80 AJIL 128を参照のこと。

（12） South West Africa Cases (Second Phase), ICJ Reports (1966) 3. R. Higgins, "The International Court and South West Africa: The Implications of the Judgment" (1966) International Affairs 573を参照のこと。）

(13) South West Africa Cases (Preliminary Objections), ICJ Reports (1962) 319.
(14) Military and Paramilitary Activities Case (Jurisdiction), ICJ Reports (1984) 392.
(15) Certain Phosphate Lands in Nauru, ICJ Reports (1992) 240 at para. 55.
(16) Anglo-Norwegian Fisheries Case, ICJ Reports (1951) 139; North Sea Continental Shelf Cases, ICJ Reports (1969) I; Tunisia-Libya Continental Shelf Case, ICJ Reports (1982) I; Continental Shelf (Libyan Arab Jamahiriya/Malta Case), ICJ Reports (1985) 13; Delimitation of the Maritime Boundary in the Gulf of Maine Area, ICJ Reports (1984) 246; Fisheries Jurisdiction Case, ICJ Reports (1974) 1;そして、Land, Island and Maritime Frontier Dispute, ICJ Reports (1992) 351.
(17) Sovereignty over Certain Frontier Lands Case, ICJ Reports (1959) 225.
(18) Minquiers and Ecrehos Islands Case, IJC Reports (1953) 47.
(19) Burkina Faso v. Mali, ICJ Reports (1986) 554.
(20) Territorial Dispute (Libyan Arab Jamahiriya v. Chad).
(21) Corfu Channel Case, ICJ Reports (1949) 5.
(22) この事件に関する裁判所による決定については、Case Concerning Passage through the Great Belt, Order of 10 September 1992, ICJ Reports (1992) 348.を参照のこと。
(23) 一九八八年七月三日の航空機事故事件は係争中である。この事件についての国際司法裁判所の決定については、Aerial Incident of 3 July 1988, Order of 13 December 1989, ICJ Reports (1989) 132.を参照のこと。
(24) Military and Paramilitary Activities (Merits), ICJ Reports (1986) 3.
(25) Border and Transborder Armed Actions (Admissibility), ICJ Reports (1988) 69.
(26) ソ連邦外務大臣Schevardnadzeから事務総長への、一九八九年二月二八日の手紙を参照のこと。83 AJIL (1989) 457に再録。
(27) Annual Report of the Human Rights Committee 1992, A/47/40, GAOR 47th sess.

(28) Rights of Passage Case (Preliminary Objections), ICJ Reports (1957) 125 at 145-7.

(29) Military and Paramilitary Activities Case (Jurisdictions), ICJ Reports (1984) 392 at para. 14.

(30) Rosenneは完全な条約分析を拒否している。Documents on the International Court of Justice (2nd edn, 1979), 358-61. またL. Grossによる議論も参照のこと。"Compulsory jurisdiction under the Optional Clause: History and Practice", in L. Damrosch (ed.), The International Court of Justice at a Crossroad (1987) 19 at 30.

(31) Norwegian Loans Case, ICJ Reports (1957) 9; sep. op.at 34-66. を参照のこと。

(32) 当事国間での争点ではなかったので、フランスの留保の法的有効性を考慮する必要はないと、裁判所は感じた (Ibid., 27).

(33) ICJ Reports (1957) 125.

(34) Conditions of Admission of a State to Membership in the United Nations, ICJ Reports (1948) 57.

(35) (1932) PCIJ Ser. A/B, no. 46, P. 167.

(36) ICJ Reports, (1966) 6 at paras. 49, 64, 89-98.

(37) Military and Paramilitary Activities Case (Jurisdiction), ICJ Reports (1984) 392.

(38) 一九八八年七月三日のAerial Incident 事件についての裁判所による決定については、Aerial Incident of 3 July 1988, Order of 13 December 1989, ICJ Reports (1989) 132. を参照のこと。Oil Platforms 事件は係争中である。この事件についての裁判所による決定については、ICJ Reports (1992) 763. を参照のこと。

(39) (1924) PCIJ Ser. A, no. 2, p. 11.

(40) Applicability of the Obligation to Arbitrate under Section 21 of the United Nations Headquarters Agreement of 26 June 1947, Advisory Opinion, ICJ Reports (1988) 12.

(41) 総会決議三二三七(xxix)。

(42) Monetary Gold Case, ICJ Reports (1954) 19.

(43) Paramilitary Activities In and Against Nicaragua, ICJ Reports (1984) 392 at 431; Land, Island and Maritime Frontier Dispute, ICJ Reports (1990) 92 at 166.

(44) Certain Phosphate Lands in Nauru, ICJ Reports (1992) 240 at para. 55.

(45) Eastern Carelia Case (1923) PCIJ Ser. B, no. 5, p. 2.

(46) 特に' Nucler Tests Case, Application by Fiji for Permission to Intervene, ICJ Reports (1973) 334; Continental Shelf Case (Libyan Arab Jamahiriya V Malta), Application by Italy for Permission to Intervene, ICJ Perports (1984) 3; Military and Paramilitary Activities in and against Nicaragua, Declaration of Intervention by El Salvador, ICJ Reports (1984) 215.を参照のこと。Land, Island and Maritime Frontier Dispute (Nicaragua Intervening), ICJ Reports (1990) 92.を比較せよ。

(47) ICJ Reports (1962) 151.

(48) Legal Consequences for States of the Continued Presence of South Africa in Namibia, ICJ Reports (1971) 16.

(49) ICJ Reports (1975) 12.

(50) もしも事件が続行するならば、次には特別選任裁判官の要求へとなる主張—モーリタニアは、この申立てに成功しなかった—。

(51) ICJ Reports (1949) 4.

(52) R. Higgins, "The Advisory Opinion on Namibia: Which UN Resolutions are Binding under Article 25 of the Charter? 21 (1992) ICLQ 270.を参照のこと。

(53) Reservations to the Genocide Convention Case, ICJ Reports (1951) 15.

(54) Interpretation of the Agreement between the WHO and Egypt, ICJ Reports (1980) 73.

(55) Conditions of Admission of a State to Membership in the United Nations, ICJ Reports (1948) 57.

(56) ICJ Reports (1989) 314.

第十二章　国際的法形成過程における国内裁判所の役割

教科書においては、「国際法と国内法」と題した一章を見出すのが通例である。大学の一般国際法のコースでは、国際法と国内法に関する講義が必ず年の始めにある。しかし私は、この講義を初日にすることは学生には大変わかり難いと思うので、学生たちが国際法と国内法に関する論争について自分なりの考えを持てるようになる相当量の基礎知識を網羅するまで残しておいて、年のまさに最後に行うのを常としている。

国際法と国内法に関するどの章においても、中心となっているのは一元論と二元論という二つの理論の説明である。一元論者は、国際法が国内法の様々な分野すべてと共にその単一の法システム中の一要素であるという単一の法システムしか存在しない、と主張している。一元論者にとっては、国際法は、労働法、雇用法、契約法などと共に、国法の一部である。二元論者は、異なる行為領域―国際の面と国内の面―の中に並行して存在する二つの本質的に異なる法体系が存在する、と主張している。(1) 勿論、どちらの見解を採ろうとも、二つの間に不一致があるときどちらの体系が優越するかという問題が、なお存在する。この問題に対し、法哲学のレベルで答を与えることはできるかもしれない。しかし現実の世界では、答はしばしば、それを答える裁判所（国際裁判所か国内裁判所かを問わず）及び、そこで問われている問題次第である。国際司法裁判所は、国内法は当裁判所にとっては事実の一つであると述べている。(2) 事項によっては、国際裁判所でさえもその法律を適用する必要があるであろう―例えば、債券の償還に関し適用される法律として―。しかし、国内法に欠陥があるとかあるいは矛盾があるという理由で、ある国際義務が無効にされ得るかあるいは免除され得るかが争点である時には、国際裁判所にとって答は明白である—そうはできないのであって、国際法上の義務は残る—[3]。適用することが国内裁判所の日々の仕事である国内法が、国際義務の違反を必然的に伴うとき、国内裁判所は難しい問題に直面させられるかもしれない。裁判所によって様々に、その問題についてまさに述べられている。当面理論的な側面はさておいても、もしも国内法と国際法に不一致があるように見えるならば、国内裁判所に国内法よりもむしろ国際法を適用するよう説得することは、実際上難しい。しかしこれは、裁判所によっては可能ではある。そして、一元論者と二元論者の論争はもはや時代遅れだと考えている人たちの見解[4]に共感するとはいえ、様々な国内裁判所における国際法と国内法の衝突に対する反応の違いは実質上当該国家がその手法において一元論者か二元論者かに左右される、ということは正しいと私は考える[5]。

ここで「実質上」左右されるというのは、現実には通常国内裁判所の審理においては、こうした大きな法理学上の問題についての説明とか議論は、ほとんど存在しないからである。この問題に対する裁判所の反応は、しばしばはっきりと叙述されるというよりも、むしろ直観的である。そして、本当のところを言うと、その反応はしばしば混乱し、そして若干知的意味での統一性に欠けている。すべてのことが、一元論者あるいは二元論者の見解を受け入れるか否か次第というわけではないことは、特定の一国においてすら、国際法と国内法の関係についての問題に対し裁判所により異なった対処をするかもしれない、という事実により明らかとされる。

この重大な法理学上の議論に関連して、教科書中には見つけることはできないが、しかし言及しなくてはならない更なる現実がある。これは、法文化の現実である。幾つかの管轄権においては、国際法は、裁判官も弁護士も共に日常的に扱うことが予期され、国際法の採用は、特別のコメントも関心も引き起さないありふれたこととして扱われるであろう。勿論、この態度は、二元論者の見解を受け入れている法体制においてより予期されるのであろう。しかし、まさに事務的な事項について述べると、法廷における裁判官と法律家は、国際法を学んでいるであろうし、まさに彼等が日々用いている法律の他の分野に慣れ親しんでいるように、国際法に慣れ親しむであろう。しかしまた、国際法を学んでいなくとも実務弁護士となることも、又実際に国際法を知らなくても裁判官になることも可能であるという、そうした法文化が存在している。心理的に、それは弁護士及び裁判官双方を、国際法をできるならば回避しかつあたかも非現実的なものと看倣して、現実の世界には事実上適用のない法律における若干馴染みのない分野として扱いたい、という気持ちにさせる。勿論この態度は、（少くともそう考えている限りにおいては）二元論者のいう法体制を採用している国々において主に見い出される。これは、英国では幾つかの裁判所に関していえば不当な描写というわけではない。しかし、国際法の基礎知識の欠如は、（それが、法哲学の問題であると同じように、法文化の問題でもあると述べている理由であるが）様々な形でその姿を現わす。なぜならば、国の文化が様々であると同じように、個人の文化も様々であるから。裁判官の中には、頑固にも「非現実」と看倣して、国際法を利用することは何であれむしろ軽蔑するだけのものもいる。また裁判官の中には、国際法に深い感銘を受けはするが、国際法に精通しているとはいえないと感じ、国際法に関して決定を行うことをどうにかして回避しようとするものもいる。ここでは、精力的な努力は、国際法の問題点を決定するためにではなく、より熟知している分野に関し判決の判決理由（ratio decidendi）を捜し出すためになされる。そしてまた、裁判官の中には、国際法は潜在的に関連していてかつ重要であると認め、国際法に熱中しそれについて全面的に嬉んで言明しようとするものもいる。

イングランドの裁判所における国際スズ訴訟を学ぶ者は誰でも、これらの要素すべてを認めるであろう。Kerr控訴院裁判官は、控訴審での判決文中において、イギリスの制定法の一条項の些細な点に関して、法律家すべて（そして、提示されたものを根拠として判決を行った、下級審の裁判官たち）による不適当になされる強調につきコメントする決心をした。Kerr 控訴院裁判官にとり、これは国際組織の地位及び権限に関する事件であった。それ故に、「論理的な出発点は、国際法でなくてはならない」。(6) 彼の判決文は、必然的に国際法の多くの重要な点についての詳細な分析を伴っている。しかし、事件が上告された貴族院にとっては、この問題は単に、「一つの制定法文書の簡単な言葉の解釈という単純な問題」にすぎなかった。(7) 異なる文化が支配していて、展開されてきた国際法の議論の多くに明らかに我慢ができなかったのである。

この議論の論理とまさに同じように、この特別の文化というものが、貴族院に対して、イギリス法上の国際組織に幾つかの地位と権限を与える制定法文書がイギリス法上この組織を「創設する」と認定させた、というのが私の見解である。国際法律家にとっては、それは現実から単に外れるだけである。一つの客観的な事実として、条約により設立された国際組織が存在する。組織を「創設する」として既存の組織に対し現地レベルで活動する権利を与える国内文書について述べることは、非現実的である。国際法の客観的な現実に対するこの態度と、この事実に基づく現実は当該組織の存在を創設する（承認するのですらなく）国内法それ自体の存在なくしては認められるべきではないという主張の法的結果には、当惑させられるものがある。Arab Monetary Fund v. Hashim という英国の事件では、(8) イギリス法において法的地位を有する法主体としてアラブ通貨基金を「創設する」制定法文書の不存在により、当基金は国際組織として存在しない―それは条約により設立され、何千人という従業員をもち、ロンドンにおいて様々な取引を行ったという事実にもかかわらず―と貴族院は判示した。国際法律家にとり更なる現実からの離脱と思われることだが、貴族院はそして、この国際組織は実際には、その本部を置いているアブ・ダビの法律に基づいて法人化された外国の銀行である、と判示した。国内法律家は、軽蔑的に国際法を「非現実」と評するのを常とする。しかし国際法律家にとり、どちらの制度が客観的現実というものにより一致するかについては、疑いの余地はない。

これらのコメントは、更なるテーマ―国際法と国内法の教科書的題材ではなく、むしろその中の何か、すなわち国内裁判所が国際的法システムの運用に対し行う貢献―に対する必要な背景の一つを形成する。

国際司法裁判所規程三八条は、国際法の法源の一つとして裁判上の判決に言及している。勿論そこで言及されている裁判上の判決としては、国際司法裁判所の判決及び勧告的意見を考えている。しかし三八条の文面のどこにも、ハーグの国際司法裁判所へ付託されたものに限定するというものは存在しない。また、裁判所の判決は国際的なものであるべきだと明記されてもいない。国際司法裁判所の判決が大変な権威をもつことは当然ではあるけれども、分権化した水平的な法秩序においては、国内裁判所もまた国際法の諸規範に寄与するような何らかの役割を演じなくてはならないということも、当然である。

国家は、通常は国内裁判所において互いに争うことはないであろう。なぜならば、主権の原則から、国家は国際裁判所や国際仲裁裁判所へ訴える方を好むからである。そこで、しばしば国家間の訴訟の訴訟物である幾つかのタイプの問題―例えば、条約に関係した問題とか、武力の行使に関係した問題―は、まさに国内裁判所では通常は起きないであろう。これらの問題が国内裁判所による判決には向かないとする何らかの原則上の問題が存在するか否かは、すぐこの後において検討すべき事である。さしあたり、国際法の争点としては、国内裁判所ではめったに起きないものもあるが、ある程度の頻度で起きるものもある、とのみ言っておくことにしよう。また、国際裁判所若しくは国内裁判所のいずれかに起き得る争点もある。海洋の境界画定に関する問題―多分大陸棚の、又、多分領海の―は、勿論国際司法裁判所における典型的な争点である。しかし時には、国内裁判所もまたそうした争点について、判決を下さなくてはなるまい―例えば、国内法をそうした海洋水域内の船舶にまでも及ぼせるかどうか(9)、領海の幅はどれ程であるか(10)、などを決定することにおいて―。Tehran Hostages 事件(11)において国際司法裁判所は、外交関係に関するウィーン条約について決定を行った。しかし、外交特権に関する問題は、しばしば国内裁判所においても起きる。それでいて、ほとんど国内裁判所においてのみ起きる国際法の問題もある。国家免責に関するすべての法は、現地の領域裁判管轄権からの免責についてのものであることは、既に見てきている。その問題に関する国際法の法源の集体系の大きな部分を形成する、この争点に関する裁判所の判決が、様々な国内裁判所の判決であることは驚くにはあたらない。どれ程多くの重要な事件が、非常に多くの異なる国内裁判所に由来しているかを知るためには、国家免責の話題を扱っているInternational Law Reportsの特別号を開けるだけでよい(12)。また、国内裁判所は、承認の法的重要性に関し、国際人権基準に関し、外国人に対する国有化による補償基準に関し、国際環境基準に関し、域外適用の管轄権に関し―そして、「国際法」の争点であると考える他の無数の争点に関し―判決を言い渡さなくてはならない。

このことすべてに対し、何らかの形を与えることができるであろうか。国際法の問題が持ち上がったときに、国内裁判所が直面しているものを類型化しようと試みることができるであろうか。一見すると国内法秩序と国際法の行き当りばったりの交差のように見えるものから、何らかの規則性を作り出そうとできるであろうか。明らかに行き当りばったりの争点の何らかの概念的分類は、有用かもしれない。国内裁判所は、時には国際条約の解釈あるいは適用を求められる。又、時には、慣習国際法を適用するかどうかの決定を求められる。又、時には、人権の考慮という問題に直面させられる。そして時には、国際法に反するという理由で、ある準拠法を適用しないよう求められる。

国際法は、条約は国内法のどのレベルと一致させられるかとか、とにかく国内法に受容されたかどうかにはかかわらず、当事者間においては履行されることを求めるであろう。また、国際法は、その条約に基づく義務の履行に失敗した理由の一つとして、こうした様々に異なる国内法の慣行を持ち出すことを許さないであろう。しかし後述のように、多くの法制度においては、国内裁判所はまさに反対の立場―たとえ国際義務の違反を必然的に伴おうとも、国内法は維持されると主張すること—を強いられていると感じている。別な言い方では、国際義務は、国内法の不履行の理由の一つとして持ち出すことはできないであろう。

国内法律システムにおける国際法の「受容」

条　約

国により、国際的法律義務の「受容」という問題を異なった扱い方をしていることは、良く知られている。ある国が一元論の国であればあるほど、条約に基づいて生じるものであれ慣習国際法に基づいて生じるものであれ、国際的法律義務は、単に効力が与えられ直接に適用されるべき法律の一部として扱われるであろう。これに対し二元論の国であればあるほど、国際義務を遂行する目的で介在する何らかの国内法律行為なくしては、国際義務に直接の法律効力を与えることは難しいものとなる。(13)

国際法の観点からいうと、国際義務はそれが条約から生じようと慣習から生じようと、国際義務に変わりはない。そして、一元論の国内システムを採用している国の中には、すべての条約に国内法の地位（時には実際に、憲法に匹敵する優越的地位）を与え、慣習国際法を他のものと一緒に直接に引用とか適用を行い得る法律の一つとして単に扱うことにより、このことを認めるものがある。論理から言うと、強硬な二元論のシステムは、すべての国際法の義務が（条約の所産であろうとなかろうと）、国内的な法律効果を与えられ得るより前に国内の追認立法により「受容」されることを求めている、と言えるであろう。しかし実際には、この手法は非常に稀である—二元論の国内システムにおいて、国内的実施立法が欠けているからといって一般国際法の適用を拒絶するものはほとんどない(14)—。こうしたシステムの国においては、条約義務については、国内法への「変形」という条件が留保されている。勿論、そのことがいかにして為されるか、また実際にすべての条約義務に対し求められるのかそれとも幾つかについてだけでよいのかという決定は[15]、国内裁判所が決定する問題の一つである。どこまで条約義務は国内裁判所で審理され分析されるかとか、どこまで国内裁判所に訴えを起こせるかということは、国内法の問題の一つである。国家当事者間の責務としての条約義務の存在は、それ故に、国際法の問題の一つである。

慣習国際法

慣習国際法は、すべての国を拘束している。それが国内裁判所において主張されるであろうことは広く認められている。原則として、裁判所が適用を求められている法律の内容を発見するために目を向けるのは、国際法の法源に対してである。国家免責の事件において、国内裁判所は国際法が求めるものを発見するために、幾つかの国際条約、国際法についての著書、そして他の主要な管轄権における決定を、通例考察する[16]。答は常に見つかるわけではない。時には、国内裁判所はそうした試行をして、判決を下さなくてはならない話題に関する国際法は「不確か」であると宣言するであろう。そしてこれが、Sabbatino 事件において[17]、何らの補償も行なわず外国人の財産を没収することは国際法に違反すると判示するよう求められた時に、米国最高裁判所がみせた反応であった。時には、法律の状態が目下不確実というわけではなく、ある特定の問題に関し既存の国際ルールが存在していないのだと、実際上は判断するであろう―国際法が国家に対し、その国が加盟国である国際組織の不履行に対して法律上責任を負うべきことを求めているかどうかを判断するよう求められた時に、徹底的に調査した後、英国控訴院が認めたように[18]―。

裁判所にとって、国際法の関連規範を確認しかつ適用することに困難はないように思われる―既に述べたように、時にはこの領域に踏み込むことに神経過敏かまたは気乗り薄ではあるが―。しかし、通常の管轄についての諸規則が適用されるから、裁判所は、他所で発生した国際法の侵害に対して管轄権を及ぼすことを嫌がるであろう。もしもA国が外国人B氏の財産を不法に没収するとして、C国の裁判所は、それについては自国の通常の管轄権に関する規則の範囲内では訴訟を起こすことができないならば、その争点を検討しなくてはならない理由を見い出さないであろう。このことは、訴訟物が国際法であることとは何の関係もなく、管轄権限についての通常の規則の適用の問題である。

米国における外国人不法行為法（Alien Tort Statute）[19]の存在により、興味ある例外が発生している。この法律は、連邦地方裁判所は「国際法又は米国の条約に違反して犯された不法行為に対してのみ、外国人によるいかなる民事訴訟についても第一審管轄権を有する」と規定している。この法規を根拠として、米国第二巡回控訴裁判所は、名高い Filartiga 事件[20]において、一時的滞在者として米国に住むパラグアイ人の一人が、パラグアイにおいてパラグアイ政府の支配下で原告の息子を拷問し殺害したという訴えがなされたとき、管轄権を有することを当然の前提とした。管轄権を有するとすることにおいて、同裁判所は、「国際法の違反」問題の一つを扱っていることを確信していたにちがいなかった。従って、同裁判所は、正当なものとして認められた国際法の法源に反して組織的になされた拷問を、判断する機会を持ったのであった。拷問の禁止は広く同意されなくてはならないという高度の判断基準に喜んで会わせたがために、「一国の裁判所は、国際法を適用しているという名分の下で、他者に対し他と異なる法律規則を課すことは自由だと感じるかもしれない」、とは言われ得なかった[21]。同裁判所は、最高裁判所が Sabbatino 事件で直面したと信じていた不確かな法律状態とは全く対立するものとして、その事実認定を説明した。つまり、「意見があまりにも一致しているため、拘留されている人々を拷問する国家の権限に関する制限であるように思われるものについては、今日国際法上の争点はたとえ存在するとしても非常に少ない[22]」。この判決は、この結論を証拠立てる国際法の法源についての、印象的な調査の一つである。外国人不法行為法に基づき訴訟が起こされた他の事件では、異なる事項に関してそれらの事件独自の結論に達している。Forti 事件においては、裁判所は長期に渡る恣意的な抑留もまた国際法に違反すると認めた。しかしむしろ驚くべきことだが、個人の失踪を引き起こすことが国際法違反となると認めることはできなかった。[23] しかし上訴に対して、カルフォルニア地方裁判所は、「失踪を引き起こす」という不法行為に対しては普遍的かつ義務的な国際的禁止がまさに存在すると認めて、この判決を覆した。ここでは、裁判所は、公務員が行った誘拐が誘拐を認めるとか抑留者の運命を明らかにするということを拒否することと対となるとき、国際法の違反となることを認めた。[24] とはいえ他の事件においては、外国人不法行為法の管轄の範囲について議論がまだ存在していた。しかしそれは、国際法は様々な方法によって国内裁判所に現れ得るということを示すのであって、我々の関心を越えている。

さて、裁判所が、外国人不法行為法に基づく訴えを処理する時、あるいはある外国が免責を有するかどうかを決定するとき、その裁判所での当事者は、二人の個人同士かあるいは私人と国家である。国家同士が国内裁判所における訴訟に合意するということは、事実上聞いたことがなかろう。そこで国内裁判所が、そうした当事者に対して国際法を適用するよう求められるという事態に直面することはなかろう。しかし、国内裁判所が、管轄権問題（国家免責）としてであれ、はたまた管轄権と訴訟原因の組み合わせ（外国人不法行為法におけるように）としてであれ、国家と私人当事者間の義務あるいは関係に対して国際法を適用することができるならば、もしも個人間の訴訟の目的に関連がある場合ならば、二国間に国際法上の義務を宣言すべきではないという何らかの理由が存在するであろうか。

貴族院は、国際法にここまで巻き込まれることは行きすぎだと判断している。Buttes Gas 事件[25]において、Lord Wilberforce は、「外国の主権国家による取引に関し直接に宣言することを司法回避する一般原則というものが、存在していた。その原則は、自由裁量の一つなどではなく、司法手続のまさに性質に固有のものであった。」と判決した。彼は、国際法に基づく行為の合法性が、その裁判所において審理されている個人の訴えに直接の関連性を有していたにもかかわらず、ペルシャ湾における二主権国家による海洋の境界画定についての幾つかの争いある行為について、宣告することを拒絶した。主権国家の取引に対する完全な司法回避のこの理論は、イギリスの国家行為理論として知られるようになってきている。その公式化は、英国に独特のものであると思われるし、また、もしも国家と私人の間に影響を及ぼすものとして国際法を宣告することが適切であるならば（拷問することでなく、職務行為（acta jure gestionis）に対して管轄から免除されることでもなく）、なぜ二国間に影響を及ぼすものとして国際法を宣告することは適切ではないのか理解できない、ということを認めざるを得ない。

この原則は、スズ訴訟[26]において貴族院により確認されている。そこでは、その理由として、「独立国家相互間の取引には、国内裁判所が執行する法律以外の法律が適用される。そしてそうした裁判所は、何が正しいかを判決する手段もまた自分たちが下すいかなる判決を実施する権限も有していない」、ということが挙げられた[27]。幾つかのコメントができよう。第一に、国際法というものはまちがいなく、国内裁判所が執行する法律である。国際法は、異質で未知の法ではない。第二に、最も重要な裁判権を持つものの一つである最高裁判所が一九九〇年に、「何が正しいか」を決定する手段を有しないと考えたことは、気の滅入ることである。なぜできないのであろうか。裁判所が行わなければならないことは、法廷における弁護士の助けを借りて、手元の話題に関する国際法の法源を審理することのみである。最後に、裁判所が自分の出す判決を実施する手段を有しないという事実は、取るに足らないことである。既に見てきたように、裁判所は契約違反とされたある国に対する判決を実施する手段を制限しているが、だからといってそのことが当該事件の本案に対し裁判所が判決を宣告することを止めさせはしない。更に、Buttes Gasのような事件においては、「実施」は決っして争点ではなかった。国際法の分析から私人当事者に対して法的帰結を引き出すということが、裁判所に求められていたことの全部であった。

国内裁判所による慣習国際法の適用の文脈において生じているより頻度の高い問題の一つは、以下のものである。原則的にはまったく自発的に国際法を見い出しかつ適用することに全力を尽くしているとはいえ、もしも相反する国内法にまた直面したならば、国内裁判所はどうすべきか。国内裁判所にとり、このことは直ちに規範の序列という問題と衝突する。もしも、一般国際法が単に国法の一部であるならば、そうすると法律のどの他の分野とも同じように、それは特別の相反する後法に対し道を譲るであろう。もしも国際法が、衝突に際して国内法に対し序列的に優位に立つ別個の法システムと看做されるならば、その場合のみそうではないということになり得よう。大部分の国においては、ある国内法が一般国際法に違反したことを根拠として、―序列についての争点はまったく別として、多くの管轄権においては、国内裁判所は立法を無視したりあるいは取り消す権限を有していない―国内法を無視することは非常に困難であろう。国内裁判所の権限は、法律を適用し解釈することに限定されている。しかし管轄権の中には、憲法裁判所が憲法と矛盾する法律を取り消す権限を与えられているものもある。そして憲法それ自身が、国際人権法の諸条項にしっかりと根拠を置いているか、あるいはこれらを含んでいるかもしれない。しかしながらこれ以上に、一般的状況では、国内裁判所の見方からは、国内法における制定法が一般国際法の相反する規則よりも優越するように思われる。もしも国内法が、二五マイルという制定法による主張は現在の一般国際法に違反しているという外国船舶による抗弁は、支持を見い出す見込みはない。当と認めるならば、海岸から一五マイルのところの無害通航権が許されるべきでありまた二五マイルの領海の境界を正法による主張は現在の一般国際法に違反しているという外国船舶による抗弁は、支持を見い出す見込みはない。裁判所は、その制定法が一般国際法に相反していることを認めるかもしれないが、ただそれに効力を与える義務があると感じるのみである。

しかし、国際法による義務が、一般国際法からよりも一条約から生ずるときは、状況は必ずしも同じではない。ここでも問題は、論じている管轄権によるのであり、一般化することは難しい。国によっては、条約は、更なる受容とか国内立法を必要としないで国内レベルにおいて効力を有するのみならず、重要な階層的地位を与えられるところもある。それ故に、フランス法においては、署名され、批准され、そして公布されるや否や、条約はすべて、後法と前法を問わず国内制定法に優先する。[28] 英国では、不受容の条約は非常に限定された解釈がなされるという状況にあるのみならず、いかなる場合にせよたとえ完全に受容されたとしても、後法となる相反する法律に優位しない。受容されるや否や、条約は他と同様にイギリスの法律になる。抵触が存在するところでは、後法は常に前法に優位する。前法が国際条約の合意事項を含んでいるとか解り易く言い換えているということが起きるからといって、この一般ルールから特別に「免除される地位」は与えられない。Saloman v. Commissioner of Customs and Excise 事件において Diplock 控訴院裁判官が述べたように、「その法律の表現が明確かつ明白であるならば、それが女王陛下の条約義務を遂行しようとしまいと、効力が与えられなくてはならない」[29]。このことは、つい最近Brind事件において、貴族院により是認された。[30]

時には、国際法に適合するように制定法を解釈する国内裁判所による試みは、驚くほどのかつ思い切った労を惜まないものであろう。UN Headquarters 事件の文脈において、最近一つの具体的事例が生じた。[31] この事件では、米国は、国連と締結していた本部協定の実体規定に拘束された。それによると、米国は、国連の会議に参加する者には自由な通行を与えるべきであった。慣行として、このことにはオブザーバーの地位が与えられた法主体に対し常設使節団の設立を許す義務を含んでいる、と認められていた。一九七四年以来、パレスチナ解放機構(PLO)はニューヨークに事務所を開設していた。一九八七年、法律四三六号は、「パレスチナ解放機構の事務所の、米国内での創設及び維持を不法」とした。国連へのパレスチナ解放機構の使節団は、米国に一つだけ事務所を持っていた。そこでこの問題は、勧告的意見を求めて国際司法裁判所に提起された—本案に関してではなく、米国がその時幾つかの紛争解決手続に従う義務があるか否かを解決するために—。同時に、実体規定に関することは、米国の裁判所に持ち込まれた。国務省は躊躇することなく、この新しい法律は（残念ではあるが）本部協定に基づく米国の義務に反すると認めた。しかし、米国の裁判所はそれにもかかわらず、自国の制定法に効力を与えなくてはならないであろう、と一般的には考えられていた—丁度司法省が、同使節団の閉鎖を命令することにより、そうすることを余儀なくされると感じていたように—。しかし、一九八八年六月二九日、ニューヨーク地裁の裁判官は、国際法に十分に言及した判決中において、新法の表現はパレスチナ解放機構の事務所を一般的に（generally）非合法化する表現により作られていたが故に、また、ニューヨークの同事務所は閉鎖されるべきであるということを明確な表現により特定化していなかったが故に、議会が米国の条約上の義務に矛盾する方法で立法化しようとしたと考えるべきでないと認めた。この裁判官は、「本部協定は、米国の有効かつ優れた条約義務の一つとして存続する。同協定は、一般適用がなされる有効な法規の一つである反テロ行為法により、取って代わられはしない。」と認めた。(32) 司法省は、この判決に対し控訴しないことに決めた。そして、見事なまでに目的追求型ではあるが、同時に説得力に欠ける注目すべき裁判所の理由付けにより、この危機は取り除かれた。

現在では勿論、こうした目的迂回的な法的立場から（そして、世界中の様々な国内管轄権の中に存在しているほとんど無限の変形から）もたらされる重要な法的結果が、存在している。フランスにおいては、条約はたとえ後法に対してであれ優位するので、(33) 条約の条項を制定法を適用しない理由の一つとして主張し続けることが可能である。更には、たとえば国外追放の対象となる人たちが、ヨーロッパ人権条約を当てにして国外追放に異議を申し立てることができなかった古い諸事件(34)は、現在では覆つ返されている。条約の実施はもはや主張上の無効理由（moyen inopérant）と判示されることはないであろう。三つの重要な新事件において、コンセイユ・デタ（Conseil d'État）は、今後ヨーロッパ人権条約八条（家族生活）に基づくフランスの義務についての審理は、国外追放

命令のすべての司法審査の一部を形成するであろうと判示している。(35)

英国との対比は、印象的である。幾つかの事件において、司法審査に関しては国際条約の条項に考慮がなされる必要はない、と英国の裁判所は判示している。(36) 実際に、関係諸条約はイギリス法に受容されていないし、かつそれ故に「国内法外の」要件であるという事実に、判決は主に目を向けていた。しかし、たとえこうした条約がイギリス法の一部とされたとしても、これと衝突する後に制定された法律は、それに優越したであろう。勿論、曖昧さがあるところでは可能な場合には国内制定法が国際法義務と一致するように解釈されるであろう、というのが一つの解釈原則である。しかしまず第一に、裁判所が、この原則をどうみても適用することを許す国内制定法の文面上の不明確さが存在することを、決定しなくてはならない。しかし貴族院は、制定法により議会がある大臣に裁量権行使権限を与えるとき、当大臣は自国が締約国である不受容の条約（ヨーロッパ人権条約）により課される制限内で裁量権を行使することを命令されているという推定は存在しないと、最近明らかにしている。貴族院によると、それは、当該条約を「裏口から」イギリス法に採り入れることとなるであろう。そしてそうすることにより、たとえ議会が同条約を受容しないと選択したにもかかわらず（議会は、同条約をイギリス法の一部とすることができたであろうに）、裁判所は、あらゆる司法審査事件において効果的にこの条約を適用するであろう。このことは、立法機能の司法による簒奪の一種だろうと、貴族院は結論した。(37)

それはまさに現実的なディレンマであり、貴族院の躊躇は理解できると思われる。しかしその結果としては、条約が国内法の一部とされていない管轄においては、「国家間の取引」が争点なのではなく、現実に個人に権利を保障するために立案されかつ国家が進んで締結した人権条約に基づく個人の権利が争点であるときでさえも、国内裁判所は、これらの条約の履行を監視する役目を果すことはできない。国内の受容がない条約の国内効力を否定する二元論者の理論は、裁判所に国際法の保証人としての余地をほとんど与えない。結果として、裁判所は、国際法の発展に相対的にほとんど貢献することができない―そして、そのために国際法は「外部からやって来るもの」であり、馴染みがなく性質を異にし、そしてそれ故に国内裁判所はほとんど利用しないものとして、看做され続ける―。それでもなお、当初「法文化」として言及された定義し難い要件が役割を演じ始めていることは、最近の判例法からも明らかである。特に、国際人権法がイギリス人の公的生活の一部と感じられる変化をますます為しつつある法文化は、裁判所に国際人権法の諸原則を含む国際条約の受容が欠けているにもかかわらずこうした原則への言及を許すという、ずっと想像力あふれる方法を見い出すことを奨励し続けている。(38)

国内裁判所と国際法上不法な外国の行為

裁判所が、可能な場合には、自身の管轄権内における外国政府による公的行為を実効的あらしめようとすることは、一般的慣行であるように思われる。この理論は、「国家行為論」(the act of state doctrine)と呼ぶことで最もよく表現されるのであり、時にはアングロ・アメリカン理論の一つであると言われる。しかし、その一般的な意味において、かつ米国においてその理論を発展させてきた憲法的基盤を剝ぎ取られたという点では、それは一般慣行の一つである。その起源は、よく引用される Underhill v. Hernandez 事件における Fuller 首席裁判官による、「すべての主権国家は、すべての他の主権国家の独立を尊敬しなくてはならない。そしてある国の裁判所は、自国領域内の他国政府の行為については判決をしないものである。(39)」という傍論中に見い出されるとしばしば言われる。そして、Oetjen v. Central Leather Co. 事件において、米国最高裁判所は、「他国の裁判所によりある主権国家の行為の有効性が再審理され、また多分有罪の宣告を受けることを許すことは、政府間の有好な関係をそしてそれ故に世界の平和を、まさに間違いなく危険に曝すであろう」と述べた。(40)

しかし、外国の行為が明らかに国際法に違反しているときに、この分かりやすい原則が適用されることを、予期すべきであろうか。国内裁判所は、他国の行為が単に政治的又は経済的に争いのあるもの（イギリスの裁判所が確実に介入すべきではない論争の一つ）というだけでなくまた明らかに国際法にも反する場合には、これらの行為を実効あらしめるべきであろうか。もしも論争となっている外国の行為が、差別的な扱いによるあるいは補償なしでの財産の没収を必然的に伴うならば、どうであろうか。もしもこうした行為が、人権侵害を含んでいたらどうであろうか。これは、非常に議論のある問題の一つである。ヨーロッパ大陸及び日本における一連の「不正手段により入手した石油」事件においては、当の行為は国際法の侵害行為とは必ずしも看做されるべきではないとする認定により、その問題は大部分が回避されている。イタリア及び日本の裁判所は、リビアにより不法に採取されたとされる石油をブリティッシュ・ペトロリアム社に返還するよう請求された。それに対する判決は、当時の国際法の現状についての系統的な分析を少しも行なおうとせず、自国領域内において立法を行う国家の主権権原を非常に強調している。そしてまた、米国における Sabbatino 事件において、米国最高裁判所は、国有化はまさに国際法違反であるということには裁判所自身納得しないと宣言し、それ故に古典的手法により国家行為論を（キューバの法律を実効あらしめて）適用した。[41]

英国においては、この問題は幾分不確かである。初期の判例法[42]では、問題となっている行為が国際法違反の場合―その事件においてはそうだと認定した―、国家行為論の適用を明らかに拒否している。そして、裁判所がユダヤ人の財産を没収したナチの法律に効力を与えるべきか否かという争点に直面した一連の事件において、国の政策の問題の一つとして効力が与えられないことが明らかとされた。[43] 人権と国の政策に、強調がなされている。言い換えれば、国の政策の問題の一つとして、イギリスの裁判所は人権を侵害する外国法にここでは効力を与えない、ということが明らかとされている。[44] しかし、人権問題以外における国際法を侵害する外国の行為は、それでもなお国家行為論に基づき効力を与えられるか否かということは定かではない。最も国内裁判所を怒らせる国際法の違反―あるいは多分、国内裁判所にとり国際法違反の代表的なものとして自信を最もたやすく感じることのできるもの―は、人権の侵害である。国際法の他の面に接すると、再びいつもの躊躇が現われる。

結　論

国際司法裁判所規程三八条及び国際法の法源の一つとしての裁判所の判決に言及することを通して、国内裁判所は、国際法の体系化に貢献する機会を与えられる。国内裁判所はしばしば、このことに驚きそしてまたこの任務への備えは十分でないと感じている。

国内裁判所にとり国際法の問題を審理する機会は、条約そのものが直接に受容されている場合にのみ条約の解釈とか適用が大っぴらに許される二元論のシステムをとる国においては、顕著に減っている。そして、法廷に持ち出される争点そのものが、国際法の適用できる一つの規範の実体についての判断ではなく、むしろある国内制定法とか国際義務に対して与えられるべき優越性についてである場合には、その答は必然的にこの問題に関するその国における国内の理論次第であろう。

しかし、国内裁判所にとって、国際法に貢献できる重大な機会はまだ残っている。分権的な法秩序においては、国内裁判所が国際法に貢献することは重要であり、そして、国際法に対する文化的な抵抗に打ち克つための努力がなされなくてはならない。

(1)　D. Anzilotti, Corso di Diritto Internationale (3rd edn., 1928), i. 43ff.; また、L. Henkin, General Course, Recueil des cours (1990, IV) 19.

(2)　Serbian and Brazilian Loans Case (1929) PCIJ Ser. A, nos. 20–1, pp. 18–20; Nottebohm Case, ICJ

Reports (1959) 4 at 20–1.

(3) The SS Wimbledon (1923) PCIJ Ser. A, no. 1.

(4) J. Frowein, "Treaty–Making Power in the Federal Republic of Germany", in F. Jacobs and S. Roberts (eds.), The Effect of Treaties in Domestic Law (1987), 63.

(5) P. Pescatore, "Treaty–Making by the European Communities", in Jacobs and Roberts (eds), The Effect of Treaties in Domestic Law, 171 at 191.

(6) [1988] 3 AER 257 at 275 F.

(7) [1989] 3 WLR 969 at 980 D.

(8) (No. 3) [1991] 2 WLR 729.

(9) Post Office v. Estuary Radio Ltd. [1968] 2 QB 740.

(10) R.v. Kent Justices, ex parte Lye [1967] 2 QB 153 at 188–90.

(11) US Diplomatic and Consular Staff in Teheran, ICT Reports (1980) 3.

(12) International Law Reports六三巻から六五巻。免責に関するその後の事件は、これより後の巻の中に出ている。

(13) Pescatoreの、英国は「根本的に二元論者」であるとの叙述について、参照のこと('Treaty–Making', 191)。

(14) 確固としてこれを拒絶する前の、この考えをもてあそんだLord Denningについては、Trendtex Corp. v. Central Bank of Vigeria [1977] 2 WLR 356 at 365.を参照のこと。

(15) 米国では、「自動執行」条約は、裁判所により直接適用され、かつ裁判所は、国際条約がその分類に該当するか否かを決定する。たとえば、Islamic Republic of Iran v. Boeing Co. (1986) 80 AJIL 347.を参照のこと。Diggs v. Dent (1975) 14 ILM 797.を比較せよ。また、L. Henkin, "International Law as Law in the United States" (1984) 82 Michigan Law Review 1555.を参照のこと。

(16) たとえば、1° Congreso del Partido [1981] 2 AER 1064.

(17) Banco Nacional de Cuba v. Sabbatino, 376 US 398, 84 S. Ct. 923, 11 L. Ed. 2d 804 (1964).
(18) Maclaine Watson and Co. Ltd. v. International Tin Council [1988] 3 WLR 1169.
(19) 18 USC s. 1350 (1982).
(20) Filartiga v. Pena-Irala, 630 F. 2d 876 (1980).
(21) Ibid. at 881.
(22) Ibid.
(23) Forti v. Suarez-Mason, 672 F. Supp. 1531 (ND Cal. 1987) at 1543.
(24) Forti v. Suarez-Mason, 694 F. Supp. 707 (ND Cal. 1988) at 711
(25) Buttes Gas v. Hammer (Nos. 2 & 3) [1981] 3 AER 616 at 628.
(26) J.H. Rayner Ltd. v. Department of Trade (HL) [1989] 3 WLR 969 at 1001-2.
(27) Secretary of State in Council of India v. kamachee Boye Sahaba (1859) 13 Moo. PCC 22 at 75.を引用。
(28) 憲法55条。Ministry of Finance v. Chauvineau 481 ILR 213を参照のこと。
(29) [1967] 2 QB 143 at 166.
(30) R.v. Secretary of State for the Home Department ex parte Brind [1991] 1 AC 696.
(31) Applicability of the Obligation to Arbitrate under s. 21 of the UN Headquarters Agreement, ICJ Reports (1988) 12.
(32) United States v. Palestine Liberation Organization (1988) 27 ILM 1055.
(33) 一九七五年破棄院でのVabré事件と、一九八五年コンセイユ・デタでのNicolo事件を参照のこと。
(34) Touami Abdessahn (25/7/80), rec. p. 820; Chrouki (6/12/85). また、Errera, Business Law Brief (May, 1991), 16.を参照のこと。
(35) コンセイユ・デタにおけるBeldjoudi事件(18/1/91)及びBelgacom and Babas事件(19/4/41)に関するErrera Report (Business Law Brief (May 1991), 16)

(36) Taylor J. in R.v. Secretary of State for Transport, ex p. Iberia Lineas Aereas de Espana, 未公表、一九八五年七月五日。R.v. Secretary of State for Home Department, ex p. Fernandez, 未公表、一九八〇年一一月二一日。

(37) R.v. Secretary of State for the Home Department, ex parte Brind ［1991］ 1 AER 720.

(38) Derbyshire County Council v. Times Newspapers ［1992］ 3 WLR 49. を参照のこと。

(39) (1897) 168 US 250 at 252.

(40) (1918) 246 US 297 at 304.

(41) その後 Hickenlooper 修正法において、米国議会は、米国国民の財産を補償なしに接取することにより国際法を侵害する外国の国家行為を実効あらしめないよう、裁判所に指示した。

(42) The Rose Mary ［1944］ 1 WLR 246.

(43) Oppenheimer v. Cattermole 1976 AC 249; Frankfurter v. Exner ［1947］ CH. 629.

(44) Williams and Humbert v. W. & H. Trademarks (Jersey) Ltd. ［1986］ 1 AER 129. 批判としては、F.A. Mann, "The Effect in England of the Compulsory Acquisition by a Foreign State of the Shares in a Foreign Company" (1986) 102 LQR 191. を参照のこと。

第十三章　国際法の運用の円滑化：エクイティと比例性

エクイティと比例性は、たとえば管轄とか承認とか武力の行使などと同じ意味での、国際法の実体的規範ではない。しかしこれらは、裁判官や弁護士や学者等によく主張される概念である。これらは国際法の規範をそれほどは含んでいないので、特定の事件に適切に適用することは簡単でない。本章の目的は、これらの概念の内容を研究し、国際法の運用を円滑にするためにその役割を吟味することにある。

エクイティ

法理論上、エクイティの適用について三つの可能性が認められている。つまり、法の範囲内で（infra legem）、法務官として（praetor legem）、そして、法に反して（contra legem）[1]。第一のカテゴリーは、幾つかの異なる法解釈中より選択する可能性に言及することだと言われている。そうした選択を行うことは、裁判官の機能に固有のものであり、そうしたものであるが故に、紛争の当事者による特別の同意を必要としない[2]。選択を行うことの必要性を「エクイティ」として呼ぶことにより何が得られるかは、あまり確かではない―特に、もしもエクイティはいかにして選択を行うかということを（「正義」への何がしかの一般的言及によるのではなく）助けるという口実が作られないならば―。

とにかく、その概念が国際法学会の一九三七年の決議において、「エクイティとは、法律の正常な適用において通常備わっているものである」[3]と認められたのは、そういう意味である。あらゆる規則は、法的な見地からは全てが受け入れ可能な様々な解釈を有するのであり、そしてエクイティは、裁判官に情況を考慮しかつ当事者たちの権利と義務を衡量して（balancing）正義に従って選択することを許す、とする者たち―de Visscher, Huber そしてSφrensenといった人たち―もいる。[4] しかし、それが如何にして行われるかは明らかにされていない。これが妥協を用いることにより、又は代替的な法解釈に異なる比重を与えることにより、又は望ましい結果に焦点を合わせることにより行われるかどうかについては、決っして詳細に述べられていない。

エクイティの第二の適用は、法務官としてのエクイティのそれであると言われる―ここでは、エクイティは法の欠缺をふさぐ、又は内容があまりにも一般的すぎる諸規則を詳細に論ずる、という役割を有している―。この役割に付け加えられる重要性は、内部における議論―すなわち、実際に国際法に欠缺が存在するのかどうかという―次第である。このことは、異なる見解の存在する問題の一つである。[5] 法の欠缺があるとか特定の内容が欠けていると言われるものがある限り、このタイプのエクイティの適用には当事者たちの合意が必要とされるのかという、更なる議論が生ずる。Bin Cheng は、こうした許可が実際に必要とされるという見解を採る。[6] しかしこれについては異論が存在する。[7] 法務官としてのエクイティは受け入れ難い、とする者もいる。なぜならば、彼等は法の欠缺が現実に存在することは信じはするが、裁判官の役割は単に明白でない故の判決回避（non liquet）を宣言することにある、と考えるからである。[8]

大陸棚の境界画定の判断基準の裁判所による明記は、法務官としてのエクイティに非常に似ている。しかし、そうしたものとして裁判所により性格づけられたことはいまだかってない。

第三のカテゴリーは、法に反してのエクイティ―つまり、法律で処理し難い理由のために準拠規範の適用を弱めること―である。

裁判所や著者たちが不足なところを満たすものとしてエクイティをみる無数の目的というものが、存在している。ある「正当な」解答に達するためというよりも、むしろ解決を許すためとするものもいる。それ故に、Tunisia–Libya Continental Shelf 事件において、国際司法裁判所は、「実定国際法を適用するときは、裁判所は法の幾つかの可能な解釈中、当該事件の情況に鑑みて正当性の必要条件に最も近いと思われるものを選ぶであろう」と述べた。これは、法に反してのエクイティの適用であろう。[9] 正当性の必要条件は、思うに「公平な（equitable）結果」と本質的に同じ類の主観的な概念の一つである。何かに「正当性が必要とする」結果とかあるいは「公平な結果」という名称をつけることは、単に特定の幾つかの政策目的の正当化と実行の回避である。一九六九年国際司法裁判所は、エクイティの一般的根拠の一つを詳述したとき、「正当性についての裁判所の法的な理由づけは何であれ、その判決は定義上正当なものであり、かつそれ故に、その意味において公平なものでなくてはならない」[10] と述べた。正当性はそれ故に、エクイティにより奉仕される目的であると言われる。しかしそれはまた、エクイティと同意語であるとも言われる。それは不明瞭でもありまた主観に訴えるものの一つでもある。

Tunisia–Libya 事件において、国際司法裁判所は、公平な結果のためのこの正当性の追求は、配分的正義の適用の一つではないと主張した。[11] 裁判所は、配分的正義の問題は存在し得ないある衡（公）平原則についての一例を載せた一九八五年の Libya–Malta 事件において、この話題に戻った（四六節）。配分的正義が、当事者の包括的な平等への一手段を意味すると解される限りは、それは正しいにちがいない。しかし、ある明記されていない「公平な結果」に到達するために、「不当な比重」が実際の地理学上の現実に与えられはしないだろうと判示されるところでは、「結果を弱めるためのエクイティ」と「配分的正義としてのエクイティ」との間の線引きは、申し分ないものの一つである。

確かに、エクイティの主要な機能は調整的なものであるという見解は、広く存在する。その改善は、法の支配と矛盾しない―つまり、法に反して（contra legem）ではない―場合にのみ行うことができるという警告をして、エクイティの主な機能は「法律の厳格さを緩和するもの」であると述べるものもいる。[12] 時には、このエクイティの「調整的」役割は、法律の苛酷さから、より「妥当な」[13]―特記すべきもう一つの主観的表現―立場の一つに移すことに貢献すると言われている。時には、「妥当性」は当事者の利害の衡量という考え、つまり一つの均衡に到達するという考えに積極的に取り組んでいる。これは、「妥当性」というものに当事者の請求に内在している一つの意味を与えた[14]、妥協のまさに表現である。エクイティに対しては、ある一定の常識的な特質、つまり「一定の正しい方向と、一つの共通の倫理」を代表する一つの保障というものがある、とする者もいる。[15] これは、私は共有しない見解である。

エクイティにまた先だつ、もう一つの異なった考慮すべき要素が存在する。エクイティは明確な内容を欠いた概念であり関連する情況のすべてを考慮に入れる過程のむしろ一つである、と指摘されている。これは、Huberの見解であった。[16] Tunisia–Libya 事件において国際司法裁判所は、このことを逆に論じ、「その地域の特別の関連情況を考慮することなくしては、いかなる境界画定についても何らかの公平な解決に達することは実質的には不可能である」とした。[17] すべての合理的な司法判断は、関連する要素すべてを考慮に入れるべきである。規則が適用されるであろう全文脈を審理せずに「規則を適用する」ことを主張するのは、司法機能について最も機械的なアプローチをとる場合のみである。全文脈そして全要素の審理は、明確に系統立てて述べられている情況に匹敵する情況において規範が適用され、かつ、政策目的が十分に考慮に入れられる、ということを保証するために必要である。これはどれも、エクイティの概念に左右されない。

更にもう一つの、特定の法律を一般適用する手段としてのエクイティの概念、というテーマが書物の中では行き亘っている。それ故に、Reuter は、『エクイティと国際法』という本に、「ある具体的情況を法的規則から区別する余地は、しばしば非常に大きい。成文法規の具体的事実への移向は、多かれ少なかれ裁判官の裁量権の支配域を、つまりエクイティの勝る領域を横切る。[18]」と書いている。

De Visscherにとっては、ある印象的なフレーズ中に述べているように、「エクイティは個々の事件の規範である。[19]」Bardonnet は正しくも、特定の事件の具体化を、すべての事情の検討と結びつけている。つまり、「具体的事件における個別の評価」について述べる時、彼は、「事実、情況そして特に地理上の情況(特有の形状の中央部、つまり特別の環境)、当事者の主張する利害関係」について、言及している。[20] こうしたことは、実際上重要な要素である。しかし、こうした事項が、「エクイティ」と印された扉を通らなくては入ってこれないと信ずるのは、法律に対し実証主義的な手法を採る場合のみである。更に、エクイティ概念の引用は、そうした様々な要素の中から選択することについて、何らの指針も提供しない。そして最終的には、「具体的事件における個別の評価」は、もしもエクイティの引用がその仕事の唯一のガイドとすれば、主観的なままである。

国際司法裁判所規程三八条二項は、当事者の要請に応じて、判決が衡平及び善に基づいて (ex aequo et bono) 言い渡されることを許している。それ故に、ある紛争の当事者たちが紛争は法律に照らしてではなく公正 (fairness) の概念に照らして解決されるべきだと合意することは、自由である。しかしこれは紛争解決の魅力的でない方法だということが立証されたため、常設国際司法裁判所でもまた国際司法裁判所でも、三八条二項に基づく実例は存在しない。

当事者の同意なくして衡平及び善に基づいて言い渡される判決はないであろうことは、明らかである。しかし、エクイティは国際法の一部であり、規程三八条一項中に独立した生命を有している、といわれている。この「独立した」エクイティとは何なのか。それは、衡平及び善に基づく判決以外の何かであろうか。

まず、エクイティは法の一般原則の一つだ—言い換えれば、エクイティは誠実の概念とほとんど同じように、常に存在する要因の一つである—と言うことから始めることができる。法の一般原則は全体の構図の中にその居場所があるとはいえ、それ自体が判決に満足のいく根拠を与えることはありそうもない。それのみでは、それらはあまりに不明瞭である。それらは、公正の概念、適切な行為の概念—法的な争点の裁定においては一つの要因であろうが、それ自体としては結論を決意するにはあまりにも実体的でない概念—に訴える。幾つかの例が、その点を描き出している。国有化と収用に関する仲裁裁定において、契約に付着している誠実の考慮がしばしば主張される。しかしそうした主張は、所有権に干渉する実体法に焦点を当てる、意思決定過程における要素の一つにすぎないであろう。ここでも、ある条約の適用に関する争いにおいて、当事者の行為は公平な考慮を引き起すであろう。しかし、これらは自発的にその問題を決定するのではなく、むしろ条約の実体法に焦点を当てる紛争の一側面であろう。

一九六九年のNorth Sea Continental Shelf事件において、国際司法裁判所は、一般国際法上新たに出現してきた一つのルールとしては等距離を退けた。そして裁判所は、西ドイツにより抗弁として主張された「公正かつ公平な割当て」という概念も拒否した。しかし裁判所は、大陸棚の境界画定は衡（公）平（公平な結果の）原則に照し合わせて決定されなくてはならないという、国際法の慣習規則の一つが存在していたと、認定した。

「現実の法規には、ここでは隣接する大陸棚の境界画定に適用されるものが含まれている。それは、エクイティを単に抽象的な正義の事項の一つとして適用するという問題ではなく、それ自体衡（公）平法原則（equitable principles）の適用を求める一つの法規を適用するという問題である。[21]」

それはさておくとして、ほとんどの紛争において判決は衡（公）平原則に照らし合わせてその結論に達するだろうと、指摘することはできない。例えば、外国人の取扱い、条約の解釈、または外交官特権に関して、こう指摘したものは見たことがない。もしも国際司法裁判所が、Elsi事件（株式所有について）又はNicaragua v

United States事件（武力の行使について）において、衡（公）平原則に照らし合わせてその解決に達するよう求める国際法上の慣習的規則が存在する、と述べるのを見たら驚くであろう。

国際司法裁判所が、Continental Shelf事件において適用しなくてはならないと判示したそうした慣習的規則は、どこから出てきたのか。もっと重要なことは、そうした規則をいつ適用しなくてはならないと感じたのか。言い方を変えると、たとえ裁判所の司法的な意思決定の大部分においては適用の余地はなかったとはいえ、そうした規則のための証拠は、適用されるべきであるほど圧倒的なものだったのか。そして、もしそうでないならば、裁判所にこの道を初めて取るよう強制した言外の要素は何なのか。

国際司法裁判所は、大陸棚の境界画定を衡（公）平法上の原則に照らし合わせて扱うよう要求する規則の存在についての、大変重要な事件を理解しなかった。裁判所は、一九五三年に国際法委員会を助けた地図作成者委員会の報告書中の、等距離の概念の厳格な適用は一定の情況下では不公平な解決策となるかもしれないと述べた一文について、言及しただけであった。慣習的規則の存在について裁判所が頼った証拠は、等距離原則が一般国際法の一部となったかどうかを明らかにするという課題に対して、裁判所が適用した証拠と対比され得る。

そうした規則が大陸棚の境界画定という問題に存在したと主張することの、真の隠された理由は何だったのかを尋ねてみよう。その答は、簡単に見出せる。国際法の多くの実体的分野においては、特定の事実に対する十分に受け入れられている規範の適用は、誰の主張が十分に根拠付けられているかを明らかにするということである。しかし海洋の境界画定の分野においては、誰の主張が十分に根拠があるかを判決する裁判所の任務は、主張している者の間において資源を配分するという真の任務の、ほんの前置きにすぎない。更に、この任務に適用する正確な規則は存在しなかった、というのが現実である。大陸棚の境界画定という問題の性質上、両者に何らかの言い分があるにちがいない―それは、一方の国は「誤っている」（そして、何の権利もない）のに対し、他方の国は

「正しい」(それ故に、すべてに対し権利がある）と認定され得る、というようなタイプの訴訟物ではない―。妥協への種は既にそこに存在するのであり、特定の規則の欠如が多分、「それ自体衡（公）平原則の適用を求める法規」が一つ存在するという主張を勢いづけたのであろう。

公平な考慮についてそうした言及がしばしばなされるのが、資源の配置についての分野―海洋法、国際水路に関する法―においてであることは、偶然ではない。[22]

もしも現実には、私が信ずるように、隣接大陸棚の境界画定について特定の規則が存在しないならば、衡（公）平原則についてのいかなる役割も、法務官としてのエクイティ（equity praetor legem）―法の欠缺を充たすことにおいて―にあったと考えられたかもしれない。しかし、ある「現実の法規を」(つまり、衡（公）平原則の適用をそれ自体求めているものを）適用していたとの主張により、国際司法裁判所は二つの成果を達成した。一つには、裁判所は、衡（公）平原則に頼ることにより法の欠缺が適切に充たされ得るか否かという論争に関し、一つの姿勢を取ることを回避した。そしてもう一つには、裁判所は、裁判官は常に観念として存在する規範を根拠として判決するという擬制を維持した。[23]大陸棚の境界画定に関しては、意思決定を導く実体的規範はほとんど存在しないのが現実である。[24]判決は、現実にそして必然的に、政策的選択を反映するであろう。こうした政策的選択は、一定の望ましい結果と対照して、はっきりと区別されかつ審理されなくてはならない。こういうようにすれば、目的は明らかとなろうし、手法は客観的に立証できるであろう。そうはしないで、North Sea Continental Shelf 事件において乗り出された道は、裁判所に、「現実の法規の一つ」―しかし、不明瞭でかつ精査も再調査もできないもの―を適用しているとの主張を許している。

Fisheries Jurisdiction 事件においては、国際司法裁判所は、North Sea Continental Shelf 事件における有名な傍論を確認し、そして、「それは、単に公平な解決を見つける問題ではなくて、適用される法から引き出される公平な解決を見つける問題である。」と付け加えた。[25] ここでも、これは法に反して（contra legem）又は衡平と善に基づいて（ex aequo et bono）の公平な（equitable）解決の拒否としてだけではなく、また法務官としての（paretor legem）でもあると解されるべきである。

問題は、Tunisia–Libya Continental Shelf 事件において更に発展した。[26] 国際司法裁判所に裁判管轄権を付与する特別協定が衡（公）平原則を考慮に入れることを義務づけていると同時に、一般国際法の問題として衡（公）平原則は大陸棚の境界画定には基本的に重要であることが、少なくとも明らかにされた。国際司法裁判所は、当裁判所には「衡（公）平原則を根拠として本件を判決する義務があるから、こうした諸原則は何を必然的に伴うかをまず審理しなくてはならない」と述べた。[27] 同裁判所が初めて「公平な」（equitable）ということから何を理解したかを説明しようとした、とそれは考えられてきたようであった。しかしそうではない。裁判所による何が「衡（公）平原則に必然的に伴う」かということの審理は、以下のような驚くべき結論を導いた。

「一般諸原則適用の結果は、公平なものでなくてはならない。……そうした原則がすべて基本的に公平であるというわけではない。それは、解決の公平さに照らし合わせることによりこの性質を獲得するかもしれない。……『衡（公）平原則』は、……一つの公平な結果を達成するために適切であろう原則とか規則に差し戻す。[28]」

そうすると、衡（公）平原則は、一つの公平な結果に導く単なるこれらの原則—そして、規則でもあるように思われる—である。国際司法裁判所の大陸棚に関する一連の判決のどこにおいても、何が公平な結果を構成するかは決っして告げられていない。裁判所は、おそらくこれは自明だと信じているのであろう。North Sea Continental Shelf事件とTunisia–Libya 事件を合わせて考えると、一つの公平な結果—これは、それ自体定義されていない—に導くこうした原則の適用を義務づける現実の法規が存在するという命題に、煩わされる。裁判所は、後にそれを「公平な」と名付けるプロセスを通して、はっきりと表現することを回避するという結論を下す。それから、裁判所はそうした結論に達するように意図された原則（それは、そこでさっそく衡（公）平原則となる）を選択することにより、その結論に達する。裁判所はそれ自体、「達成されるべき結果とこの結果を得るために適用されるべき手段の両方を性格づけるために公平なという表現を採用しているのであるから、完全に満足はしていない」と認めている。[29] しかしこれに関しては、これは満足できないことのほんの一面にすぎないように思われる。

Libya–Malta Continental Shelf 事件において、[30] 国際司法裁判所は、公平な結果を達成するために用いられた衡（公）平原則よりもむしろ、公平な結果は「この特性の二重性に存する根本的要素」であると、再度強調した。再び、何が公平な結果を構成するかは告げられない。

Gulf of Maine 事件において国際司法裁判所裁判部は、再び公平な解決の必要性を強調している。しかし多くの他の点においては、公平の基準に関して著しく異なる論調を採っている。一九六九年に国際司法裁判所は、公平な考慮に照らし合わせて大陸棚の境界画定を行うことを義務づける、国際法の「現実の規則」について述べはしたが、裁判部は、こうした基準それ自体は国際法の原則でも規則でもないと言う。エクイティは国際法の原則の一つではあるかもしれないが、ある特定の事件に適用される公平な考慮はそうではないと推定される。この認定の趣旨についても重要性についても、理解は簡単ではない。

以上、公平な結果を定義することに、国際司法裁判所は気乗り薄だということを述べてきた。さて、―等距離は公平ではないという裁判所の主張という―一九六九年における出発点に戻るとしよう。その事件では、裁判所は、

「北海の海岸線が実際には似た長さであって、それ故に、海岸線の一つの地形は、もしも等距離の手法が用いられたならば、一ヶ国に対し残り二ヶ国に与えられると同じ又は類似の扱いを否定するだろうことを除いては、

本来広範囲に亘り等しい扱いを与えられてきている三ヶ国[31]」について述べている。

「三ヶ国に対等な海岸線の長さを与えるための裁判所の基準は、この基準を裁判所は平等さの決定要因として分類したという事実以上には、合法性のはっきりとした理論上の根拠を有しない。[32]」と書いている批判者に、賛同しないことは難しい。そしてこの原理により、裁判所は、「沿岸国と内陸国の間のまたは長い海岸線の国と短い海岸線の国の間の違いにより生じる不平等を、ある国の海岸線は直線かまたは凸状でありある国の海岸線は凹状であるという事実は『不自然』であるとするにもかかわらず、受け入れなくてはならない自然界の事実と看做す。[33]」と書く学者と、私はその困難さを共有するものである。

ここでの目的は、等距離原則の功罪を議論することではなく、むしろ公平性（equitability）の主観的性質を強調することにある。Sir Robert Jennings 判事は、「『公平な結果』の理論は、……誤解を恐れず言うならば、両当事者の主張の『公正な』(fair) 折衷案の一つであるとみえるもの以外の何ものでもない、裁判所の主観的認識にのみ根拠を置く純粋な司法裁量及び判断へと一直線に導く」、と書いている。[34] そして彼は、公平な結果の理論は、「裁判官の心の中で行う操作は、どこから始まるのか。これらは『公平な』であると推測するところの境界線で始まり、それからこの結果へと導くのを助ける諸原則を選択するのか。そして、エクイティは、主観的な司法判断に対する法律家の名目にすぎないのか。」という疑問を引き起こすことを認めている。[35] Gulf of Maine 事件の少数意見での Gros 判事の、エクイティはもしも予言し得るとすれば抑制されなくてはならないという主張を基礎にして、Jennings 判事は、その事件においては公平さは、結果についてはあまり強調せずそれでいて特定の公平な基準の適用についてはより強調するというより厳格なやり方で、裁判部により取り扱われたと認めている。

衡（公）平原則に頼ることは、裁判所の本来の任務は単に国際法の明文化された規則を適用することのみであると信ずる人たちからは、嘆き悲しまれるかもしれない。それは私の取る立場ではない。しかし、衡（公）平原則の概念が裁判所の大陸棚の境界画定に関する一連の判決において発展してきた方法には馴染めない実証主義者でなくてはならない、というわけでもない。Jennings 判事がいみじくも述べているように、「最終的には、裁判所の裁量の余地というものが存在しなくてはならない。訴訟を正当と認めるいかなる事件においても、裁判所が最終的に選択を行うことを回避できる可能性は存在しない[36]」。しかし選択は、結果に照らし合わせずしてはなされ得ない。「衡（公）平原則」が、関連諸要因のどれか一つに対し与えられる重要性についての手引きを付すことなくそれらのリストから成る場合には、このことは必然的にそうである。「公平な結果を産み出すための衡（公）平原則」の方式化を妨げているのは、一つの結果に到達するためになされる選択というものが存在することではなく、結果が、「公平な」という自己利益的な記述以外のどこにも、はっきりとは表現されていないということである。更には、大陸棚の境界画定の目的のために「衡（公）平原則」と名づけられた諸要因は、実際には幾分か異なる諸原則の一つの要約にすぎない。では Libya–Malta 事件において、国際司法裁判所により挙げられた衡（公）平原則を見てみよう[37]。エクイティは平等性を含んでいないという原則は、ある種の同語反復性をもってそれ自体衡（公）平原則の一つであるといわれる。地形を作り変えるとかあるいは不平等なものを平等にするという問題が存在しない原則は、「比例した分け前」の概念の否定の一つとして明白である。しかしその後は、明らかにその完全な適用は許されない。一方当事国の自然延長に関する他方当事国による侵害禁止の原則は、そうはるかまで解釈を進め得るものではないと考えられるであろう。また、関連情況にそれ相応の考慮を払うという原則は、「衡（公）平原則」の一つとしての指摘を通じ正当化する必要はほとんどない。

裁判所の意思決定は必然的に選択を伴うのであり、また準拠規範の希薄さは、その選択に際しある程度の自由を許すから、選択は正当でかつ望ましい結果を達成するために行うことが重要である。しかし、そうした結果は、はっきりと表現されなくてはならないし、また「公平な結果」という表現の後に隠されることはできない。そして、そうした結果を達成するための手段は、「衡（公）平原則」としての分類を求めていない裁判所の意思決定の通常の道具である。

エクイティの原則の裁判所による発動は、しばしば当事者たちが議論を行う機会を与えられることなく出てきた結論、という結果をもたらす。それ故に、Anglo-French（Western Approaches）仲裁裁判において、裁判所は、「エクイティを衡量する（balance）」ために考慮に入れるべき要因のリストを検討した。そして、チャネル諸島は十二海里の幅で大陸棚の飛び地を与えられるべきだ、という結論を下した。なぜエクイティの考慮により、六海里又は九海里ではなく十二海里となったかについての説明はない。[38] また、この点に関して、裁判所に対し議論が提起されもしなかった。衡（公）平原則に頼ることは、当事者による十分な議論が審理されることなく結論に到達することをあまりにもしばしば裁判所に許すということに、役立っている。

エクイティが、国際法の一般原則の一つとしてのみならず、また望ましい結果でもあると看做されるや否や、既に見てきたように、これはその適用に対して当事者の同意を要する衡平と善に基づいて（ex aequo et bono）の裁判とは異なっていると、確かに言われ得るであろうか。これは、三八条二項に想定されている裁量の三八条一項の裏口からの適用ではないのか。国際司法裁判所は、この非難に過敏なところを見せてきた。そしてTunisia–Libya Continental Shelf 事件において、以下のように述べた。

「衡（公）平原則の適用は、衡平と善に基づいての裁判とは区別されるべきである。裁判所は当事者が合意する場合にのみ、そうした裁判を行うことができる（規程三八条二項）。そして裁判所はそれにより、適切な解決をもたらすために法律規則の厳格な適用から解き放たれる。当該事件における当裁判所の任務は、まったく異なっている。当裁判所は、衡（公）平原則を国際法の一部として適用し、そして、公平な結果を産み出すために関連すると看做される様々な考慮を衡量する義務がある。[39]」（傍線筆者）。

比　例　性

海洋の境界画定

海洋の境界画定に関する法においては、比例性はエクイティの一要素として現われている。両概念の相互関係は、一連の事件（North Sea Continental Shelf 事件[40]、Anglo-French Continental Shelf 仲裁裁判事件[41]、Tunisia v. Libya 事件[42]、Gulf of Maine 事件[43]、Libya v. Malta 事件[44]）中に描き出されている。比例性はここでは、「公平な」の同義語の一つではなく、裁定して与えられる大陸棚の量（等距離が用いられないとき）と海岸線の相対的な長さの間にある関連が存在すべきか否かを検討する、一つのむしろ特別な概念である。そうした繋りについての考えは、Sir Francis Vallat が一九四六年の昔に、「ある入江とか湾が幾つかの国により囲まれているところでは、最も公平な解決は、隣接する国々の領海外の海底地域を各国の海岸線の長さに比例して分割することであろう」と指摘した時、実は提示されていた。[45]

この考えは、西ドイツにより North Sea Continental Shelf 事件において、初めは Sir Francis Vallat のむしろ適用範囲の広い体系的論理として、そしてその後にはむしろより控えめな一つの体系的論理として、実際上採用された。この後者の論理は、いかなる所定の状況下におけるいかなる国家も海岸の長さに比例した大陸棚の持分の主張ができ得るという、一般適用規則を提案することからは、後退した。[46]その代わりに、比例性がこの特定の事件の地理的情況においては適切であろうと指摘された。国際司法裁判所は、比例性を、境界画定の明確な原則の一つとしてではなく、公平な手続の適用を保証するために考慮されるべき諸要因の一つとして、扱ったのである。その判決の最終節は、考慮されるべき諸要因の一つは、「衡（公）平原則に従って行われる境界画定においては、沿岸国に属する大陸棚の範囲とその国の海岸の長さの間に引き起すべき合理的な程度の比例性という要素」である、という若干一般的な表現により述べている。[47] しかし、これが実際上その要約である裁判所の判決の一節は、衡（公）平原則に従っての境界画定への補助の一つとしての「合理的な程度の比例性」は、直線の海岸線を有する国々と際だった凹状のあるいは凸状の海岸線を有する国々との間に均り合いが取られなくてはならない時にその役目を果す、ということを明らかにした。

イギリス海峡及び南西進入路における大陸棚の境界画定に関する Anglo–French Continental Shelf 仲裁裁判において、仲裁裁判所は、比例性は境界画定の一般原則の一つとしてではなく、「そうした地形の特徴が、大陸棚の不公平な境界画定という結果を引き出すかどうかがそれにより決定されるであろう基準又は要因」[48] を示すための一手段としての役割を有していた、ということを確認した。Continental Shelf 事件において国際司法裁判所が積極的な表現で述べてきたものを、Anglo–French 仲裁裁判において仲裁裁判所は、「関連性のある基準又は要因は、比例性のいかなる一般原則よりもむしろ不均衡である」[49] という、否定的な表現で述べた。同裁判所は明確に、比例性はそれ故に、「ねじ曲った」地理的な特徴（Continental Shelf 事件における凹状の海岸、当該事件における沖合の島々）が不平等を生じさせるかどうかを決定するための一手段である、と述べたのである。しかしそれは、「大陸棚領域への権利に一つの独立した法源を与えるといった、一般原則ではなかった。」

一九八二年、国際司法裁判所は Tunisia–Libya Continental Shelf 事件において、この問題に戻った。裁判所は、比例性をエクイティの一機能と評し、そして両国が概して似かよった地形の海岸について主張している情況においては、それは関連性を有していると考えているように思われた。裁判所は、「比例性の要件は、当該海岸の長さに相関している」と述べた。[50] 本件においては、裁判所は本質的に、比例性を境界画定の実体的原則の一つとして用いている。

しかし一九八五年 Libya-Malta 事件において、国際司法裁判所は再度、海岸の長さについての厳格な比例性の一般原則というものは確かに存在しない―そして実際に、比例性による実体的境界画定のルールなどは存在しない―と主張していた。ここで再び強調されたのは、その機能が「調整策」を提供することであるエクイティの一要素としての、比例性に関してであった。裁判所は、これをある新たな原則―自然は尊重されるべきである―に結びつけた。[51]明白に類似している海岸は、「きまぐれな地形」の故をもって異なる扱いをされるべきではない。しかしなぜ、「きまぐれな地形」は尊重されるべき自然の一部ではないのか、そしてなぜ「一般的な方向」のみが自然を反映していると言えるのか、私にはまったく明白ではない。とにかく裁判所は、比例性は他に依存することのない境界画定の手段の一つではない、と明示した。[52]

Gulf of Maine 事件―一九八四年の裁判部判決―では、比例性は境界画定の自律性ある手段の一つではないと断言された―しかしその後に、それは「顕著な不平等」に照らし合わせての、「適切に訂正することの必要性に答えるためにのみ奉仕する補助的基準の一つとして正当化された使用」を除外するものではない、と続けた[53]―。しかしここでの不平等は、「きまぐれな地形」などでは決っしてなく、自然がその地方に与えた地形から続いているものであった。

海洋の境界画定における比例性の概念は、私にとっては、不明確な点や疑問な点に満ちたままである。

武力の行使

比例性の概念は、武力の行使に関する法においては、まったく異なった意味で用いられる。ここでは、特殊な地形情況にもかかわらず公平な結果を達成するための多くのテクニックのうちの一つ、というわけではない。それは、法の他の分野において反映されるのを見るであろうやり方により―すなわち、他者に対しなされた許された危害を制限するために—用いられる。他者の領土保全及び政治的独立に対する武力の行使は、違法である。しかし、自衛のための武力の行使は合法である。必然的に他者に危害を引き起こすであろうそうした許された行動は、しかしながら比例性の要件により制限される。自衛に関するこの制限は、国際法のみならず国内法のすべてのシステムにおいて知られているものの一つである。(54) しかし、抑制要因としての比例性の要件は、「何に関して比例するのか」という疑問を必然的に引き起こす。自衛の行使における比例性の要件の先例としてしばしば引用されるCaroline事件は、実際には、問題点をそれ以上に進展させてはいない。これに関連する一節において、仲裁裁判官Websterは、自衛は「不合理なものであっても又行きすぎたものであってもいけない。自衛の必要性から正当化される行為は、その必要性により制限されかつ明白にその範囲内に止められなくてはならないから。」と述べている。(55) Brownlieは、「国際法における『特別の要件』の一つとして比例性を強調することは、防衛と自助との間になくてはならない区別を作り出すための努力を意味するであろう」と、洞察力鋭くコメントしている。(56) もしも自己の防衛のための必要性を超えて行動するならば、武力の行使は自助を必然的に伴うであろう。

武力の行使に関する法（戦争そのものの規制—jus ad bellum）において、「何に関して比例するのか」という質問への回答は、「加えられている違法行為に関して比例する」と答えられるべきである、(57) と言えよう。Nicaragua–US事件において、国際司法裁判所は、武力による攻撃には至らない低いレベルの武力の行使への適切な反応であると裁判所により判決された強力とはいえない報復手段に対して、比例性の要件を導入した。(58) これは、他者への許された危害をコントロールするために用いられている比例性のパターンを、踏襲している。

自衛権を生ぜしめる武力の行使の単発的事件においては、それへの応答は加えられた危害に比例していなくてはならないと悟ることは、簡単である。越境しての急襲に対して核爆弾を用い答えることは、比例などしていまい。しかし、武力攻撃が、長期のかつ複数の応答を必要とする持続したものである時は、その関係は難しいものとなる。侵略から自身を防衛する国は、現実的には、個別の敵対行為への自国のそれに対応した応答がその特定の被った侵害に比例することを確保して、自国に降り注いでいる各々の連続した攻撃に関し、防衛的立場に自らを置くわけではない。むしろ、比例性はそこでは、正当に達成されるべき目的に関してのものとなる。戦争そのものの規制（jus ad bellum）から戦時国際法（jus in bello）への変遷を特徴づけているのは、まさに「何に関しての比例性なのか」という質問への答についての、この変化である。何が要件なのか―まさに被った侵害への比例性なのか、それとも達成されるべき目的への比例性なのか―を知ることの難しさは、今日の世界においては主な大規模軍事行動は注意深く意図された自衛行動―しかし交戦状態の規模は、戦争法規が適用されるようなものであるが―であるという事実により、一層強調されている。フォークランド／マルビス紛争は、まさにそうした例の一つであった。ここでもまた、不法な武力の行使が起き、そして、それを撃退するために武力が用いられるとき、最初の行為に対して軍事的反撃を起こすまでには、様々な理由（地理的な、又は、平和的解決の試みがなされているという）により、長い時間がかかり得る。フォークランドの交戦状態や一九九一年の湾岸紛争はその例であろう。ここでの比例性は、いかなる特定の侵害行為に関してのものでもありえない―それは、侵略を止めるとか侵攻を覆すという、包括的に正当な目的に関してのものでなくてはならない―。そしてそのことは、勿論、たとえいかなる単独の先行事件が正当化したと思われるであろうものと比べずっと過酷な武力の行使だとしても、その武力の行使は比例していることを意味するであろう。判断がなおなされなくてはならない。フォークランドにおいては、むしろかなりの火力が、アルゼンチン人を追い払い撤兵を確保するためには不可欠だと看做された。しかし、一方アルゼンチン国の領土内あるいは港においての、アルゼンチン空軍あるいは海軍への爆弾投下はいかなるものであれ、比例していないと看做されたであろう。湾岸紛争においては、連合軍は国連の承認のもとに、イラクにおける軍事的かつ戦略的目標に対する大規模攻撃を、そことは異なる場所であるクウェートからのイラクの撤兵の確保と比例するものと看倣した。

戦時国際法の実体法は、主に比例性の概念に基づいている。実際に、指導的な学者集団の一つは、この法を比例性の要件の法典化の一つとみている。一九四九年のジュネーヴ諸条約に付け加えられた二つの議定書の文脈においてその問題を検証して、Bothe, Partsch そして Solf は、必要性を構成している二要素中の一つと、比例性を看倣している。なお、もう一つの要素は関連性である。[59]

ここでもまた、別の情況では許された危害に対する制限要素の一つと、比例性を考えるものがある。このことは、幾つかの条項の簡単な吟味により描き出される。第一議定書三五条は、「いかなる武力紛争においても、紛争当事者が戦争の方法又は手段を選択する権利は、無制限ではない。」という既に確立したルールを繰り返している。二項では、もう一つの既に確立したルールを、詳細に論じている。「余分の危害又は不必要の苦痛を生ぜしめる性質の兵器、投射物及び物質、並びに戦争方法を用いることは禁止される。」比例性についての言及はないけれども、Bothe 等は、経済的又は人的資源の可能な限り最小の支出で敵の迅速な降服を確保するために関連しかつ比例する措置が採られるならば、軍事的な暴力を正当化するもの、とこの条項を解釈する。[60] 必要性の原則は、軍事的暴力を正当化する。人道の原則は、必要—すなわち、関連しかつ比例する—でない措置を禁じている。関連性とは、その暴力は追求される特定の軍事的有利さという目的のために適切である、ということを意味している。死傷者や損害は、予想される軍事的有利さと不均衡であってはならない。

第一議定書五一条は、一般住民及び「付随的な文民の損害」の保護という問題を提起している。一般住民は、「そのような地位において」攻撃の目標とはならないであろう。無差別の攻撃はまた禁じられていて、そして、これらは定義されかつ例示されている。ここでもBothe 等にとっては、「軍事目標に対し向けられた攻撃の付随的な影響に対して、市民を守るために適用されるものとしての比例性の原則を、かなり具体的な表現によって」

規定したとされる、国際法上の慣習の原則の一つの法典化が見られる。無差別になされる攻撃に対する禁止として単に述べるだけの人もいることは、Bothe 等にとっては、それにより文民に対するすべての危害が回避され得るわけではないが、結果に対する制限がそれでもなお課されることを認めるという、比例性の原則の実現の一つである。実際に彼は、五一条五項(b)（無差別攻撃を載せている）を、「付随的な文民の死傷者に適用するものとしての、比例性の原則の最初の具体的法典化」と呼び、そして再び、一方はもしも関連しかつ比例しているならば破壊を許している、そして他方はもしも関連も又比例もしていないならば破壊を禁じている、という必要性と人道の二元性についての彼の理論に戻る。比例性はそれ故に、必要性の暗黙の条件の一つとしてのみならず、ある申し立てられた別個の消極的禁止における要件の一つとしても持ち出される。「人道」が、必要性それ自体の法規範性を確認するものとなる要素とは別個に存在するとみることには、私は困難を感じる。また、「比例した」及び「比例していない」という表現を五一条の文中に使用することの試みが失敗したという事実を、無視することはできない。[61] しかし、Bothe にとり、一方における偶発的若しくは付随的な文民の死傷者又は損害の予測可能な範囲と、他方における目標としての軍事対象物の相対的な重要性との間に、均衡が存在しなくてはならないという事実は、比例性の規則のまさに適用である。

ここでも、攻撃に際して文民保護のために取られるべき予防的措置に関する五七条を、Bothe は、比例性についての義務の証拠と看倣している。彼は、「予期される具体的かつ直接的な軍事的優位性に関して、過度な」市民への危害を引き起すであろう攻撃の自制の要件を、比例性の一つと呼んでいる。この見解では、三五条一項及び二項、四九条四項、五一条から五六条、そして五七条は、一括して考えると、比例性という概念が特別に述べられている箇所はどこにも見い出せないにもかかわらず、武力紛争に関する法の不可欠の要素の一つとして、比例性の法則が存在している。

これに関して批判的な指摘としては、武力紛争に関する諸規則は、比例性の原則を完全にその一部としているというものがある。実体的戦時国際法の特定の要件に合致しない行為は、それでもなお「比例している」という理由によっては正当化され得ない。

対象的に、これから見ていくように、人権法の実体的義務は、比例性というものを含んでいない。つまり比例性は、詳細に述べられている条項を越えたところに存在していると言われている。そして、それが次に論ずるものである。

人権についての法

比例性はまた、国際人権法においても、要素の一つとして現われている。人道法においてのように、それは関連文書中には記載を見出せない。しかしそれは、主要な裁判所により広く主張されている。もしもそれが、人道法においては、ある危害が許されるところでその危害を制限するものとして機能するならば、人権法においては、ある権利に対する規制が許されるところでその規制をコントロールするために機能する。

勿論、幾つかの人権には、権利の停止は存在しない。これらは決して規制されないであろう。しかし多くの権利は、制限をまさに許す。許された制限というものが、法律で定められかつ民主的社会において必要なものでなければならないことは、ヨーロッパ人権条約における標準的公式の一つである。「必要性」はここでは、様々な含みをもっている。ヨーロッパ人権裁判所が一連の事件において述べているように、必要性とは必要不可欠であることを意味するのであり、便利さとか望ましさというものを意味するのではない[62]。そこで、ともかく制限の必要ということは、必要性に照らし判断されるであろう。しかしヨーロッパ人権裁判所は、そうした措置が民主的社会において必要であることを、裁判所自体が満足することをまた求めるであろう。この異なる任務において、裁判所は、代替のより苛酷でない制限措置が利用可能であったか否かを確かめようとするであろう。それ故に、Lawless事件においては[63]、裁判所は陪審員なしの裁判という選択を考えた。しかし、「民主的社会においての必要性」の判断基準は、可能な代替的手段に照らし合わせての一つの正当な目的及びはっきり示された必要を、また前提としている。その出発点は、国家が、公共の利益の保護者として、救済しなくてはならないと感じる出来事が発生していることを示すことである。国家は、人権の制限を行うについて何らかの正当な目的を示さなくてはならない—そして更に、そうした制限は正当な目的の達成を確実にするために必要であり、かつ他のより厳しくない措置(多分、これもまた制限)では同じ目的を果さなかっただろうことを示さなくてはならない—。

こうしたことのすべては、かなり率直なものであり、各条文それ自体（八条、一〇条参照のこと）の文面から出てくる。しかし、ヨーロッパ人権裁判所は、制限に判断を下すためにもう一つの要素すなわち比例性の要素を、導入している。The Sunday Times事件において[64]、裁判所は、裁判制度の権威を守るために必要だと英国により主張された、英国における裁判所侮辱（contempt of court）の決定を検討しつつ、言論の自由の権利に対する制限について、以下のように述べた。

「(この制限は）当条約の意味する範囲内で、表現の自由における公けの利益を凌駕するに十分な、差し迫った何らかの社会の必要というものに合致していなかった。……その制限は、追求されている正当な目的に比例していないということがわかる。それは、裁判所制度の権威を維持するため民主的社会において必要だというわけではなかった[65]。」

さてここでは、ヨーロッパ人権裁判所は、制限についてともかくも必要とされるものを述べていた（ある措置は、他の措置よりも受け入れられ易いかどうかではなく)。ヨーロッパ人権条約に詳細に述べられた判断基準—制限は、民主的社会において必要なものでなくてはならない—を適用することによってはもはや十分には達成されないものを、比例性の引用によって達成すると考えることは、難しい。「比例性」は、別個の機能には貢献はしないと思われる。時には比例性は、特定の措置に向けられる—緊急状態におけるヘイビアス・コープス（Habeas Corpus）に関する一九八七年の勧告的意見において、米州人権裁判所は、許された権利の停止は事態の緊急性に適応するように調整され、かつ権利の停止を許している条項（二七条）の文言は、特定の措置は緊急性の性格、強さ、広がり方そして特定の文脈に照らし合わせて判断され、また「その措置の相応する比例性及び合理性に従って」判断されなくてはなるまい、と読まれなくてはならないと強調した—。ヨーロッパ人権裁判所は、Handyside事件において、「民主的社会において必要な」ものとは、「この社会的活動領域において課されるあらゆる形式、条件、制約又は制裁は、追求されている正当な目的に比例していなくてはならない[66]」、ということを意味すると述べた。比例性はここでは、特定のコントロール措置が必要であるかどうか—もしも選ばれた措置が、正当な目的を達成するために必要とされる以上に苛酷であるならば、それは「必要な」ではなかろう—を決定するために用いられる。ここでは、比例性は果すべき機能的役割を有しているように思われる。同時に、それは多少主観的な表現である。そしてしばしば裁判所は、あたかも自明でありそしてこうした結論に対しては何らの説明も加える必要はないかのごとく、単にある措置が「比例している」とか「比例していない」と（丁度、ある措置が法の他領域では「公平な」又は「公平でない」と思われるかもしれないように）申し渡すであろう。

最も目立った比例性の使用例は、間違いなくSporrong and Lönnroth事件である[67]。ヨーロッパ人権条約第一議定書一条の文面は、明らかに幾つかの特定の情況下での補償というものを、制限しているようにみえる。その条文は、こうした明記された根拠が存在するときの、補償は支払われなくてはならないという契約の難しさを、確認している。しかし、当該条文の明記されたカテゴリーの中に必ずしも入らない財産への干渉に関して、補償に対する義務へと比例性は導びくと、述べられた。

結　論

比例性が、それでもなお法の一般原則の一つであるかどうかは疑わしい。これは、ドイツ憲法のよく知られた規定の一つであり[68]、そしてまた、多くの大陸法支配圏における行政法において重要な役割を演じている。これはまた、公権力はある措置の目的を達成するために、公けの利益にとり厳密な意味で必要な程度以上には市民に義務を課さないであろう、ということを認定するのにそれを用いてきたヨーロッパ共同体法に、ある一定の影響を与えてきている。しかしここでもまた、課せられた責任が求められている目的と全く釣り合いを失っているかどうかに関する裁判所の意思決定には、主観的な感じが残されている[69]。

英国貴族院は、比例性の概念がイギリス法において有用な役割を演じ得るときがあるかもしれない、と強調している[70]。しかし、Brind 事件において[71]貴族院は、そういう時は未だきていないということを明らかにした。比例性は、たとえ行政の裁量行為がヨーロッパ人権条約による英国の条約上の義務の対象とされる分野内のものであろうとも、イギリスの裁判所によっては、こうした行為の司法審査には受け入れられないであろう。この基準は、合理性という伝統的基準を思い出させるであろう。しかし、Wednesbury 事件[72]において例示されたむしろ特別の合理性の体系化は、もはや比例性により手加減されずに長く残ることはありえまいという兆候が、最近の判決中には既にみられる。

国際法においては、海洋法におけるこの原則は、他領域におけるこの原則とは全く異なっている。他領域では、この原則の引用について共通の要素が存在している。とはいえ、未だ多くの疑問がこれを取り巻いている—戦争についての法においては、これは全く別個の原則として存在するかどうか。人権法では、これは必要性の観念から意味ある切り離しをされた存在であるかどうか—。

結　論

エクイティ及び比例性という重要な原則は、意思決定を円滑に進めるということを意図されている。しかしこれは疑ってみるべきである。意思決定を助けるものの一つとして予定されたエクイティの概念は、深刻な問題を背負っている。海洋法における比例性の概念は、国際法の他領域において用いられている比例性とは、全く異なっている。武力紛争に関する法においては、特有のルールそれ自体がこの概念を反映している。人権法においては、特有の義務により達成されるものにとっては、大抵が余分である。戦時国際法においてのみ、「国際法を円滑に進めるため」への比例性の貢献が、現実に明らかにされているにすぎない。

（1） V.D. Degan, L'Équité et le droit international (1970), 26; C. de Visscher, Théories et réalités en droit international public (3rd edn., 1966), 450-1. を参照のこと。
（2） 実際 K. Strupp はそれは積極的に除外される必要があるだろうと言う。"Le Droit du juge international de statuer selon l'équité", Recueil des cours (1930, III), 486.
（3） 国際法学会決議（一九三七）。38 Annuaire de l'Institut de Droit International 271.
（4） Degan, L'Équité et le droit international, 28; de Visscher, Théories et réalités, 450; M. Huber (1934) 38 Annuaire de l'Institut de Droit International 233; M. Sørensen, The Sources of International Law (1946), 197.
（5） Strupp, "Le Droit du jude internatinal," 469. を参照のこと。
（6） B. Cheng, "Justice and Equity in International Law" (1955) 8 Current Legal Problems 185 at 209-10.
（7） Degan, "L'Équité et de droit international," 30-2. における議論を参照のこと。
（8） Strupp, "Le Droit du jude international," 469.

（9）ICJ Reports (1982) 18 at para. 71.
（10）ICJ Reports (1969) 48.
（11）ICJ Reports (1982) 11 at para. 71.
（12）Strupp, "Le Droit du juge international," 462.を参照のこと。
（13）国際法委員会第三一会期、一九七九年、の報告書四五頁一六節（「エクイティは、より平衡的な要因、つまり『妥当性』を守ることを意図する調整的な要素の一つである。」）を参照のこと。
（14）D. Bardonnet, "Équités et frontières terrestes", in Melanges offerts à Paul Reuter (1981) 35 at 41.
（15）Ibid.
（16）Huber (1934) 46 Annuaire de l'Institut de Droit International 233.を参照のこと。この側面に関しては、A. Munkman, "Judicial Decision and the Settlement of Territorial and Boundary Disputes" (1972-3) 146 BYIL 1 at 14を参照のこと。
（17）ICJ Reports (1982) 1 at para. 72.
（18）Reuter, L'Équité en droit international (1900), 166.
（19）De Visscher, De L'Éguité dans le Reglement Arbitral ou Judiciare des Litiges de Droit International Public (1972), 6.
（20）Bardonnet, "Équités et frontières terrestes,", 42-3.
（21）North Sea Continental Shelf Cases, ICJ Reports (1969) 3 at 46-7.
（22）国際水路に関し国際法委員会により一九八九年―九一年に採択された条文を参照のこと。第四三会期の仕事に関する国際法委員会の報告書、A/46/10, pp. 161-97.
（23）T. Rothpfefferにより、"Equity in the North Sea Continental Shelf Cases" (1972) 42 Nordisk Tidsskrift for International Ret 81 at 115.において十分に指摘されている点。
（24）Gulf of Maine 事件 ICJ Reports (1984)及びGuinea v. Guinea-Bissau 仲裁判決 77 ILR 635.において指摘さ

れた点。

(25) Fisheries Jurisdiction Case, ICJ Reports (1974) 3 at para. 78.

(26) ICJ Reports (1982) 18 at 58-62.

(27) Ibid., para. 69.

(28) Ibid., para. 70.

(29) Ibid., para. 70.

(30) ICJ Reports (1985) 29.

(31) ICJ Reports (1969) 50.

(32) Rothpfeffer, "Equity in the North Sea Continental Shelf Cases," 115.

(33) W. Friedmann, "Selden Redivivus-Towards a Partition of the Seas?" (1971) 65 AJIL 757.

(34) R. Jennings, "Equity and Equidistance Principles," Annuaire suisse de droit international (1986) 27 at 31.

(35) Ibid.

(36) Ibid., 35.

(37) ICJ Reports (1985) 13 at para. 46.

(38) この点については、Western Approaches仲裁裁判事件とNorth Sea Continental Shelf事件の両方に関して、H. Lauterpacht, "Equity, Evasion, Equivocation and Evolution in International Law," Proceedings and Committee Reports of the American Branch of the ILA (1977-8), 33-47. に詳細に論じられている。

(39) ICJ Reports (1982) 18 at para. 71.

(40) ICJ Reports (1969) 3 at 52-4.

(41) (1979) 18 ILM 397.

(42) ICJ Reports (1982) 75 at para. 103.

(43) Ibid., (1984) 246 at 335-9.

(44) Ibid., (1985) 43 at para. 55.

(45) (1946) 23 BYIL 333 at 355-6.

(46) D. McCrae, "Proportionality and the Gulf of Maine Boundary Dispute" (1981) 19 Canadian YBIL 287 at 292. を参照のこと。

(47) ICJ Reports (1969) 3 at 54.

(48) (1979) 18 ILM 397 at 427.

(49) Ibid.

(50) ICJ Reports (1982) 18 at para. 104.

(51) ICJ Reports (1985) 13 at para. 56.

(52) Ibid., 13 at paras. 55-8.

(53) ICJ Reports (1984) 246 at para. 218.

(54) I. Brownlie, International Law and the Use of Force by States (1963), 261-4.

(55) Parliamentary Papers (1843) lxi; British and Foreign State Papers, XXX, 193.

(56) Brownlie, International Law, 261-4.

(57) J. Hargrove, "The Nicaragua Judgment and the Future of the Law of Force and Self-Defence" (1987) 81 AJIL 135 at 136.

(58) Nicaragua Case, ICJ Reports (1986) 14 at paras. 210, 249.

(59) M. Bothe, K. Partsch, and W. Solf, New Rules for Victims of Armed Conflict (1982), 特に pp. 192-8, 297-320, 348-69.

(60) Ibid., 195.

(61) Karlshoven, Conference II (1978) 9 NYIL 116; CDDF/215/Rev. 1, paras. 47, 57; CDDH/III/264/Rev. 1, XV Official Records 347.

(62) 例えば、Sunday Times v. United Kingdom (1979), Ser. A, no. 30, para. 59.を参照のこと。
(63) Judgment of 1 July 1961, Ser. A, no. 3, paras. 31-8.
(64) Judgment of 26 April 1979, Ser. A, no. 30, paras. 42-68.
(65) Advisory Opinion OC-8/87 of 30 Jan. 1987, Ser. A, no. 8.
(66) Judgment of 7 Dec. 1976, Ser. A, no. 24.
(67) Sporrong and Lönnroth Case, Judgment of the European Court of Human Rights, 23 Sept. 1982, Ser. A, no. 52.
(68) T. Hartley, The Foundations of European Community Law (2nd edn., 1988), 145.
(69) Internationale Handelsgesellschaft事件における法務官Dutheillet de Lamonthe. Case 11/70 [1970] ECR 1125 at 1146.を参照のこと。また、Balkan Import-Export, Case 5/73 [1973] ECR 1091 at 1112,そして、Hartley, Foundations, 146-7.を参照のこと。
(70) CCSU v. Minister for the Civil Service [1985] AC 375 at 410.
(71) R. v. Secretary of state for the Home Department, ex parte Brind [1991]1 AER 720 per Lord Ackner at 735
(72) [1948] 1 KB 223.

第十四章　国際法における武力の個別的行使

最も早い時期から、国家は自国の政治的及び経済的目的を追求するために、軍事力を用いている。一五世紀に既に、Grotius は、国際法は、武力の行使を「防衛、財産の取戻し、そして懲罰」という三つの正当化事由に限定する、と主張した。(1) そうした特定の意味においては、武力の行使を正当な戦争に限定することが必要であった。(2) 国際連盟規約は、武力の行使を禁じないで、それを一層制御しかつ抑制しようとした。(3) 一九二八年の Kellogg-Briand協定は、国家政策の道具の一つとしての戦争を禁止した。およそ六三ヶ国が締約国となったこの文書は、(4) 武力の行使の資格から原因の正当さを「切り離した」。第二次大戦という大変動の事件の後、武力は自衛においてのみ用いられ得るのであり、法的権利あるいは真に守るべき正義の観念を追求するために用いることはできないことを、国連憲章中により明確にすることが必要であると考えられた。

それ故に、国連憲章は、許された武力の行使を、自衛もしくは集団的強制行動に限定した。しかしまた、憲章は、国連それ自身が法的権利を主張するため及び政治的及び社会的正義を追求するための仕組みを提供するであろうことを、想定した。従って、個別に武力に訴える必要はないはずであった。国連は、自己の安全を保証するために軍事的道具に一方的に依存することからの回避策を加盟国に与えるよう意図した権限を、与えられた。今日に至るまで機能することが不可能であり続けている憲章上の一システムに、現在の規範は根拠を置いていたことを評価せずしては、武力の行使に対する法的制限についての戦後の論争を理解することはできない。法的権利の主張と経済的及び社会的正義の追求は、まことに達成し難かった。実際上、分権化された法秩序においては、正義の概念はしばしば見る人次第であった。そして、冷戦が戦時下の協力関係と即時に取って代わったために、憲章が想定していた集団的安全保証システムは、目的を達成することが不可能となった。憲章四三条において想定されるような常設国連軍を創設することは、不可能であった。そして、安全保障理事会においては、政治的意見の一致は全く欠如していた。

こうした現実にもかかわらず、国家は武力に訴えることの必要性を感じ続けている。更に、もう一つの根源的な問題が存在している。関連の国連憲章諸条項の文言は曖昧な点だらけであるのみならず、こうした条項は、国家間における軍事的敵対行為の問題を検討するために規定された。結果的には、第二次大戦後の軍事的歴史の大部分は、様々な武力の行使―ある国による他国への不正規兵の展開や助長、ゲリラ活動、民族解放運動、テロリズム―についてであった。憲章はまた、原子爆弾の開発以前に規定されたものである。その条項は、決して実現することのなかった集団的安全保障システムに根拠を置いたのみならず、新しいタイプの暴力とそれらの発端でありまたそれらの結果である社会状況を想定していなかった。

東ヨーロッパにおける共産主義の崩壊以来、別の新しい現実が出現し始めた。集団的安全保障システムのまったくの失敗（西側とソ連との間の対決に起源をもつ）は、国連システム内における協力の可能性に取って代わられ始めた。しかし、そうした協力を実効的ならしめるには、多くの政治的困難がその前に横たわっている。そして国連憲章の文言の曖昧さは、こうした過去及び現在の政治的困難から、非常に現実的重要性をもつ様々な法的問題を生じさせている。本章においては、予期される自衛の問題を論ずるとしよう。つまり、自衛の目的のために「国家」を構成するのは何か。人道的干渉の問題は。そして武力攻撃を構成するものは何か。各々の問題は、二条四項と五一条の間に確立された憲章における関係の範囲内に止められている。

二条四項と五一条の関係

二条四項は、「すべての加盟国は、その国際関係において、武力による威嚇又は武力の行使を、いかなる国の領土保全又は政治的独立に対するものも、また、国連の目的と両立しない他のいかなる方法によるものも慎まなければならない。」と規定している。同時に五一条は、二条四項における禁止に違反しないであろう一定の武力の行使が存在することを、指摘している。五一条は、「この憲章のいかなる規定も、国連加盟国に対し武力攻撃が発生した場合には、安全保障理事会が国際の平和及び安全の維持に必要な措置をとるまでの間、個別的又は集団的自衛の固有の権利を害するものではない。」と規定しているのである。そして、こうした措置は、安全保障理事会に報告されなければならない、とも規定されている。その文面は、一方では加盟国が、初めに安全保障理事会の許可を得ることなく自衛のために行動するかもしれないことを、同時に他方では安全保障理事会が、適切であると考える行動を取ることの責任を保有していることを、明確にしている。

国連憲章は、武力の行使に関する今日の現実に対し一つの整然とした理論体系を提供することを、意図されている。二条四項は何が禁じられるかを、五一条は何が許されるかを、説明する。しかし、二条四項と五一条のほとんど全ての言い回しには、複数の解釈の余地がある。更に、もしも二条四項と五一条が実際には一つの整然とした体系ではないとしても、起きることはまったく反対のものというわけではないのではないか。たとえば、国家の領土保全又は政治的独立に衝突しない武力の行使（そしてそれ故に、表面上は二条四項に違反しない）――しかしまた、個別的又は集団的自衛でもない（そしてそれ故に、明らかに五一条においては許された）――というものが存在し得るか。それはありそうもない―ほとんどの武力の行使は、いかに短期で、限定されていて、あるいは一時的なものであっても、ある国の領土保全をまさに侵害する―。単独の航空機による軍事攻撃もそうであろう。

そしてまた、たとえ国際海峡においてでさえ、自助を実行しようとする試みもまたそうであろう。自助は、不適当にも否定された法的権利を獲得するためになされる武力の行使である。Corfu Channel 事件において、(5)英国は自由航行についての法的権利を実効的ならしめるために、コルフ海峡（国際海峡であるが又、アルバニアの領海でもある）において掃海作業を行った。国際司法裁判所は、そうした行為は不法であると認定した―その行為は、アルバニアの領域主権を侵害したし、また法的権利は、威圧政策による示威行為を通してその正しさを立証されるべきではなかった―。

その問題に関する国際司法裁判所によるこの明らかな認定このかた、国家が与えられる資格がある法的権利をまさに得ることを保証する国連システムの失敗にもかかわらず、自助は憲章では不法であると一般的に認められている。しかし、国家の現実の安全保証が関係するところでは、その問題はもっと議論されてきた。国家の集団的自衛を国連が提供できないことが、憲章における復仇の法的地位に関しむしろ長びいた議論を導いた。復仇は、発生する攻撃に対し自身を守ることを目的とするのではなく、むしろ最初の攻撃が繰り返されることに対する制止の意思表示を伝えることを目的としての、先行する不法な軍事攻撃に対し反撃する行為により成り立っている。慣習国際法においては、もしも幾つかの基準が合致するならば、復仇は合法であった。伝統的に Naulilaa 仲裁裁判(6)に帰せられるこれらの基準は、何らかの事前の故意の国際法の侵害が存在しなくてはならないし、救済のために不成功に終わったとは言え何らかの試みが為されていなくてはならないし、また復仇のためにとられた行動は被った違法行為に比例していなくてはならない、というものであった。しかしながら、復仇は必然的に二条四項の違反を伴うであろう。そして、自衛ではないので、復仇は五一条における許された武力の行使の範囲内には入らない。大戦後の国家慣行は、率直に言って復仇としての特性を持つかなりの量の軍事行動を経験している―中東におけるアラブ－イスラエル戦争は特にそうである―ということは、否定できない。時々あたかも攻撃に際しては復仇への期待が存在しているかのように思われるし、また主な関心事は復仇の比例性についてであるとも思われている。しかし安全保障理事会は、繰り返し復仇を非難している（他方、しばしば復仇を生み出すそれに先行する不法な行為を等しく非難することには、失敗しているにもかかわらず）。そして復仇は、友好関係に関する国際法の諸原則についての総会宣言において、明文をもって非難されている（この宣言はまた明白に、一つの国家による、他国における敵対行為のための不正規軍の組織化や奨励を非難している）。二条四項及び五一条の文面は、明白に復仇を許していない。そして、他の文書や慣行及び裁判所の判決の研究は、この点について何らかの事実上の憲章の修正というものが存在していると結論づけることを許さない―自己防衛のための効果的な手段の欠如のために復仇の存続は期待されるかもしれない、という事実にもかかわらず―。(7)

ある国が即時に自国を守るための行動に携わることができない時、その後の行動はなお自衛のための行動であったとしても、復仇という外観を（誤って）とり得る。ある国が、即座に侵攻に対し対抗できる立場にはないと想定してみよう。もしも、でき得る限り素早く、又は平和的な撤兵を確実にする全ての試みが失敗するや否や、その侵攻を撃退するならば、その行動というものはなお自衛であろう。フォークランド／マルビス諸島に関しての英国の立場と、イラクに関してのクウェートの立場は、この点を例証している。前者では、アルゼンチンの侵攻と英国作戦部隊のその領域への到着の間には、数週間が経過した。後者においては、イラクによるクウェート侵攻と国連加盟国の合同による軍事的反撃の間には、ほとんど五ヶ月が経過した。

多分国連軍による停戦の監視により国連が停戦を保証する時―しかし、侵略軍の撤兵を達成させることには成功しない時―、この問題についての一つの特に重大な変化が起きる。国連による停戦、そして時の経過（その間に、干渉している軍隊の立場は堅固になる）は、本当に、侵略された国の領土の解放を阻むだろうか。クロアチア内にあるセルビア人支配下の領土に国連の停戦ラインを越えて行進するための一九九三年一月二二日のクロアチア軍の決定は、そのディレンマを生々しく描き出している。一年たっても合意案[8]による目的地を保証することが国連にはできなかったとしても一時停止された自衛権は消滅させなくてはならない、とみることは難しい。背景としてのこうした準備的なコメントと共に、では指摘された問題点を各々検討していくことにしよう。

事前の自衛

五一条は、武力攻撃が発生した場合にのみ自衛を許している。このことはまったく文字通り、国家はまさに攻撃されそうであると見る場合ですら自国を防衛する前に攻撃されるのを待たなくてはならない、ということを意味するのか。この文脈においては、「固有の」自衛権への五一条における言及は、何を意味するのか。これは単に飾りなのか。それとも、それはこの問題に関する慣習国際法を、五一条の中へと進めていくことに役立つのか。慣習国際法においては、一八四二年のCaroline事件[9]の文脈において述べられた英国に対するWebster米国国務長官の外交覚え書中の基準に照らし合わせ、自衛は判断されることとなった。広く受け入れられた意見において彼は、事前の自衛は、必要性が「差し迫っていて、圧倒的でそして手段の選択の余地なく、かつ討議の時間的余裕がない」ような事件に限定されなくてはならない、と述べた。その公式は、国連憲章のシステムにとっては、幾つかの点において重大である。憲章は実際に、国際の平和への脅威を処理するための独自の手続を有していることが、思い出されなくてはならない。もしもこの脅威が、安全保障理事会の緊急の会合を招集することで適切に防げたりあるいは回避し得るならば、Caroline事件での基準は多分合致しないであろう。同時に、核の時代においては、常識からいって文面上不明瞭なある条項をある国が自国を防衛することができる以前にはその運命を無抵抗に甘受するよう義務づけると解釈することを、求められるということはあり得ない。そして、通常兵器による戦争に直面した場合でも、これはまた今日における自衛権の唯一の現実的解釈であるように思われるであろう[10]。この解釈をむしろ選択させるのは、もしも武力攻撃が既に発生しているのでないならば自衛を禁ずるという、潜在的に破壊的な結果である—文言のみの単なる解釈からは、他の結論に達するであろうと言われるべきではあるが—。

勿論、乱用的な主張は、事前の自衛のために行動しようとする国家により常になされるであろうが。しかし、分権化された法秩序においては、そうしたことは常にあり得る。第三者はあらゆる利用可能な事実に鑑みて主張を行わなくてはならないという判断を、回避することはできない。しかしWebsterの公式は、はるか昔に示されたにもかかわらず、国家が跡形も無くなることを許すことと自衛の乱用による主張を奨励することの間に求められる衡量を規定することにおいては、なお大変に有用であるように思われる。それはなお、重要な適用上の関連性を有しているのであり、そして行動するに際しての適切な手引きの一つである。

何が、自決の目的のために「国家」を構成するのか

二条四項は、「いかなる国」に対する武力による威嚇又は武力の行使も禁じている—いかなる自衛権についても、その資格の必須条件の一つとして—。この「いかなる国」という表現は、何を意味するのか。確かに、武力の行使は本国それ自体に対すると同じ程度に、海外の属領に対しても禁じられる。フォークランド諸島における軍事行動は、国家—現実には、英国の属領の一つであったにもかかわらず—に対する武力の行使の一例であった。そして、英国「自身」は約八、〇〇〇マイル離れていたにもかかわらず、ここでは英国に自衛権を許した。ここでも、政策の問題としてはそれは正しい解釈であるにちがいない。さもなくば、独立した本国の領土以外の全ての領土は、咎められることなく敵対的軍事行動に晒され得るであろう。

しかし、むしろより難しい争点が一つ存在する。つまり、外国での自国民に対する武力の行使は、国家への攻

撃と呼ばれ得るであろうか。この質問の重要性は明白である。合法的な唯一の武力の行使は、自衛である。国家は、外国における自国民を保護できるということは非常に重要だと考える―しかし、国家は結果として起きる武力の行使が、自衛として正当化される場合にのみそうすることができる―。そして、「国家」に対する攻撃が存在する場合にのみ、それは自衛として正当化され得る。

管轄権の問題について述べたときに、受動的人格を基礎としての人に対する管轄権の解釈―外国の自国民を害したとして―を論じた。そこでは、これは争いのある管轄権の根拠の一つであると書き留めた。ここで焦点となっているのは、管轄権の解釈（または、誰かを裁判にかけること）に関してではなく、現実の武力の行使の解釈に関してであり、また今回は、必ずしも個人の不法行為者に対してではなく、有害な行為に対し責任があると信じられている国家に対してである。興味ある相互関係の一つとして、管轄の問題、武力の行使そして国家責任は、全て同じ事実に関係がある。

自国民に対する攻撃に応じて自衛として行動できると主張する一つの傾向というものを、この何年間か見ている。国際テロ行為の存在は、疑いもなくこの主張の起動力の一つである。国々は、海外における自国の外交官に対して、軍事要員に対して、そしてしばしば市民に対してもまた向けられた、無差別の爆破とか殺戮を見ている。暴力は、憲章に規定された国家対国家の陸軍や空軍による遭遇により行われるのではなく、こうした密かで、暴力的で、かつしばしば無差別的な手段によりなされるというのが、テロ行為の特徴である。ローマ、ウィーンそしてベルリンにおける米国民に対する一連の攻撃に責任があると信じられていたリビアに対する一九八六年の空爆に際して、自衛のために行動しているとする主張が米国により行われた。[11] これらの攻撃の中には、外交官に対するもの、ナイトクラブの軍人に対するもの、そして空港での市民に対するものがあった。

こうした情況において自衛権を主張する機会は、今日のテロ行為の時代にはより頻繁になっているが、自国民に対する攻撃を国家に対する攻撃として扱うという考え方は、まったく目新しいというわけではない。Bowett教授は、「自国民に対する攻撃を国家に対する攻撃として扱うことは、住民というものが国家の不可欠の要素の一つであることから、完全に可能である」と指摘している。(12) Bowett 教授はまた、一九七〇年国連総会の友好関係に関する諸原則についての宣言が、復仇を公然と非難しているにもかかわらず自国民の保護に関しては禁止を含んでいないことに、意味を見出している。しかしこの宣言は、二条四項において不法な行為を構成するものを扱っているのであって、五一条において合法的な防衛を構成するものを扱っているわけではない。復仇が、不法な武力の行使の一つとして非難されることは驚くにあたらない。自国民を五一条に関連して守ることができるかどうかの問題は、その文脈では生じなかった。

慣習国際法において何らかの証拠が存在するとすれば、それは脅かされている海外における市民のための、人道的干渉の権利である。時には、これは独立した一つの権利として述べられていたが、しかし時には、自衛権の行使の一つに置き代えて表現された。とにかく、特にテロ行為に際しては、自衛権の主張は、自国民の救出のための主張を超え事実上まったく異なった性格を有する諸行動を包含することが、今や明らかである。この主張は、元米国国連大使 Jean Kirkpatrick により、次のように説明された。「憲章における武力の行使の禁止は、前後関係により決まるのであり、絶対的というわけではない。……憲章は、人々がテロに対し無気力に服従することも、隣人がテロによる威嚇に無関心でいることも、求めてはいない。(13)」この感傷には共感できるけれども、また、自衛という表現が、復仇とか報復の特徴を実際には有している軍事的反撃を包含するものとして主張され続けていることも、強調することができる。この現実は、ここでも、自国民に対するテロ行為に応えて一九八六年リビアに対しなされた米国の軍事空爆という例により、強調される。それを自衛として特徴づけて、米国大統領はそれから、自国民の虐待に応酬する必要性について述べた。又、同元米国国連大使は、その行動は「テロ行為を遂行するリビアの能力を粉砕し、リビアによる将来のテロ行為を思い止まらせる」ことを意図してのものだと述べた。前者は報復の表現であり、後者は復仇のそれである。どちらも現実には、自衛の表現ではない[14]。

人道的干渉

現代国際法においては、国家は、危険の下にある市民を救出するために他国の領土に軍事的に干渉してよいであろうか。慣習国際法では、そうした行動は広く許容されていた。しかし、現憲章下でもなお許されるであろうか。ではこの法律的かつ政策的問題を吟味しよう。

たとえ些細な軍事的襲撃であれ、不法な武力の行使である。憲章は、小さな規模の軍事干渉は許すのに単に全軍隊どうしの大衝突は禁ずるというわけではないことは、憲章その他における慣行から明らかである。例えば、単独機による攻撃は、飛行中隊による攻撃がそうであるように十分に二条四項違反である。そして、二条四項の文面からは禁じられている若干の武力の使用を行わずして、脅かされている国民の救出作戦に携わることは現実にはできそうもない。

しかし、それは問題に決着をつけるであろうか。そうではないと考えられる幾つかの理由がある。第一に、二条四項が禁じているのは、一国の領土保全又は政治的独立に対する武力の行使、あるいは、国連の目的と矛盾するいかなる他のやり方であれそうした武力の行使である。ある国を攻撃する単独機ですらも、その国の領土保全に対する武力の行使の一種であると容易に看做され得る。しかし、軍事的干渉がそうした国への攻撃ではなく、自国の脅かされている市民を救出し移動することを可能ならしめることを意図しただけの作戦である場合、答はそれほど明白であろうか。それは真に一国の領土保全に対する武力の行使の一種であろうか、それとも、むしろ主権侵害の一種ではなく―許可なく領空侵犯した民間飛行機が、確実に主権を侵害しているのと同じように―その国やその領土の尊厳性を未だ攻撃していないのであろうか。国家に対する軍事行動（そして、救出のために必要とされる最小限度を越えて）と対となる敵意は、一国の領土の尊厳性に対する攻撃と主権の侵害を区別するものであるように思われる。

もしも、人道的干渉は一国の領土の尊厳性に対する武力の行使の禁止に反しないと確信し得るならば、そうすると二条四項の他のどの禁止にも違反していないことに、かなりの自信を持つことができる。例えば、ハイジャックを終わらせるための軍事行動は、国家の政治的独立に敵対する武力ではなかろうし（それが政府の転覆を意図されていない限り）、また、人間の生活を保護するために向けられている憲章の諸目的にも反しないと思われる。

この全問題を考えるのには、違ったやり方—人道的干渉が二条四項に違反するかどうかを考える代わりに、五一条で許される武力の行使について考えること—がある。その手法は、むしろ自衛に焦点を合わせ、そして自国民への危害と自衛の問題を思い出させてくれる。それは、以前自問してきた問題によく似てはいるが、まったく同一というわけではない。「外国の一市民に対する攻撃は、それによって自衛の資格を与えることになる、その国に対する攻撃なのか」と言う代わりに、その質問は、国家は自国市民を救出するための軍事行動は自衛権の行使の一種であると主張し得るかどうか、というより単純なものである。ここでも、この見解に対しては、時々は慎重な支持がなされている。Sir Humphrey Waldock 教授（後の Waldock 判事）は、一九五二年に当ハーグ・アカデミー総合コースで講義を行ったとき[15]、「もしも権利侵害のおそれが差し迫っていて、自国民を守るための領土主権の働きに不首尾あるいは無力が存在し、かつ保護のための措置が自国民を危害から守るという目的に厳格に限定されるならば、国家は自衛の一側面として」自国民を救出するために武力を用い得るであろう、と述べた。こうした基準は、すべてがエンテベの事態に合致したように思われる。そこでは、イスラエルの民間機が一機、エンテベにハイジャックされた。そして当時のウガンダ大統領 Idi Amin は、乗客の安全な解放を交渉するという努力からはほど遠く、ハイジャック犯に更に武器を与え、凶兆の前触れとしてユダヤ人乗客を非ユダヤ人乗客と分離した。危険が極度に差し迫っているように思われ、そして救出作戦は、乗客の安全を確保するためにのみ向けられた。

以下のことが注目されよう。つまり、自衛権に根拠を置く人道的干渉の主張は、国民に関してのみ主張され得る。なぜならば、国家は自国民への危害を通して権利を侵害されるのであり、そしてそれ故に自衛に訴えることができるということが、その議論の根底にあるからである。しかし、二条四項の違反は必然的には伴わないという議論に基づく人道的干渉の主張は、論理的には自国民の保護に限定されはしないであろう。二条四項がそうした行為により侵害されるかされないか―しかし、救出される人々が自国民であるか否かということには何ら関係なく―である。

一九八〇年国際司法裁判所において Tehran Hostages 事件に付随してまさに起きはしたが、(16) 一般的問題については未だ裁判により判断されたことはない。本件では裁判所は、その争点の実体的事項―すなわち、イランは、米国外交官をテヘランで人質にとっていた人々の行為への何らかの帰因により、一九六一年外交関係に関するウィーン条約又はより一般的に国際法に、違反していたか否か―を扱うに際し、米国による申し立てを審議した。この問題は、既に幾ケ月にも亘り他の場所での決議の試みの対象―安全保障理事会の諸決議、国連の事実調査団、そして人質解放を呼びかける国際司法裁判所の決定が存在していた―であった。しかしいかなる進展もなかった。この事件の本案が、裁判所に持ち出されたにもかかわらず、米国は人質救出のために不運な軍事的試みを行った。もしも Waldock の判断基準を採用するならば、すぐさま一つの疑問がその姿を現わす。つまり、人質には、傷害とか危害の直接の危険（人質たちのまさに抑留により既に引き起こされた危害を超え、それ以上の）があったかどうか。裁判所は、米国の行為が不法か否かについては注意深く公言しなかった。しかし、その事件が裁判所に係属しているにもかかわらずそうした行為がなされたことは不適切であると考えるということが、幾つかの注意深く選び抜かれた文章中において示された。

多くの著者が、今日人道的干渉の合法性に異論を唱えている。[17] 彼等は、過去にこの権利が濫用されてきた事実を重視している。それは疑いもなくそうであった。しかしまた、自衛権の数え切れない乱用による主張もなされている。だがそのことから、今日自衛権は存在すべきではないと言うことにはならない。主張というものが誠実にあるいはまた乱用的になされるであろう分権化された国際的法秩序の中に我々は生きている、という現実を直視しなくてはならない。もしも、規範の役割は絶えずなされる乱用的な主張の可能性を排除することだと考えるならば、勘違いをしている。規範の役割とは、公益のためとなる理想の達成である。何らかの所与の規範を引用する主張が誠実にあるいは乱用的になされたかどうかは、適切な意思決定権者による―安全保障理事会による、国際司法裁判所による、様々な国際機関による―常に文脈的分析を必要とするであろう。人道的干渉の権利の最近の引用例―一九六三年のスタンリービルにおけるベルギーとフランスの干渉から、一九七六年のエンテベにおけるイスラエルの干渉、一九八七年のグレナダにおける米国の干渉に連なる―を考えることができる。自由にできる事実に基づいて、これら外国人のどれが真に差し迫った危険なのか、どの干渉が人道のための必要性という理由において善意であるのか、そしてどれがそうではないのか、ということを決定する能力は我々全てが持っている。また、時には先走った関連議論―人道的干渉は、容認できないものと看做されなくてはならない。なぜならば、国際的法システムにおいては、公平な意思決定者への義務的付託は存在しないし、また国家は自国の主張のために裁判官を使い尽すから―により、私は説得されはしない。裁判所以外にも、申し立てられた主張の妥当性に関して意思を述べることのできる様々の重要な意思決定権者は存在している。そして、非常に制限された例外的な状況下においては合法的と看做されるかもしれない主張は、時には不当に訴えられるかもしれないから先験的には（a priori）許されるべきではない。

何が武力攻撃を構成するのか

二条四項は、他国の領土保全又は政治的独立に対する武力による威嚇又は武力の行使を慎むことを、加盟国に求めている。五一条がこの禁止の裏返しであることを意味する限りは、もしもこうした禁止に違反すれば五一条は自衛権を与えるだろうことは、予期されたかもしれない。しかしそうではない—少くとも符合している表現ではそうではない—。威嚇は二条四項違反の一つではあるけれども、五一条が武力による威嚇に対するいかなる自衛も規定していないことは、既に見てきた。自衛が武力による威嚇への合法的な反撃の一つであるためには、その威嚇は、Caroline 事件における Webster の基準に合致しなければなるまい。

自衛が、もう一つの禁じられた行為—一国の領土保全又は政治的独立に対する「武力の行使」—に対してさえも許されないことは、常にもう一つの難問であり続けている。自衛は、「武力攻撃」に対してのみ武力の行使を許している。二つの問題が明白となる。第一のそれは、何らかの非軍事的強制が自衛権の引き金を引くと思われ得るかどうかである。第二のそれは、すべての武力の行使が実際に武力による攻撃であるかどうかである。

第一の疑問に対する答えは、明瞭である。「経済的侵略」ということにときおり日常会話では言及するにもかかわらず、二条四項は経済的又は外交的脅迫については何も扱っていない。憲章は、政治的影響や経済的圧力の規制はできないということを、事実上甘受している。それは望ましいことではあるまいが、憲章上不法ではない。そして、それが何らかの軍事的反撃の権利を生じさせるという指摘は、全く存在しない。

すべての禁じられた武力とは、事実上武力攻撃なのか否かという第二の疑問は、Nicaragua v. United States

事件において国際司法裁判所により詳細に審理されている。しかし一九七〇年の昔、その問題は、T. Franck教授により、際だった先見性をもって明記されていた。民族解放の戦いは新しい種類の援助が与えられるという事実へと導びきつつあると指摘して、彼は、「そうした新しい種類の援助は、伝統的な国際的諸概念や分類に具合よくは適合しない」と記した。そして、「ある国が、単に他国におけるゲリラ活動を鼓舞する限りにおいては、少くとも伝統的な意味では『武力攻撃』を行ったと言うことはできない。その鼓舞が、より巧妙かつ間接的であればあるほど、『武力攻撃』への類似性はより希薄となる。」と彼は続けた。[18] そして、「憲章は武力攻撃に対する防衛権についてのみ述べているから、より軽い侵害の場合において報復する権利にいかなる原則が適用されるかは、国際社会が思案するよう任せられている。」と彼は述べた。[19] Franck教授は、「連続性の流れは、戦車隊や師団による侵攻から、隣国の反乱者たちを訓練し、武装させ、避難させ、そして潜入させるということを経て、外国における革命を呼びかける敵意あるラジオ宣伝にまで及ぶ」と認めた。[20] しかし、それでもなおその違いを無視することはできないと、彼は考えた。

国家は、直接にあるいは責任を負うている不正規軍の行為を通して、武力の行使に明らかに携わることができる。国連における諸立法（law-making）決議は、そうした間接的ではあるが軍事的敵意ある武力の行使には常に反対してきた。一九六五年の干渉の不承認に関する総会宣言は、「いかなる国も、他国の政体の暴力による転覆とか他国における内紛への干渉に向けられた、破壊活動分子、テロリストあるいは武力行動を、組織し、援助し、助長し、財政援助し、扇動し、あるいは黙認してはならない」と明記した。[21] 似たような禁止がいわゆる友好関係宣言の中にある。そこでは「他国領土内においての、不正規軍や武装集団を組織すること」を禁じた。[22] これらの条項はいずれも、民族解放の戦いのためにも、あるいは自決の促進のためにも、例外を設けてはいない。

同時に、そして並行して、自決に関する概念が―最初は、その植民地的文脈において、そしてその後はより一般的に—確立した。いかにして自決が、民族解放の戦いを通しての場合は除き、強情な植民地支配国家に対してなし遂げられていったのか。諸立法決議がそうした活動に対する外部の援助を封じたと同時に、総会決議は、そうした活動に対して精神的かつ物質的な支持を呼びかけ始めた。一九七〇年代には、この比較的低いレベルの国境を越えて支援された不当な力の行使（violence）は、主に幾つかの未だ残存する植民地支配国家に対し向けられた。しかし、一九八〇年代には、以前はその合法性に反対していた人々によってもまた用いられ始めた。間接的な軍事援助が、アフガニスタンにおいてソ連邦と戦っているムジャヒディンに対し、西側諸国より提供された。この時の説明は、「民族解放の戦い」ではなくて「侵略者に対する自衛に対する援助」であった。その一〇年間の終りまでには、国民が圧制的な政体に直面したとき、彼等が自国において選択の自由の権利を有しているということを確保するために武装兵力が用いられ得ると、色々なところで指摘された。国内における自決は、各々が、外部の訓練、財政援助、そして武器の供給に強く依存しているという意味で、民族解放の戦いの連続体となった。様々な国が、明らかに一般的禁止にもかかわらず、そしてまた、他方ではそうした援助を与える他者の行為の正当性を弾劾しながら、それぞれのこうした活動に携わった。

その問題は、Nicaragua v. United States 事件[23]において危機に陥った。もっとも、米国がそこで行った間接的軍事行動と支援のタイプは、（民族解放の戦いのためだとか、侵略者の駆逐を助けるためだとか、国民が独裁者を打ち倒すのを許すためであるが故に、）各々の行動は合法的であると主張する多数の国による一連の類似行動のほんの一つにすぎなかったと、強調してはおくが。

Nicaragua v. United States 事件において、国際司法裁判所は事実認定として、ある期間米国は、コントラ—反政府の立場のニカラグア人ではあるが、米国からは、彼等の軍事行動はホンジュラス、コスタリカそしてエルサルバドルの領土へのニカラグア人の侵入に対し、これらの国の防衛を助けるものとして位置付けられていた

―による軍事的及び準軍事的行動に対する資金援助を行っていた、と認めた。自衛のためとする議論を否定し、国際司法裁判所は、この米国の援助を不法であると認定した。国際司法裁判所はまた、「武器の断続的な流れ」はニカラグアからエルサルバドルの武装反対勢力へ行ってはいたけれども、この流れはそれほどの規模ではなくまたその証拠はサンダニスタ政府に責任をとらせるには不十分である、と認定した。そして更に裁判所は、ホンジュラスとコスタリカへの幾度かの国境を越えての軍事侵入は、ニカラグア政府の責に帰すことはできないと認定した。

国際司法裁判所は、次に、いかなる軍事行動が「武力攻撃」を構成するかという疑問について述べた。侵略の定義に関する総会決議を引用しつつ、裁判所は、武力攻撃は単に武装正規軍による国際国境を越えての行動を含み得るのみならず、また正規軍によりなされる実際の武力攻撃に匹敵するような、「他国に対して武装軍隊による軍事行為を実行するために、武装団、武装集団、不正規兵又は傭兵の、国家による又は国家のための、派遣」をも含み得ると述べた。裁判所は、これは慣習国際法を示していると認め（いかにしてその見解に達したかについては、詳細に論ずることなく）、そして以下のように続けた。

「当裁判所は、『武力攻撃』の概念は、そうした軍事行為がかなりの規模で生じる武装団による諸行為のみならず、武器の供給とか兵站上の又は他の支援という形をとっての叛徒への援助をも含む、とは信じない。こうした援助は、武力による威嚇又は武力の行使と看做されるであろう。(24)」

要約すると、武力攻撃は、自国の軍隊の使用により直接にあるいは武装集団又は不正規軍により間接的に、引き起こされ得る。手掛かりとなるのは、その武力活動の規模である。もしもそれがそれほどは重要でなければ、なお不法な武力の行使ではあろうがしかし武力攻撃ではないであろう―そしてそれ故に、これに対し自衛権は用いられないであろう―。その認定は、軽度のテロ行為の対象となる国はそうしたテロ行為に対し自衛のために武力を用いることができないからそうしたテロ行為への奨励となる、と強く主張する批評家の批難の嵐を引き起している。[25] Schwebel 裁判官が少数意見で述べているように、「国際司法裁判所は、―まったく余計なことに―幾つかの事例においては唯一の生き残る望みであろうものを潜在的犠牲者には否定しながら、強引な政府による弱い政府の転覆のための処方せんを提供するようにみえる。」―彼はそこでは、集団的自衛を通して支援を求めることに言及している[26]―。

国際司法裁判所の理由づけについてまごつくのは、以下の点である。裁判所は、もしも叛徒集団とか不正規兵による武力の行使が一団の正規軍による武力攻撃に匹敵するものであるならば武力攻撃が発生すると述べる、侵略の定義に関する総会決議[27]について、言及している。しかし、武力が「武力攻撃」の一種でありかつ自衛を許すというためには、一国の正規軍によるどの程度の武力が必要とされるのか。もしも、一師団の軍勢が国境を席巻するとして、彼等を撃退するために武力が用いられ得るかどうかの決定は、彼等が用いている武力の程度によるのであろうか。総会の侵略決議の不十分な定義を適用しかつそれを慣習国際法と宣言することにより、国際司法裁判所は運営上実施不可能な基準を選択したように思われる。ある国が、絶え間ない低次の不正規軍による軍事行動を撃退することが可能かどうかを決定しなくてはならない時、その軍事行動が外国軍隊による武力攻撃に匹敵するかどうかを―そして、とにもかくにも、撤退を求めるに十分な武力を用いて会戦するという権利を与えられる外国軍隊による武力の行使などではないのかを―、その国が実際に決定しなくてはならないであろうか。それとも、それもまた今や疑わしいのか。正規軍による不当な力の行使の程度の問題は、何が「武力攻撃」であるかを決める問題であるというよりむしろ、現実には比例性の争点の一つではないのか。

二つの最終的な点を指摘しておこう。国際司法裁判所は、国連憲章よりもむしろ慣習国際法を論ずることを主張していた。また、裁判所は、予期される自衛の権利が存在するか否かの問題に対して、このことすべてについての推定を主張することを表現上は回避した。

学説上の議論

論じてきた問題のすべてが、難しいものである。そして、そうした難しい問題が異なる見解を引き起こしていることは、驚くにはあたらない。興味あることは、これらの争点に関する議論は特定の問題の細部の扱いについて単に検討したものではない、ということである。それは、法哲学のレベルで行われている。一連の迫力あるやり取りにおいて（そこでは、Schachter, Henkin, Franck, Gordon, Reisman 諸教授が、主要な主役である）、今まで論じてきた問題の一つ一つに当てはまる幾つかの一般的問題が、問われている。国際的システムの欠陥（国連の失敗、国連憲章違反、人権の大規模な侵害、頻繁な民主主義の不在）は、二条四項及び五一条に内包されている武力の行使に対する制限を無効としなくてはならないほどのものか。[28] それとも、それらの条項中及び国際法の他の関連規範中の制限は、たとえ不完全なこの世界においては、何らかの特別な場合には不法行為者の立場を強化するようにそうした自制がみえようとも、尊重されるべきか。[29] この興味深い最近の議論は、条約文は民主主義と国際法により守られている諸価値をできるだけ擁護するように解釈されるべきか否かについてのものだけではない、ということを理解することが重要である。その議論の主役たちはすべて、この点に関して賛成するであろう。誰一人として、文面の解釈について厳格な解釈者としての立場もはたまた保守的な手法も取らない。その議論は、もっと過激な議論となる―すなわち、関連の文面が合意された時以後に根本的な情況の変化が伴ったとき、国際的システムの失敗は、たとえ憲章などにはっきりと表現されている規範と矛盾しようとも、公益のために望ましい一方的行動を取らせるのかどうかという―。

この疑問に、Reisman 教授は肯定的に答えている。彼は、「規範というものは、望ましい社会的結果を促進するために人間により考案された道具である。起草者の考えの事実上の集合体というものに対し適切な考慮を払い、ある規定に生命を吹き込んだ政策とか原則というものに対し一定の考慮をすることなくその規則への逐一の服従を求めるべきではない。」と強調する。(30)

もしも昔の規範の逐条的表現はもはや共同体の利益に役立つものでないならば、そうするとこれらの規範は当然に変遷の道のりの対象となり得るというのが、私の立場である。変遷の通常の過程には、不服従が含まれるであろう。新しい又は改良された規範は、しばしば古い規範の幅広い不服従の過程から出現する。しかし、一方における不服従と、他方における幾つかの成果を達成するための条項内での（infra legem）解釈の間には、何がしかの区別が存在する。そして、両者は同じものだと主張すべきではない。その上、当時逐条的に規定された規範は、あまりに救いのないほどに現実に対し不適当であるため、現実にはそれらを秘かに弱めることがまさに望まれることは、確実であるにちがいない。二条四項及び五一条の適用は非常に不満足なものであると、私は信じている。しかし、これらが果すべき何らの有用な目的も有していないとか、あるいは一般規範を考慮しない一方的な結果主義の行為が危険ではないということには、未だ納得してはいない。

この哲学的な議論は、今まで議論してきた争点にいかに適用されるであろうか。例えば、テロ行為に対し国際法により認められる保護の届く範囲を決定するとき、「国家」というものをいかに解すべきか。その根本的な疑問は、特に、国際法というものは、言葉があたかも社会的文脈とか政治的現実を持たないかのごとくにその表現の詳細な分析を行うことだけではない、と信ずる法律家にとっては深刻かつ現実的なものの一つである。また、人道的干渉は許されるべきか。また、もしも独裁者を打ち倒し民主的選択を達成するためであっても、間接的武力は許されるべきではないか。各々の例において、間接的武力の許容性により十分に描き出される二つの重要な選択肢が存在している。第一の選択肢は、もしも暴力への下方螺旋階段に対し何らかのコントロールを保持すべきならば、正規軍によるものであれ不正規軍によるものであれ直接又は間接の武力の行使に対する基本的な禁止は、自衛のためを唯一の例外として維持されるべきである、と言うことである。もう一つの見解は、分権化された法秩序の中では、各々の行為はそれぞれの実態と文脈において考察されるべきであろうこと、また、軍事援助の目的は、国際法が推進しなくてはならない人間の尊重及び自由という価値を支援するためかはたまた押し壊すためかということに従って査定されなくてはならない、と言うことである。

現代の分権化された法秩序においては、事実は文脈において考察され、かつ法的見解が適用されなくてはならないと、私は一般的に信じている。しかし、また同時に、そうした政治的選択は法規範が代替的可能性に道を開いているときに適当である、とも信じている。例えば人道的干渉の問題に関する事例がそうである、と信じている。しかし、間接的な武力の行使の問題がそれに匹敵するとは信じていない。そうした武力は、関連の法文書により禁じられるのであり、かつ、特定の事例における目的に関係なく間接的な武力行使を不法と呼ぶことにより公益に最もよく適うことは、明白であるように思われる。

（1） Book II, De jure belli ac pacis, ch. 1, ss. 1. 4 and 2; ch. 2, s. 13.
（2） 「Grotiusにとり『正当な戦争』という彼の公式化した理論は、望むがままに行動を起す国家の無制限の権限をコントロールする手段の一つであった。」(R. Higgins, "Grotius and the Development of International Law in the United Nations Period", in H. Bull, B. Kingsbury and A. Roberts (eds.), Hugo Grotius and International Relations (1990), 267).
（3） 一五条及び一六条を参照のこと。
（4） 一九二八年戦争放棄に関する条約。94 LNTS 57.
（5） ICJ Reports (1949) 3.

(6) Naulilaa Case (Germany v. Portugal) 2 RIAA 1011.
(7) 総会決議二六二五（XXV）一九七〇、A/8028 (1970).
(8) 一定の土地をクロアチアに戻すこと。クラジナの非武装化及びそれを国連監視化での自治に置くこと。難民の故郷への帰還。UNPROFOR（国連保護隊）を創設した安全保障理事会決議七四三（一九九二）及び、安全保障理事会決議七四〇（一九九二）における付随の国連計画案の承認を参照のこと。
(9) British Parliamentary Papers, lxi; British and Foreign State Papers, XXIX. 1129. Schachterは、この公式は国家慣行を反映していると言うことはできないと述べる（"The Right of States to Use Armed Force" (1984) 82 Michigan Law Review 1620 at 1635).
(10) 反対の見解—すなわち、武力攻撃が起きていなくてはならないとするもの—としては、L. Henkin, "Force, Intervention, and Neutrality in Contemporary International Law" (1963) Proc. ASIL 147, 166; P. Jessup, Modern Law of Nations (1948), 164-7. を参照のこと。
(11) (1989) 87 Dept. State Bull. 87, そして米国の説明としては、M. Leich, "Contemporary Practice of the US Relating to International Law" (1986) 80AJIL 612 at 632. また、総会決議四三／三八、一九八六を参照のこと。
(12) D. Bowett, "The Use of Force for the Protection of Nationals Abroad", in A. Cassese (ed.), The Current Legal Regulation of the Use of Force (1986), 39.
(13) V. Nanda, "The United States Armed Intervention in Grenada-Impact on World Order" (1984) 14 California Western International Law Journal 395 at 418.に引用された。
(14) 自衛に対する「拡大された」主張に関するコメントとしては、O. Schachter, "Self Defence and the Rule of Law" (1989) 83 AJIL259.を参照のこと。
(15) Recueil des cours (1952, II), 451 at 467.
(16) ICJ Reports (1980) 3.
(17) 例えば、I. Brownlie, "Humanitarian Intervention" in J.N. Moore (ed.), Law and Civil War in the

Modern World (1974), 217 at 217-18; R. Falk, Legal Order in a Violent World (1968), 339; E. Jiminez de Arechaga, General Course, Recueil des cours (1978, I), 116.　L. Henkin, General Course, Recueil des cours (1989, IV), 154.

(18) T. Franck, "Who Killed Article 2 (4)?" (1970) 64 AJIL 809 at 812.

(19) Ibid.

(20) Ibid., 813.

(21) 総会決議二一三一（一九六五）。

(22) 総会決議二六二五（XXV）一九七〇。

(23) ICJ Reports (1986) (Merits) 14.

(24) Ibid., 104.

(25) 例えば、A. Sofaer, "Terrorism and the Law" (1986) 64 Foreign Affairs 901 at 919; M. Reismen, "Old Wine in New Bottles: The Reagan and Brezhnev Doctrines in Contemporary International Law and Practice" (1988) 13 Yale Journal of International Law 171 at 195-6. を参照のこと。

(26) ICJ Reports (1986) 14 at 350.

(27) 総会決議三三一四（XXIX）一九七四。

(28) この見解は、M. Reismanにより"Criteria for the Lawful Use of Force in International Law" (1985) 10 Yale Journal of International Law 279; "Coercion and Self-Determination: Construing Charter Article 2 (4)" (1984) 78 AJIL 642; そして"Article 2 (4): The Use of Force in Contemporary International Law" (1984) Proc. ASIL 74-87. において強力に論じられている。また、E. Gordon, "Article 2 (4) in Historical Context" (1985) 10 Yale Journal of International Law 271. を参照のこと。

(29) これが、O. Schachterが、"In Defense of International Rules on the Use of Force" (1986) 53 University of Chicago Law Review 113: "The Legality of Pro-Democratic Invasion" (1984) AJIL 645; "Self-Judging Self

-Defense" (1987) 19 Case Western Reserve Journal of International Law 121. においてとっている立場である。

また、T. Franck, "Who Killed Article 2 (4) ?" (1970) 64 AJIL 809.

(30) Reisman, "Criteria for the Lawful Use of Force", 283.

第十五章　国連による武力の行使

本章においては、国連自体により使われ得る軍事的措置という文脈において生じる、国際法の一群の困難な争点について述べる。

人道的目的のための強制措置への、国連の行動又は委任

第十四章においては、一方的に人道的目的で干渉する国家による主張を廻る、法的議論を検討した。東欧における共産主義の崩壊及びそれに伴うソ連と米国間の政治的目的の伝統的な違いというものが崩壊して以来、安全保障理事会には幾つかの新しい可能性が出現し始めている。多分今や安全保障理事会は、侵略国に対し平和を強制し、必要とされる時には人道的目的での干渉すら出来るであろう。しかし、将来への道のりは平坦ではなく、新しい可能性は、多くの新しい法的、政治的、そして軍事的問題をもたらしている。

人道的目的での一方的干渉が乱用されやすいにもかかわらず、そうした行為が国連により適切に承認され得るかどうかはまったく明確でない。ここでは、人道的目的での軍事的又は準軍事的行為について言及しているのであって、国連による他のイニシアチブについて述べてはいない。ものごとの出発点は、国連は「本質上いずれかの国の国内管轄権内にある事項に干渉」しない、と規定する国連憲章二条七項である。しかし、批判的な決議は「干渉」でないことは、ずっと受け入れられてきている。少くとも、「干渉」が何を意味しようとも、人権は一国

の国内管轄内だけの事項ではないことが、今や明白に認められている。そして、二条七項それ自体、その規定は第七章に基づく強制措置の適用を妨げないと述べている―そこで、人道的関心事が、いかなる居場所をそこに見い出し得るかを見るために、なお第七章に目を向けなくてはなるまい―。人権は国内関心事項ではなくかつ人権を支援する行為は容認し難い干渉ではないと自信をもって言うことは、二条七項から引き出すことができる。しかしそれでもなお、二条七項は、国連が人道的目的のために制裁行動に従事できるかどうかを国連憲章第七章に照らし合わせて述べてはいない。第七章は、それ独自の要件を有し、これらの要件はなお充たされなくてはならない。

四一条及び四二条により規定されそこで想定された制裁は、国際の平和及び安全についての維持又は回復のためであることは明らかである。更に、四一条及び四二条に基づく措置は、三九条に基づく平和に対する脅威、平和の破壊、又は侵略行為の存在の発見次第であることも、明らかである。いかにそうでないことを望もうとも、又択一的手段の中からの選択がいかに政策的見地からであることを望もうとも、憲章は重大な人権侵害に対する制裁を許し得たにもかかわらず意図的にそうはしなかったという事実から逃れる道はまったくない。人権目的のために経済的又は軍事的制裁が憲章に基づいて合法的に行われ得る唯一の方法は、人権侵害が国際の平和への脅威を引き起しているという、法的な擬制によるものである。それはずっと昔に、ローデシアに対し経済制裁が行われたときに用いられたテクニックであった。そしてそれはなお、イラクやソマリアにおける今日のそれ以上に複雑な問題において用いられるテクニックでもある。Ian Smithの政府がローデシアにおいて一方的独立宣言を行ったとき、このことは、多数派たる黒人の劣った地位の永続化を意図した人種差別主義者による少数派政府の行為と看做された。そうした国内における行為は、安全保障理事会により国際の平和への脅威を構成すると看做された。それ故に、国連憲章第七章の適用の場面が用意された(1)。ローデシアの直近隣諸国が一方的独立宣言に非常に憤慨したために、敵対的反応が予想され得る―そしてそこで、客観的にみて平和への脅威が存在し経済制裁がなされ得ると言われた。―という事実が利用された。

イラク及びソマリアにおいては、争点はもう一歩押し進められた。つまりこれらの事例においては、人道的目的のために経済制裁ではなく軍事制裁の問題が起きている。しかし、法的な諸原則については同じである。

一九九〇年八月二日のイラクによるクウェート侵攻以後、安全保障理事会は、一九九〇年一一月二九日安全保障理事会決議六七八のイラクに対する武力の行使の重要な承認において最高潮に達した、一連の決議を採択した。交戦状態の終了後、安全保障理事会決議六八七は、イラクが初期の十二の決議に従うためには、更にクウェートから兵を引き上げるためのいかなる措置が必要とされるかを、詳述した。これらの様々な決議は、クウェート侵攻の文脈において生じた人道的問題―クウェート人の扱い、捕虜の抑留、そしてその他の問題―を扱っていた。

しかし、これらの決議のどれ一つとして、いやその後のどの決議も、イラクにおける人権状況については扱っていない。クルド人やシーア派の人々の立場が悪化したので、連合国はこの問題を扱うためにイラクに入って行く国連軍の創設を、事務総長に迫った。しかし事務総長は正しくも、自分はこういうことを行う権限を有しないのであり、また国連平和維持軍はイラクの同意がある場合のみイラクに入って行ける、という見解を採った。イラクは同意を与える用意はできていなかったし、又より重要なことには、安全保障理事会は、通常の方法ですなわち安全保障理事会決議によりそうした軍隊を創設しようとする準備すらできていなかった。これは、国連軍がある国において（たとえ受け入れ国の嫌々ながらの同意があろうとも）人道的事項を扱うことを望まない、安全保障理事会の幾つかの理事国による拒否権を怖れてであった。

安全保障理事会が同意できたのは、一九九一年四月五日の決議六八八において、「結果としてその地域の国際の平和及び安全を脅かす、最も最近におけるクルド人居住地を含むイラクの多くの地方におけるイラク市民の抑圧」(加線部の強調がなされた)を非難することであった。再度、国内における抑圧が、国際の平和を脅かすと性格付けられた。そして実際に、トルコや他の場所へ、イラクの国境を越えて難民の多量流出があった。この決議には、イラク住民のための事務総長の人道的努力への援助を国連全加盟国に求めるアピールが含まれていた。これを根拠として行動し、連合国中の何ヶ国かは、イラク内に安全地帯を創設した。北部においては、そうした地帯はクルド人のために一つの保護措置を提供した。後に英仏軍はこの特別地帯から撤兵したけれども、イラク当局に対しその地帯を「飛行禁止」地帯と宣言しかつパトロールを続けることを通して、クルド人の安全を監視し続けた。その後、Saddam Hussein による空爆からシーア派を守るために、南部にも「飛行禁止地帯」が創設された。

この人道的な軍事干渉は、決議六八八により樹立された目的の枠組みの中ではあるが、しかし安全保障理事会の承認なくして行われている。理論的には、ローデシアの先例をもっと直接的に—人々の危難というものを国際の平和への脅威の一つと宣言するだけでなく、その時までにその危難を軽くするための軍事行動を命ずることによっても—根拠とすることは可能であったろう。しかし、安全保障理事会の理事国間における意見の不一致のために、そうすることは不可能であった。

このことの規範的意味は何であろうか。フランス人が指摘しているように、危難を軽くするために国際社会が干渉を行う権利を与える新しい干渉法というものが存在するのか。(2) 思うに、そうした規範が明らかに出現してきたと自信を持つには早すぎる。より慎重にではあるが言えることは、安全保障理事会が人道的関心事を国際の平和への脅威として性格付ける—そしてそれ故に、これらを憲章第七章の潜在的な到達範囲の問題にする—という傾向が増大しつつあるということである。危難の国がテレビに映し出されるという事実は、当然に世界中の世論を憤慨させ、軍事行動に積極的な安全保障理事会理事国の国益が直接には巻き込まれないところでさえも、そうした性格づけが起きる可能性をよりありそうにする。ソマリアにおける事例がそうした場合であった。決議七九四（一九九二）において、安全保障理事会は、「ソマリアにおける紛争により引き起こされた人間の悲劇の大きさ」は国際の平和と安全への脅威を構成する、と断定した。ソマリア国連活動（UNOSOM）(3)の樹立を通し、国連は既に、人道的活動のために平和の維持のための支援を提供しようとしていた。国連は今や、ソマリアの情況を国際の平和に対する脅威と宣言し、人道的救済活動のために安全な環境を樹立するために「あらゆる必要な手段を用いる」ことを承認した。憲章第七章に基づいて行動する場合、安全保障理事会は、統一された指揮下でのそうした努力への諸国による参加を承認した。その任務は、特に米国により引き受けられた。世界の至る所で人道的目的での軍事的干渉への扉を開くことは、直接の国連の行動を通してであれ又は国連の承認した行動を通してであれ、国連における強制の仕組みに耐えがたい重荷を課すこととなるのは明らかである。

国連決議を支援するための武力の行使

安全保障理事会決議の不服従はすべて、国際の平和への脅威を必然的に伴うか。この疑問は、安全保障理事会は自身の決議の遵守を強制するため武力の行使を命じることができるか、という問題を踏まえている。

一九九〇年のイラクによるクウェート侵攻後、安全保障理事会は三九条及び四〇条に基づいて行動していると宣言して、イラク軍の即時かつ無条件の撤退を迫り、そしてイラクとクウェートに対しあらゆる紛争を解決するために徹底的な話し合いを始めるよう呼びかけた。(4)それに続く決議では、「国連憲章第七章」に訴えそして経済制裁を課しかつその範囲を拡げた。(5)四一条については特別な言及はされなかったが、これは第七章において明らかに適用され得る条項である。国連による撤兵の呼びかけをイラクが無視したことは、武力の行使の可能性を検討する必要性を生じさせた。第一段階として、武力による措置は経済制裁の実効性を支援するために用いられ得るか。言い換えれば、たとえ安全保障理事会が、平和を強く主張するために選択した手段として自ら四二条にもとづく軍事的措置を可決しなかったとしても、幾つかの限定された軍事的措置が、選択された代替的な手段すなわち経済制裁の有効性を保障するために用いられ得るか。この疑問は、こういった表現では決して発せられたことはない。しかしそうした限定的行為は、現実には意図せずして、安全保障理事会が四一条から四二条に進んでいることを承認させている。一九六五年安全保障理事会は、ローデシアに対する経済及び外交制裁を提出した。(6) 一九六六年には、石油がローデシアへの搬入のためにモザンビークのベイラ港（当時はポルトガルの支配下にあった）に輸送されている可能性について考察し、安全保障理事会は、連合王国（英国）政府に対し、南ローデシアに向かう石油を運んでいると合理的に信じ得る船舶のベイラへの到着を、もし必要とあらば武力を行使して妨げることを求め、かつ、ジョアンナV号として知られるタンカーが、積んでいる石油をベイラで陸揚げし出港することを阻止しかつ抑留する権限を与えた。(7)

それ故に、単一の国家が―たまたま南ローデシアに対し憲法上の支配者であった安全保障理事会常任理事国の一つ―、経済制裁の有効性を保障するために、必要とあらば武力を用いることが承認された。

クウェートへのイラクの侵攻の場合には、幅広い国家連合が武力を提供した。そして大部分の国は、米国との緊密な協調により行動し、又幾つかの国は、別個にしかし同じ目的のために行動した。アラビア湾における経済制裁としての出入港禁止を効果的たらしめるには船舶の停船及び捜索を行う権限が必要とされることが、速やかに自覚された。そこで安全保障理事会はもう一度、そうした行為を承認した。

安全保障理事会は、クウェート政府と協力している当該地域に海軍を展開させているそれらの加盟国に対し、船舶の積荷及び行先を調査しかつ確認しそして決議六六一（一九九〇）に定められたそうした船に関する規定の厳格な履行を確保するには、すべての出入りする船舶を停船させることが必要だろうとして、安全保障理事会の承認に基づき特別な情況に比例するそうした措置を取ることを命じた[8]。

再度、言外の意味としては、そうした武力の使用は四二条に基づく軍事制裁と看做されることなくして経済制裁を実施するために認められ得る、ということであった。ちょうど国連平和維持活動による最小限の武力の行使が憲章四〇条に関連して認められるであろうように、そうした限定された武力は明らかに四一条に関連して認められるであろう—どちらの条文も、そうした可能性を規定してはいないけれども—。

安全保障理事会の決議を支持するための軍事行動を呼びかける理事会の権利に関しては、更なる変化が生じている。イラクにおける軍事行動は、安全保障理事会の承認にもとづいて行われ、そして統一された命令系統の下で行動する連合軍により引受けられた。交戦状態の終了時に、安全保障理事会決議六八六は、停戦が効力を生ずるために守られるべき要件の一覧表を詳細に述べた。連合軍の「あらゆる必要な手段を用いる」権利は、当座は効力を有するものとして残された。安全保障理事会決議六八七は、停戦に伴う事項について検討している。しかしそれはなお、憲章第七章に基づいていると明白に述べられていたし、又、イラクの核及び攻撃用軍事能力の解除の証明、賠償に関する規定、そして(再び)クウェート人及び第三国国民の本国帰還というような、そうした問題について言及した。

決議六八七の条件を遵守させるために、武力が用いられ得るか。そして、もしそうであるならば安全保障理事会の承認のみによってか、はたまた直接に連合軍によってか。一九九三年一月、事務総長は、イラクによるクウェート国境の侵犯、及び武器査察計画との関係で行われている国連の飛行に対するイラクの妨害を報告した。安全保障理事会は何らの決議も通さなかったが、飛行が妨害されないよう要求し、かつ「イラクの義務の履行の失敗から生じるだろう深刻な結果」について警告する、理事会議長により読み上げられた声明を出した[9]。決議六七八による「あらゆる必要な手段」を使用することの承認は、安全保障理事会においてなされた声明の文脈においては、武力を使用することの承認であった。しかし、一九九三年一月の理事会議長の「深刻な結果」という警告を、思うに、もしも国連の飛行の妨害が減らないならば新たに言及することなく武力を使用するということについての、連合国メンバーに対しての承認と読むことはできない。

この事件においては、一九九三年一月に連合国中の何ヶ国か―米国、フランス及び英国―による一連の軍事行動が続いた。こうした行動中バクダットから十五マイル離れた目標に向けられた行動だけが唯一、安全保障理事会決議に基づく義務のイラクによる不服従に結びつけて主張された。クルド人及びシーア派を保護するために設定された飛行禁止区域において取られた他の行動は、自衛という用語によって証明された。フランスと英国は、多分より安全な法的根拠を感じてであろう、国連により承認された諸目的のためにこれらの地域をパトロールする彼等の権利及び、イラクがその地域内を飛行したり、連合国の飛行機にレーダーを合わせたり、連合国の飛行機を撃ち落そうとし続けるときの、これらの任務への危険を強調した。そうした反撃は、自衛についての伝統的基準により判断されるべきである。国連の個々の加盟国には自らの手によって、武力の行使により先行する安全保障理事会決議を強制する権利はない。

憲章四二条に基づく軍事制裁と五一条に基づく自衛との関係

第七章の下では、武力の行使が想定されている情況は二つある。第一の場合は、四二条に基づく安全保障理事会を通しての武力の行使である。もしも安全保障理事会が、経済及び外交による制裁は不充分であろうと考え又は不充分なことが判明したと考えるときは、「安全保障理事会は、国際の平和及び安全の維持又は回復に必要な空軍、海軍又は陸軍による行動を取ることができる。この行動は、国連加盟国の空軍、海軍又は陸軍による示威、封鎖その他の行動を含むことができる。(10)」第二の武力の行使が想定されている場合は、安全保障理事会によるのではなく、個々の加盟国又は集団的に行動する加盟国によるものである。既に見てきたように、五一条は原則として、武力攻撃が発生した後に用い得る個別的あるいは集団的自衛を規定している。

武力の正当な行使が、一方によりもむしろ他方に該当するものと看做されるべきは、いつなのか。別の言い方をすれば、四二条と五一条の関係はいかなるものなのか。この争点は、一九九〇年の湾岸危機の期間中とりわけ際だったものとなった。

少したってから、クウェートからのイラクの撤退は経済制裁により達成されそうもないことが、明らかとなった。イラクの侵攻により生じた侵略をひっくり返すためには軍事行動が必要とされよう—つまり、武器の力によりクウェートからイラクの撤退を強要することが必要であろう—ということが、確かとなってきた。

一見したところでは、これは憲章四二条の下での行動—四一条の措置は「不十分なことが判明した」が故に、軍事行動が取られた—であるように思われよう。それは安全保障理事会のより踏み込んだ決議を必要としようし、また、そのこと自体常任理事国の拒否権の対象となろう。安全保障理事国中の何ヶ国かは、いかなるそのような行動も四二条よりむしろ五一条に準拠することを必要にする拒否権行使の可能性についての不安を、率直に表明した(11)。

軍隊—特に、陸軍及び空軍—が、クウェートが領土を取り戻すことを、そして、サウジアラビアがイラクのいかなる更なる侵攻も防ぐことを、支援するために湾岸へ派遣された。まさにそうした軍隊の存在は、サウジアラビアに効果的な防禦を提供した。もしも国連の経済制裁がクウェートからのイラクの撤退の確保に失敗したならば、集団的自衛の手段としての軍隊が同じ目的を達成するために用いられ得たであろうか。米国と英国は、そうした行動は五一条の下で正当化されるであろうと主張した。自衛行動は、安全保障理事会の事前の承認なくして行われ得るから、拒否権の可能性を回避できよう。

この争点は難しい。安全保障理事会決議六六一（最初の経済制裁を課した）もまたはっきりと、「クウェートに対するイラクによる武力攻撃に応えるための、憲章五一条に従っての個別的又は集団的自衛の固有の権利」を確認した。米国と英国はそれはなお機能し得るとみていたけれども、このことは後の諸決議には繰り返されなかった。

加盟国は、軍事行動を五一条に基づく集団的自衛としてあるいは四二条に基づく強制措置として性格づけることについて、実際上選択権を有しているか。四二条に基づく行動は、国連加盟国を一体として（歴史的理由から、国連加盟国はそうした軍事行動に加担することを法的に強制されることはあり得ないけれども）拘束しよう―しかし、これは拒否権の対象となろうが―。では、拒否権を回避するために、五一条に基づいて行動していると主張する自ら志願する国家に依存することによりまったく同じ行動がとられ得るであろうか。

既に一九五〇年の朝鮮の先例から、本質的には強制と看做され得た行動が、実際には集団的自衛に照らし合わせて合法と認められたことを我々は知っている。当時も現在のように、四二条に基づいてそうした行動を正当と認めることには実際的な諸問題が存在していた（その当時は、問題はソビエト連邦の拒否権であった）。異なっていたのは、朝鮮での行動は、それにより国連加盟国が、韓国が自身を防衛することを支援するために認められた行動というものを常に予定していた点である。四二条と五一条を「混ぜ合す」という問題は、何ら生じなかった。それに対し湾岸での行動は、―国連のために米国により指揮が取られたにもかかわらず―朝鮮での行動が国連の指揮下にあったにもかかわらず、決して国連の指揮下にはなかった。

五一条は、自衛は「安全保障理事会が国際の平和及び安全の維持に必要な措置を取るまでの間」、当てにされるであろうと規定している。安全保障理事会が経済制裁に着手したとき、五一条が手を引く結果としてそうした措置がそれまでに取られるかどうかについては、必然的に疑問が生ずる。それに対する答は、否定的であるように思われよう。制裁を課した決議そのものは、集団的自衛権との共存を表明した。

単にその事項を把握しているということは、安全保障理事会が、「国際の平和及び安全を維持するためにも必要な措置をとって」いるということを意味し得ない。しかしながら、幾つかの措置が安全保障理事会により取られてきた。一語一語の解釈からは、五一条は、「国際の平和を回復するために有効な措置」についてではなく、そうするのに必要な措置について述べている、と言えよう。経済制裁は明らかに必要であった。より政策志向の見方からは、そうしたニュアンスの意味は、「必要な」という単語の中に読み込まれるべきではないと言うことができよう。むしろその意図は、分権的法秩序においては、安全保障理事会がその任務を引き継ぎそして共通の目的を確保する立場になるまで、加盟国は集団的自衛により行動することが自由であるべきだというものであった。

この議論は若干の注意を引いてはいるが、しかしまた困難さも有している。それは、自衛として行動することを主張しているものたちに、安全保障理事会が「必要な」措置を取ったかどうかに関して、無制限の裁量権を与えるであろう。いかなる行動が安全保障理事会により取られたとしても、ある紛争についての安全保障理事会の見解に不賛成の加盟国は、「必要な」行動は未だ取られていないのであり、それ故に五一条に基づいて行動し続ける自由を相変わらず残している、と主張し得るであろう。

それでは、安全保障理事会が「必要な」行動を取っているかどうかについての評価を、いかにしてより客観的になし得るか。もしも、経済制裁は命じられているが軍事制裁はまだでありそれでいて武力攻撃は未だ撃退されていないならば、「必要な」行動の全てが取られてきたわけではなくそれ故に五一条は利用可能なままで残っていると言うことには、確かに議論の余地はある。他方では、こうした事についての予定された憲章上の体系からは、疑いもなく経済制裁が第一に試みられるべきであり[12]、そしてその後においての集団的措置は、軍事制裁の適用により一層厳しく制限されるべきである。その第二段階の手段が自衛の傘の下に自由に採られ得ると主張することは、集団的措置の可能な適用の中途において、それから離れていくことである。

勿論、そうすることの吸引力は、安全保障理事会はあまりにも分裂しているため軍事制裁の承認決議へと発展することはあり得ないという可能性か、あるいは、もしも提案されてもそうした決議は拒否権により拒否されるであろうという可能性かの、いずれかに見い出される。しかし拒否権は、憲章中に規定される絶対不可欠のものの一つである。つまり、常任理事国が安全保障理事会による武力の行使をコントロールするためにこの権限を保持することは、疑いもいなく予定されていた(13)。

この問題は、諸国が安全保障理事国としてと同時に集団的自衛への要請に応じる加盟国として行動するかもしれないという事実により、一層その複雑度を強める。その疑問を解決することは簡単ではない。湾岸におけるその適用は、不明瞭なままであった。なぜならば、決議が結局は、一九九一年一月一五日までにSaddam Husseinがクウェートから撤兵しない場合の武力の行使に根拠を与えたからである。四二条の決議中には何らの言及もされていないけれども、これは軍事制裁の承認であるように思われる。五一条の行動の事前の承認は不要であろう—勿論、国連加盟国の一グループが、さもなくば取ることを認められるであろういかなる集団的防衛行動に対しても、安全保障理事会の祝福を得ることを妨げるものは何ら存在しないけれども—。

四二条に基づく軍事制裁と四三条に基づき軍事制裁を提供するために想定された手段との関係

安全保障理事会は、平和に対する脅威、平和の破壊、又は侵略行為の存在を決定するや否や、国際の平和及び安全を維持し又は回復するために、勧告し又は強制措置を決定するだろうことが、国連憲章第七章において規定されている。既にみてきたように、四一条は、経済及び外交制裁を規定している。また四二条は、空軍、海軍又は陸軍による軍事行動を許している。そして、四三条は、すべての国連加盟国が、「安全保障理事会の要請に基づき、かつ、一又は二以上の特別協定に従って」兵力、援助及び便益を安全保障理事会に利用させることを約束する、と規定している。これらの協定は、兵力の数や種類及びその配置と出動準備を規定するはずであったし、また安全保障理事会と個別の加盟国あるいは加盟国群との間に、「なるべく速やかに」締結されるはずであった。しかし四五年程後においても、これらの協定はまだ締結されていない。終戦後直ちに出現した東西間における深い対立は、前向きに進むことを不可能とした。軍事的強制措置が用いられるであろう情況についての合意というものは、存在しなかった。

四三条に想定されているように進めることに安全保障理事会が失敗したため、四二条に基づいて行動する安全保障理事会の権威に関して直ちに疑問が生じた。四二条に基づき行動する国連の能力は、四三条に基づき結ばれる国連軍の提供についての協定次第なのか。ソ連邦は、四二条と四三条は一緒に読まれるべきであり、そして後者のない場合には前者は機能しない、と主張した。安全保障理事会によるいかなる軍事的行動も、想定され得なかった。(14) 西側諸国は、多少異なる見解を採った。四三条に基づく協定が欠けているということは、四二条に基づく軍事制裁は続行され得ないことを意味するとはいえ、異なる種類の軍事的行動はそれだからといって除外されはしない、と主張した。もしもある国が、自国と隣国間の平和を維持し又は回復するために国連軍の駐留を要請するならば、そうした平和維持活動は憲章では禁じられていなかった。禁じられていなくてそして憲章の諸目的と全く合致するから、それは許されていた。(15) 後に、そうした安全保障理事会の平和維持活動が発展したとき、そうした活動の法的根拠は憲章四〇条中に見い出されるべきだと(平和維持活動の準拠決議においても、また学問的な論評においても共に)、時には指摘された。(16) ソ連邦は、そうした代替的な軍事行動に従事する安全保障理事会の能力を疑った。許された武力の行使は憲章第七章に特別に述べられているので、国連によるその他の武力の使用は禁じられていなくてかつ国連の諸目的に奉仕するという場合のみ想定され得ると仄かすことは受け入れ難いと、ソ連邦は強く主張した。しかし後には、ソ連邦は、その手法において多少より現実的になってきた。ソ連邦は、幾つかの安全保障理事会による平和維持行動に賛成投票をした。[17] もっとも、こうした行動は通常予算により資金調達され得ないのであって、自発的に調達されるか、あるいはできればそうした平和維持活動を必要ならしめた侵略国に帰せられるべきだ、と主張し続けたが。[18]

西側諸国とソ連邦が共に意見が一致したことは、四二条に基づく軍事的強制行動は四三条において想定された協定がないときは可能でない、ということであった。ソ連邦にとっては、それは法的に可能でなかった。西側諸国にとっては、四三条による協定が欠けていては利用できないということは、実践的な現実の一つであった。一九五六年に国連緊急軍（UNEF）を総会で創設した後、事務総長は、緊急軍はエジプトの同意により同国に派遣されたのであり、同国の同意なしには活動できないことを強調した。彼は以下のように続けた。

「このことは、安全保障理事会が、そうした軍を国連憲章第七章により与えられたより広い裁量権内において用いることができるという可能性を、除外してはいない。差し当り、第七章に基づく国連軍の使用は未だ想定されていないから、この点について更に詳細に論ずることが必要であるとは考えられない。[19]」

事務総長はそれ故に、四二条に基づく強制行動が、憲章法の問題として四三条による協定がない時に起き得るか否かについては、未解決のままに残した。この問題は、国連緊急軍の経験についての彼による有名な研究概要においても、またもや事実上差し控えられた。[20] 彼は、「本報告書において論じられた取決めは、憲章第七章において想定された武力のタイプを対象としていないから、国連は当該政府の同意なしにはこうした取決めの実施を企てることはできないことは、国際法及び憲章からの当然の帰結である。」と述べた。四二条の行動が法的に可能か否かは、それ故に争点でなかったので、未解決のままに残された。

その問題は、国際司法裁判所が、一九六二年に勧告的意見で、国連平和維持の資金調達に関する幾つかの法律問題を検討しなければならなかったときにも、解決されなかった。[21]スエズにおける国連緊急軍（UNEF）とコンゴ国連軍（ONUC）の経費が、憲章一七条二項の意味するところの国連の経費と考えられるべきか否かという争点をそこで扱いながら、国際司法裁判所は、最初にこれらの行動の合法性の問題を検討することの（もっともそれは、表現上は問われた問題ではなかったけれども）不自然さを感じた。裁判所は、それは四二条に基づく行動ではなくむしろ平和維持行動であり、そこでは国連の軍事的役割は受け入れ国の要請によるのであり、受け入れ国に敵対するものではないから、そうした行動は各々合法であると強調した。[22]裁判所は、憲章四三条による協定の締結の失敗の影響について審理した。しかし、国連緊急軍とコンゴ国連軍は四二条に基づく強制行動ではないということを認め、裁判所は、平和維持活動は四三条の協定がなくとも許されるか否かというより狭い問題を単に自問しただけであった。そして、これに肯定的に答えて、裁判所は以下のように述べた。

「四三条に基づく協定が締結されていないとき、憲章は緊急状態に直面した場合に安全保障理事会を無力のままに放置している、と言うことはできない。たとえある国に対し強制行動には訴えないとしても、ある事態を規制することは安全保障理事会の権限内であるべきである。[23]」

四三条の協定がないときの四二条の行動についての立場は未解決のままに残されているが、そうした行動が可能でないことは広く推測されている。四二条の行動を試みることの実際上の困難さから、そうした行動は法的に不可能であるという一般的な仮定までは、ほんの短い一歩である。もっとも未だかってこの見解を正しいものと考えたことはないが。平和維持活動は、我々の住むこの世界には十分かつ適切であるように思われた。この政治的現実は否定し難いとはいえ、なぜ四二条による法的な可能性が利用不可能と思われるのか、私には決っして理解できなかった。四三条に基づく協定の締結の失敗による帰結は、国連加盟国は四二条による兵力及び援助の提供を強要されることはないということだ、というのが一貫して私の見解である。そして、加盟国又は加盟国群が自主的に軍隊を提供し、そして安全保障理事会が四二条に基づいてそれらを使用できる、ということを禁止する法的な分析理由を見い出すことはできなかった。いかなる所定の機会においても、平和維持（現在では、四〇条の中に読み込まれている）又は軍事的強制（四二条に基づく）のいずれを提供することが望ましいか決定することは、安全保障理事会にとって政治的判断事項として残るであろう。

長年に亘り学問的関心事であったものが、今やイラクのクウェート侵略の文脈において再び関心の的になってきている。安全保障理事会が四二条に基づく強制行動を命ずることに、法律上の制約は存在するか。国連による軍事行動の回避を望む国々は、四二条を頼みにすることによる法律上の無能力よりも、道理を持ち出した。このことは、軍事行動を完全に回避したいと望む人々及び集団的自衛を用いる方を好む人々双方にとり、真実であった。一九九〇年九月二五日、ソ連邦外務大臣 Schedverdnaze は、安全保障理事会において、四三条における可能性の見直し及び東西間の関係の改善に伴い協定が今や結ばれ得ないかどうかを考えることの重要性について述べた。もっとも、そうした協定の期日を定めてないことは四二条に基づく行動の可能性を除外するとは、指摘されなかった。実際に、そうした行動はソ連邦外務大臣の力強い演説中に特に想定された。西側諸国とソ連邦間の利害の共有は、それまでの四五年間における共通の仮定―軍事制裁は、四三条により想定されている協定がない場合には承認され得ない―の一時的棚上げを企てた。平和維持に光を当てているとはいえ、この争点を未解決のまま残している事務総長と国際司法裁判所の思慮深さは明白であった。そして思うに、正しい法的な解答に逆に到達したのである（何らの明白かつ真剣な公の考慮なしではあるが）。四三条の協定がないので、いかなる国連加盟国も兵力や援助を提供するよう強要されることはない。しかし、喜んで参加する国々による四二条に基づく行動は、国連により適切に承認されかつ国連の指揮下において実行に移され得る。また、たとえ統一された国連の指揮下にない国連加盟国により実行に移されるのであろうとも、そうした行動が安全保障理事会により四二条に基づく強制的行動の一つとして承認されることは、十分に可能であるように思われよう。そして、これは実際上湾岸に関する安全保障理事会決議六七八（一九九〇）により達成された立場であった。

（1）たとえば、安全保障理事会決議二三二（一九六六）を参照のこと。
（2）L. Freedman and D. Boren, "Safe Havens for Kurds in Post-War Iraq", in N. Rodley (ed.), To Loose the Bands of Wickedness (1992), 82. に引用されている外務大臣Dumasを参照のこと。
（3）安全保障理事会決議七五一（一九九二）によって。
（4）安全保障理事会決議六六〇（一九九〇）。
（5）安全保障理事会決議六六一（一九九〇）。同六六五（一九九〇）。同五五五（一九九〇）を参照のこと。
（6）安全保障理事会決議二一七（一九六五）を参照のこと。
（7）安全保障理事会決議二二一（一九六六）。
（8）安全保障理事会決議六六五（一九九〇）。
（9）S/5534 (1993).
（10）ベイラでの英国による行動及びアラビア湾での米国艦隊の行動は、四二条にいう意味での「封鎖その他の行動」ではないとみることは困難である。
（11）一九九〇年九月の、英国外務大臣Douglas Hurdによる声明を参照のこと。
（12）実際には、四二条は、安全保障理事会がもしも選ぶならば軍事制裁へまっしぐらに進むことを許すけれども。
（13）拒否権の適切な行使について想定された情況というものは、ここでの議論の範囲を越えている別の問題である。しかし、安全保障理事会における投票手続に関しての四提案国政府代表の声明を参照のこと。UNCIO Doc. 852, III/1/37 (1); L. Goodrich, E. Hambro, and B. Simons, Charter of the United Nations (3rd rev. edn., 1969), 221-31; S. Bailey, Voting in the Security Council (1969), 26-47; R. Higgins, "The Place of Law in the Settlement of Disputes by the Security Council" (1970) 64 AJIL 1.

（14） ソ連邦の見解は、R. Higgins, United Nations Peacekeeping (1969), i. 261-4. に集められている。
（15） Ibid., 261-2.
（16） Ibid., iii. 54-66 (ONCU); iV. 144 (UNFICYP)を参照のこと。
（17） 例えば、コンゴ国連軍（ONUC）やキプロス国連平和維持軍（UNFICYP）に対する。
（18） Higgins, United Nations Peacekeeping, iii, 274-5.
（19） A/3302. 緊急国連軍に対する計画に関する事務総長の第二次及び最終報告書。6 Nov. 1965, para. 9.
（20） A/3943. 国連軍の創設及び活動から引き出された経験の研究概要。事務総長の報告書、9 Oct. 1958, para. 155.
（21） Certain Expenses of the United Nations, Advisory Opinion, ICJ Reports (1962) 151.
（22） Ibid., 171-2, 177.
（23） Ibid., 167.

結論

本書において、国際法は一つの過程であり権威ある意思決定システムの一つである、と指摘してきた。国際法は、単なる規則の中立的な適用ではない。ここでの講義において探究された問題は、どれ一つとして、ある「正しい規則」の自信をもっての引用によって思い通りに解決されることは不可能である。問題はまさしく、様々な、きわめてもっともらしい代替的な諸規定が、議論され得ること及びされてきたことである。国際法の役割は、これらの様々な代替策の中での選択を助けることである。

人がこれらの問題の一つ一つに対する答として指摘するものは、主に国際法の法源をいかに特定の問題に関係があるものとして考えるかということ次第であるということを、論証してきたつもりである。そしてまた、法源をいかに考えるかはまったくその人の法思想次第であるということも。特定の事件の問題解決にあたっては、実体的規範から離れた法思想というものは存在しない。

本書が、「いかにして一片一片を集めて完全なものにするか」ということを示す手助けとなることを、私は望むものである。私の経験では、これらのつながりは常に明白とはかぎらない。例えば、免責はまさに管轄の中心問題の一つであること、また、船舶における事件に対する権限は管轄に関する法の一部であり、教科書においては海洋法の見出しの下におかれるのが慣習であるにもかかわらず海洋法の一部ではないこと、そして承認は特権問題と国家行為の問題に関連していることを、学生たちがより良く理解してくれたらと思う。

国際法の現在の「もったいなぶった専門語」に精通することでは、不十分である。—自決、対世的な（erga omnes）諸権利、君たちが占有しているように（uti possidetis）、等々といった—流行の概念を不注意に引用をする傾向が、昨今存在している。しかし、これらはヒンズーのマントラ（mantras）、つまり本質的に必要にして十分なものの単なる繰り返しではない。こうした法概念が正確に何を意味するか、そしていかなるときに適切に適用されるかを、厳格に見て行かなくてはならない。本書は、あたかもあらゆる人間にとって当然なものであるかのごとくに進化する考えを扱うことに抵抗しなくてはならない、と主張している。

国際システムにおいては、諸問題の際限ない万華鏡を予期せざるを得ない。国際システムにおける主な変化—過去一〇年間我々が見てきたような—は、問題のパターンは変えるであろうが、現象は排除しないであろう。国際法は、問題を解決するための過程（process）の一つである。そしてそれは、一つの偉大でかつ刺激的かつ大胆な企てである。

ヒギンズ著　初川満訳
ヒギンズ国際法　6,000円
初川満著　6,000円
国際人権法概論　6,000円
初川満訳著
ヨーロッパ人権裁判所の判例　3,800円
人間の法的権利（訳）3,800円
国際人権法学会編
国際人権1～14　2,000円～2,500円続刊
国際私法学会編
国際私法年報1999創刊1号～
2002創刊4号　2,500円～3,500円続刊
高村ゆかり　亀山康子編集
京都議定書の国際制度　3,900円
－地球温暖化交渉の到達点－
柳原正治編　内田久司先生古稀記念
国際社会の組織化と法　14,000円
柳原正治編著　日本立法資料全集
不戦条約（上）43,000円
不戦条約（下）43,000円
高桑　昭著
国際商事仲裁法の研究　12,000円
芹田健太郎著
永住者の権利　3,689円
地球社会の人権論　2,800円

〈著者紹介〉
ロザリン・ヒギンズ（Rosalyn Higgins）
英国人。ケンブリッジ大学卒、法学博士（エール）。ケント大学教授（1978—81）、ロンドン大学（L.S.E.）教授（1981—95）、規約人権委員会委員（1985—95）等を歴任。1995年、国際司法裁判所裁判官に選出され現在に至る。

主な著書：
- The Development of International Law through the Political Organs of the UN (1963).
- Conflict of Interests: international law in a divided world (1965).
- UN Peacekeeping: documents and commentary: Vol. I (1969), II (1971), III (1980), IV (1981),等。

〈訳者紹介〉
初川　満（はつかわ　みつる）
岡山県津山市に生れる。東京大学法学部卒。1982年よりロンドン大学（L.S.E.）大学院にて国際公法を学ぶ。後、R. Higgins 教授に師事し国際人権法を研究。ロンドン大学高等法律研究所（I.A.L.S.）を経て、1989年3月帰国、帝京大学専任講師を経て、現在、横浜市立大学教授（国際人権法）。
著書：国際人権法概論（1994年、信山社）
編著：二十一世紀の人権（2000年、信山社）
訳書：人間の法的権利（ポール・シガート著）（1991年、信山社）
訳著：ヨーロッパ人権裁判所の判例（2002年、信山社）
論文：戦後日本外交と人権（日本と国際法の100年第4巻「人権」、2001年、三省堂）、その他多数。

ヒギンズ国際法

1997年（平成9年）9月10日　初版第1刷発行
2003年（平成15年）11月10日　訂正第1刷発行

著　者　R. ヒギンズ
訳　者　初川　満
発行者　今井　貴
発行所　信山社出版株式会社
〒113-0033 東京都文京区本郷6—2—9—102
電　話　03（3818）1019
FAX　03（3818）0344
Printed in Japan
order@shinzansha.co.jp

印刷・製本／東洋印刷・大三製本
ISBN4-7972-1928-9 C3332
19280101-011-050
分類329.001

事項索引

引用判例

カナダ

Rose *v*. King [1947 3 DLR 617. 134

規約人権委員会（自由権規約）

HMCA *v*. Netherlands Communication 213/1986 GAOR 4455, Supp. 4a ..254

ヨーロッパ人権委員会

Denmark, Sweden, Norway and Netherlands *v*. Greece
Application No. 4448/70; 12 Yrbook of the European
Convention on Human Rights (1969), 12 113
France, Norway, Denmark, Sweden and Netherlands, *v*. Turkey
Applicaiton No. 9940/82; 26 Yrbook of the European
Convention on Human Rights (1983), Pt. III, 1 113

ヨーロッパ人権裁判所

Airey *v*. Ireland Ser. A, No. 32 (1979) 170
Handyside Case Ser. A. No. 24 (1976) 355
Ireland *v*. United Kingdom Ser. A, No. 25 (1987) 238
Johnson *v*. Ireland Ser. A, No. 112 1986) 170
Lawless Case Ser. A, No. 3 (1961) 353-4
Marckx *v*. Belgium Ser. A, No. 31 (1979) 170
Sporrong and Lönnroth Case Ser. A, No. 52 (1982) 355
Sunday Times *v*. United Kingdom Ser. A, No. 30 (1979) 360

ヨーロッパ裁判所

Ahlström (A.) Osakeyhtio and Others *v*. Commission(Wood Pulp)
(Cases 89, 104, 114, 116, 117, 125-129/85) [1988] ECR 5193;
[1988] 4 CMLR 901 110
Balkan Import-Export Case (Case 5/73) [1973] ECR 1091................361
Beguelin Import Co *v*. G L Import Export SA (Case 22/71) [1971]
ECR 949; [1972] CMLR 81..120
Dyestuff Cases. (ICI Ltd. *v*. Commission (Cases
48, 49 & 51-7/69)を参照のこと)

ICI Ltd. *v*. Commission (Cases 48, 49 & 51-7/69) [1972] ECR 619; [1972] CMLR 557; Commission Decision 69/243 [1969] CMLR D23 120
International Handelsgesellschaft GmbH *v*. Einfuhr-und-Vorratsstelle für Getreide und Futtermittel (Case 11/70) [1970] ECR 1125; [1972] CMLR 255 361

フランス

Beldjoudi Case Conseil d'Etat, Recueil des Decisions (1991), 10 330
Belgacom and Babas Conseil d'Etat, Recueil des Decisions (1991), 152 ..330
Nicolo Case Conseil d'Etat, Recueil des Decisions (1985), 169 330
Vabré Case Cour de Cassation, Bulletin (1975) 330

ドイツ

Claims against the Empire of Iran (1963) BVerfGE 16; 45 ILR 57 128

国際司法裁判所

Admissions Case (Condition of Admission of a State to Membership the United Nations). ICJ Reports (1948) 57 294,305
Aerial Incident of 3 July 1988 Case (Order of 13 December 1989). ICJ Reports (1989) 132 307,308
Anglo-Norwegian Fisheries Case. ICJ Reports (1951) 139 307
Barcelona Traction, Light and Power Company Case (Second Phase). ICJ Reports (1970) 3 85,88,248,249
Burkina Faso *v*. Mali Frontier Dispute. ICJ Reports (1986) 554 52,178,187,285,307
Certain Expenses of the UN Case ICJ Reports (1962) 151 38,301,305,404
Continental Shelf (Libyan Arab Jamahiriya *v*. Malta). ICJ Reports (1985) 13 58,307
Continental Shelf (Libyan Arab Jamahiriya *v*. Malta) (Application by Italy to Intervene). ICJ Reports (1984) 3 309
Corfu Channel Case (UK *v*. Albania). ICJ Reports (1949) 4 253,240,290,303,366
East Timor Case (Portugal *v*. Australia) 299
ELSI (Elettronica Sicula) Case ICJ Reports (1989) 15......285,338
Fisheries Jurisdiction Case ICJ Reports (1974) 1 307,340,358
Guinea-Bissau *v*. Senegal (Arbitral Award) (1990) RGDIP 240; 83 ILR 1 178,187
Gulf of Maine Case (Delimitation of the Maritime Boundary in

the Gulf of Maine Area). ICJ Reports (1984) 246
....285,307,342-3,346,348,358
Interpretation of and Agreement between the WHO and
Egypt. ICJ Reports (1980) 73 309
Jan Mayen Maritime Delimitation Case. (Martime Delimitation in the
Area between Greenland and Jan Mayenを参照のこと)
Land, Island and Maritime Frontier Dispute. ICJ Reports (1992) 351 307
Land, Island and Maritime Frontier Dispute (Nicaragua Intervening).
ICJ Reports (1990) 92 309
Libya-Malta Continental Shelf Case. ICJ Reports (1985)
13, 29 335,342,344,346
Martime Delimitation in the Area between Greenland and Jan Mayen.
ICJ Reports (1993) 306
Mazilu Case. ICJ Reports (1989) 314..............................139,305
Military and Paramilitary Activities in and against Nicaragua
(Declaration of Intervention by El Salvador). ICJ Reports (1984) 215 ..309
Military and Paramilitary Activities in and against Nicaragua (Merits).
ICJ Reports (1986) 3 32,51,53,234,290,291,339,378-9
Minquiers and Ecrehos Islands Case. ICJ Reports (1953) 47 290
Monetary Gold Case. ICJ Reports (1954) 19 298,299
Namibia Case (Legal Consequences for States of the Continued
Presence of South Africa in Namibia) (South West Africa)
(Advisory Opinion). ICJ Reports (1971) 16 37,178,195,301
Nauru *v*. Australia (Certain Phosphate Lands n Nauru). ICJ Reports
(1992) 240 289,298
Nicaragua *v*. Honduras; Nicaragua *v*. Costa Rica (Border and
Transborder Armed Actions) (Admissibility). ICJ Reports
(1988) 69...290
Nicaragua *v*. United States (Jurisdiction and Admissibility).
ICJ Reports (1984) 392 288,289,292,295,309,338-9,376
Nicaragua *v*. United States (Merits). (Military and Paramilitary
Activities in and Against Nicaraguaを参照のこと)
North Sea Continental Shelf (Anglo-Norwegian Fisheries) Cases.
ICJ Reports (1969) 1 25,36,43,53,57,307,338-9,346-7
Norwegian Loans Case. ICJ Reports (1957) 9 51,308
Nottebohm Case. ICJ Reports (1959) 4...................................328
Nuclear Tests Case. ICJ Reports (1974) 253 51,52,288
Nuclear Tests Case (Application by Fiji to Intervence). ICJ Reports

(1973) 334 309
Oil Platforms Case. ICJ Reports (1992) 763 308
Passage through the Great Belt (Finland *v*. Denmark) (Provisional Measures). ICJ Reports (1991) 12 306
Passage through the Green Belt Case (Order of 10 September 1992). ICJ Reports (1992) 348 290
Phosphates Case (Certain Phosphate Lands in Nauru). (Nauru *v*. Australiaを参照のこと)
Preah Vihear Temple Case. ICJ Reports (1962) 6..........................53,58
Reparation for Injuries Suffered in the Service of the United Nations Case (Advisory Opinion). ICJ Reports (1949) 174 70,112,305
Reservations to the Genocide Convention Case. ICJ Reports (1951) 15..........................304,306
Rights of Passage Case (Preliminary Objections). ICJ Reports (1957) 125 292,293
South West Africa Cases (Preliminary Objections). ICJ Reports (1962) 319 6,289,306
South West Africa Case (Second Phase). ICJ Reports (1966) 3..........................20,31,35,288,289,294
Sovereignty over Certain Frontier Lands Case (Belgium *v*. Netherlands). ICJ Reports (1959) 225 307
Tehran Hostages Case. (United States Diplomatic and Consular Staff in Tehran (United States *v*. Iran)を参照のこと)
Tunisia-Libya Continental Shelf Case. ICJ Reports (1982) 1 307,335-6,341,345,347
Tunisia-Libya Continental Shelf Case. Application for Revision and Interpretation of the Judgment of 24 February 1982. ICJ Reports (1985) 192 306
UN Headquarters Case (Applicability of the Obligation to Arbitrate under section 21 of the United Nations Headquarters Agreement of 26 June 1947) (Advisory Opinion). ICJ Reports (1988) 12..........................296,323
United States Diplomatic and Consular Staff in Tehran (United States *v*. Iran). ICJ Reports (1980) 3 233,234,236,315,374
United States Nationals in Morocco. ICJ Reports (1952) 176 23
US Hostages Case. (United States Diplomatic and Consular Staff in Tehran (United States *v*. Iran)を参照のこと)
Western Sahara Case (Advisory Opinion). ICJ Reports (1975) 12

....178,182,194,301,302

国際判例

Aminoil Case. (Kuwait *v*. Aminoilを参照のこと)
Amoco International Finance Corp. *v*. Iran (1988), 27 ILM 134......215,217
Anglo-French Continental Shelf Arbitration (1979), 18 ILM 397........346-7
BP *v*. Libyan Arab Republic, 53 ILR 297 40,216,220
Branno *v*. Ministry of War, 22 ILR 756 147
British Claims in the Spanish Zone of Morocco (1925), 2 RIAA 615 231
Caire (Estate of Jean-Baptiste) *v*. United Mexican States (1929),
5 RIAA 516...228
Caroline Case (1842), 30 British and Foreign State Papers 195 ..349,368,376
Diggs *v*. Dent (1975), 14 ILM 795 83,329
Egoth Case. (SPP (Middle East) Ltd *v*. Arab Republic of
Egyptを参照のこと)
Guinea *v*. Guinea-Bissau Maritime Delimitation Case, 77 ILR 636....187,362
James Case (US *v*. Mexico) (1925), 4 UNRIAA 82 254
Khemco Case. (Amoco International Finance Corp *v*. Islamic
Republic of Iranを参照のこと)
Kuwait *v*. Aminoil, 66 ILR 518 215,222
Lake Lanoux Arbitration (France *v*. Spain), 24 ILR 101;
(1958) 62 RGDIP 79......................................207,220,253
Liamco *v*. Libyan Arab Republic, 62 ILR 140 216,221
Lubicon Lake Band *v*. Canada, UN Doc A/42/40 (1984) 193
Montijo Case (US *v*. Colombia) (1874), Moore ii, Arbitrations 1444 235
Naulilaa Arbitration (Germany *v*. Portugal), 2 RIAA 1011 366
Petroleum Development Ltd *v*. Sheikh of Abu Dhabi, 18 ILR 37..........222
Rankin *v*. Iran (1987), 17 Iran-USCTR 135 252
SPP (Middle East) Ltd *v*. Arab Republic of Egypt (1983), 22 ILM 752
....213,221
Sapphire International Petroleum Ltd *v*. NIOC, 35 ILR 136 222
Saudi Arabia *v*. Aramco, 47 ILR 117 222
Stort *v*. Iran (1987), 16 Iran-USCTR 76 252
Texaco Overseas Petroleum Co *v*. Libyan Arab Republic, 53 ILR 389
....40,44,206,214,216,220
The Rainbow Warrior, 74 ILR 241.....................................229
Trail Smelter Arbitration (US *v*. Canada), 33 AJIL 182-212 (1939);
3 UNRIAA 1905 230,236,245

Yeager *v*. Iran (1987), 17 Iran-USCTR 92 252
Youmans (Thomas H) (USA) *v*. United Mexican States (1926), 4
RIAA 110 227,229

ベルギー

Société Despa et Fils *v*. USSR (1931-2) 6 Annual Digest of Public
International Law Cases, No. 28 83

イタリア

International Institute of Agriculture and Profit Court of
Cassation, 1931 147
Branno *v*. Ministry of War, 222 ILR 756..............................147

イスラエル

Attorney-General of Israel *v*. Eichmann, 36 ILR 277 02,105,114,119

常設国際司法裁判所

Chorzow Factory Case (Jurisdiction), PCIJ, Ser. A, No. 9 (1927) 251
Chorzow Factory Case (Indemnity), PCIJ, Ser. A, No. 17 (1928)
....218,251,243,244
Diversion of the Waters of the River Meuse Case. PCIJ, Ser. A/B,
No. 70 (1937) 220,253
Eastern Carelia Case. PCIJ, Ser. B, No. 5 (1923) 299,300,301
Free Zones Case. PCIJ, Ser. A/B, No. 46 (1932) 294
German Interests in Polish Upper Silesia Case. PCIJ, Ser. A,
No. 17 (1926) 221
Legal Status of Eastern Greenland Case. PCIJ, Ser. A/B,
No. 53 (1933) 52,58
Mavrommatis Case. PCIJ, Ser. A, No. 2 (1924) 295,296
Minority Schools in Albania. PCIJ, Ser. A/B, No. 64 198
Serbian and Brazilian Loans Case. PCIJ, Ser. A, Nos. 20-1 (1929) 328
Settlers in Poland Case. PCIJ, Ser. B, No. 6 (1923) 227
The SS Lotus. PCIJ Ser. A, No. 10 (1927) 98,100,112
The SS Wimbledon. PCIJ, Ser. A, No. 1 (1923)...............243,244,328

南アフリカ

State *v*. Ebrahim Supreme Ct. Appellate Div., 16 February 1991;
(1992) 31 ILM 888 120

英　国

Alcom *v*. Republic of Columbia [1984] AC 580 128
Arab Monetary Fund *v*. Hashim (No. 3) [1991] 2 WLR 729 84
Arantzazu Mendi [1939] AC 256 83,314
Associated Provincial Picture Houses *v*. Wednesbury Corporation
[1948] 1 KB 223; [1948] LJR 190; 177 LT 641; 63 TLR 623;
112 JP 55; 92 SJ 26; [1947] 2 All ER 680; 45 LGR 635, CA;
affirming [1947] LJR 678 356
Brind Case. (R *v*. Secretary of State for the Home Department,
ex parte Brindを参照のこと)
Buttes Gas *v*. Hammer (Nos. 2 & 3) [1981] 3 All ER 616 320
Carl Zeiss Stiftung *v*. Rayner and Keeler [1967] AC 853 83
City of Berne *v*. Bank of England (1804) 9 Ves Jun 347 83
Council of Civil Service Unions *v*. Minister for the Civil Service
[1985] AC 375, CA 361
Derbyshire Country Council *v*. Times Newspapers [1992] 3 WLR 49......321
Frankfurter *v*. Exner [1947] Ch 629 321
Gouriet *v*. Union of Post Office Workers [1977] 2 WLR 696 385
GUR Corporation *v*. Trust Bank of Africa Limited [1986] 3 All ER 449 ..83
Hesperides Hotels *v*. Aegean Holidays Ltd [1979] AC 508 83
International Tin Council, Re [1988] 3 WLR 1159 84
I° Congreso del Partido [1981] All ER 1064; [1978] 1 QB 500 129,329
Kuwait Airways Corporation *v*. Iraqi Airways Company and
Another Financial Times, 17 July 1992....................130
Luthor *v*. Sagor [1921] 3 KB 532....................83
Maclaine Watson and Co Ltd *v*. International Tin Council [1988]
3 WLR 1169 84,329
Oppenheimer *v*. Cattermole [1976] AC 249....................331
Post Office *v*. Estuary Radio Ltd [1968] 2 QB 740 329
R *v*. Kent Justices, ex parte Lye [1967] 2 QB 153 329
R *v*. Secretary of State for the Home Department, ex parte Brind
[1991] 2 AC 696; [1991] 1 All ER 720 330,331,361
R *v*. Secretary of State for the Home Department, ex parte
Fernandez Unreported, 21 November 1980 330
R *v*. Secreary of State for Transport, ex parte Iberia Lineas
Aereas de Espana Unreported, 5 July 1985 330
Rayner (J H) *v*. Department of Trade and Industry [1989]

3 WLR 969 84,330
Saloman *v*. Commissioner of Customs and Excise [1967] 2 QB 143 323
Secretary of State in Council of India *v*. Kamachee Boye
Sahaba (1859) 13 Moo PCC 22....................330
Sengupta *v*. Republic of India 64 ILR 352 128
Settebello Ltd *v*. Banco Totta and Acoves [1985] 2 All ER
1025 213,214
Shearson Lehman Brothers Inc. *v*. Maclaine Watson & Co Ltd
(No. 2) [1988] 1 All ER 116, HL 146,147,148
Standard Chartered Bank *v*. International Tin Council [1987]
1 WLR 641....................146
The Parlement Belge. (1880) 5 PD 197....................124
The Rose Mary. [1944] 1 WLR 246 331
Trendtex Trading Corp *v*. Central Bank of Nigeria [1977]
1 QB 529; [1977] 2 WLR 356....................128,329
Wednesbury Case. (Associated Provincial Picture Houses *v*.
Wednesbury Corporationを参照のこと)
Williams and Humbert *v*. W & H Trademarks (Jersey) Ltd
[1986] All ER 129....................331
Ysmael (Juan) and Co Inc *v*. Indonesian Government [1954] 3
WLR 531....................142

米　国

Banco Nacional de Cuba *v*. Sabbatino 376 US 398; 84 S. Ct.
923; 11 L Ed 2d 804 (1964)....................318,327
Cutting Case For. Rel. 751 (1888); 2 JM Moore, International
Law Digest (1906), 232-40 117
Demjanyuk, In the matter of 603 F. Supp. 1468 (ND Ohio;
aff'd 776 F 2d 571 (6th Cir. 1985); cert denied 457 US 1016;
106 S. Ct. 1198; 89 L Ed 2d 312 (1986) 90
Diggs *v*. Dent (1975) 14 ILM 795 83,329
Filartiga *v*. Pena-Irala 630 F 2d 876 (2nd Cir. 1980)....................55,319
Forti *v*. Suarez-Mason 672 F Supp. 1531 (ND Cal 1987), 694
F Supp. 707 (ND Cal 1988) 330
International Tin Council *v*. Almalgamet Inc 524 NYS 2d 971 (1988) 140
Islamic Republic of Iran *v*. Boeing Co (1986) 80 AJIL 347 329
Ker *v*. Illinois 119 US 436 (1886) 105,119
Mannington Mills *v*. Congoleum Corp. 595 F 2d 1287 (1979) 120,121

Oetjen *v*. Central Leather Co 246 US 297 (1918) 326
Russian Socialist Republic *v*. Cibario 235 NY 255 (1923) 83
Sabbatino Case. (Banco Nacional de Cuba *v*. Sabbatinoを参照のこと)
Shamsee *v*. Shamsee 102 S. Ct. 389; 70 L 2d 207 (1981) 147
Timberlane Lumber Co *v*. Bank of America 549 F 2d 597 (1976) 120
Underhill *v*. Hernandez 168 US 250 (1897) 326
United States *v*. Aluminum Co of America 148 F 2d 416 (1945) 120
United States *v*. Alvarez-Machain (1992) 31 ILM 901 119
United States *v*. Palestine Liberation Organisation (1988) 27 ILM 1055 ..330
United States *v*. Rauscher 119 US 407 (1886) 119
United States *v*. Yunis 681 F Supp. 909 (DCC 1988), 924
F 2d 1086 (DC Cir. 1991) 102,118
Weidner *v*. International Telecommunications Satellite
Organisation 392 A 2d 508 (DC App 1978) 147
Wulfsohn *v*. Russian Socialist Republic 234 NY 372 (1923);
138 NE 24 83

引用国内法令

オーストラリア

外国国家免除法 1985
(Foreign States Immunities Act 1985) ……143
外国訴訟手続（一定の証拠の禁止）法 1976.
(Foreign Proceedings (Prohibition of Certain Evidence) Act 1976) ……120

カナダ

国家免除法 1981
(State Immunity Act 1981) ……143

デンマーク

外国当局へ情報提供するデンマーク船主の自由への制限 1967
(Limitation of Danish Shipowners' Freedom to Give Information to Authorities of Foreign Countries 1967) ……120

ヨーロッパ共同体

ヨーロッパ経済条約（1957）
(European Economic Treaty 1957) ……284
85条 ……109
177条 ……85
ヨーロッパ石炭・鉄鋼共同体条約 1957
(European Coal and Steel Community Treaty 1957)
14条 3 項 ……38

フィンランド

一定の事件において船主に書類提出を禁ずる法 1968
(Law Prohibiting a Shipowner in Certain Cases to Produce Documents 1968) ……120

フランス

民事手続法典
(Code of Civil Procedure)

南アフリカ

英　国

米　国

外国人不法行為法
(Foreign Alien Torts Statute) ……319,320
均衡予算及び緊急赤字抑制法 1985
(Balanced Control and Emergency Deficit Control Act 1985) ……280
グラムールドマン法 1985
(Gramm-Rudman Act 1985) ……280
公法98―473 1984
(Public Law 98-473 1984) ……117
テロリスト訴追法 1985
(Terrorist Prosecution Act 1985) ……100
人質をとる行為に関する法
(Hostage Taking Act)
1203条(b)1(A)、(B)……118

引用国際条約

アパルトヘイト犯罪の抑圧及び処罰に関する国際条約（1973）
(International Convention on the Suppression and Punishment of the Crime of Apartheid 1973)
4条(b) ……116
イラン―米国友好条約（1954）
(Iran-United States Treaty of Amity 1954) ……81
宇宙物体により引き起こされる損害についての国際責任に関する条約（1972）
(Convention in International Liability for Damage Caused by Space Objects 1972) ……242
2条 ……254
汚染についてのブラッセル国際海事機関民事責任条約（1969）
(Brussels IMCO (IMO) Liability Convention on Pollution 1969)
3条 ……253
7条 ……253
海洋法に関する国際連合条約（1982）
(UN Convention on the Law of the Sea (UNCLOS) 1982) ……98,202,203
第11部 ……220
55―70条……45
60条……46
76条 ……221
194条……253
198条……253
核物質の保護に関する条約（1980）
(Convention on Physical Protection of Nuclear Material 1980) ……96
外交関係に関するウィーン条約（1961）
(Vienna Convention on Diplomatic Relations 1961) 42,48,234,277,286,319,374
9条 ……146
11条 ……146
22条 ……145,236
24条 ……134,135,141,145
27条 ……145
同条3項 ……145
29条 ……145

31条 ……145
37条 ……134
経済的、社会的及び文化的権利に関する国際規約
(International Convenant on Economic, Social and Cultural Rights) ……157
1条 ……177
ケロッグ―ブリアンド協定――戦争放棄に関する一般条約 (1928)
(Kellogg-Briand Pact—General Treaty for the Renunciation of War 1928) 367
原子力船の運航者の責任に関するブラッセル条約 (1962)
(Brussels Convention on the Liability of Operators of Nuclear Ships 1962) 241
原子力損害に対する民間責任に関するウィーン条約 (1963)
(Vienna Convention on Civil Liability for Nuclear Damage 1963) ……241
公海に関するジュネーブ条約 (1958)
(Geneva Convention on the High Seas 1958) ……98,200
航空機内で行なわれた犯罪その他のある種の行為に関する東京条約 (1963)
(Tokyo Convention on Offences and Certain Other Acts Committed on Board Aircraft 1963) ……95
航空機の不法な奪取の防止に関するハーグ条約 (1970)
(Hague Convention for the Suppression of Unlawful Seizure of Aircraft 1970) ……95
拷問及び非人道的な若しくは品位を傷つける取扱い又は刑罰の防止のためのヨーロッパ条約
(European Convention for the Prevention of Torture and Inhuman or Degrading Treatment or Punishment) ……165
10条1項 ……172
拷問及びその他の残虐な非人道的な若しくは品位を傷つける取扱い又は刑罰を禁止する条約
(UN Convention against Torture and Other Cruel and Inhuman or Degrading Treatment or Punishment) ……96
5条1項(c) ……117
国際司法裁判所規程
(Statute of the International Court of Justice)
31条 ……301
35条……76
36条1項 ……285,286
同条2項 ……287,292,294,295
同条3項 ……291-2
38条 ……284,315,328

51条 ……352
同条5項(b) ……352
57条 ……352
人権に関する米州条約
(Inter American Convention on Human Rights) ……163,284
7条 ……119
41条 ……172
48条1項 ……172
船舶衝突についての民事裁判管轄権についてのある規則に関するブラッセル条約（1952)
(Brussels Convention on Certain Rules Concerning Civil Jurisdiction in Matters of Collision 1952) ……117
大陸棚に関するジュネーブ条約（1958)
(Geneva Convention on the Continental Shelf 1958)
1条 ……221
2条 ……221
5条5項……46
6条……43〜46
投資に関する紛争の処理のための国際条約
(International Convention for the Settlement of Investment Disputes)
42条 ……215
南極の海洋生物資源の保存に関する条約（1980)
(Convention on the Conservation of Antarctic Marine Living Resources 1980) ……286
ハーグ諸条約（1907)
(Hague Conventions 1907)
6条……90
被拘禁者取扱いのための国際最低規則
(International Minimum Rules for the Treatment of Prisoners) ……157
人及び人民の権利に関するアフリカ憲章
(African Charter on Human and Peoples Rights) ……163
20条 ……177,180
人質をとる行為に関する国際条約（1979)
(International Convention against the taking of Hostages 1979) ……96,101
普遍的性格の国際組織と加盟国における国家代表に関するウィーン条約（1975)
(Vienna Convention on the Representation of States in their Nations with

International Organisations of a Universal Character 1975) ……………133
麻薬に関する単一条約（1961）
(Single Convention on Narcotic Drugs 1961) ……………………………………96
民間航空の安全に対する不法な行為の防止に関するモントリオール条約（1971）
(Montreal Convention for the Suppression of Unlawful Acts Against the Safety of Civil Aviation 1971) ……………………………………………95
傭兵の採用、使用、資金供与及び訓練を禁止する国際条約（1989）
(International Convention against the Recruitment, Use, Financing and Training of Mercenaries 1989) ……………………………………………286
ヨーロッパ人権条約
(European Convention on Human Rights) ……………………………163,284
5条 ……………………………………………………………………119
24条 …………………………………………………………………113,119
28条 ……………………………………………………………………172
同第一議定書
(protocolI)
1条 ……………………………………………………………………359
領事関係に関するウィーン条約（1963）
(Vienna Convention on Consular Relatioons 1963) ……………………………134
領事関係に関するウィーン条約（1963）の追加議定書
(Vienna Convention on Consular Relations 1963 Additional Protocol) ……260